Consumer Behavior

高等院校经济管理类新形态系列教材

"北京高校优质本科课程"配套教材

消费者行为学
（附微课 第2版）

□ 白玉苓 编著

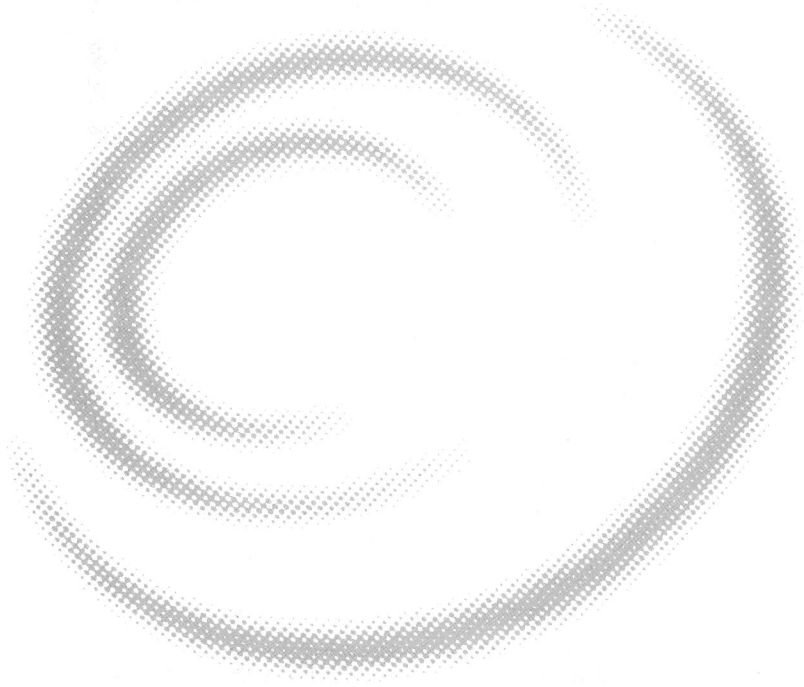

人民邮电出版社

北京

图书在版编目（CIP）数据

消费者行为学 ：附微课 / 白玉苓编著. -- 2版. --
北京 ：人民邮电出版社，2024.5
高等院校经济管理类新形态系列教材
ISBN 978-7-115-63953-0

Ⅰ. ①消… Ⅱ. ①白… Ⅲ. ①消费者行为论－高等学
校－教材 Ⅳ. ①F713.55

中国国家版本馆CIP数据核字(2024)第067557号

内 容 提 要

本书依据实用性、适用性、能用性的原则，系统阐述了消费者行为学基本理论、知识体系及其发展
规律，包括：感觉、知觉、气质、性格、自我概念、生活方式等心理因素对消费者行为的影响；收入、
文化、亚文化、习俗、流行、社会阶层、角色、家庭等环境因素与消费者行为之间的关系；产品、品牌、
包装、价格、销售场景及促销等营销因素对消费者行为产生影响的方式和方法；网络消费和绿色消费等
消费者行为发展的新趋势。

全书共六篇十五章，章首设置"学习目标""导入案例"，章末设置"本章小结""综合练习题"，正文
内穿插"课堂讨论""小思考""知识点滴""示例""人物谱""视野拓展""微视频"等栏目。

本书配有电子课件、电子教案、教学大纲、补充案例、模拟试卷及答案、习题及答案、辅助视频等教
学资料，索取方式参见书末的"更新勘误表和配套资料索取示意图"（部分资料仅限用书教师下载）。咨询
QQ：602983359，课程 QQ 交流群：585114883（仅限教师）。

本书可作为普通高等院校教材，可供相关从业者参考。

◆ 编　著　白玉苓
　　责任编辑　万国清
　　责任印制　胡　南

◆ 人民邮电出版社出版发行　　北京市丰台区成寿寺路 11 号
　　邮编　100164　电子邮件　315@ptpress.com.cn
　　网址　https://www.ptpress.com.cn
　　北京市艺辉印刷有限公司印刷

◆ 开本：787×1092　1/16
　　印张：14.5　　　　　　　　　2024 年 5 月第 2 版
　　字数：408 千字　　　　　　　2025 年 1 月北京第 4 次印刷

定价：59.80 元

读者服务热线：(010)81055256　印装质量热线：(010)81055316
反盗版热线：(010)81055315
广告经营许可证：京东市监广登字 20170147 号

第 2 版前言

改革开放 40 多年来，我国消费市场发生了巨大的变化：消费市场规模持续扩大，消费结构不断改善升级，网络消费等新兴业态方兴未艾。随着人们收入水平的提高以及消费观念的转变，消费从注重量的满足转向追求质的提升，网络消费、绿色消费、文娱消费、健康消费、数字消费等新型消费蓬勃发展，人民日益增长的对美好生活的需要得到了更大的满足。

英国经济学家马歇尔认为："一切需要的最终调节者都是消费者的需要。"我国消费市场的繁荣，反映了我国经济发展长期持续向好的趋势。在推进供给侧结构性改革和注重需求侧改革的背景下，消费对带动产业发展和拉动经济增长的作用更加突出。根据国家统计局数据，2023 年我国全年社会消费品零售总额 471 495 亿元，比上年增长 7.2%。其中，城镇消费品零售额 407 490 亿元，增长 7.1%；乡村消费品零售额 64 005 亿元，增长 8.0%。消费规模再创新高，消费结构持续升级，消费成为我国经济迈向高质量发展的重要支撑。

毫无疑问，电商直播、直播带货、数字支付、虚拟商店等新的消费方式和消费模式对消费者具有强大吸引力，消费者有了更多、更优的消费选择，获得了新的消费体验和满足，消费范围、消费水平和消费潜力正不断拓展和延伸。在实践的推动下，对消费者心理和行为的研究愈加受到社会各界的广泛重视。

消费者行为学是一门专门研究消费者行为活动的产生、发展及其变化规律的科学。本书借鉴国内外消费者行为学理论研究成果，系统介绍了消费者行为学相关概念和理论，分析了消费者行为的影响因素，探究了消费者行为的形成机制，力求反映学科最新的发展。同时，本书还重点分析了消费市场实践发展的新现象和新问题，例如数字化消费者行为、直播间购物消费心理、消费者非理性行为等全新内容。

本书第 1 版于 2021 年出版后，被众多高校用作消费者行为学专业课程教材，受到广大师生的认可和好评，迄今已重印十余次。2022 年，作者以本书作为授课教材的"消费者行为学"课程荣获"北京高校优质本科课程"称号。在深入学习党的二十大报告后，作者对第 1 版进行了全面修订，替换或更新了导入案例和练习题案例，新增网络消费新现象等新知识，更新了消费者人口统计特征等最新数据，增加了"示例"教学模块等。除此之外，还优化了各个章节内容，使文字表达更加简练、规范。本书的特点主要有以下几点。

（1）知识全面，内容丰富。尽可能涵盖消费者行为学最新理论和实践发展的成果，整合学科内容，建构知识体系。

（2）实用性，时效性。密切联系消费实践和消费者日常生活，选取具有时效性的资料，分析当下消费热点现象和热点问题。

（3）体例新颖，形式活泼。各章设有学习目标、导入案例、正文、本章小结、综合练习题等环节，便于学习、巩固和提高。其中，正文穿插"课堂讨论""小思考""视野拓展""微视频""示例"等特色栏目，还采用图表、二维码等形式拓展了学习空间，使版面更加生动活泼，具有很强的可读性和趣味性。

（4）配套资源丰富。本书配有电子课件、电子教案、教学大纲、补充案例、模拟试卷及答案、习题及答案、辅助视频等教学资料，并不断更新补充新资料，实现教学相长和共同进步。配套资料的索取方式参见书末的"更新勘误表和配套资料索取示意图"（部分资料仅限用书教师下载）。咨询QQ：602983359，课程QQ交流群：585114883（仅限教师）。

在写作过程中，作者学习和参考了大量的相关著作、教材和文献资料，在此谨向有关专家、学者、作者表示诚挚的感谢。

由于作者水平所限，书中难免出现疏漏之处，敬请读者批评指正，以期不断改进。

白玉苓

目　录

第一篇　消费者行为基础

第一章　消费者行为学概述

学习目标

学习消费、消费者、消费者行为等基本概念，明确消费者行为学的研究内容，了解消费者行为的学科来源，掌握消费者行为的研究方法，了解消费者行为学的产生和发展过程，掌握数字化消费者行为的特点。

导入案例

街上流行"多巴胺"

走在街上，当迎面走来一位身穿蓝绿色裙子，涂着粉、黄、蓝重色眼影，戴着紫色发夹的女孩时，你和路人会像对上暗号似的来一句："快看，是'多巴胺'！"确实，"多巴胺穿搭"是 2023 年夏天热门的穿衣风格。简而言之，这种风格就是通过身穿高饱和度色彩服饰，来刺激人脑分泌多巴胺，以此来唤醒快乐心情。以往，主流的时尚专家会建议人们穿到身上的颜色不要超过三个，但如今的年轻人大概率会自愿被划到"非主流"。除了"多巴胺穿搭"，"多巴胺妆容"也在社交平台频频刷屏。把头发染成蓝色，或将两侧头发挑染成绿色，再把指甲涂上彩色，"多巴胺"所到之处，都是高饱和度、明亮鲜艳的色彩，极具视觉冲击力。

彩色"多巴胺"饮料

当"多巴胺穿搭"火遍全网，茶饮和咖啡品牌也坐不住了。星巴克推出粉粉生咖、幻紫生咖、粉莓柠力生咖、芒紫柠力生咖等四款系列产品，从色彩到命名都很"多巴胺"。而且，星巴克在高考季还联合 B 站推出粉、绿、蓝、黄、白共五款"联名抛瓦（power）手环"。据说店内的咖啡师也换上了火龙果色围裙，引发消费者打卡。喜茶推出 "黄金桃"时令鲜果系列，黄金桃以通体金色的"金桶"形式呈现，配合饱满的黄桃风味，带给消费者"多金"喜悦，这是继多肉葡萄紫、多肉青提绿、酷黑色、"FENDI 喜悦黄"后，喜茶的又一特色 IP。就连一向克制的 1 点点奶茶也推出"多巴胺饮品"薄荷绿茶冻和薄荷奶，外观是清新的薄荷绿，上镜感十足，薄荷的清凉刺激和芳香，给消费者带来独特的感官体验。

每一种流行趋势都有深层的原因，"多巴胺"也不例外。心理学认为，明亮的色彩能引发积极情绪，促进人体释放"快乐激素"——多巴胺，这是"多巴胺"风格受欢迎的主要原因，因为它"看起来就很快乐"。而且，面对复杂的社会和快节奏的生活，"多巴胺"风格给消费者营造出了"自由、勇敢做自己"的氛围。当然，对流行趋势敏感的各类品牌，更是不会错过这样的热潮，通过"标签化"的行为，不断打造新的"消费符号"是品牌借势营销的利器。那么，"多巴胺"这波热潮会持续多久？我们拭目以待。

启发思考：

1. 为什么"多巴胺"风格会受到追捧？这反映了怎样的消费心理？

2. 哪些品牌借势营销推出"多巴胺"产品？你如何评价？还有哪些商机？

第一节　消费者行为学的研究内容

消费者行为学研究的是消费者在消费活动中的行为特点及行为规律。通过研究消费者行为，政府可以制定更好的公共政策，经营者可以提高经营效益，消费者个人或家庭可以提高消费效益，获得更好的生活。

那么，消费者行为学的研究内容是什么？要弄清楚这个问题，首先需要厘清几个基本概念。

一、消费者行为的含义

人类的消费与人类的生产相伴而来。为了生存和发展，人们需要从他人那里获得产品和服务，表现为以货币为媒介获取某种消费利益，从而产生交易。社会中的每一个人都不可避免地发生消费行为，因此，每个人都是消费者，并构成一个完整的消费者市场。

1. 消费

消费是社会经济生活中一个十分重要的领域，它与生产、分配、交换一起构成社会经济活动。具体来说，消费是人们消耗物质资料和精神产品以满足生产和生活需要的过程。

消费既包括生产消费，也包括生活消费。生产消费是指生产过程中对工具、原材料、燃料、人力等生产资料和活劳动的消耗。生活消费是指人们为了维持自身的生存和发展而对各种生活资料的使用和消耗。例如，日常生活中衣食住行等的消费都是生活消费。消费者行为学主要研究的是生活消费。

> **小思考**
>
> 你认为在社会活动中，消费和生产哪个环节对经济的发展更重要？请说明理由。

2. 消费者

消费者是指为了个人或家庭购买或使用产品和服务的社会成员。消费者与生产者、销售者不同，他们购买产品或服务主要是为了满足个人和家庭需要。

有时，当一个组织或单位购买、使用某种消费用品时，我们也称其为消费者。例如，某银行为员工定制了统一的制服作为工装，对于服装公司来说，这个银行就是消费者，一般可称之为集团消费者。

> **课堂讨论**
>
> 1. 在一天中，你要扮演多少次消费者的角色？消费在你生活中有多重要？
> 2. 如果说"消费者就是产品和服务的使用者"，你是否同意？

3. 消费者行为

作为消费者，我们每天都有各种各样的消费行为，有的消费行为平平无奇，但有的消费行为复杂又深奥，这吸引了大量学者进行研究。

美国市场营销学会认为："消费者行为是感知、认知、行为以及环境因素的动态互动过程，是人类履行生活中交易职能的行为基础。"韦恩·霍伊尔（Wayne Hoyer）认为消费者行为反映了消费者个人或群体获得、消费、放弃产品、服务、活动和观念的所有决策及其发展；罗格·布莱克韦尔（Roger Blackwell）认为消费者行为是人们在获取、消费以及处置产品和服务时所采取的活动。

据此，消费者行为至少包含三个含义：①消费者行为是动态变化的；②消费者行为不仅仅是一个行为过程，它还包含了感知、认知、行为以及环境因素的互动结果；③消费者行为涉及交易。消费者行为与市场营销的定义有一定的共性，即都涉及交易。事实上，市场营销的作用就是通过系统地制定和实施营销战略和策略，制造与消费者的交易。

可见，消费者行为是指消费者为了满足需求而进行的产品或服务的选择、购买、使用、处置而发生的心理和行为活动。

二、消费者行为学的主要内容

消费者行为学是借鉴不同学科的研究方法，通过对消费者心理活动及其行为过程的观察、记录、分析和预测，探索和把握消费者行为的规律，以便适应、引导、改善和优化消费者行为，为政府部门制定宏观政策、为企业制定营销策略提供依据的一门学科。作为一门独立的学科，消费者行为学有其具体的研究内容。

美国学者霍金斯（Hawkins）和马瑟斯博（Mothersbaugh）认为，消费者行为学是研究个体、群体和组织为满足其需要而对产品、服务、体验和观点进行选择、获取、使用、处置的过程，以及由此对消费者和社会产生的影响。我国学者卢泰宏等认为消费者行为学需要回答消费者的特征如何辨析、消费者的心理和行为是什么、如何解释消费者行为、如何影响消费者行为等问题。根据学者的研究，本书认为消费者行为学的研究内容主要包括影响消费者行为的心理因素、环境因素、营销因素等。

1. 影响消费者行为的心理因素

（1）消费者心理活动过程。消费者心理活动过程是消费者心理活动发生、发展和完成的过程，包括认识过程、情感过程和意志过程。这三个过程既有区别，又相互联系。消费者对市场客观现实的正确认识是其情感活动和意志活动的基础，良好的情感又能强化消费者的认识和意志，而坚强的意志则能促使消费者认识活动深化，也能使消费者的情感服从于人的理智认识。在消费者的行为活动中，心理活动的认识、情感、意志这三个过程统一协调、互相作用并影响消费者行为。

（2）消费者个性心理特征。消费者个性心理特征是消费者在社会条件的制约和影响下，通过自己的活动而表现出的稳定的心理现象，通过消费者的气质、性格、能力等方面的特点表现出来。实际上，消费者之所以表现出各具特色的消费者行为，个性心理特征是其心理基础。

（3）消费者个体心理倾向。消费者个体心理倾向是个体差异的一个重要方面，是推动消费者进行活动的动力系统，是消费者个性结构中非常活跃的因素，决定着消费者对客观世界认识和态度的选择和趋向。其主要包括需要、动机、兴趣、爱好等。

另外，消费者的生理因素特征，如年龄、性别、健康状况等方面的特征也会影响消费者行为，使其有不同表现。

2. 影响消费者行为的环境因素

消费者是人、自然与社会的统一体，消费者行为不但是一种个人行为，还是一种社会行为，会受到其所处的社会条件和外界环境因素的影响。

（1）经济和文化因素的影响。消费者的购买力、消费水平和消费结构受到个人经济状况和社会经济发展水平的制约，文化因素影响着消费者的价值观念、生活方式和消费习惯。

（2）社会因素的影响。社会角色、社会阶层、参照群体、家庭等社会因素影响着消费者的消费习惯、消费方式和消费层次。

另外，消费者所处的地域条件、气候特征、资源状况等在一定程度上会促进或制约某些消费活动的进行，因而对消费者行为也具有明显的影响。

📖 **示例**

高温下的"防暑消费"

2023 年夏，高温天气频频来袭，防暑消费向多场景延伸。京东消费及产业发展研究院发布的《2023 高温消费观察》显示：高温不仅催热了空调、电扇等清凉家电消费，而且使维修、清洗空调服务单量也同比增长 3.7 倍；消费者对冰激凌、凉茶、酸梅汤等消暑饮食的需求也增长明显；同时，遮阳伞、防晒衣、防晒霜、防晒喷雾等各类防晒用品销量也大幅增长。从消费人群看，防晒不再是女性消费者的专属标签，男性和儿童防晒市场持续扩容，已成为一片新的消费蓝海。

3. 影响消费者行为的营销因素

企业总是希望通过营销活动来影响消费者行为，从而获取相应的利润。营销因素包括企业在产品、价格、销售场景、沟通传播、销售服务等方面采取的措施和策略。

研究以上因素不仅可以了解不同因素对消费者行为的影响，也可以了解消费者行为和各个因素之间相互影响、相互制约的关系，从而达到更好地满足消费者需求的目的。

第二节　消费者行为学的学科来源和研究方法

一、消费者行为学的学科来源

消费者行为学是跨学科的，心理学、社会学、经济学和人类学等学科的知识和方法为解释复杂的消费者心理和行为提供了不同的视角。

（1）普通心理学。消费者行为学运用了大量的普通心理学的研究成果。例如：用普通心理学中动机、认知、需要、态度等理论来理解消费者行为；用普通心理学常用的研究方法来解释消费者行为，如通过脑电波实验来测试消费者对广告的反应。

（2）社会心理学。消费者行为学对社会心理学知识的运用表现在利用从众、暗示等理论解释消费者行为，分析社会媒体对消费者行为的影响或解释消费群体成员之间的互动方式等。

（3）社会学。社会学在研究社会结构、社会发展过程时，必然涉及人类的社会需要、社会心态、社会意向等现象，而上述社会现象反过来会影响参与其中的个体的心理及行为。例如，从社会学的视角分析文化和亚文化如何影响消费者行为，或者分析家庭变迁与消费需求变化的关系以及不同社会阶层消费行为差异等。

✒️ **知识点滴**

凡勃伦的"有闲阶级论"

1899 年，美国经济学家、社会学家凡勃伦（Veblen）在《有闲阶级论》（ *The Theory of the Leisure Class* ）一书中，对资本主义社会的"有闲阶级"的消费特征进行了社会学分析。该书指出"有闲阶级"无论是"明显消费"还是"代理消费"，最终都是为了满足一种心理上的荣誉和礼仪上的需要，并且"有闲阶级"和劳动阶级因其阶级地位不同，在消费方式上存在明显差异。

（4）经济学。经济学中的边际效用递减规律、无差异曲线理论、消费者剩余理论等都可以用来解释消费者行为，市场经济的价值规律、供求规律、竞争规律等影响并反映了消费者行为的某种变化。

小思考

"物以稀为贵"这一俗语反映了怎样的市场状况和消费者心理？

（5）人类学。人类学关于民俗、宗教的研究，对分析习俗、禁忌、信仰对消费者选择和决策的影响具有直接意义，而从人类生物进化的角度研究消费者行为学，从人们为了生存和繁衍的需要而采用符号性商品炫耀和伪装来理解消费者行为无疑也是有价值的。

二、消费者行为的研究方法

消费者行为的研究方法一般以心理学研究的基本方法为基础，同时借鉴行为学、社会学、经济学等相关学科的研究方法。

1. 观察法

观察法是指有目的、有计划地观察消费者动作、表情、语言等方面的外在表现，并把观察结果按规则系统地记录下来，然后分析其原因与结果，从而揭示其心理活动规律的方法。在实际应用中，观察法主要用于研究消费者的现期行为、消费者对产品价格的反应及新产品销售情况等。

观察法一般通过直接观察、仪器观察、痕迹观察等方式进行。其优点是简单易行、显性直观，而且被观察的消费者的行为是在不受干扰的情况下的自然表现，因此，所获得的结果比较真实和切合实际。但观察法的局限性是只能观察到消费者的外在表现，并不能了解其内在想法。

课堂讨论

1. 美剧 Lie to Me（《千谎百计》）的男主人公卡尔·莱特曼（Cal Lightman）能够通过观察一个人的表情、动作、言谈及体貌特征而准确知晓对方是否说谎，从而发现事实真相。你对此有何看法？

2. Lie to Me 的创作灵感来源于行为学家保罗·埃克曼（Paul Ekman）博士的研究以及畅销书 Telling Lies。请你了解"微表情"的相关知识，思考如何把该方法运用于对消费者行为的研究。

2. 访谈法

访谈法是通过与消费者交谈来了解其心理和行为的研究方法，可以通过面对面或电话等进行。根据研究问题的性质、目的或对象的不同，访谈法分为一般访谈和深度访谈、结构型访谈和非结构型访谈、个人访谈和集体访谈等形式。

访谈法在理解消费者是如何做出购买决定、产品被如何使用以及了解消费者在生活中的情绪和个人倾向时尤其有用，人们在构思新的产品概念、设计、广告和促销信息时可通过访谈法得到灵感或依据。

小思考

有时，访谈法并不容易实施，例如，电话访谈时，被访谈者很可能应付了事，或者集体访谈时，有人不愿意在群体中表达不同意见。有什么办法能更好地保证访谈的效果？

3. 问卷法

问卷法是根据研究内容的要求，由调查者事先设计调查问卷，向被调查者提出问题，由其予以回答或填写答案，然后汇总调查问卷，进行问卷整理和分析，从中了解被调查者的心理与行为的一种方法。根据操作方式的不同，问卷法可分为邮寄式问卷调查法、入户式问卷调查法、网络式问卷调查法、拦截式问卷调查法和集体式问卷调查法等。

问卷调查只有达到一定数量，相关的统计结果才有意义，当统计数量较少、统计范围较小时，得出的数据就会有很大的随机性。因此，保证调查问卷达到一定的规模非常重要。

4. 投射法

投射法是指不直接对被试者提出明确问题以求回答，而是给被试者一些意义不确定的刺激，让被试者想象、解释，使其内心的动机、愿望、情绪、态度等在不知不觉中投射出来。在消费者行为研究中常用的投射法有主题统觉测验法、造句测验法、漫画实验法和角色扮演法等。

例如，将绘有一个家庭主妇在超市购物的图片给被试者看（见图1.1），然后要求被试者将该主妇内心的想法说出来（即图片"意义"）。由于图上并未提示任何资料，测试人员也并未给任何提示资料，因此，当被试者按自己的理解来解读图中的主妇（如年龄、职业、身份、购买目的）时，就倾向于把自己理解的"意义"投射到这些图上，无疑在一定程度上反映了被试者本人的真实想法。

图 1.1 在超市购物的家庭主妇

5. 实验法

实验法可分为市场实验法和实验室实验法。市场实验法是指在市场环境中，有目的地创设或变更某些条件，给消费者以一定的刺激和诱导，选择一定的实验对象进行调查，来观察和记录消费者活动的表现。例如，调查商品包装对销量影响的程度时，可以选定几家商店，分为甲、乙两组，前几周将旧包装商品交由甲组商店出售，将新包装商品交由乙组商店出售，几周后互换包装。实验结束，就可统计出使用新包装商品的销量相对使用旧包装商品销量的增长率。实验室实验法是指在专门的实验室内，借助仪器和设备进行心理测定分析的方法。例如，通过眼动仪记录消费者在接受广告刺激之后的生理反应。但是这种方法一般难以准确测定复杂、深层的心理活动，应用范围有限。

第三节 消费者行为学的产生和发展

一、消费者行为学的产生和发展阶段

消费者行为学的产生是市场经济发展和消费者地位变化的共同结果。当社会产品供不应求时，企业往往会将注意力主要集中在生产要素方面，很少关注消费者的所思所想；当产品增多，市场从卖方市场转向买方市场时，企业开始考虑消费者需求，重视消费者的利益，"以消费者为中心"的理念逐渐成为企业经营的普遍共识。消费者行为学的理论产生和发展主要分以下几个阶段。

1. 萌芽与初创

19世纪末到20世纪30年代，消费者心理与行为的理论开始出现。例如，1903年，美国心理学家斯科特出版了《广告理论》一书，这标志着消费者行为学的雏形——广告心理学的诞生。随后，有学者出版了《社会心理学》《工业心理学》，分析阐述产品销售中群体、广告、橱窗陈列对消费者的影响等。需要指出的是，在第一次世界大战前后，由于公众普遍对社会感到迷茫，心理学获得了长足的发展，这为消费者行为学理论的创立、发展奠定了基础。

在这一时期，消费者行为学的研究刚刚开始，研究范围比较狭窄，研究方法主要从经济学和心理学中简单移植过来。而且，学者们研究的关注点往往不是现实中的消费者，所得出的结论往往来自受条件控制下的实验室，较少被企业应用到经营活动中，因此尚未引起社会的广泛重视。

2. 应用与发展

20世纪30年代到60年代末，消费者行为学的理论研究快速发展。例如，20世纪50年代，美国心理学家马斯洛（Maslow）提出了需要层次理论。有的学者进行了消费者在购买商品的活动中所表现的品牌忠诚性的研究，或者进行参照群体对消费者影响的研究，或者研究消费中的风险知觉等，从而大大拓展了消费者行为学研究的内容。1968 年美国学者恩格尔（Engel）等人所著的《消费者行为学》被认为是第一本消费者行为学教材。1969 年，霍华德（Howard）和谢思（Sheth）提出的购买者行为理论（The Theory of Buyer Behavior）大大推动了消费者行为学的发展。

3. 变革与创新

20 世纪 70 年代以后，是消费者行为学的变革与创新时期。这一时期，高科技的投入使产品更新加快，新产品令消费者目不暇接，捉摸不定的消费时尚、无规律可言的消费流行给产品销售工作带来了挑战，学者们不得不对消费者行为进行深入、多角度、跨学科的研究。

20 世纪 90 年代以后，消费者行为学的研究主要集中在跨文化影响、消费者决策、消费者价值、消费者介入、消费者体验等方面。

21 世纪以来，对消费者非理性行为的研究成为热点。例如，美国杜克大学行为经济学家丹·艾瑞里（Dan Ariely）指出人们的非理性的"怪诞"行为是大量存在的。美国芝加哥大学行为科学教授、诺贝尔经济学奖获得者理查德·塞勒（Richard Thaler）提出心理账户的概念，认为由于心理账户的存在，消费者在做决策时往往会违背一些简单的经济运算法则，做出许多非理性的消费行为。

二、数字化消费者行为的兴起

21 世纪是网络信息技术快速发展的时期，在信息时代的背景下，消费者行为呈现出数字化特征，主要表现在以下几个方面。

1. 购买方式从线下转为线上

传统上，消费者在商店（也称为实体店或线下）完成购买行为，而互联网的发展使消费者可以通过网络（也称为线上）来完成购买行为。那么，影响消费者具体行为的差异点从商店距离、商店规模、店内产品和品牌、商店装饰环境等转化为电商平台的可信度、网购页面布局的便捷性、配送方式以及售后服务的有效性等。同时，线上和线下融合的趋势越来越明显。例如，消费者买衣服时先到网上搜索、比较、评估，然后到实体店试衣，再在网上完成购买交易。

实际上，随着移动互联网经济的兴起，消费者购买方式逐渐向碎片化转变，消费者可以随时、随地、随性地购物。因此，无论是线上还是线下，加深对消费者心理和行为的了解，提高消费者购物效率和改善其购物体验，为消费者提供更大价值成为商家竞争的关键。

2. 支付方式的数据化

随着现金、支票和自动取款机的使用频率变低，支付方式已经被数字化重塑，向更高效、更快速和更方便的趋势转变。消费者可以通过微信、支付宝、储蓄卡或信用卡等多种支付方式完成付款，给消费带来了极大的便利。

第 51 次《中国互联网络发展状况统计报告》显示，截至 2023 年 9 月，我国网络支付用户规模达 9.43 亿，占网民整体的 87.5%。另外，我国数字人民币试点范围不断扩大，不仅为消费者提供了新型支付工具，还能够提高支付效率，进一步拓宽消费场景。

3. 购买决策受社交媒体的影响

有调查数据指出，75% 的消费者会根据社交媒体做出购买决定，被"种草""拔草"、打卡分享、激发更多人"拔草"，成为年轻消费者的显性特征。因此，品牌与消费者之间的沟通，正从以往基于曝光逻辑的单向模式，逐渐向与消费者双向沟通和互动模式转变。通过社交媒体，品牌和消费者之间形成了紧密的连接，建立深度的信任关系。

因此，对于品牌或企业来说，通过社交平台更好地触达目标消费者，通过发布优质内容吸引并影响目标消费者的购买决策是其实现业绩增长的关键。

小红书：年轻女性的购物指南

随着社交媒体的发展，越来越多的人通过小红书这个独特的社交平台来获取灵感和购物建议。对于喜爱时尚潮流的年轻女性来说，小红书已成为她们的购物指南。小红书上的内容丰富，比如，2023 年风靡一时的牛仔裤搭配技巧、粉嫩色系的妆容教程、流行的手链等。不论你是追求简约潮流还是个性鲜明，小红书都会有适合你的推荐。除了时尚潮物推荐外，小红书还提供专业的购物指南。例如，每个商品都会有详细的介绍和试用心得，你可以通过其他用户的评价了解到商品的优缺点，这样在购物时就能做出更明智的选择。此外，小红书还有众多优惠券和品牌活动，帮助你找到更划算的购物渠道。当然，你也可以在小红书上与其他用户讨论自己喜爱的潮物，交流时尚心得，不断塑造自己的时尚态度和风格，甚至结识一些志同道合的朋友。2023 年 2 月，随着小红书网页版的上线，小红书的功能性和实用性又提高了。

4. 购物体验的重要性正在提升

产品的极大丰富以及购物方式的便捷化，令消费者的购物选择多种多样，选择标准不尽相同。有研究显示，消费者购物时对产品价格的关注度正在降低，而对"能提供令人愉快的购物体验"期待更高。例如，最近流行的全息餐厅就是采用全息技术打造的沉浸式就餐空间，其以丰富的科技元素，吸引了众多消费者的目光。在全息餐厅内，不仅有全息技术为餐厅打造出的独特主题和氛围，当菜品在摆盘时，也会与全息影像相呼应，营造出令人陶醉的用餐体验。

因此，简单的购买交易体验不足以令消费者为之买单，给消费者提供一个场景，营造出良好的氛围，使消费者的口、耳、鼻、眼、心同时感受到"情感共振式"的体验，这种"场景触发式购物体验"正成为商家新的竞争点。

5. 数据驱动的个性化产品及服务

个性化营销亦称定制化营销，其基本做法是量体裁衣式地为消费者提供产品或服务。这一方式成本高、效率低，常常不能令企业获得大规模的发展。但在技术主导的今天，通过大量的消费数据，个性化营销成为现实，同时也使得企业与消费者之间的实时互动成为可能。对消费者画像精准的洞察和对其需求的理解，有助于品牌的进一步细分，触达更加精准的消费群体，实现产品和消费者的完全匹配，为消费者创造更大的价值。

总之，数字化时代的消费者比过去拥有更多的选择自由，购物空间更广阔，消费者与产品、品牌、媒体、社群之间会产生新的变化。同时，消费者行为更加多样、丰富和复杂。

📘 **本章小结**

本章首先阐述了消费者行为学的相关概念，分析了消费者行为的特征，指出消费者行为学是一门专门研究消费者行为活动的产生、发展及其变化规律的学科。消费者行为学的研究内容包括影响消费者行为的心理因素、环境因素和营销因素等。心理学、社会学、经济学和人类学等学科的知识和方法为解释复杂的消费者心理和行为提供了不同的视角。消费者行为学的研究方法主要有观察法、访谈法、问卷法、投射法和实验法等。

消费者行为学的产生是市场经济发展和消费者地位变化的共同结果。消费者行为学经历了萌芽与初创、应用与发展、变革与创新等阶段，逐渐确立其知识体系，发展为成熟的学科。当前，数字化消费者行为的兴起，凸显了科技发展对消费方式和消费模式的作用，使消费者行为更加丰富、多样和复杂。

一、填空题

1. 任何一种消费活动，既包含了消费者的心理活动，又包含了消费者的_____。
2. 消费者行为学主要研究_____，而非生产消费。
3. 消费者行为的研究方法主要有观察法、_____、_____、_____和实验法等。
4. 近些年来，对_____的研究成为消费者行为学新的关注点。
5. 消费者行为学的研究内容既包括影响消费者行为的内部心理因素，也包括_____、_____等两个外部因素。

二、选择题

1. 在产品极大丰富的市场背景下，生产者从以生产者为中心转向以（　　　）为中心。
   A. 供应商　　　　B. 竞争者　　　　　　C. 经营者　　　　D. 消费者
2. 消费者行为的基础是（　　　）。
   A. 消费心理　　　B. 消费习惯　　　　C. 消费环境　　　D. 消费能力
3. 社会再生产活动过程中，（　　　）是最终的目的和动力。
   A. 生产　　　　　B. 分配　　　　　　C. 交换　　　　　D. 消费
4. 可以通过消费者寻找、选择、（　　　）、使用、处置等行为来分析消费者行为的特征。
   A. 购买　　　　　B. 习惯　　　　　　C. 经验　　　　　D. 偏好
5. （　　　）是有目的地严格控制或创设一定的条件，人为地引起某种心理现象与行为的产生，从而对其进行分析研究的方法。
   A. 观察法　　　　B. 实验法　　　　　C. 问卷法　　　　D. 访谈法

三、论述题

1. 如何理解消费者行为的含义？
2. 简述消费者行为学的研究内容。
3. 论述消费者行为学的发展与哪些学科有关。
4. 消费者行为学的研究方法有哪些？不同方法的优缺点有哪些？
5. 简述消费者行为学不同发展阶段的背景及特征。
6. 论述数字化消费者行为的特征。

四、实践题

1. 选择一家面包店进行观察，统计一天中哪个时间段顾客人数最多（最少），观察顾客的特征（年龄、性别等），并统计这些顾客主要买了哪些品类的面包。由此，你得出什么结论？
2. 采用访谈法调查你身边五位同学的手机消费状况，请列出访谈提纲，包括购买原因、手机品牌、价格、购买渠道、使用时间、用后处置等内容。

五、案例分析题

咖啡中除了可以加奶和糖，还可以加苏打水或柠檬汽水，当然也可以加酒，但你想到咖啡和大米的结合吗？请扫描二维码阅读案例，并回答案例后面的问题。

第二篇　心理因素与消费者行为

第二章　消费者心理活动过程

学习目标

学习消费者心理活动过程的相关概念及理论，包括注意、感觉、知觉、记忆、想象、思维、情绪、情感、意志等心理因素；掌握上述心理因素的特点、类型以及表现形式；熟悉并理解不同的心理因素对消费者行为的影响。

导入案例

闻"香"识酒店

海伦·凯勒（Helen Keller）说："嗅觉就像一个强大的巫师，它能在瞬间使你身处千里之外，又能帮你在时光隧道中追忆似水流年。"酒店自然也深谙此道，利用不同的香氛来打造独一无二的味道。

每一个地方的四季酒店都有自己的专属香味。例如：夏威夷毛伊岛四季度假村提供的是以酸橙为基调，混合热带花香和异域木香的香氛；多伦多四季酒店提供的是 ETRO 包装的 VicoloFiori 产品，香调是风信子和柑橘、野蔷薇、麝香和檀香；米兰的四季酒店用的则是意大利品牌 Locherber（洛赫本）的一款有淡淡的棉花香的名为 DOKKI COTTON（豆蔻木棉）的香薰。

丽思卡尔顿酒店及朗廷酒店用的香氛产品

朗廷酒店的招牌香味是 Ginger Flower（姜花香）。这得益于 2006 年朗廷酒店集团与 Brandaroma 合作，推出的招牌 Ginger Flower 香氛。无论你是在伦敦朗廷，还是在上海新天地朗廷，优雅而微妙的淡淡姜花香在你迈进酒店时就会萦绕左右。

丽思卡尔顿酒店的香氛"入乡随俗"，在不同的地区，有着不同的香味。比如，东京丽思卡尔顿酒店因为酒店配色比较暗沉，香氛就是巧克力味的，广州丽思卡尔顿酒店则是黑兰花味的，京都丽思卡尔顿酒店是绿茶味的，天津丽思卡尔顿酒店是月季味的，上海丽思卡尔顿酒店是玫瑰味的。

威斯汀酒店的白茶香氛由香氛品牌 Air Aroma 特别定制，淡雅茶香混着天竺葵和小苍兰的味道，使人闻过就不会忘记，是酒店的"圈粉利器"。

香格里拉酒店可以说是酒店香氛界的典范，拥有独一无二的"香格里拉香氛"。它以香草、檀香和麝香为基调，带有些许佛手柑、白茶和生姜味的别致香气。这种清新淡雅的香氛，萦绕鼻端，令人身心愉悦、放松。无论身处哪里的香格里拉酒店，都会有如邂逅老友般的亲切与熟悉。

启发思考：

1. 为什么不同的酒店要打造自己独特的香氛？
2. 分析酒店香氛对消费者的心理和行为会产生怎样的影响。

第一节 消费者的注意、感觉与知觉

一、消费者的注意

心理学中，注意是指人的心理活动对外界事物的指向与集中，是伴随着感知、记忆、思维等心理过程而产生的一种心理状态。也就是说，当一个人在注意着什么的时候，总是在感知、记忆、思考、想象或体验着什么。在消费者产生购买行为的活动中，注意会与其他心理因素共同作用对消费者心理和行为产生影响。

1. 注意的分类

注意可分为自愿性注意和非自愿性注意。

（1）自愿性注意一般是指有预定目的的，必要时还需做出一定意志努力的注意，也称有意注意或积极注意。例如，当消费者想买一辆汽车时，就会对汽车的相关信息特别感兴趣，主动注意各种汽车广告，即使搜集汽车信息时遇到一些困难，也会尽可能克服，这就是自愿性注意。

（2）非自愿性注意是指消费者的注意来自令人感到新奇、新颖或者令人惊讶、恐惧的事物，或者是面对非预期的状态，而使其反射性地注意到这些信息，也称无意注意或消极注意。例如，你在逛街时，可能会不由自主地被面包店飘出的香味刺激，产生注意，并可能进一步产生购买行为。心理学上认为非自愿性注意属于消费者的条件反射，称这种反应为定向反射。实际上，这种定向反射也是一种保护行为。

消费者行为产生的前提是有足够的刺激物让消费者注意，那么，如何衡量消费者对刺激的注意程度呢？一般用唤醒度来表示。当消费者对刺激的注意程度增加时，他们的唤醒度就会增加。唤醒度增加时会引起消费者的生理反应，如脑波的变化、血压的变化、心跳加快、瞳孔增大，或者出现凝视或眉头紧锁、屏住呼吸等外在表现。

2. 引起消费者的注意

消费者在市场环境中被各种刺激包围，要想让其注意到所有的刺激一般是不可能的，如何使企业的广告、促销、活动等信息引起消费者的注意就非常关键。

（1）刺激的强度。在其他条件相同的情况下，消费者更倾向于注意到强烈的刺激。例如，一道强光、一声巨响、一种浓烈的气味、一种鲜艳的颜色都会吸引消费者的注意。

（2）对比的方法。刺激物在强度、形状、大小、颜色和持续时间等方面与其他刺激存在显著差别时，会引起消费者的注意。例如：在彩色杂志上面放一张黑白的图片会更醒目；喧闹的大街上，大声说话不一定会引起他人的注意，但在寂静的夜晚耳语也有可能引起他人的注意。

（3）活动和变化。活动和变化的刺激物比不活动、无变化的刺激物更容易引起消费者的注意。例如，理发店门口的霓虹灯招牌一亮一暗地闪烁，很容易引起消费者的注意。

（4）意外或新异性。千篇一律、刻板、多次重复的事物很难吸引消费者的注意，出乎意料的刺激更能引起消费者的注意。例如，图 2.1 中是生发油品牌加美乃素的一款广告：一枚鸡蛋竟然长出了头发，是不是很吸引人的注意？其对应的广告语为 "Be careful with the Kaminomoto" （小心加美乃素）。

图 2.1　让鸡蛋长出头发——一款生发油的广告

（5）大小或规模。在其他条件相同的情况下，大的东西比小的东西更有吸引力。例如，高速公路旁边大的广告牌比小的广告牌更能引起司机的注意，报纸上广告版面越大就越能引起读者的注意；同样，超市里大的商品堆头广告更容易让顾客注意到。

山姆的"巨型泡面桶"

2023 年 6 月 29 日，深圳前海山姆旗舰店（Sam's Club）开业，限量售卖一款名为"合味道泡面桶"的商品。这款泡面桶造型夸张，高达 45 厘米，售价 168 元，每人限购 2 桶。开业当天，这款限量版"巨型泡面桶"火爆全场，一上架就被抢光。随后，社交平台上有不少网友晒出了泡面桶的开箱视频。开箱视频显示，该巨型泡面桶为纸制，内部一共有 3 层，含 24 个小桶装泡面，共计 7 种风味，颇吸引眼球。事实上，这并非山姆首次推出巨型包装产品，此前就相继推出过 4.5 千克的瑞士定制三角巧克力，还有 1.5 米高的超级大包乐事波浪薯片，均取得了很高的市场关注度。

二、消费者的感觉

感觉是人脑对直接作用于感觉器官的各种客观事物个别属性的反映。根据刺激物的性质以及其所作用于感官的性质，可以把感觉分为外部感觉和内部感觉。外部感觉是指接收外部刺激、反映外界事物个别属性的感觉，包括视觉、听觉、味觉、嗅觉和触觉。内部感觉是指接收机体本身的刺激，反映机体的位置、运动和内部器官不同状态的感觉，包括位置觉（也称作平衡觉）、运动觉和机体觉三种。本书研究的主要是消费者的外部感觉。

已有研究表明，人们对外界的感觉主要是通过视觉（87%）、听觉（7%）、嗅觉（3.5%）、味觉（1%）、触觉（1.5%）等获得的，可见，视觉是人们获得信息的最主要渠道。

在消费者行为产生过程中，消费者会借助眼、耳、鼻、舌、皮肤去感知商品，从而产生视觉、听觉、嗅觉、味觉和触觉等。

消费者通过感觉获得的是对商品属性的个别、孤立、表面的认识，因此还不能据此对商品做出全面的评价和判断。但感觉是知觉、记忆、情绪等较复杂的心理活动产生的基础，是消费者理解商品的开始。

玉兰油身体乳这样的产品受到人们的喜欢，是因为它能使皮肤润滑。

（一）感觉的一般规律

1. 感受性和感觉阈限

感受性是指感觉器官对刺激物的强度及其变化的感受能力。感受性通常用感觉阈限的大小来衡量。例如，对人眼的适宜刺激是波长为 380～780 纳米的电磁波，在这个可见光谱的范围内，人脑通过接收来自视网膜的传入信息，可以分辨出视网膜成像的不同亮度和色泽，因而可以看清视野内的发光物体或反光物体的轮廓、形状、颜色、大小和表面细节等。

因此，并不是任何刺激都能引起消费者的感觉，要想使消费者产生感觉，刺激物的刺激强度就必须达到一定的量。心理学上把刚刚能够引起感觉的最小刺激量，称作绝对阈限。

对绝对阈限的觉察能力，就是绝对感受性。绝对感受性是消费者感觉能力的下限。凡是没有达到绝对阈限的刺激物，都不能引起消费者的感觉。

在刺激物引起感觉之后，如果刺激量发生变化，但变化极其微小，则不一定被消费者察觉。心理学上把刚刚能够觉察到刺激物的最小差别量称为差别阈限。比如，促销时汽车价格下降 1%～2%时，消费者并不一定能立即觉察，但如果降幅为 10%～20%，则会立刻引起消费者的感觉。

👓 **视野拓展**
差别阈限在广告和营销中的运用

什么是掩蔽效应?

掩蔽效应是指当强的刺激给人的感觉掩盖了弱的刺激给人的感觉时,人只能感受到强的刺激而感觉不到弱的刺激。例如,火车的轰鸣声掩盖了教室里老师的讲课声音。除了听觉中可能出现掩蔽效应,在其他感觉中也会出现。例如,在亮度变化剧烈的背景上,在黑白跳变的边沿上,人眼对色彩变化的敏感程度会明显地降低。这些都体现了亮度信号对彩色信号的掩蔽效应。

2. 感觉适应性

感觉适应性是指随着刺激物持续作用时间的延长,感受性发生变化的现象。感觉适应性是感受性变化的普遍现象,它既可以提高感受性,也可以降低感受性。我国古语"入芝兰之室,久而不闻其香;入鲍鱼之肆,久而不闻其臭"形容的就是感受性的降低。与此类似,当我们从强光下走进暗室(如电影院的放映厅),起初什么也看不见,几分钟后,就能看到周围的事物,这是因为感受性提高了。

显然,感觉适应性引起感受性降低,对企业营销中需要持续激发消费者的购买欲望是不利的。要改变这一现象,使消费者保持对消费刺激有较强的感受性,就要调整刺激的作用时间,经常变换刺激物的表现形式。例如,商店通过定期改变商品陈列布局营造新鲜感,避免消费者因感受性降低而产生审美疲劳。

关于视网膜效应

视网膜效应是指当我们拥有一件东西或一项特征时,就会比平常人更关注别人是否跟我们一样拥有这件东西或具备这种特征。例如,一个怀孕的女人会发现自己身边有很多孕妇,一个染了头发的人会发现身边很多人都染了头发,一个大龄未婚的人会发现身边有这么多单身未婚的人……这些都是由视网膜效应造成的。视网膜效应的产生是由于人的意识焦点锁定在某个点上的时候,人们对这个对象就会变得全神贯注,从而对其他事物视而不见。因此,视网膜效应也可以说是"你关注什么,你就能看见什么"。

3. 感觉对比性

感觉对比性是指同一感官因同时接收两种刺激或先后接收两种刺激,感觉的强度和性质发生变化的现象。感觉对比性可分为同时对比现象和继时对比现象。

同时对比现象如图 2.2 所示。同样明度、同样大小的小方格,分别放在浅色和深色的背景上,我们会感觉到放在浅色背景上的方格比放在深色背景上的方格颜色暗一些。

小思考

颜色对比常被色彩设计师用来加强图案设计的视觉效果,在纺织、服装、印染工艺中大行其道。试举例说明。

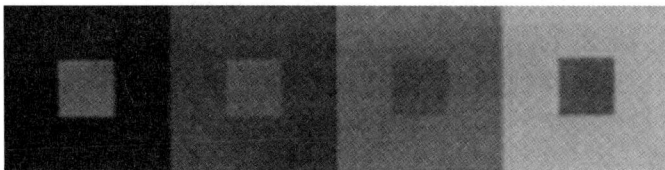

图 2.2 同时对比现象

继时对比现象在我们的日常生活中也很常见。例如,当你吃一个梨觉得梨很甜,但如果你吃了糖之后再吃梨,就会觉得梨没有那么甜了,这就是感觉的刺激物先后作用于同一感官产生的对比现象。

4. 感觉的联觉性

感觉的联觉性是指一种感觉引起另一种感觉的心理过程。比如，听到尖锐刺耳的声音会让我们不寒而栗，这就是联觉现象。再如，红色让人感到温暖，绿色让人冷静，颜色给人的冷暖感觉也是一种联觉现象。

消费者在同时接收多种消费刺激时，经常会出现由感觉间相互作用引起的联觉现象。例如：在优雅柔和的音乐声中挑选商品，对色泽的感受力会明显提高；进餐时色泽鲜亮的菜肴会使人的味觉感受增强。超市在果蔬销售区的墙上挂大幅果园菜地的图片，在奶制品销售区配上草原牧场的背景，也是通过调动消费者视觉的联觉性，引导消费者的心理变化，进而使其产生购买行为。

📖 知识点滴

色彩疗法有用吗？

色彩疗法是近年来愈加被重视的一种治疗方法。美国心理学家对一家医院的病房、门窗、墙壁、家具、床单、灯光等设置了不同的颜色，以观察、测量颜色在治疗中的作用。结果表明，颜色对病人确实具有刺激、镇静和治疗的作用。例如，红色和黄色可能激发病人的希望、欲望、兴奋等情绪，当然红色不宜过多，否则易使人神志紊乱。有科学家的研究也证明，医院墙壁刷上淡绿色、浅黄色，可使病人情绪镇定，对其有安神作用，有助于其恢复健康；让高血压患者戴上有色眼镜，有助于降低其血压；蓝色对感冒有良好的治疗和预防作用；紫色可使孕妇得到安慰等。

（二）感觉对消费者行为的影响

1. 感觉使消费者获得对商品的第一印象

感觉是消费者认识商品的起点，只有通过感觉，消费者才能认识和分辨商品或服务的各种基本属性；只有在感觉的基础上，其他高级、复杂的心理活动才能得以产生和发展。因此，感觉可以使消费者获得对商品的第一印象，而第一印象的好与坏、深刻与否，往往决定着消费者是否购买该商品。

📖 知识点滴

包装的吸引力

日本包装设计师笹田史仁在《0.2秒的设计力》一书中写道："购物的客人在经过货架前，让商品映入眼帘的时间只有0.2秒。要想让客人在这个瞬间惊叹一声'哇'并且愿意驻足停留，那就必须靠抢眼的包装。"所以，包装不仅是一个附加物，它对消费者形成对商品的第一印象非常重要。很多品牌都在包装上大动脑筋，其目的就是想努力通过包装设计来吸引消费者的注意。

2. 感觉引发消费者的情绪

消费者对客观事物的感觉可以影响其情绪状态。例如，美好的用餐体验可以使人心情大好，嘈杂的商场会使人心烦意乱。可见，客观环境给予消费者感觉上的差异，会引起其不同的情绪感受，从而使其产生不同的心境，对消费行为可能产生较大的影响。

给消费者创造一种积极的情绪状态是有价值的。例如，星巴克能吸引很多消费者是因为其能为消费者创造一个轻松的环境，使消费者沉浸在香浓的咖啡香味中，获得轻松愉悦的体验。

👓 视野拓展

嗅觉对人的影响

美国某研究机构的研究结果表明，人们回忆一年前的气味时准确度为66%，然而回忆三个月前看过的照片，准确度仅为55%。可见，有时嗅觉记忆比视觉记忆更可靠。因此，用香味促进销售成为商家的一种新选择。香味营销是利用怡人的香氛来牵动顾客的情绪与记忆，让顾客犹如身临其境，给其美的感受，自然会对其购买行为产生影响，以此来达到营销的目的。

美国一家公司尝试以杂志的"香页"做香水广告，"香页"广告通常夹在女性杂志和家庭装饰类杂志中。其方法是在"香页"上洒上细微的香水滴，撕开广告便会有香味溢出，浓淡相宜，十分诱人。正如本章导入案例所述，酒店业已普遍采用酒店香氛的方式带给顾客愉悦的空间体验，为顾客营造一个健康、愉悦的消费环境。据说，闻到香格里拉酒店的香氛，可以纾解乡愁、化解不安的情绪。

3. 感觉的特性成为企业制定营销策略的依据

在市场营销活动中，企业做广告、调整商品价格和推销商品时，向消费者发出的刺激信号强度应当与消费者的感觉阈限相适应。刺激信号太弱，不足以引起消费者的感受；而刺激信号太强，则会使消费者承受不了，适得其反。例如，如果降价幅度过小，刺激不够，消费者感受不到，就不会购买；而降价幅度过大，消费者又可能会怀疑商品的质量。

当前，随着消费者生活水平的提高，消费者凭感觉购物的行为大大增多。正如麦当劳的广告语"I'm lovin' it"（我就喜欢）一样，只要让消费者产生了感觉，让消费者喜欢了，消费者就会产生购买行为。

> **小思考**
>
> 有时消费者喜欢某种产品，正是因为它们没有气味，例如无气味的消毒剂、无气味的洗涤液以及无气味的纸巾等，你能举更多的例子吗？另外，消费者对气味的偏好存在地区、文化差异。例如，作为北方人的你喜欢吃南方的臭豆腐吗？作为南方人的你喜欢吃北方的麻酱吗？

三、消费者的知觉

知觉是人脑对直接作用于感觉器官的客观事物的整体反映。在现实生活中，消费者通常以知觉形式反映商品等消费对象，而不是孤立地感觉商品的某个属性。知觉的形成决定了消费者对商品信息的理解和接受程度，而知觉的正误偏差制约着消费者对商品的比较和选择。

知觉与感觉的区别可以从其定义来理解，两者的联系表现在知觉应以感觉为基础，并且一个人感觉到的个别属性越丰富、越充分，对客观事物的知觉就越完整、越正确。

需要注意的是，知觉不是把感觉简单地相加，而是借助于人的知识和经验，对感觉到的信息进行加工解释而产生的。因此，知觉比感觉更复杂，对消费者的影响更直接。

知识点滴

人的时间知觉

人具有判断时间间隔精确性方面的知觉能力。一般来说，视觉辨认间隔性的精度为 1/20～1/10 秒，触觉辨认间隔性的精度为 1/40 秒，而听觉辨认间隔性的精度可达 1/100 秒。在时间知觉中，人的个体差异和误差较大。人的时间知觉与自身活动的内容、情绪、动机、态度有密切关系。内容丰富有趣的活动会使人觉得时间过得很快，而内容贫乏枯燥的活动则会使人觉得时间过得很慢；积极的情绪会使人觉得时间短暂，消极的情绪会使人觉得时间漫长；期待也会使人觉得时间过得较慢。

（一）知觉的特性

图 2.3　知觉的选择性

知觉是消费者对消费对象的主观反映过程，这一过程受到消费对象的特征和个人主观因素的影响，从而表现出独有的特性。

1. 选择性

知觉的选择性是指人们从可能会接收的各种刺激信号中有选择地进行接收、加工和理解。在图 2.3 中，如果把白色作为感知对象，那么在黑色的背景下，你会看到一个白色的花瓶；如果将黑色作为感知对象，那么在白色背景下，你看到的则是两个相对注视的黑色侧面人的头像。可见，在转换不同的对象与背景时，对同一图案会有两种不同的判断，而这正是由所选择的信息不同造成的。

心理学研究表明，一个人每天置身于大量的信息之中，在同一时间内各种刺激也是极为丰富、复杂的。消费者限于感受能力、需求、兴趣等因素的不同，只能选择性地把其中一部分刺激作为信息进行接收、储存、加工和理解，于是就出现了知觉的选择性。消费者知觉具有选择性的原因有以下三个。

小思考

在课堂上，教师的声音成为学生知觉的对象，而周围环境中的其他声音便成为知觉的背景。如果知觉对象和知觉背景转换，会产生怎样的情况？

（1）消费者的感觉阈限和人脑信息加工能力的限制。凡是低于绝对阈限和差别阈限的较弱小的消费刺激，均不能被消费者的感觉器官感受，因而也不能成为其知觉的选择对象。而受人脑信息加工能力的限制，人们无法在同一时间内对所有感受到的信息进行加工，只能对其中一部分进行综合解释，形成知觉。

（2）消费者的需要、欲望、态度、偏好、价值观、情绪、个性特征等对知觉选择性有影响。例如，符合人们需要的刺激物往往首先成为人们选择的知觉对象，而与需要无关的刺激物则经常被忽略。

（3）防御心理对知觉选择有很大的影响。趋利避害是人的本能，当某种带有伤害性或于己不利的刺激出现时，消费者会本能地采取防御姿态，关闭感官通道，拒绝信息的输入。

2. 整体性

知觉的整体性也称为知觉的组织性，是指人们根据自己的知识、经验把直接作用于感官的不完备的刺激整合成完备而统一的整体，以便全面、整体地把握该事物。尽管图 2.4（a）中的黑点没有用线连起来，但我们仍能看到一个三角形和一个正方形。同样，人们对事物个别属性的知觉依赖于事物的整体特性，如我们看到图 2.4（b）的缺口三角形时，仍能将缺少的部分补足，形成上下两个完整的三角形，在此过程中，过去的知识和经验常常能提供补充信息。

知觉的整体性经常表现在对消费对象特征的联系和整合上。比如，消费者会把商品的性能、款式、品牌、包装、质量、价格等不同属性综合起来，形成对该商品的整体评价和印象。例如，屈臣氏的主打产品——面膜比较便宜，就会让消费者产生屈臣氏所有商品都便宜的感觉，即使有的商品比其他商店价格高，也可能会被消费者忽略。又如，有的品牌运用知觉的整体性进行品牌延伸，推动消费者对新产品的认知和接受。

3. 理解性

知觉的理解性是指人们在识别事物的过程中，不仅知觉到对象的某些外部特征，而且还可以利用自身的知识、经验对知觉的对象按自己的意图做出解释，并赋予其一定的意义。

知识、经验在知觉理解性中的作用主要通过概念和词语来实现。语言的指导能唤起过去的经验，从而理解其意义。由于每个人自身的知识、经验不同，对图 2.5 所示的事物可以有多种解释。如果说图中是一条公路，你立刻会理解其意义；如果说这是从窗口看到的长颈鹿的脖子，你也会领会其意，这就是语言在理解中的作用。消费实践、知识、经验的不同，会造成不同消费者之间在知觉理解能力和程度上的差异。

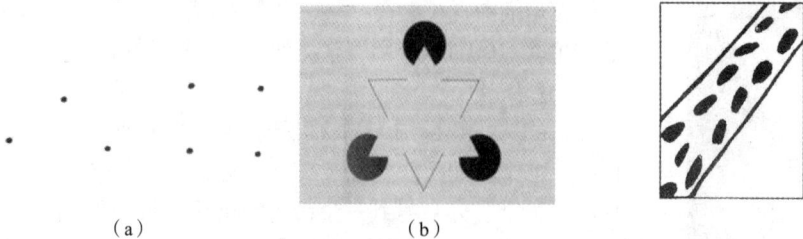

（a）　　　　　　　　　（b）

图 2.4　知觉的整体性　　　　　　图 2.5　知觉的理解性

4. 恒常性

当知觉的客观条件在一定范围内发生了变化，被感知对象的映像却在相当程度上保持着它的稳定性，这种现象就称作知觉的恒常性。当一个人距离我们很远（10 米或 20 米）时，我们不会因为距离和视角的改变，而改变对这个人身高的知觉，依然会觉得他还是原来的身高，如图 2.6 所示。再如，图 2.7 中这扇门从关到开，无论怎样，我们都知道它依然是一扇长方形的门。

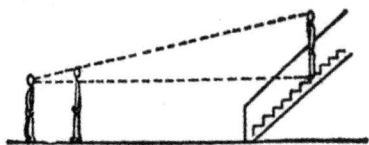

图 2.6　视觉的恒常性

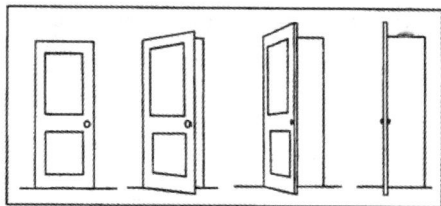

图 2.7　形状的恒常性

知觉的恒常性反映在消费者的行为上就是消费者能够避免外部因素的干扰，在复杂多变的市场环境中，仍然可以保持对某些产品的一贯认知。恒常性还可以使消费者倾向选择自己熟悉、常用的产品，以减少购买风险，但同时也容易导致消费者对老产品产生心理定式，阻碍新产品的推广。

（二）消费者的知觉偏差

由于知觉具有解释性的特征，但这种解释是建立在人们以往知识、经验以及自身主观愿望的基础上的，这样难免会出现歪曲知觉的现象，导致知觉偏差。常见的知觉偏差主要有以下几种。

1. 首因效应

首因效应是指人们初次接触刺激物（如商品或服务）所形成的第一印象，以及对以后的行为、活动和评价产生的影响。例如，如果消费者对某个商店环境的第一印象好，那么对该商店的其他方面就会显得比较宽容，也比较容易对其产生好感；反之，则易形成全盘否定的态度。

2. 近因效应

近因效应是指最后的印象会对人的认知产生重要的影响。消费者完成购买过程最后阶段的感受、离开商店时所得到的信息和印象、最近一次购买行动的效果，都可能产生近因效应。近因效应有正向、负向之分，对下次购买行为会产生积极或消极的影响。所以，商场的收银员在顾客付款后离开商店的时候，面带微笑地对顾客说一句"谢谢惠顾，欢迎下次光临"是必要的，会给顾客温馨亲切的感觉，这种感觉会使顾客再次光顾商店。

在知觉偏差中既存在首因效应，又存在近因效应，那么，如何解释这看起来似乎矛盾的现象呢？换言之，究竟在何种情况下首因效应起作用，在何种情况下近因效应起作用呢？社会心理学家对此的解释并不是唯一的。美国心理学家洛钦斯（Lochins）认为：当两种信息连续被人感知时，首因效应明显；而当两种信息断续被人感知时，起作用的则是近因效应。有的心理学家指出：认知者在与陌生人交往时，首因效应会起较大的作用；而认知者与熟人交往时，近因效应则会起较大作用。

视野拓展

"首因""近因"，谁说了算？

当我们第一次和陌生人见面时，无论感觉好还是坏，都会在头脑里形成定式，并占据一定的位置，所以我们总爱提醒自己要给人留下好的第一印象。比如求职面试，很多人事先要做很多功课，因为给面试官的第一印象的好坏将决定你是否能被录用。心理学家的实证分析表明，顾客进入商店后只需 8 秒就会形成对商店的印象，而只需两秒就会形成对商品的印象。由于顾客第一印象的形成会对此后的购买行为产生决定性的影响，所以，商家要重视给顾客留下一个好的第一印象。

当然，这个好印象并不等于是永远不变的印象。商家还需要做出很多努力，否则就会被近因效应打败。近因效应与首因效应不一样，它是指最近获得的新信息给人留下的印象，它对改变原来的印象起着重要作用。生活中，我们常常会遇到这样的事情：一开始你觉得这个人不错，举止得体、谈吐高雅，但经过一段时间的交往，会越来越觉得他平庸粗俗。新信息在头脑中经过整合后，产生了一个新感觉，旧感觉就会被推翻。我们每个人可能都有过推翻自己原来感觉的经历。

3. 光环效应

光环效应又称为晕轮效应，是指通过事物的某一方面做出对事物的整体判断。这种判断容易产生爱屋及乌、以偏概全的认知偏差。例如，在此效应下的追星现象或个人崇拜等。如果消费者对某个品牌的某一特性有坏的印象，由于光环效应，就认为这个品牌的其他特性也不好，可能就排斥购买。

4. 刻板效应

刻板效应又称为刻板印象，是指人们对某一类人或事物持有固定的看法，并影响其行为。例如，人们普遍认为包装精美的商品质量也应该不差。

刻板效应简化了消费者对商品或商店的认识，使其能迅速洞悉概况、做出判断，节省时间和精力。例如，化妆品专柜一般设在百货商场的一楼，这已在消费者的头脑中形成了刻板印象，如果需要买化妆品，就会自然地到商场的一楼寻找。所以，商场在设计和布局时，要充分考虑消费者已经形成的各种消费习惯（刻板印象）。当然，刻板效应往往可能形成偏见，有时会对人产生误导。

5. 投射效应

投射效应是一种以己度人的错觉，以自己所具有的观念和想法去判断别人。例如，以为自己所具有的优良品质，别人也都有；以为自己不骗人，所以别人也不会骗自己。当人们的投射得到验证时，就会产生一种满足和被认同的感觉。有的商店在促销时常利用消费者的投射心理，如促销时营造货架上的商品销售一空、供不应求的氛围，就会使消费者产生这里促销力度大、商品便宜且被多数人认可，自己买也不会错的心理，这样能极大地激起消费者的购买欲望。

6. 错觉现象

人们知觉的结果与实际情况不符的这种现象被称为错觉。实际上，在日常生活中，错觉现象非常普遍。例如，当月亮在天边刚升起的时候，我们觉得它很大，当它升到头顶上时，我们就觉得它小多了，但月亮本身并没有变化。同一个事物，由于视角不同、参照物不同，得出的结论就会有差异。错觉有大小错觉、图形错觉、空间错觉、时间错觉、方位错觉等，如图 2.8 和图 2.9 所示。

错觉的产生并不一定是坏事，相反，巧妙地运用错觉能收到意想不到的效果。例如，电梯间、理发店、小餐馆等可以在墙面装上镜子使狭小的空间显得没有那么拥挤。对于着装来说，人们希望通过"理想的错觉"来达到理想的穿衣效果。例如，上下身穿同色的衣服会让身材更显苗条，V 形领衬衫可以让脸看上去更小。又如，图 2.10 中的服装结合人体曲线，通过不同宽度的黑白条纹让人产生视错觉，使服装的结构更加清晰，凸显流动感。

另外，在制定价格策略时，也可以灵活地运用错觉现象。例如，顾客对"99尾数定价法"产生以下两种心理：一是该商品的价格是经过仔细核算的，即使差那么一点商家也不将其凑成整数，就会让顾客感觉更放心；二是感到商品比

微视频
让人惊讶的视错觉

较便宜。例如，一支笔定价9.99元，让顾客觉得很便宜，因为花了不到10元，虽然只与10元差1分钱。目前，商品定价采用99尾数定价法非常普遍。

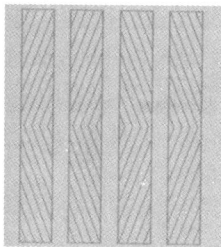

图2.8　直线和曲线形成的错觉

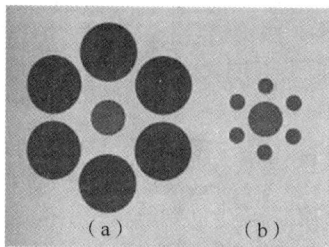

（a）　　　（b）
图2.9　图形大小形成的错觉

图2.10　时装秀

第二节　消费者的记忆、想象与思维

一、消费者的记忆

记忆是过去的经验在人脑中的反映。具体来说，记忆是人脑对感知过的事物、思考过的问题、体验过的情绪或做过的动作的反映。

（一）记忆的类型

记忆是人脑的重要功能之一，也是消费者认知过程中非常重要的心理因素。正是因为有了记忆，消费者才能把过去的购物经验保存起来，经验的积累推动了消费者心理的发展和行为的成熟。如果没有记忆，就无法形成经验，对消费者的行为是不利的。

根据内容的不同，记忆可分为以下四种类型。

（1）形象记忆。形象记忆是指以感知过的事物形象为内容的记忆。形象记忆是消费者大量采用的一种记忆形式，如对冰箱的颜色、形状、规格等方面的记忆就是形象记忆。

（2）逻辑记忆。逻辑记忆是指以概念、判断、定理、规律为内容的记忆。这类记忆以抽象逻辑思维为基础，具有概括性、理解性和逻辑性的特点。例如，对空调的功能、性能等方面的记忆。

（3）情绪记忆。情绪记忆是指以过去体验的某种情绪或情感为内容的记忆。情绪记忆具有鲜明、生动、深刻、情境性等特点。例如，某天你因用了一款口红受到同事的夸赞，心情大好，并记住了口红的牌子，这种记忆往往比其他类型的记忆更牢固。企业在做品牌宣传时，如果能调动消费者的情绪，使其产生情感体验，就会让消费者的印象更深。

（4）运动记忆。运动记忆是指对做过的动作或运动内容的记忆。例如，骑自行车、游泳时的肢体动作会在头脑中留下一定的"痕迹"，这就是一种运动记忆。超市在做榨汁机的促销时，销售人员常会不停地演示榨果汁的操作，实际上就是运用运动记忆增强消费者记忆的一种方法。

另外，记忆还可以根据保持的时间长短分为瞬时记忆、短时记忆、长时记忆。其中，长时记忆对消费者知识和经验的积累具有重要作用，并且会影响消费者的购买选择和决策。

小思考

你在一家餐厅吃饭，如果遇到了特别差的服务，说不定你会和服务员大吵一架。这时，情绪创造了感官的回应，并留在记忆中。基于这样的记忆，你还会来这家餐厅吃饭吗？

微视频
记忆的产生和遗忘

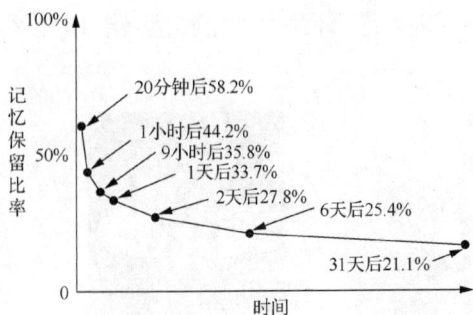

图 2.11 艾宾浩斯遗忘曲线

（二）遗忘及其规律

遗忘是和记忆相反的心理过程，是指对识记过的事物不能再认或回忆，或者表现为错误的再认或回忆。

记忆是有规律的，同样，遗忘也是有规律的。1885 年，德国心理学家艾宾浩斯（Ebbinghaus）研究得出遗忘曲线，如图 2.11 所示。可以看出，人们遗忘的规律是先快后慢。了解遗忘的规律，对企业有针对性地采取营销措施具有重要启示。

第一，由于独特、不寻常的信息较少受到遗忘的干扰，具有更大的记忆潜力，因此，企业在设计广告或者进行促销时，主题和特色必须鲜明。

第二，由于呈现信息的顺序会影响对信息的记忆，且信息的中间部分最容易被遗忘，因此，在向消费者提供信息时，要尽可能将最重要的部分放置在开头或结尾。

第三，遗忘信息的恢复依赖于某些线索，这些线索会促进对识记材料的回忆。为此，商品的包装、陈列以及广告等都应考虑利用相同的线索来帮助消费者回忆已经遗忘的信息。

（三）记忆对消费者行为的作用

消费者在进行消费活动时不仅需要新的信息和知识，同时还需要参照以往对商品或服务的体验、知识和经验。对企业来说，在了解消费者记忆特点的基础上，可以采取以下几种方法加强消费者记忆，使其在消费者行为中发挥更大的作用。

1. 通过品牌命名增强消费者记忆

为了让消费者记住品牌，为品牌起一个简短、醒目、有特色的名字是必要的。例如"可口可乐""美的""苹果""小米"等都是品牌命名成功的典型范例。

视野拓展

SONY名字的由来

SONY（索尼）是日本的大型综合性跨国企业集团，是全球高端显像领域品牌，其涉猎领域涵盖消费电子、移动通信、游戏、电影、音乐、网络服务、金融服务、专业产品等。创业之初，SONY 有一个不太吸引人的名称"东京通信工业"。创始人盛田昭夫与井深大有感于 RCA（美国广播唱片公司）与 AT&T（美国电话电报公司）名字的简短有力，决定将公司名称改成由四五个英文字母拼成的名字，并要求这个名字既作为公司名称又要成为产品品牌名称，所以一定要令人印象深刻。经过长期研究，盛田昭夫与井深大觉得拉丁文 SONUS（表示"声音"之意）还不错，与公司产品的性质相吻合，于是将其英语化，改为 SONNY，其中也有"可爱"之意。但是日文发音的 SONNY 的意思是"赔钱"，为了适应日本文化，就把第二个"N"去掉，"SONY"由此诞生。在过去的几十年中，SONY 已成为世界上最有名望的品牌之一。"在任何语言中，SONY 都没有什么实际意义，但是，在任何语言中，SONY 的发音都一样。"简短、有力、好记，成为这个名字的特点。盛田昭夫在其自传《日本制造》一书中评价道："这就是我们的名称所具备的优势。"

2. 在广告宣传中加强消费者记忆

（1）精练的广告内容有助于加强消费者的记忆。在广告宣传中，采用简洁有力、易写易读、形象概括的词句，设计有节奏、重复的语言，用让人易于领悟的词语或成语，生动地把商品形象、商品品质、经营特色和服务特点等内容传达给消费者，来加强其记忆中所保留的有关事物的形象或使用的情景与经验。

（2）直观和形象的信息传递有助于消费者的识别。在广告宣传中，有意识地采用直观和形象的表达手法，不仅可以有效吸引消费者的注意，还可以给其留下深刻的记忆。例如，展示实物商品时的动态速写、服务环境的模拟图像，或用形象化的语言对商品品质、使用效果进行描述，都可以使消费者对商品信息留下深刻的记忆。

微视频

重复性广告示例

（3）适度重复有助于消费者保持记忆。适度重复不仅可以增加信息在短时记忆中停留的机会，而且有助于将短时记忆转化为长时记忆。所以，在传递广告信息时，特别是新产品的广告，应尽可能多次重复有关内容，因为重复可以加强记忆，增强人们的熟悉感，提高其购买的可能性。但要注意，过度的重复可能引起感觉的疲劳，降低新奇性，甚至让人产生厌恶感。为避免出现这种情况，同一产品的广告应注意表现形式的多样性和重复时间的间隔性与节奏性，以保持新鲜感。

小思考

服装的橱窗设计是陈列师利用模特、服装、道具、背景、灯光，展现品牌的个性和形象，使观看者发挥自己的想象力。回忆你最近看到的哪个橱窗设计能让你的想象"飞"起来。

（4）品牌效应使消费者不断再认和回忆。一旦某一产品形成了正向的品牌效应，那么该产品销量自然会增长。因此，要通过广告创造正向的品牌效应，让消费者记住品牌的名称、功能、定位、特点等信息，创造使消费者长期购买的条件。

二、消费者的想象

想象是人的大脑对记忆所提供的材料进行加工，从而产生新的形象的心理过程。

根据想象是否有目的性，想象分为无意想象和有意想象。无意想象是没有特殊目的、不自觉的想象，当消费者在外部刺激的作用下不由自主地想象某种消费对象的形象时，就是无意想象。有意想象是带有一定的目的性与自觉性的想象，当消费者按照自己的某种消费需要和意向有目的地想象时，所表现出来的想象形式就是有意想象。

想象对消费者和企业营销的影响体现在以下几方面。

1. 想象在消费者购买时发挥作用

消费者的想象与其他心理过程有深刻的内在联系。例如，想象以记忆为基础，记忆表象就是想象的素材；而想象过程总会伴随着一定的情感体验；同时，想象还可以成为意志过程的内部推动力。所以，消费者在评价、购买商品时常常伴随想象。消费者买或不买某种商品，实际上要看商品是否和想象中的追求相吻合，相吻合就购买，不相吻合则拒绝购买。例如，你为了参加同学聚会去购买衣服，面对商场琳琅满目的服装，你就会想象哪件衣服与聚会的场景相配，并产生相应的想象画面，这种想象加速或者决定了你最终的购买。

2. 想象对企业营销活动的影响

企业利用消费者的想象心理，可使某些产品具有特定的象征意义，成为吸引消费者购买的关键因素。例如，企业的名称、品牌的名称和广告语都能引起消费者的想象。比如，可口可乐的"挡不住的感觉"、百事可乐的"渴望无限"等广告语都会引起消费者美好的想象和对产品的良好情感。因而，企业在产品设计、产品定位和宣传上都要注意到消费者的这种心理活动，使产品无论在功能设计、外观式样还是在命名上，都能引发消费者的美好想象，促使其产生购买行为。

3. 运用想象心理进行广告设计

好的广告设计可以利用消费者的想象心理，让广告作品在人的头脑中形成一个念头或画面，使消费者领会广告创意。运用想象心理进行广告设计需要把握以下几点。

（1）想象的准确性。要想发挥想象心理的作用，应尽可能对广告所要表达的产品属性、市场需求、消费心理、社会属性的准确性加以协调。例如，有的药品广告标榜"奇药、奇效"，却没有把药品的基本信息传达给消费者，就有虚假宣传之嫌。

（2）想象的自然性。广告创意中的想象应当遵循大众的思维方式、思维规律，发掘想象中的积极方面，避免消极方面。例如，农夫山泉矿泉水的广告词"农夫山泉有点甜"，充分发挥了消费者想象的积极心理暗示作用，使消费者在饮用农夫山泉矿泉水时，可以通过积极的心理暗示，认可广告中所表述的"有点甜"。

图2.12 肯德基的"火辣脆鸡"广告

（3）想象的巧妙性。广告创意中的想象应当既在情理之中，又在意料之外，以达到出奇制胜的效果。例如，图2.12中肯德基的"火辣脆鸡"广告，用肯德基炸鸡的松脆外壳来替换火箭和赛车喷发的火焰（喷气），让观者想象肯德基"火辣脆鸡"的松脆感和辣度，构思非常巧妙。

三、消费者的思维

思维是人脑对事物的一般属性和事物内在联系间接、概括的反映，是心理活动过程的高级阶段。间接性和概括性是思维过程的首要特征，这可以用下面的例子来解释：早晨你推开窗，天空晴朗，地上却有水，所以你判断昨晚应该下雨了，虽然你并没有看到下雨。这就是思维的间接性。同样，如果一个消费者多年使用华为手机，从来没有维修过，那么他就会得出华为手机质量好、值得信赖的概括性结论。

通过思维，消费者对事物的认识不再停留在感知和记忆的阶段，而是利用已经感知和记忆的材料，进行分析、综合、抽象、概括等思考活动，把感性认识升华到理性认识阶段，从而获得对事物的本质和内在规律的认识。例如，某消费者利用知识和经验推算房地产的价格走势，以确定自己是否要买房。有关这方面的知识往往单凭感知是得不到的，必须借助经验，通过大脑的思考来完成。

1. 消费者的思维过程

思维主要包括分析、比较、评价等几个过程。在实际消费活动中，思维的几个过程往往交织在一起。

（1）分析过程。分析过程是指消费者在头脑中把整体的事物分解成各个部分、个别特性和个别方面，反复地分析能够使消费者比较全面地认识商品的外观、性能、质量等个别属性，在这个基础上明确购买目标的范围。例如，消费者在买汽车时，分析汽车的品牌、质量、价格、配置、外观等，还要考虑是买进口车还是国产车，是购买家庭用车还是商务用车等。

（2）比较过程。比较过程是指消费者经过初步分析，确定了购买的目标范围后，还会在几种商品之间进行选择。例如：如果购买商务用车就需要注重品牌形象，车体要大气，配置要相对豪华，加速、变速、转弯要平稳等；购买家庭用车就要多考虑性价比、质量等。消费者比较的过程也是对商品鉴别和综合选择的过程。

（3）评价过程。评价过程是指在确定购买目标后，消费者会在购买前对其进行评价，运用判断、推理的思维方式，对商品的内在属性及其本质进行概括，对购买决策做好心理准备。购买商品后，消费者仍会对其进行分析、比较及评价，以加深这种思维过程，在反复的感知中加深对商品的认识。

"麻绳"做腰带打造不同的时尚造型，这也是一种创新的思维方式。

2. 思维特点与消费者行为

思维一般分为常规思维、创造思维和发散思维等，其中，创造思维和发散思维是良好的思维品质，它具有变通性、敏捷性和创造性等特点，对企业开展营销活动具有积极的作用。具有不同思维特点的消费者在消费行为中的表现不同。

（1）思维的独立性。具有思维独立性的消费者在购物时有自己的主见，不轻易受外界的影响，能自行鉴别商品的性能和权衡利弊等，独立做出购买决定；缺乏思维独立性的消费者，则容易受到外界的影响，易被偶然因素左右。

（2）思维的灵活性。具有思维灵活性的消费者能够依据市场的变化，运用已有的经验，及时改变原来的计划，做出某种变通的决定。例如，当商品缺货时可以积极寻找替代品，能够在较短时间内找到行之有效的解决办法。

（3）思维的敏捷性。具有思维敏捷性的消费者多谋善断、反应迅速、应变果断，能够迅速地做出购买决定。相反，有的消费者面对购买犹豫不决，可能因不能迅速地做出购买决定而错失良机。

（4）思维的创造性。具有思维创造性的消费者能够根据已有信息，从不同角度、不同方向思考，多方面寻求多样化选择。创造性思维是一种开放性思维，具有创造性思维的消费者与只从经验中寻找正确答案的消费者是相对而言的，后者在购买活动中容易出现思维固化、因循守旧、安于现状，不愿意尝试新产品的情况。

可见，消费者经过对商品的思维过程而做出的购买行为，是建立在对商品综合分析的基础上的一种理智的消费行为。由于消费者的思维能力有强弱的差异，从而具有不同的决策速度与行为方式。

> **小思考**
>
> 有个商家不成对卖袜子，而是一只一只卖，号召年轻人打破条条框框，每天要穿不一样的袜子，还说这样解决了年轻人经常搞丢袜子的痛点。你认为这个思路好吗？

第三节　消费者的情绪、情感与意志

在消费过程中，由于处于复杂变化的环境中，消费者不仅会对商品或服务有不同的认识，而且还会产生满意或不满意、高兴或不高兴、愉快或愤怒等不同的心理体验，引起不同的情绪、情感反应，这就是消费者心理活动的情感过程。此外，消费者在确定消费目标之后，其努力实现消费目标的过程，就是意志转变为消费行为的过程。

一、消费者的情绪和情感

情绪是个体的愿望和需要是否得到满足而产生的身心反应，它具有独特的主观体验形式（如喜、怒、忧、思、悲、恐、惊）、外部表现形式（如面部表情或肢体动作）以及极为复杂的神经生理机制和过程。

情感是指个体在较长时间内与人的社会性需要相联系的态度体验。情感是人所特有的，一般以社会事件的内容和意义为转移，主要包括道德感和价值感两个方面，表现为幸福、仇恨、厌恶等。

（一）情绪、情感的区别

在心理学中，情绪与情感是既有区别又有联系的两个概念。

（1）情绪和情感与个体的不同需要有关。在一般情况下，因生理需要是否得到满足而产生的心理体验是一种情绪，如满意、忧虑等。因社会需要得到满足而产生的心理体验就属于情感，包括理智感、荣誉感、道德感、审美感等。

（2）情绪有情境性，一般由当时特定的条件所引起，并随着条件的变化而变化。所以情绪是比较短暂和不稳定的，具有较强的情境性和冲动性。情感则很少受具体情境的影响，它是个体在长期的社会实践中，受到客观事物的反复刺激而形成的心理体验，与情绪相比，具有较强的稳定性和深刻性。在消费活动中，情感对消费者心理和行为的影响相对深远。

（3）从消费者个体发展来看，情绪比情感产生得更早。一个人出生以后先表现出来的是高兴、满意等情绪，在此基础上，才发展成如自豪感、理智感等情感。

武汉武商梦时代购物中心的楚凤汉味美食街通过使用"怀旧情怀"的场景增强对顾客的情感吸引力。

实际上，情绪与情感的联系非常密切。首先，情绪与情感都是个体的主观体验，是个体对客观事物与主体需要之间关系的反映。情绪和情感都与个体的需要是否得到满足有关，也与个体对特定事物的认知有关。其次，情绪与情感交织在一起，情绪是情感的表现形式，而情感则是情绪的内容。例如，美感作为人对客观事物或对象美的特征的情感体验总是与愉快、满意等情绪体验分不开的。最后，情感是在情绪的基础上形成和发展的，一般是先产生情绪，在丰富的情绪体验的基础上再产生复杂、综合的情感。

（二）情绪和情感的机体表现

1. 内部机体的变化

情绪和情感的内部机体表现包括呼吸系统、循环系统、消化系统、内外分泌腺、皮肤电阻以及脑电波的变化等，它们都可以作为测查情绪、情感表现的指标。例如：一个人在焦虑时，肠胃蠕动功能下降，食欲衰退；人在惊恐、愤怒时，因唾液停止分泌而会感到口干舌燥，还会出现心跳加速、血压升高、血糖增高等变化。

2. 外部表情的变化

虽然情绪和情感是一种内部机体的主观体验，但情绪和情感也有外部行为上的表现，主要表现在面部表情、身体表情、手势表情和言语表情等方面。

（1）面部表情。面部表情最能表现一个人的情绪状态，眼、眉、嘴、脸部肌肉的变化都会表现人的情绪状态。例如，一个人高兴时会眉飞色舞，气愤时会怒目圆睁，惊讶时会目瞪口呆，抑郁时会目光呆滞等。心理学家汤姆金斯（Tomkins）研究认为，人存在八种情绪状态，并认为每种情绪状态都有相应的面部表情特征，见表2.1。

（2）身体表情。人在不同的情绪状态下，身体姿态会发生不同的变化。例如，一个人狂喜时会捧腹大笑，恐惧时会紧缩双肩，悔恨时会捶胸顿足，紧张时会身体僵硬等。

表 2.1　不同情绪状态的面部表情特征

情绪状态	面部表情特征
感兴趣（兴奋）	注视、倾听
愉快	笑、嘴唇朝外朝上扩展、眯眼笑
惊奇	眼眉朝上、眨眼
悲痛	哭、眼眉拱起、嘴朝下、眼中有泪、有韵律地抽泣
恐惧	眼呆张、脸色苍白、脸出汗、发抖、毛发竖立
羞愧	眼朝下、低头
轻蔑（厌恶）	冷笑、嘴唇朝上
愤怒	皱眉、咬紧牙关、眼睛变窄、面部发红

（3）手势表情。一般来说，手势和言语可以一起用来表示赞成或反对、喜欢或厌恶、接纳或拒绝。在无法用言语沟通的情况下，用手势也可以在一定程度上达到情绪交流的目的。例如，振臂高呼、双手一摊、手舞足蹈等手势，可以表达人的激愤、无奈、高兴等。心理学研究表明，手势表情是后天习得的，它不仅有个体差异，而且也存在民族或团体差异，同一手势在不同的民族或国家中可能有不同的情绪表达内容。

（4）言语表情。言语表情是指一个人通过语言的声调、速度、节奏等所表现出来的情绪。比如，高亢、急促、快速的语调往往表示激动、兴奋的情绪，低沉、缓慢的语调往往表示悲伤、惋惜的情绪等。

在消费场合，销售人员可以通过识别消费者的面部表情、身体表情或手势表情来了解其当前的情绪状态。当然，销售人员的面部表情同样对消费者的情绪和行为有很大的影响。

"苹果"专卖店以其舒适、温馨的购物环境吸引消费者。

（三）影响消费者情绪变化的因素

1. 购物环境

心理学认为，情绪不是自发的，它是由环境中的多种刺激引起的。从消费者购买活动来分析，直接刺激消费者感官引起其情绪变化的主要有购物环境的设施、照明、温度、音乐、色彩以及销售人员的精神面貌和服务等因素。购买环境如果宽敞、明亮、整洁、色彩搭配协调、整体环境优雅、销售人员的服务周到热情，就会带给消费者愉快、舒畅、积极的情绪体验，反之会带给消费者厌烦、气愤的情绪体验。

2. 商品特性

人的情绪和情感总是针对一定的事物而产生的。消费者的情绪源于他的需要能否被满足，而消费者需要的满足要借助商品来实现，所以，影响消费者情绪的重要因素之一是商品的各方面属性能否满足消费者的需要。可从以下两个方面考虑满足消费者的需要。

瑞士莲（Lindt）中国红心形巧克力礼盒，怀旧风的玻璃纸包裹着软心牛奶巧克力，让人喜悦感油然而生。

（1）商品命名中的情感效用。企业如果能给商品取一个具有独特情感色彩的名称，就容易激起消费者的购买欲望。例如，可口可乐、娃哈哈等，这些名字具有美好的寓意，能满足消费者追求喜庆、吉利的心理，很容易被接受。

（2）商品包装中的情绪效果。消费者在选购商品时，首先看到的是商品的包装，包装会对消费者的购买起到很大的作用。例如，巧克力的包装设计应考虑美感和口感这两个要素，满足消费者的享用需求。美感即指运用色彩、形状、图像等给消费者视觉上的享受，并通过包装能让消费者了解巧克力的基本信息；口感则是指让消费者对巧克力的美味有进一步想象的余地。

3. 消费者自身因素

（1）消费者的兴趣爱好。消费者的兴趣爱好不同，自然会有不同的情绪、情感体验。这种情绪、情感体验，又受到个人经历、文化、年龄等的影响。

（2）消费者的心理状态背景。消费者的生活境遇、事业成败、家庭情况等现实状况，都会影响其心理情绪状态，从而左右其购买决策过程。

（3）消费者的个性特征。消费者的气质类型、选购能力、性格特征都会影响消费者在购买活动中的情绪体验，如个性急躁的消费者对太多的商品选择更容易产生不耐烦的情绪，甚至放弃购买。

视野拓展

购物能缓解压力吗？

二、消费者的意志

消费者经历了认识过程和情感过程之后，是否会采取购买行为，还有赖于消费者的意志。意志是个体自觉确定目的，并根据目的来支配、调节自己的行为，克服各种困难，从而实现目的的心理过程。

1. 意志的作用

如果说消费者对商品的认知活动是由外部刺激向内在意识转化的，那么，消费者对商品的意志就是由内在意识向外部行动转化的。消费者的意志过程同认识过程、情感过程一样，是消费者心理活动不可缺少的组成部分。消费者的意志过程有以下特征及作用。

小思考

据媒体报道，有人为了喝一杯奶茶而愿意排队几个小时，你怎样看待这一现象？这一现象反映了消费者怎样的意志？

（1）有明确的购买目的。在购买过程中，消费者的意志是以明确的购买目的为基础的。因此，在有目的的购买行为中，消费者的意志活动体现得最为明显。例如，一个年轻人在日常中节省开支，以便能攒够钱，实现买房子的目标。

（2）与排除干扰和克服困难相联系。消费者的购买并不是每一次都能像买一根冰棍那么容易，对于大项商品（如房子、汽车）的购买，消费者需要排除各种干扰和克服各种困难。例如，买房子的支付能力有限与房子价格昂贵的矛盾、申请消费信贷的意愿与贷款利率高的矛盾等。这就需要消费者在购买活动中，既要排除思想方面的矛盾、冲突和干扰，又要克服外部社会条件方面的制约。

（3）调节购买行动的全过程。意志对行动的调节，包括发起行为和制止行动两个方面。前者表现为激发积极的情绪，推动消费者为达到既定目的而采取一系列行动；后者则表现为抑制消极的情绪，制止与达到既定目的相矛盾的行动。这两方面的统一作用，使消费者得以控制购买行为的发生、发展和结束的全过程。这说明，意志对行为的产生具有高度支配和调节的功能，意志力强的人能够使理智战胜情感，使认识产生新的飞跃。例如，虽然消费者特别想买房子，但其收入不高，买房是一个沉重且长期的负担，尽管心有不甘，但经过充分的理性考虑后，最后决定先租房，买房的计划暂时搁置。

2. 消费者的意志品质

意志品质是消费者意志的具体体现。消费者行为中，可以看到有的消费者决策果断，有的消费者优柔寡断，这些表现一方面说明了消费者的个性特征不同，另一方面也反映了消费者意志品质的差异。意志品质主要包括以下四种。

（1）自觉性。自觉性指一个人能自觉地确立意志行动的目的，清楚、深刻地认识到该目的的正确性和重要性，从而能自觉地支配自己的行动以服从相应的目的。有自觉性的消费者购买目的明确，购买前会深思熟虑、不盲从。

（2）果断性。果断性是指善于明辨是非，抓住时机，迅速而合理地做出决定并予以执行的意志品质。具有果断性的消费者往往善于抓住机会、当机立断，能正确、迅速决策，并坚定地执行决策。例如，我国实行住房商品化政策之后，有的人判断房子的价格肯定会涨而果断做出购买决定，而有的人则迟迟等待、观望，错过了一次次购房机会。

（3）坚韧性。坚韧性是指对行动目标的坚持性，并能在行动中保持充沛的精力和体力的意志品质。坚韧性强的消费者一方面善于克服和抵制不符合行动目标的主客观诱因的干扰，目标专一；另一方面又能在行动中做到锲而不舍，勇于克服各种困难。坚韧性弱的消费者做事情往往虎头蛇尾，购买效率及成功率较低。

小思考

如果你正在节食，正好经过一家弥漫着香气的蛋糕店，你是否有意志力抵制住眼前的诱惑呢？

（4）自制力。自制力是指在意志行动中能自觉、灵活地控制自己的情绪，约束自己的语言和行为等方面的品质。自制力反映意志的抑制功能，主要包括抑制冲动、抵制诱惑、延迟满足，制订和完成行动计划，采取与社会情境相适应的行为方式。例如，有自制力的消费者即使在消费现场遇到不愉快的事情（如服务人员态度不好），也可以较好地控制自己的情绪，避免因一时冲动而影响购买计划。

糖果实验——延迟满足的重要性

延迟满足是指甘愿为更有价值的长远结果而放弃即时满足的抉择，以及在等待中展示的自我控制能力。1960 年，美国斯坦福大学心理学教授沃尔特·米歇尔设计了一个糖果实验。在一个幼儿园，米歇尔教授找到数十名四岁左右的孩子，让他们每个人单独待在一个只有一张桌子和一把椅子的小房间里，桌子上的托盘里有一块孩子爱吃的棉花糖，然后告诉他们："糖可以吃，但如果等到我出去一会儿后回来时再吃，就可以多得到一块。"这个实验做完后并没结束，而是延续了半个世纪，建议读者扫描二维码了解该实验的结论。

糖果实验

3. 消费者的意志过程分析

（1）做出购买决定阶段。这是消费者购买活动的初始阶段，也是消费者意志发生作用的阶段。这一阶段包括购买动机的取舍、购买目的的确定、购买方式的选择和购买计划的制定，实际上是购买前的准备阶段。消费者从自身需求出发，根据自己的支付能力和商品供应情况，分清主次、轻重、缓急，做出各项决定，即是否购买和购买的顺序等。

（2）执行购买决定阶段。在这一阶段，购买决定转化为实际的购买行动，消费者通过一定的方式和渠道购买到自己所需的商品或服务。当然，这一转化过程在现实生活中不一定很顺利，往往有一些障碍需要排除。所以，执行购买决定是消费者意志活动的中心环节。

（3）体验执行效果阶段。完成购买行为后，消费者的意志过程并未结束。使用商品后，消费者还要体验执行购买决定的效果，如商品的性能是否良好，使用是否方便，外观与使用环境是否协调，实际效果与预期是否接近，等等。在上述体验的基础上，消费者将评价购买这一商品的行动是否明智。这种对购买决策的检验和反省，对今后的购买行为有重要意义，它将决定消费者今后对该商品是重复购买还是拒绝购买，是扩大购买还是减少购买。

本章小结

消费者心理活动过程是指消费者从感知商品到最终购买商品的过程中所经历的认识过程、情感过程和意志过程，这三个过程是统一的心理活动过程的三个不同方面，认识过程是情感过程、意志过程的基础和前提，反过来，情感过程和意志过程又会影响认识过程。

认识过程具体可分为感性认识阶段和理性认识阶段。本章第一节的内容属于感性认识阶段，主要分析了注意、感觉、知觉三个心理因素的概念、特征以及它们对消费者行为的影响。根据第一节内容，可以发现生活中消费者感性消费的依据。第二节内容属于理性认识阶段，主要学习记忆、想象和思维心理因素及其对消费者行为的影响，从中可以总结出理性消费的基础和来源。第三节学习了消费者的情绪、情感及意志过程。在体验营销的背景下，情绪、情感因素对消费者的影响是多方面的，甚至对消费者行为的产生和表现起着决定性的作用。意志的重要性体现在消费者的购买是有目的、有计划的，并且有时需要克服一定的困难才能够完成。

综合练习题

一、填空题

1. 注意是指人的心理活动对外界事物的指向与集中，是伴随着____、____、____等心理过程而产生的一种心理状态。

2. ＿＿＿是人脑对直接作用于感觉器官的客观事物的整体反映。

3. ＿＿＿曲线描述了人类大脑对新事物遗忘的规律，对人类记忆认知研究产生了重大影响。

4. 思维是认识过程的高级阶段，＿＿＿和概括性是人的思维过程的首要特征。

5. 消费者在购买活动中努力克服各种困难、实现既定购买目的的心理过程，就是消费者的＿＿＿。

二、选择题

1. 并不是任何刺激都能引起消费者的感觉，那种刚刚能够引起消费者感觉的最小刺激量，称作（ ）。

  A. 知觉阈限 B. 差别感觉阈限 C. 注意阈限 D. 绝对感觉阈限

2. 商店可以通过定期改变商品陈列来营造一种新鲜感，避免消费者产生"审美疲劳"，这是因为感觉具有（ ）特征。

  A. 联觉性 B. 差异性 C. 适应性 D. 对比性

3. 以概念、思想、定理、规律等为内容的记忆，称为（ ）。

  A. 逻辑记忆 B. 形象记忆 C. 运动记忆 D. 情绪记忆

4. 消费者意志的最终表现主要是（ ）。

  A. 确定购买目的 B. 选择购买方案 C. 采取购买行动 D. 选择购买方式

5. 消费者经过对商品的（ ）而做出的购买行为是一种理智的消费行为，是建立在对商品的综合分析基础上的活动。

  A. 感性过程 B. 思维过程 C. 认识过程 D. 想象过程

三、论述题

1. 简述注意的含义及分类。如何引起消费者的注意？

2. 简述感觉、知觉的概念及特征。它们在消费者的购买活动中有哪些作用？

3. 如何加强消费者的记忆并避免或减少消费者遗忘的产生？

4. 简述想象和思维的含义及特性。它们对消费者行为有哪些影响？

5. 通过哪些表现可以了解消费者的情绪和情感？影响消费者情绪变化的因素有哪些？

6. 消费者的意志品质是什么？简述消费者的意志活动的过程。

四、实践题

1. 调查你周围的 20 个人，询问并记录他们所记住的并喜欢的三条广告语，了解他们喜欢的原因，并分析广告语是否影响了他们的购买行动。

2. 分小组，统计每组在限定时间内记住的品牌名称，然后小组之间进行对比，分析异同，并讨论这些品牌的记忆特征。

五、案例分析题

除了奶油、糖、奶，还有什么东西能"改变"咖啡的味道？答案是：咖啡杯的颜色。这个答案听上去不科学，但确实是有依据的。请扫描二维码阅读案例，并回答案例后面的问题。

第三章 消费者个性心理特征

学习目标

学习气质、性格、能力的概念及类型，熟悉不同气质类型消费者行为表现上的差异，了解有关性格的理论，掌握不同类型消费者性格的表现特征，了解消费者能力的形成和发展，了解不同能力的消费者在消费过程中的表现差异。

导入案例

个性T恤衫

T恤衫的历史可以追溯至20世纪初的美国，那时士兵们都身穿一种棉质的纯白套装作为打底。20世纪50年代，好莱坞电影的盛行无形中促成了T恤衫风潮的国际性蔓延。影星马龙·白兰度（Marlon Brando）在影片中身穿白色T恤衫的造型对当时那个崇尚正装文化的美国社会带来了强烈的冲击，而影星詹姆士·迪恩（James Dean）以白色T恤衫搭配机车夹克的造型成为崇尚叛逆的青少年心目中的英雄。20世纪60年代之后，在女权主义、嬉皮士、无性别着装等亚文化思潮的影响下，人们在白色T恤衫上设计和装饰了各种图案或文字，比如，幽默的广告、讽刺的恶作剧、自嘲的理想、惊世骇俗的欲望……由此，T恤衫成为人们进行自我个性表达的重要工具和方式。

如今，T恤衫依然活跃在时尚潮流的舞台上。设计师卡尔·拉格斐（Karl Lagerfeld）将白色T恤衫搬上了T台，把这种最简单的服装单品和Chanel粗花呢外套搭配在一起，让人意识到T恤衫的另一种高贵而优雅的可能性；Dior在白色T恤衫上印上品牌商标和口号表达品牌主张和个性；日本设计师川久保玲（Rei Kawakubo）的白色T恤衫以标志性的红心而闻名。正如时尚设计师乔治·阿玛尼（Giorgio Armani）所说："我始终认为T恤衫在时尚界的地位无比重要，堪比希腊字母表中的首尾字母。"

作为衣橱里不可缺少的单品之一，T恤衫是人人可穿的必备基础款。随着个性化消费的兴起，计算机图形设计软件的不断开发以及T恤衫印花设备的普遍，T恤衫服装图案的选择更加不受限制，甚至你自己可以设计T恤衫图案，或者把自己喜欢的图案、文字、照片等印在T恤衫上，展现自己的兴趣、习惯、喜怒哀乐等，制作出独一无二的个性T恤衫。

启发思考：

1. 根据案例内容，分析为什么T恤衫成为穿着者表达个性的工具和方式。
2. 查阅更多资料，了解不同品牌T恤衫的个性差异和受众消费者，分析这种差异是如何表达的。

第一节 消费者的气质

个性心理特征反映的是个体的特色风貌，包括气质、性格、能力等。其中，气质是消费者典型的个性心理特征之一，对消费者的购买行为有重要的影响。

在心理学上，气质是指一个人在心理活动和行为方式上表现的强度、速度、稳定性、灵活性等动力方面的心理特点。气质受神经系统活动过程的特性所制约，因此，人的气质差异主要是先天形成的。有的心理学家甚至认为，人的气质在胚胎形成时就已经具备了，因此，每个新生儿的降临，意味着一个全新的个体的到来，其已经表现出气质特征的差异。

一、气质学说与类型

（一）主要的气质学说

1. 体液说

公元前 5 世纪，被尊为"医学之父"的古希腊医生希波克拉底探索人的肌体特征和疾病的成因，提出了"体液说"。希波克拉底认为复杂的人体是由血液、黏液、黄胆汁、黑胆汁这四种体液组成的，四种体液在人体内的比例不同，形成了人的不同气质。

罗马帝国时期的生物学家、心理学家盖伦（Galen）从希波克拉底的体液说出发，认为人的气质共有 13 种。在此基础上，气质学说得到了很大的发展，最终形成经典的四种气质：多血质、黏液质、抑郁质和胆汁质。这是心理学史上最早关于四种气质的描述，虽然缺乏严谨的科学性，但由于其对气质类型特征的描述比较符合人们的现实表现，而且容易理解，所以这一学说为现代心理学所沿用。

视野拓展
气质类型测试题

2. 高级神经类型说

俄国生理学家、心理学家巴甫洛夫在实验的基础上，根据对高级神经活动类型与规律的研究，提出了气质的高级神经类型说。他发现人的高级神经活动过程有三个基本特征，即强度、平衡性和灵活性。根据这三个特征，巴甫洛夫把高级神经活动的类型分为以下四种。

（1）强而不平衡型。这种类型的特点是兴奋过程强于抑制过程。这是一种易兴奋、奔放不羁的类型，所以也称为兴奋型。

（2）强而平衡的灵活型。这种类型的特点是反应灵敏、性格活泼，能很快适应迅速变化的外界环境，也称为活泼型。

（3）强而平衡的不灵活型。这种类型的人神经活动过程平衡，强度高但灵活性较低，反应较慢、思想深沉，不易受环境因素的影响，是一种坚毅而行动迟缓的类型，也称为安静型。

（4）弱而不平衡型。这种类型的人表现为兴奋和抑制过程都很弱，条件反射形成很慢，难以接受较强刺激，兴奋速度较慢，是一种胆小而容易受伤的类型。遇到困难的工作任务时，正常的高级神经活动易受破坏而产生神经症。这种类型也称为抑制型。

人们通常把高级神经类型说和体液说两者的研究结合起来，即以体液说作为气质类型的基本形式，而以高级神经类型说作为气质类型的生理学依据。

微视频
解读气质

3. 体型说

德国精神病学家克雷奇默（Kretschmer）根据人的体型特点，把人分成三种类型，即肥满型、瘦长型、筋骨型。肥满型具有躁狂气质，其行动倾向为善交际、活泼热情、平易近人；瘦长型具有分裂气质，其行动倾向表现为不善交际、孤僻、神经质、多思虑；筋骨型具有黏着气质，其行动倾向表现为迷恋、认真、理解缓慢、行为较冲动。同时，克雷奇默认为三种体型与不同精神病的发病率有关。

美国心理学家谢尔顿也进行了这方面的研究，他从胚胎学角度把人分为外胚型、中胚型和内胚型三类，如图 3.1 所示。外胚型的人通常看起来比较消瘦、骨架较小、身体中的脂肪和肌肉都比较少；

小思考

你是否会感慨"有人吃多少体重也没变化，有人喝水都容易长胖"，看来脂肪和肌肉对待每个人的态度千差万别，思考如何根据体型特征进行饮食选择或健身运动。

而中胚型的人一般体脂率适中、肌肉比较明显，让人感觉运动能力很强；内胚型的人通常体脂率较高，身体看起来很圆且软。

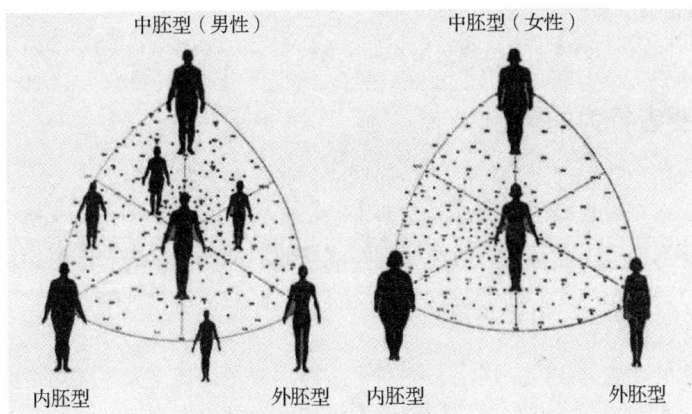

图 3.1　谢尔顿的气质体型说分类

一个人的体型不仅受基因的影响，还与后天的生活方式、运动频率、饮食习惯相关。体型说虽然揭示了体型与气质的某些相关性，但并未说明体型与气质之间关系的机制，还需要更多的科学论证。

4. 血型说

日本学者古川竹二等人提出了"人因血型不同，而具有各自不同的气质，同一血型具有共同的气质"的假说，他认为气质是由血型决定的，与人的血型相对应，人的气质也可分为 A 型、B 型、O 型和 AB 型四种。A 型气质的特点是温和、老实稳妥、孤独害羞、顺从、依赖他人。B 型气质的特点是感觉灵敏、多言善语、喜社交、好管闲事。O 型气质的特点是意志坚强、好胜、有支配欲、志向稳定、有胆识。AB 型气质的特点是兼有 A 型和 B 型气质的特点。

日本社会学家能见正比古在《血型与气质》一书中，剖析了各种血型人的气质和性格，并由此提出关于恋爱婚姻、人际关系、职场生存的指导建议，很多日本人把这些建议当作人生指南。据说日本首相在竞选时都要表明自己的血型，以此来吸引民众投票。血型说还有待考证，有的学者认为其缺乏科学性，但血型说在日本民间被视为有趣的发现而被普遍接受。

（二）气质的基本类型

本书采用比较好理解的体液说来划分气质的基本类型，具体特征如下。

（1）多血质型。多血质的人高级神经活动类型属于活泼型。他们情绪兴奋性高，反应快而灵活，活泼好动，富于生气，乐观亲切，善交往，兴趣广泛但不持久，注意力容易转移，缺乏耐力和毅力。

（2）胆汁质型。胆汁质的人高级神经活动类型属于兴奋型。他们情绪兴奋性高，热情直爽，反应迅速，精力旺盛，动作迅猛，心境变化剧烈，抑制能力较差，性情暴躁，易冲动，容易粗心大意。

（3）黏液质型。黏液质的人高级神经活动类型属于安静型。他们情绪兴奋性低，外部表现少，沉着冷静，反应速度慢；情绪稳定，善思考，思维、言语、动作迟缓；交际适度，内心很少外露，坚毅执拗，淡漠，自制力强，不够灵活，易固执己见。

（4）抑郁质型。抑郁质的人高级神经活动类型属于抑制型。他们善于察觉细节，对事物反应敏感，细心谨慎，孤僻寡欢，敏感多疑；内心体验深刻但外部表现不强烈，行动迟缓，不活泼；办事不果断，缺乏信心。

课堂讨论

1. 不同的气质类型是否有好坏之分，为什么？
2. 你认为一个人的气质类型是否能决定其工作成就？

二、气质对消费者行为的影响

气质作为个体稳定的心理动力特征，一经形成，就会长期保持下去，并对人的心理和行为产生持久的影响。一个具有某种气质特征的消费者无论购买什么商品，在什么场合购买，往往表现出同样或相似的行为特点。而且，气质类型相同或相似的消费者一般有近似的行为特点。消费者不同的气质类型会直接影响他们的消费行为并反映到他们的消费行为中，使之显现出不同甚至截然相反的行为方式、风格和特点。

（1）主动型和被动型。在购买现场，不同气质的消费者，其行为主动与否会有明显差异。例如，多血质和胆汁质的消费者通常主动与销售人员进行接触，积极提出问题并进行咨询，有时还会主动征询其他在场消费者的意见，表现十分活跃。而黏液质和抑郁质的消费者则比较消极被动，通常要由销售人员主动进行询问，而不会积极提出问题，因而不太容易沟通。

（2）理智型和冲动型。消费者的气质差异对购买行为方式有显著影响。例如，黏液质的消费者冷静慎重，会细致地选择和比较商品的质量，通过理智分析做出购买决定，同时善于控制自己的感情，不易受广告宣传、外观包装及他人意见的影响。而胆汁质的消费者容易冲动，经常凭个人的兴趣、偏好，以及对商品外观的好恶选择商品，而不过多考虑商品的性能与实用性，容易受广告宣传及购买环境的影响。

（3）果断型和犹豫型。在做出购买决策和实施购买行动时，气质的不同会直接影响消费者的决策速度与购买速度。例如，多血质和胆汁质的消费者心直口快，言谈举止比较爽快，一旦见到自己满意的商品，往往会果断地做出购买决策，并迅速购买，不会花费太多时间去比较和选择。抑郁质和黏液质的消费者在挑选商品时则优柔寡断，十分谨慎，动作比较缓慢，挑选的时间也较长，在决定购买后易反复。

（4）敏感型和粗放型。在购后体验方面，消费者的气质不同，体验程度会有明显差异。黏液质和抑郁质的消费者在消费体验方面更加在意，他们对购买和使用商品的心理感受敏感，并会直接影响其心境及情绪，在遇到不满意的商品或服务时，经常做出强烈的反应。相对而言，胆汁质和多血质的消费者在消费体验方面不太敏感，不过分注重和强调自己的心理感受，对于购买和使用商品的满意程度不太苛求，表现出一定程度的容忍性。

在消费中，不同气质类型既有积极的一面，也有消极的一面。在现实当中，多数消费者的气质介于两种不同类型的中间状态，或以一种气质为主，兼有另一种气质的特点，即属于混合型气质。销售人员要根据消费者在购买活动中的行为表现，发现和识别消费者在气质方面的特点，有针对性地进行销售服务，来保证销售工作的有效性，具体可参考表3.1。

表3.1 不同气质类型的购买行为表现及销售对策

气质类型	购买行为表现	接待注意事项
胆汁质	易冲动，忍耐性差，不易沟通，对销售人员的要求高，容易发生矛盾	要态度和善，语言友好，语调平稳，目光温和，千万不要刺激消费者
多血质	活泼热情，主动积极，善于沟通，易受环境和他人影响，改变主意快	应主动接近，积极呼应，热情介绍（提示），主动交谈
黏液质	表现内向，购买态度认真谨慎，不易受暗示和他人影响，喜欢独自挑选，动作缓慢	保持耐心，给消费者充分的时间和空间
抑郁质	多疑多虑，动作迟缓，反复比较挑选，不轻易购买	要有耐心，多介绍，允许消费者反复决策

第二节 消费者的性格

一、性格的含义和特征

1. 性格的含义

性格指一个人对现实的态度以及与这种态度相应的习惯性行为方式中表现出来的人格特征。性格是个性心理特征中最重要的方面，通过人对事物的倾向性态度、意志、活动、言语等方面表现出来。

小思考

"性格决定命运"这一说法，你是否认同？

影响一个人性格形成的因素很复杂，主要包括三个方面：基因遗传因素、成长发育因素以及社会环境因素。可以说，它既有来自先天的因素，也有来自后天的因素。从这个角度分析，一个人的性格是可以改变的，但往往需要经历一个漫长的从量变到质变的过程。

性格和气质既有区别又有联系。气质是个人心理活动稳定的动力特征，它主要体现着神经类型的自然表现。性格是气质的后天发展和改造，它主要是在社会生活实践的过程中形成的，更多体现了人格的社会属性。气质和性格又是互相制约的。气质可以按照自己的动力方式，给性格赋予独特的色彩。例如，在购买活动中，同样是认真的性格，多血质的消费者挑选商品时动作干脆利落，情感溢于言表，黏液质的消费者挑选商品时却默默无言，动作缓慢。所以，不同气质类型的人可以形成同样的性格特征，而相同气质类型的人可以有同样的心理动力特征而性格各异。另外，气质还会影响性格特征形成和发展的速度。反过来，性格一经形成便可以在一定程度上掩盖或改变气质，使它服从于生活实践的要求。

课堂讨论

一个人所拥有的性格并不是短时间内形成的，而是在生活的体验中逐渐形成，同时还受其世界观、人生观、价值观的影响。与同学讨论你们各自的性格是如何形成的，哪些因素对性格形成的影响更大。

2. 性格的基本特征

性格是十分复杂的心理现象，包含多方面的特征。性格是通过不同方面的特征表现出来，并将各种特征有机结合的独具特色的统一体。

（1）性格的态度特征，是指个人对现实的态度的倾向性特征，即如何处理社会各方面关系的性格特征。例如，对社会、集体、他人的态度，对劳动、工作、学习的态度，对自己的态度，等等。

（2）性格的意志特征，是指个人自觉控制自己的行为及行为努力程度方面的特征。例如：是否具有明确的行为目标，能否自觉调适和控制自身行为；在意志行动中表现出的是独立性还是依赖性，是主动性还是被动性；是否坚定、顽强、有忍耐力、持久等。

（3）性格的情绪特征，是指个人受情绪影响或控制情绪程度的特点。例如，个人受情绪感染和支配的程度，情绪受意志控制的程度，情绪反应的强弱、快慢，情绪起伏波动的程度，主导心境的性质，等等。例如，遇到事情时，有的人情绪高涨，精力旺盛，富有激情；而有的人情绪体验比较微弱，情绪平静、冷漠。

小思考

描述你在喜、怒、哀、乐时的不同表现，它反映了你怎样的性格特征？

（4）性格的认知特征，是指认知心理过程中的个体差异的性格特征。一般表现在感知、记忆、思维和想象四个方面。例如：在感知方面，是主动观察型还是被动感知型；在思维方面，是具体罗列型还是抽象概括型；在想象方面，是丰富型还是匮乏型；等等。

口红与性格

很多女性总会无意识地将自己的心理特征投射在自己的日常用品上，比如，口红。有调查显示：80%以上的女性用口红来调动自己的情绪；55%的女性称情绪低落时，涂上口红会让自己精神焕发。口红的颜色五花八门，通过观察一个女人对口红颜色的喜好，往往就能判断出她的性格。如果她喜欢红色的口红，往往说明她的性格比较外向，活泼好动崇尚自由，具有独立的个性。如果她比较喜欢用粉色的口红，往往说明她的性格比较温柔，思想比较单纯，富有同情心和爱心。橙色能够给人一种亲切温柔的感觉，喜欢这种颜色口红的女性往往性格比较稳重，具有较强的自我控制能力和判断力。珍珠粉色代表纯洁高洁，喜欢这种颜色口红的女性往往性格比较文静庄重，处事比较谨慎，喜欢追求完美。紫色代表高贵和典雅，喜欢这种颜色口红的女性性格往往比较外向，有很强的表现欲望和优越感等。

小思考

有人认为："一个外向的人是乐观、自信、阳光、能干、勇敢、能言善辩的；反之，一个内向的人是悲观、自卑、阴暗、笨拙、懦弱、沉默寡言的。"这样的描述是否正确？你对内向和外向的人有什么样的看法？

二、性格类型理论

1. 荣格的人格类型说

关于性格的类型划分，瑞士心理学家卡尔·古斯塔夫·荣格（Carl Gustav Jung）所提出的内倾型和外倾型性格最为著名。荣格根据力比多（Libido）的倾向划分性格类型。荣格认为的力比多是一种能，并且主要是所有精神方面的能，也可以理解为普遍的生命力。他认为个体力比多的活动倾向于外部环境，就是外倾型的人；力比多的活动倾向于自己的，就是内倾型的人。外倾型（外向型）的人重视外在世界，爱社交，活跃、开朗、自信，勇于进取，对周围一切事物都很感兴趣，容易适应环境的变化。内倾型（内向型）的人重视主观世界，好沉思，善内省，常常沉浸在自我欣赏和陶醉之中，孤僻、缺乏自信、易害羞、冷漠、寡言，较难适应环境的变化。外倾型和内倾型是性格的两大态度类型，也就是性格对特有情境的两种态度或反应方式。当然，在实际生活中，并不是只有外倾型和内倾型两种性格的人，许多人都是兼有外倾型和内倾型的中间型。

另外，英国心理学家艾森克（Eysenck）从特质理论出发，将因素分析方法和传统的实验心理学方法相结合，将人的性格分成四种类型，即稳定的内倾型、稳定的外倾型、不稳定的内倾型和不稳定的外倾型，其表现特征如图3.2所示。

微视频

荣格的人格类型理论

图 3.2　艾森克提出的人格特征

2. MBTI 人格理论

MBTI 人格理论即迈尔斯-布里格斯类型指标（Myers-Briggs Type Indicator，MBTI），该理论的基础是心理学家卡尔·古斯塔夫·荣格的理论，后由美国心理学家凯瑟琳·库克·布里格斯（Katharine Cook Briggs）与伊莎贝尔·布里格斯·迈尔斯（Isabel Briggs Myers）研究并加以发展。MBTI 采用自我报告式的性格评估测试，用以衡量和描述人们在获取信息、做出决策、对待生活等方面的心理活动规律和性格类型。MBTI 倾向于显示人与人之间的差异，而这些差异产生于以下几个方面：①把注意力集中在何处，从哪里获得动力（外向、内向）；②获取信息的方式（感觉、直觉）；③做决定的方

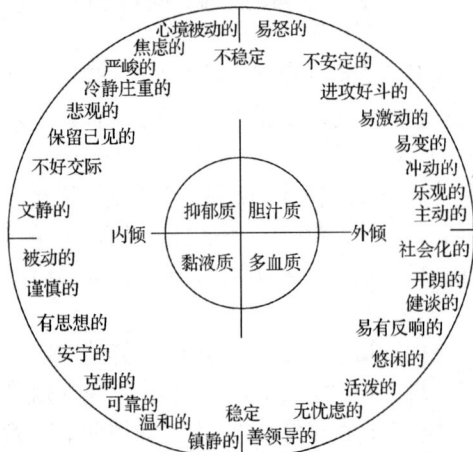

法（思维、情感）；④对外在世界的取向来自认知的过程和判断的过程（判断、知觉）。

MBTI 可以用来解释为什么不同的人对不同的事物感兴趣、擅长不同的工作以及人和人之间为什么不能互相理解等。如今，MBTI 已经成为知名的性格测试方法，广泛应用于家庭、学校、企业中。

3. 斯普兰格性格类型说

斯普兰格（Spranger）是德国教育学家和哲学家，曾任莱比锡大学和柏林大学教授。他认为，人的性格以固有的气质为基础，同时受文化的影响，他将人的性格分为六种类型。

（1）理论型。该类型的人以追求真理为目的，能冷静客观地观察事物，关心理论性问题，力图根据事物的体系来评价事物的价值，但碰到实际问题时往往束手无策。他们对实用主义和功利主义缺乏兴趣。多数理论家和哲学家属于这种类型。

（2）经济型。该类型的人总是以经济的观点看待事物，以经济价值为上，根据功利主义来评价人和事物的价值与本质，以获取财产为生活目标。实业家大多属于这种类型。

（3）审美型。该类型的人以美为最高人生意义，不大关心实际生活，总是从美的角度来评价事物的价值，以自我完善和自我欣赏为生活目标。艺术家即属于这种类型。

（4）社会型。该类型的人重视爱，有献身精神，有志于增进社会和他人的福利。慈善家和教育工作者即属于这种类型。

（5）权力型。该类型的人重视权力，并努力去获得权力，有强烈的支配和命令别人的欲望，不愿被人支配。一些企业家属于这种类型。

（6）宗教型。该类型的人笃信宗教，有信仰，富有同情心，心地善良。神学家即属于这种类型。

4. 卡特尔 16PF 测试理论

美国心理学家雷蒙德·伯纳德·卡特尔（Raymond Bernard Cattell）应用因素分析法来研究人格，编制了《卡特尔十六种人格因素量表》（*Cattell's Sixteen Personality Factor*），用于人格检测，简称16PF。该表共有 187 个自我陈述题目，这些题目采用按序列轮流排的方法，能测出乐群性（A）、聪慧性（B）、稳定性（C）、持强性（E）、兴奋性（F）、有恒性（G）、敢为性（H）、敏感性（I）、怀疑性（L）、幻想性（M）、世故性（N）、忧虑性（O）、实验性（Q1）、独立性（Q2）、自律性（Q3）和紧张性（Q4）16 种因素的特征。卡特尔认为每个人身上都具备这 16 种特质，只是在不同人身上的表现有程度上的差异。

16PF 在临床医学中被广泛应用于心理障碍、行为障碍、身心疾病的个性特征的研究，对人才选拔和培养也很有参考价值，被认为是最科学的个性测验方法之一。其目前已经发展出了多个版本，被翻译为多种语言，应用领域广泛。

5. 大五人格理论

大五人格理论也称为人格五因素模型（Five Factor Model，FFM）或大五人格模型（BIG5）。研究者通过借用词汇学的方法，发现有五种特质可以涵盖人格描述的所有方面，包括开放性、尽责性、外向性、宜人性与神经质。为了便于记忆，可以用 OCEAN（海洋）或 NEOAC（独木舟）单词来指代。其中，O 代表开放性，C 代表尽责性，E 代表外向性，A 代表宜人性，N 代表神经质。

（1）开放性。开放性（Openness）表示对经验本身的积极寻求和欣赏以及对不熟悉情境的容忍和探索。这个维度将好奇、新颖、非传统以及富有创造性的个体与循规蹈矩、无分析能力、不善于创造性思考的个体做比较。开放性具有想象力强、审美力强、情感丰富、求异、创造力强、智慧等特征。

（2）尽责性。尽责性（Conscientiousness）主要评估个体在目标导向行为上的组织性、坚持和

百事可乐突出表现年轻、酷、活力

动机，包括胜任、公正、有条理、尽职、有成就、自律、谨慎、克制等特点。

（3）外向性。外向性（Extroversion）表示人际互动的数量和密度、对刺激的需要以及获得愉悦的能力。这个维度将健谈、主动、活泼和乐观的人与沉默、严肃、腼腆、安静的人做比较。

（4）宜人性。宜人性（Agreeableness）主要是为了考察个体对其他人所持的态度，既包括善于为别人着想、富有同情心、信任他人、宽大、直率等特点，也包括充满敌对情绪、愤世嫉俗、爱摆布人、缺乏同情心等特点。

（5）神经质。神经质（Neuroticism）表示情感的调节和情绪的稳定性。情绪不稳定的个体倾向于有心理压力、不现实的想法、过多的要求和难以控制的冲动以及与其不适应的反应。神经质包括焦虑、敌对、压抑、冲动、脆弱等特质。

三、消费者性格类型及其表现

消费者性格是指消费者在对待客观事物的态度和社会行为方式中所表现出的较为稳定的心理特征，这些特征往往表现在消费者对消费活动中各种事物的态度和习惯性的购买行为、方式上。在消费者购买行为中起核心作用的个性心理特征是消费者的性格。消费者性格有以下两种划分方式。

小思考

同一个消费者在不同的购买活动中，其性格表现是否一致？原因是什么？

1. 根据消费态度划分

（1）节俭型。节俭型消费者消费态度勤俭节约、朴实无华，生活方式简单，他们选择商品的标准是实用，不追求外观和品牌，容易受降价促销广告的影响。购买过程中不喜欢销售人员人为地赋予商品过多的象征意义。

（2）自由型。自由型消费者消费态度浪漫，生活方式比较自我，选择商品时比较注重商品的外观，有时也受销售宣传的诱导；联想丰富，与销售人员接触时态度比较随和，能接受销售人员的推荐和介绍，但不会太依赖其意见和建议，一般有较强的购买技巧。

（3）保守型。保守型消费者消费态度严谨且固执，生活方式刻板，喜欢遵循传统消费习惯，对有关新商品的市场信息抱怀疑态度，有意无意地抵制新商品，信奉传统商品，有时消费态度不积极。

（4）傲慢型。傲慢型消费者消费态度傲慢，往往具有某种特殊的生活方式或思维方式。选购商品时往往不能接受别人的意见、建议，有时会向销售人员提出一些令人不解的问题和难以满足的要求。此类消费者自尊心强而且过于敏感，消费情绪不是十分稳定。

（5）顺应型。顺应型消费者消费态度随和，生活方式大众化。他们一般不购买标新立异的商品，但是也不固守传统。其行为受相关群体影响较大，倾向于与自己相仿的消费群体保持比较一致的消费水平，而且能够随着社会发展不断调节、改变自己的消费方式和消费习惯。

2. 根据购买方式划分

（1）习惯型。习惯型消费者常常根据以往的购买和使用经验或习惯决定购买行为。当他们对某一品牌的商品有深刻体验后，便很难改变自己的信念。他们在购买中遵循惯例，不受社会潮流的影响。

小思考

一个品牌也是有性格的，如小米具有年轻、潮流、亲民等个性。请思考品牌性格与消费者性格之间的关系。

（2）慎重型。慎重型消费者一般情绪比较稳定，情绪不外露，注意力集中，喜欢利用自己的经验购物，不易受外界影响，具有自我控制能力。一般在采取购买行动之前，进行周密考虑，广泛收集有关信息。选购时，尽可能在认真、仔细地对商品进行比较、选择、权衡之后才做出购买决定。

（3）挑剔型。挑剔型消费者有一定的购买经验和商品知识，挑选商品时很有主见，往往能观察到别人不易观察到的细微之处。有的则表现为性情孤僻，对销售人员及其他消费者的意见会怀有戒心，挑选商品极为仔细，有时甚至近乎苛刻。

（4）被动型。被动型消费者不经常购买商品，没有购买经验，缺乏商品知识，对商品没有固定的偏爱，购买行为呈消极被动状态，往往是奉命购买或代人购买，在选购商品时大多没有主见，渴望得到销售人员的帮助。

总之，在购买活动中，消费者首先应对自己的性格有准确的判断，规避可能由性格弱点带来的冲动购买或错误购买行为；对销售人员来说，要注意观察、判断和分析消费者性格，以制定有利于销售的服务策略。

第三节　消费者的能力

进行任何一项社会活动，都需要一定的能力保证，这样才能顺利地完成预期的目标。消费者完成消费行为同样需要一些能力来保证，如观察能力、记忆能力、思维能力、想象能力、决策能力等，而且消费者的能力会影响消费行为的表现形式和消费效率。

一、消费能力的形成

消费者的消费能力并不是从一出生就具备的，而是在后天的成长中逐渐产生、发展起来的。所谓"熟能生巧"就是指通过多次实践活动能够提高一个人某个方面的技能。因此，"越买越会买"有一定的道理，意思是消费者在多次消费实践中其购买能力会得到提升。消费者本人学习意识越强、消费经验越丰富，对商品的选择和购买能力就越强。

1. 对消费者的教育与培养

对消费者的教育与培养可以在家庭中完成，如父母把自己的消费经验与孩子分享，实际上就是一种消费教育；也可以由企业完成消费者教育和培养，如企业向消费者传递商品信息，讲解商品知识，传授保养维修方法，示范使用操作技术等，使消费者掌握挑选、比较、评判、购买及使

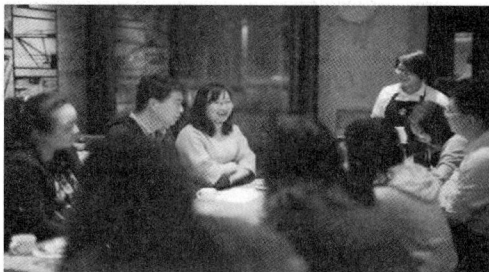

星巴克通过开设咖啡教室让消费者学习咖啡知识。

用等方面的知识和技能，在学习和训练中促进消费者能力提升。企业积极正确地引导消费者，既可以帮助消费者提高消费质量，增强消费能力，又可以提高企业的声誉。

例如，美国咖啡品牌星巴克（Starbucks）在进入中国市场时面临的一个问题是：在一个习惯喝茶的国家，人们对咖啡的知识了解甚少，甚至对喝咖啡有情绪上的抵触。为此，星巴克首先着力推广"消费者教育"，为消费者开设咖啡讲座、咖啡星讲堂、咖啡教室来普及咖啡知识，以获得消费者的接受和喜爱。

2. 消费者个人的消费实践

消费能力的提升离不开个人的努力和消费实践活动。在一次次的购买活动中，消费者不断积累知识和经验，形成和发展自己的消费能力。例如，女性的消费实践经验一般比男性丰富，购买能力就强些。还有的年龄大的消费者，在市场上历练多年，经验丰富，购买能力自然就更强。一般来说，具备产品专业知识、与商家交易经验丰富的消费者更能独立完成购买行为。

打开社交媒体，寻找化妆灵感

随着智能手机和各类社交、即时聊天工具的普及，自拍等消费者形象展示的频次增加。对于那些想要尝试化妆又不太了解如何化更符合自己个性的妆容的人来说，化妆好像是一件极其麻烦的事情。但如今，缺乏化妆知识的人可以寻求美妆博主的帮助，这些活跃在小红书、抖音等社交媒体上的美妆博主通过展示各种化妆技巧和时尚搭配，分享自己的美妆心得和试用报告，或讲解化妆产品特色、品牌创意和美妆灵感，不仅能帮助消费者提高化妆能力和水平，而且还影响消费者的购买决策和美妆风格。

二、消费能力的内容

消费活动是一项范围广泛、内容复杂的社会实践活动。为了从消费活动中获得最大的满足感，消费者需要具有多方面的能力。

1. 对商品的感知辨别能力

感知辨别能力是指个体消费者识别、辨认商品所具有的能力。每个消费者的感知辨别能力都不同，如服装行业的资深买手，摸一摸衣服的面料，看一看服装的款式、颜色、品牌等就能辨别出这件衣服的面料成分、质量级别、基本性能、目标价格等，进而做出准确的评价和判断。同时，感知辨别能力会影响消费者对刺激变化的反应程度，感知辨别能力强的消费者能对商品微小的变化以及同类商品之间细微的差别进行辨认，感知辨别能力弱的消费者则可能忽略商品细小的变化或难以辨认同类商品之间细微的差别。例如，品酒师对不同的酒有敏锐的视觉、嗅觉、味觉的感知辨别能力。

💻 **课堂讨论**

1. 要想买得"聪明"，消费者需要有一双"火眼金睛"，有能力对市场上五花八门的商品进行比较、鉴别、选择、判断。这对普通消费者来说会面临哪些挑战？

2. 技术更新越快，消费者越觉得知识储备不够，不敢轻易购买新产品。讨论商家如何做才能降低消费者的购买风险。

❓ **小思考**

在现实生活中，有的商家会采用各种手段对消费者进行欺诈、坑害，你认为消费者应该如何保护自己？

2. 对商品的分析评价能力

对商品的分析评价能力主要反映在对商品信息的收集、对商品信息来源的分析评价、对购物场所的评价、对商品本身特点的认识和评价能力上，甚至包括对他人消费行为的评价。例如，一个喜欢购物并经常购物的消费者在收集商品的信息时就会比较主动，会通过广告、海报、宣传单等多种渠道获取商品信息，能对这些广告有比较全面而理性的认识，对购物场所中的各类促销手段有相当的判断能力。

另外，分析评价能力是消费能力中比较复杂、涉及因素较多的一种能力。这是因为消费者的收入、行为方式、审美情趣不同，所以对商品的分析评价能力，特别是评价标准也会有所不同，出现对于同样的商品而评价结果未必相同的情况。当然，多数情况下，对商品的评价会有一个符合社会发展的基本标准或约定俗成的标准。

3. 选购商品时的决策能力

决策能力主要反映在选择商品时能否正确地做出决策并购买到让自己满意的商品。消费者的气质类型、个性特点是影响决策能力的重要因素。比如，一个性格内向、反应迟缓、意志力较差的消费者，在购买商品时容易犹豫不决，难以做出决策。

消费者对商品的认识程度、使用商品的经验以及使用商品的习惯，也是影响决策能力的重要因素。在特殊的购物环境中，消费者的购买决策能力会有更明显的体现。比如，当某品牌新款手机上市时，出现消费者抢购的情况。决策速度快的消费者会及时地做出是否购买的判断；而决策速度慢的消费者就会产生更多心理矛盾和冲突，甚至会手足无措，难以做出决策。

4. 对消费利益的自我保护能力

自我保护能力是消费能力中很重要的一种能力，消费者在自身权益保护方面的能力表现各不相同。在商品的购买和消费过程中，存在着侵犯消费者权益的情况，如"毒牛奶""假豆浆"等事件。解决侵犯消费者权益的问题，一方面要依靠更加完善的法律制度和消费者保护组织，另一方面还需要消费者不断增强自我保护能力，在各种侵犯消费者权益的问题即将发生和已经发生的时候，能够有意识、有知识、有能力维护自己的消费权益。

三、消费能力的差异

每个人的消费能力有高有低，并会在购买活动中以一定的方式表现出来，这就需要企业针对不同能力的消费者提供不同的服务。

1. 成熟型

成熟型消费者对所购买的商品不仅非常了解，而且有长期的消费经验，甚至形成了消费习惯。消费者对所购商品的性能、价格、质量、生产等方面的信息非常熟悉，甚至可以说是这一类商品的"专家"，他们的消费经验、对商品的了解和熟悉程度甚至有可能超过该商品的销售人员。

此类消费者在购买商品时，有明确的购买目标，注重从各个方面去综合地评价商品，同时能够熟练地在同种或同类商品中进行比较、选择。这类消费者在选择商品时很自信，有时会向销售人员提出关键性问题。他们在购买过程中不会轻易接受广告的宣传和销售人员的推荐，不易受购物现场情景的影响，会根据自己的需求做出决策，考虑问题既理智又富有经验。

2. 熟练型

熟练型消费者有比较明确的购买目标，了解较多的商品知识，有比较丰富的消费经验，对商品的价格、质量、性能等方面比较熟悉，但是如果要让他们真正地鉴别商品某一方面的特点时，他们又会拿不准，需要请他人参谋。此类消费者一般不反对商品广告宣传和销售人员所提供的有关商品信息，但是他们会进行认真的分析、判断、比较。在购买过程中，其购买目标明确且能够通过语言清晰、准确地表达自己的购买需求，购买决策过程一般较为顺利。

3. 普通型

普通型消费者在购买之前已有大致的购买目标，掌握部分有关的商品知识，但消费经验不多，了解商品主要是通过广告宣传、销售推广或他人的推荐，所以了解商品的程度不深。此类消费者愿意请销售人员给自己介绍商品的特点或者在服务中补充自己欠缺的部分知识，而且希望有其他消费者现场提供建议，便于自己做出分析和评价，降低购买风险。对于这类消费者，如果销售人员的服务态度热情、诚恳，让其产生信赖的感觉，那么就会顺利地促成购买。

📺 课堂讨论

1. 如今网购已经很普及了，但对有的老年人来说，网购仍然有困难。讨论老年消费者在网购中遇到的主要问题。

2. 如果你是一家网购平台的运营经理，你会采取什么措施吸引老年消费者？

4. 缺乏型

缺乏型消费者缺乏有关的商品知识，缺乏购买和使用经验，挑选商品时犹豫不决，希望销售人员介绍并详细解释。他们容易受广告宣传的影响，容易受其他消费者或销售人员、购物环境的影响，购买后容易产生后悔心理。对于这类消费者，销售人员要主动认真、实事求是地介绍商品，尤其介绍新商品时不要夸大其词，应让消费者充分了解新商品性能后再购买，避免让消费者仓促购买后出现后悔或失望心理。

本章小结

个性包括个性心理特征和个性倾向性两个方面，本章学习个性心理特征。个性心理特征指一个人区别于他人，在不同环境中表现出一贯、稳定的行为模式的心理特征，主要包括气质、性格和能力。消费者的行为活动以何种方式和风格进行，取决于消费者气质、性格、能力等方面个性心理特征的差异。

气质指一个人在心理活动和行为方式上表现的强度、速度、稳定性和灵活性等动力方面的心理特点，一般分为胆汁质、多血质、黏液质和抑郁质四种类型，不同气质类型的消费者在购买心理、购买决策、购买行为方面存在着差异。性格指人对现实稳定的态度以及与之相适应的习惯性的行为方式，其特征主要表现为态度特征、意志特征、情绪特征和认知特征。消费者的购买能力包括对商品的感知辨别能力、对商品的分析评价能力、选购商品时的决策能力和对消费利益的自我保护能力等，消费者的购买能力可分为成熟型、熟练型、普通型和缺乏型，不同能力消费者的消费活动的进程及效率不同。

综合练习题

一、填空题

1. ____是指一个人区别于他人、在不同环境中表现出一贯的、稳定的行为模式的心理特征，主要包括气质、性格和能力等。

2. 根据气质的体液说，可以把人的气质类型划分为多血质、_____、黏液质和抑郁质四种类型。

3. ____是指人对现实的态度和行为方式中较稳定的个性心理特征，是个性心理特征中最重要的方面。

4. 性格的基本特征一般表现在_____、意志特征、情绪特征和认知特征四个方面。

5. ____是指人们顺利地完成某种活动所必须具备的，并且直接影响活动效率或效果的个性心理特征。

二、选择题

1. 决定人的气质的主要因素是（　　　）。
   A. 性别因素　　　B. 职业因素　　　C. 先天因素　　　D. 社会因素

2. 喜欢标新立异，追求新颖奇特商品的消费者一般属于（　　　）气质类型。
   A. 多血质　　　B. 胆汁质　　　C. 抑郁质　　　D. 黏液质

3. 在消费者购买行为中起核心作用的个性心理特征是消费者的（　　　）。
   A. 气质　　　B. 性格　　　C. 兴趣　　　D. 能力

4. 瑞士心理学家卡尔·荣格把人的性格类型划分内倾型和（　　　）。
   A. 社会型　　　B. 权力型　　　C. 外倾型　　　D. 完美型

5. 消费者需要不断增强（　　），才能够有意识、有知识、有能力维护本人的消费利益。

    A. 决策能力　　　　B. 自我保护能力　　　　C. 分析能力　　　　D. 评价能力

三、论述题

1. 什么是气质？消费者不同的气质类型对消费活动有何影响？

2. 列举三种以上的气质学说，简述它们之间的区别和联系。

3. 一个人的性格是如何形成的？性格与气质有什么不同？

4. 简述性格的基本特征，了解三种以上性格研究的相关理论。

5. 论述消费者的性格类型及其表现。

6. 消费者要顺利完成购买活动，需要具备哪些基本能力？针对不同消费能力的消费者采取怎样的销售策略？

四、实践题

1. 以 5 人为一小组，根据本章提供的气质类型测试题，测试小组成员的气质类型，并将测试结果与小组成员的日常消费行为进行对比，讨论分析每一位成员在消费中的具体气质特征。

2. 调查观察你周围的 5 名同学，观察他们的穿衣风格（颜色、花色、款式）和习惯，看看他们的服装选择与其性格是否有关。

五、案例分析题

说起旅游，我们会想到城市、景区、出行方式；说起雪糕，映入我们脑海的可能是巧乐兹、苦咖啡、东北大板。有一种东西将雪糕与旅游相结合，它就是文创雪糕。请扫描二维码阅读案例，并回答案例后面的问题。

第四章 消费者个性心理倾向

学习目标

学习个性心理倾向的需要、动机、态度的概念、类型及构成，了解需要、动机、态度的相关理论，掌握消费者需要、购买动机的特征，了解购买动机对消费者行为的影响，理解消费者动机冲突，掌握消费态度的形成及改变的影响因素，学习改变消费态度的营销策略。

导入案例

洞洞鞋又"翻红"

已经火过一波的洞洞鞋，在 2023 年又突然成为时尚单品。尤其是面对酷夏热浪，人们发现洞洞鞋实在又凉快又透气，堪称"夏日神器"。那些没穿过洞洞鞋的人可能会困惑：这鞋丑丑的，怎么这么多人都在穿？但穿过洞洞鞋的年轻人自称入了"洞门"。网络上甚至流行这样一种说法："一入洞门深似海。"意思是只要开始穿洞洞鞋，就再也脱不下来。

实际上，洞洞鞋鼻祖卡骆驰（Crocs）品牌在 2002 年就推出了一款树脂材料制作的鞋子，也就是最早的洞洞鞋，一经推出，受到医生、厨师等群体的欢迎，慢慢地就"出圈"了，甚至当时的美国总统也穿上了 Crocs 洞洞鞋。不过，再传奇的故事也有消沉的篇章，因为盲目扩充产品线、库存过剩等，Crocs 渐渐消失在公众的视野中。

然而，Crocs 或许也没有想到"三十年河东，三十年河西"，2023 年，洞洞鞋卷土重来。这次不仅 Crocs 的洞洞鞋大卖，越来越多的品牌也开始生产洞洞鞋。那么，洞洞鞋为何又"翻红"？如果你问一个"洞门人"为何会穿"丑鞋"，大概率会得到一些非常实用主义的回答，如穿脱方便、舒服、显高还百搭。其实，洞洞鞋不仅满足了实用性需求，而且还可以 DIY，那些鞋面上花花绿绿的小配件已经成为年轻人展示审美和个性的秀场，实现了从"单一的洞洞鞋"转变为"每个人都拥有自己独一无二的 Crocs"。更不要说，洞洞鞋还具备爆火的"体质"——话题度高，带有社交属性。有关数据显示，30 天内（2023 年 5 月 15 日至 6 月 13 日）小红书上洞洞鞋相关的笔记就有 1.78 万篇。当然，如果你是时尚达人，在穿洞洞鞋时再搭配上一双袜子，那一定走在了潮流的前沿。这种凉鞋配袜子的穿搭放在几年前还是人人喊"土"的搭配，现在已经成了一种新风尚。

启发思考：

1. 洞洞鞋为什么会卷土重来？其满足了消费者的哪些需求？
2. 消费者对洞洞鞋的需求反映了怎样的消费心理？

第一节 消费者的需要

个性心理倾向是个性的一部分，是推动人进行活动的动力系统，决定着人对周围世界的认识和态度的选择和趋向，主要包括需要、动机、态度、信念、理想、信仰等。个性心理倾向对消费者行为的影响主要表现在行为活动的选择、模式，以及对不同消费对象的态度体验上。

一、需要的产生

需要是指人们在个体生活和社会生活中感到某种缺乏而力求获得满足的一种心理状态，通常以欲望、渴求、意愿的形式表现出来。

消费者的需要是指在一定的社会经济条件下，消费者表现出的对商品或服务的要求和欲望，是人类一般需要在社会经济活动中的具体体现。例如，饥饿时产生购买食物的需要，寒冷时产生购买衣服的需要。需要是消费者进行消费活动最基本、最核心的动力因素。

小思考

孔子说"富与贵，是人之所欲也""贫与贱，是人之所恶也"，这反映了人们怎样的需求心理？

1. 需要和需求的区别

需要与需求虽然只有一字之差，但两者的内涵不同。需要是个体感到某种缺乏而力求获得满足的心理倾向，是内外环境的客观要求在头脑中的反映，它源于自然性要求和社会性要求，表现为物质需要和精神需要。需要常以一种缺乏感体现，以意向、愿望的形式表现出来，最终发展为推动个体进行活动的动机。需求是人们有能力购买并且愿意购买具体商品的欲望，是个体在欲望驱动下的一种有条件的、可行的，又是最优的选择，这种选择使欲望达到有限的最大满足，即人们总是选择能负担的最佳物品。

可见，需求与需要两个概念不能等同。形成需求有三个要素：对物品的偏好、物品的价格和手中的收入。需要只相当于对物品的偏好，并没有考虑支付能力等因素，因此，一个没有支付能力的购买意愿并不构成需求。也可以说，需求是客观的，需要则是主观的。需要注意的是，它们的内涵虽不相同，但在日常生活中，人们并不对两者进行严格的区分。

因此，消费者需要会强烈地推动消费者去实现自己的行动，但是否形成消费者需求、行为是否能够实现还要看消费者是否具有支付能力。

2. 需要的产生过程

人的需要是如何产生的呢？均衡论认为，在正常条件下，人的生理和心理处于平衡或均衡状态，一旦生理或心理的某个方面出现缺乏时，便会导致原有平衡或均衡状态被破坏，变为不平衡或不均衡状态。例如，当一个人缺乏食物时，血液中的成分会发生变化，体内平衡遭到破坏，这时人在生理上便会产生一种饥饿感，这种饥饿感让人感受到紧张或压力，便会促使人去寻找食物，只有吃到食物，使血液成分恢复到正常状态，才能减轻或消除这种紧张或压力，人的生理和心理才能恢复均衡状态。依据这种理论，需要可以被看作减轻或消除紧张或压力状态的心理反应。

根据均衡论，需要的产生过程如图 4.1 所示。

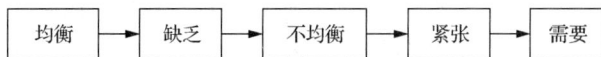

小思考

你是否认同"营销的本质就是满足需求"的说法？为什么？

均衡	→	缺乏	→	不均衡	→	紧张	→	需要

图 4.1　需要的产生过程

需要的产生还与个体产生需要时的生理状态、情境和认知水平有关。认知因素是产生需要的重要条件，认知是对个体的主客观条件进行分析、判断、推理，是个体确立活动目标的基础、产生需要的前提条件。具体来说，需要的产生有两个条件。一是不足之感，即人感到在生理上和心理上有某种缺乏。如果个体在主观上没有产生欠缺感，即未产生心理失衡，这时需要就没有产生。或者当消费者受自身条件的限制而产生自我抑制时，需要也不能产生。二是求足之愿，即个人产生追求满足的欲望。当个体的身心未达到一种心理和生理需求的饱和状态时，就会产生追求满足的需要。当然，消费者的这种饱和状态并不恒定，它会随着条件的变化而变化。

"对衣食住行的需要是每个人都有的，因此所有人的需要都是一样的。"这个说法是否正确？请讨论并举例说明。

二、需要的表现形态与类型

（一）消费者需要的表现形态

（1）现实需要。现实需要是指消费者已经具备对某种商品的实际需要，且具有足够的货币支付能力，而市场上也具备充足的商品，因而消费者的需要随时可以转化为现实的购买行为。

小思考

对企业来说，发现消费者的现实需要和潜在需要哪个更重要？为什么？

（2）潜在需要。潜在需要是指目前尚未显现或明确提出，但在未来可能形成的需要。潜在需要通常由于某种消费条件不具备所致。比如，市场上缺乏能满足需要的商品，消费者的货币支付能力不足，缺乏充分的商品信息，消费意识不明确，消费者需求强度低，等等。然而，上述条件一旦具备，潜在需要可以立即转化为现实需要。

（3）退却需要。退却需要是指消费者对某种商品的需要逐步减少，并趋向进一步衰退。导致需要衰退的原因通常有流行时尚的变化，消费者兴趣的转移，新产品对老产品的替代，消费者对经济形势、价格变动、投资收益的心理预期等。

（4）不规则需要。不规则需要又称作不均衡或波动性需要，是指消费者对某类商品的需要在数量和时间上呈不均衡波动，如季节性商品、节日礼品等。消费者对旅游、交通运输的需求也往往呈现不规则性。

示例

酒店应对淡旺季的方法

众所周知，酒店是分淡旺季的：旺季期间，门庭若市，间间爆满，订房都得提前多天；相对地，淡季期间入住率就很低了。但酒店是有固定成本的，固定支出不会因为入住率的高低而有变化。那么，淡季如何吸引顾客，降低经营成本呢？有的酒店一方面采取灵活定价、促销等方式，提高入住率；还有的酒店在分配房间的时候，采取集中楼层安排，减少客房的人力成本，清扫量也大大减少；或将没有入住的楼层里的中央空调、热水、照明等耗费资源的设施关闭，尽可能减少酒店的水电耗能和费用支出。

（5）充分需要。充分需要又称饱和需要，是指消费者对某种商品的需求总量及时间，与市场商品供应量及时间基本一致，供求之间大体趋向平衡，这是一种理想状态。但是，由于消费者的需要受多种因素影响，任何一个因素变化都会引起需求的相应变动。因此，供求平衡的状况只是暂时、相对的，任何充分需要都不可能永远存在。

（6）过度需要。过度需要又称作超饱和需要，一般是指消费者的需要超过了市场商品供应量，商品呈现出供不应求的状况。这类需要通常由外部刺激和社会心理因素引起。例如，通货膨胀时对某种商品加大购买力度。

（7）否定需要。否定需要是指消费者对某类商品持否定、拒绝的态度，因而抑制其需要。之所以如此，可能是因为商品本身不适合消费者需要，也可能是消费者缺乏对商品性能的正确认识，或者受消费观念束缚和错误信息误导所致。

（8）无益需要。无益需要是指消费者对某些危害社会利益或有损于自身利益的商品或服务的需要，例如对香烟、烈酒等的需要。

（9）无需要。无需要又称作零需要，是指消费者对某类商品缺乏兴趣或漠不关心，无所需求。

无需要通常是由于商品不具备消费者所需要的效用，或消费者对商品效用缺乏认识，未与自身利益联系起来所致。

课堂讨论

1. 有一种营销观念是"把梳子卖给和尚"或"把冰箱卖给因纽特人"，你觉得这样的营销观念是否正确？

2. 思考上述说法是否能满足消费者的需要，是否能使消费者受益。

从上述关于消费者需要的基本形态分析中可以看出，并不是任何需要都能够直接激发消费行为。例如，潜在需要、无需要、否定需要、退却需要等必须给予明确的诱因和强烈的刺激，并加以引导、启发，才能达到驱动行为的足够强度。此外，并不是任何需要都能够导致正确、有益的消费行为，过度需要或无益需要就不宜进一步诱发和满足，而必须加以抑制或削弱。因此，不加区分地倡导满足消费者的一切需要，显然是不适当的。

知识点滴

什么是饥饿营销？

饥饿营销是指产品提供者通过有意降低（限制）产量的办法，以期达到调控供求关系、制造供不应求的假象，以吊足消费者胃口，引发更大的消费者需求，获得较高利润的营销策略。手机品牌苹果是擅长饥饿营销的高手。企业在产品推广初期，由于信息不对称，制造产品供应紧张的气氛，制造供不应求的假象以激起消费者求购心切、求新求快的需求，饥饿营销是可行的。但随着消费者对信息的了解以及消费心理的成熟，可能会对饥饿营销的做法麻木，甚至会反感。另外，由于物质的极大丰富，替代品或者直接竞争产品的出现，消费者的注意力被分散，如果品牌一窝蜂地采取饥饿营销方式，则不一定能收到好的市场效果。

（二）消费者需要的类型

消费者的需要既是主观欲望的反映，也是客观现实的反映。由于消费者的主观世界和客观环境非常复杂，所以，消费者需要的类型也是多种多样的。

1. **按照需要的起源划分**

（1）生理需要，是消费者为维持和延续生命，对饮食、睡眠、避暑、御寒等基本生存条件的需要。这种需要是人作为生物有机体与生俱来的，是由消费者的生理特性决定的。

（2）心理需要，也称社会需要，是消费者在社会环境的影响下，所形成的带有人类社会特点的某些需要，如社会交往的需要、自我尊重的需要、表现自我的需要。这种需要是人作为社会成员在后天的社会生活中形成的，是由消费者的心理特性决定的。

2. **按照需要的内容划分**

（1）物质需要，是消费者对以物质形态存在的、具体有形的商品的需要。这种需要反映了消费者在生物属性上的欲求，又可以进一步做低级和高级之分。前者指消费者在衣食住行等方面对物质产品的欲求，这一需要既是物质需要，也是天然需要，主要追求生理上的满足和享受。后者主要是消费者在工作、学习、社会交往等方面对物质资料的欲求，如礼品、奢侈品、烟酒等，这一需要既是物质需要，也是社会需要，反映了消费者对社会文化产品和高级消费用品的需求。

（2）精神需要，是消费者对于意识观念的对象或精神产品的需要。这种需要反映了消费者在

小思考

对你来说，物质需要和精神需要哪个更重要？

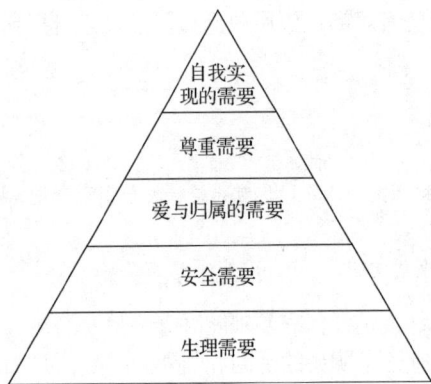

图4.2 马斯洛的需要层次理论

社会属性上的欲求，具体表现为对艺术、知识、美、认识和追求真理、满足兴趣爱好，以及友情、亲情等方面的需要。

3. 按照需要的层次划分

需要按照不同层次，可以划分为生理需要、安全需要、社会需要（爱与归属的需要）、尊重需要、自我实现的需要。这种划分方法主要来源于马斯洛需要层次理论，如图4.2所示。

（1）生理需要，是维持个人最基本生存的需要，如衣食住行等。

（2）安全需要，是人们希望保护自己的肌体和精神不受危害的需要，包括劳动安全、生活稳定、良好的医疗保健等。

（3）爱与归属的需要，是个人渴望得到家庭、团体、朋友、同事的关怀、理解、爱护，对友情、爱情、信任、温暖的需要等。

（4）尊重需要，包括自我尊重和受人尊重两方面的要求，具体表现为渴望成就、独立和自由，获取名誉与声誉，获得别人的赏识和高度评价等。一般来说，尊重需要很少能够得到完全的满足，但基本的满足就可以产生推动力。

▶ 微视频

为什么马斯洛需要层次理论如此重要？

课堂讨论

马斯洛需要层次理论在不同的国家有不同的表现形式。例如，在美国可以通过拥有一所大房子获得尊重，但在面积狭小的日本，可能是通过拥有一辆好车或高档服饰来获得尊重。根据马斯洛需要层次理论，讨论不同需要层次表现出的国别差异是由什么原因造成的。

（5）自我实现的需要，是最高等级的需要，指人们希望发挥自己的特长和潜能，实现对理想、信念、抱负的追求，取得事业上的成功，使自我价值得到充分实现，这也是一种创造的需要。有自我实现需要的人，倾向竭尽所能使自己趋于完美，同时，自我实现意味着充分地、活跃地、忘我地、集中精力地、全神贯注地体验生活。

根据马斯洛的需要层次理论，每一层次的需要与满足，将决定个体人格发展的境界或程度。一般来说，人是先寻求满足最基本的需要，然后不断提升需要层次的。因此，一个饥肠辘辘的人可能为吃饱饭而不管食物是否干净卫生，一个为生计奔波的人可能先不考虑受尊重和自我实现。我国古语"仓廪实而知礼节，衣食足而知荣辱"也表达了类似的观点。

人物谱

亚伯拉罕·马斯洛

亚伯拉罕·马斯洛（Abraham Maslow），美国社会心理学家，提出了融合精神分析心理学和行为主义心理学的人本主义心理学，他的代表作品有《动机和人格》《存在心理学探索》《人性能达到的境界》等。作为人本主义运动最杰出的代表人物之一，马斯洛认为人的本性是中性、向善的，主张完美人性的可实现性。他提出的理论包括人本心理学科学观的理论、需要层次理论、自我实现理论、心理治疗理论、高峰体验理论等。需要层次理论是马斯洛影响最大的理论之一，至今仍在多个学科领域和实际工作中发挥着巨大的影响力。

4. 按照需要的表现形式划分

（1）生存需要，包括对基本物质生活资料、休息、健康、安全的需要。满足这类需要，能使消费者的生命得以维持和延续。

（2）享受需要，表现为要求吃好、穿美、住得舒适、用得豪华，有丰富的消遣娱乐生活，可以令消费者获得生理和心理上最大限度的享受。例如，近几年我国家用按摩椅的销量不断上升，因为按摩椅可以让人缓解疲劳、减轻压力，这就是一种享受需要。当然，普通的商品也能满足人们的享受需要，如熏香洗衣粉不仅能使衣物洁净，香味还能舒缓心神、令人愉快。

（3）发展需要，体现为要求学习文化知识，增进智力和体力，提高个人修养，掌握专门技能，在某一领域取得突出成就等。如买书、学钢琴、上瑜伽课等。这类需要的满足，可以使消费者的潜能得到充分释放，人格得到高度发展。

小思考

在收入既定的条件下，对一个消费者来说，应如何解决自己需要多样性的矛盾？可依据什么做出消费选择？

美国心理学家戴维·麦克利兰（David McClelland）认为个体在工作中的高层次需要有成就需要、亲和需要和权力需要三种形式，该理论也称显示性需要理论。显示性需要理论在消费者行为中同样发挥着作用，表现在具有不同需要的个体在购买商品的原因、种类、购买渠道、消费方式上的差异等。研究人员对显示性需要理论做了实证研究，其中一项研究发现，具有高层次需要的男性更多地购买如滑冰器具、游艇之类的室外健身及运动产品，较少购买流行、新潮的时装，而是喜欢从专卖店购买品牌服装。

需要注意的是，以上不同的需要类型并不是完全孤立的，它们之间有着密切的关系。例如，

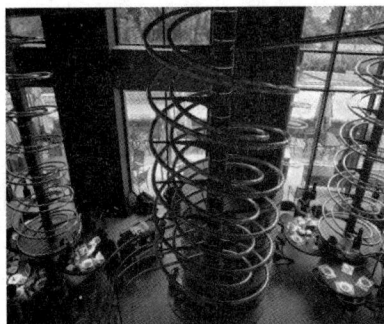

这家餐厅让食物沿着轨道"飞"到顾客面前。在这里，顾客不但能吃饱，更能体验高科技带来的惊喜，满足了多种需要。

消费者在追求物质需要的同时表现出某种精神需要，而精神需要的满足也离不开一定的物质产品等。就像消费者去一家高档餐厅吃饭，既可以达到进餐饱腹的目的，同时也享受了餐厅的优质服务和良好氛围，享受到用餐的乐趣。

三、需要的特征

1. 多样性

由于消费者的民族传统、宗教信仰、文化程度、收入水平、个性特征、生活方式等方面的不同，并具有不同的价值观念和审美标准，因此，每个消费者都按照自身的需要选择、购买和评价商品，导致需要的多样性。

就同一消费者而言，消费需要也是多方面的。每个消费者不仅有生理、物质的需要，还有心理、精神的需要；不仅要满足衣食住行方面的基本需要，还希望满足社会交往、文化教育、娱乐消遣、体育休闲、艺术欣赏等高层次的需要。这些都体现出消费需要的多样性。此外，同一消费者对某一特定的消费对象也常常兼有多方面的要求，如既要求商品质量好，又要求其外观新颖且经济实惠等。

2. 层次性

按照不同的划分方法，消费需要可以划分为若干个高低不同的层次。一般来说，人的消费需要总是由低层次向高层次逐渐发展和延伸，由简单向复杂不断发展的。

3. 发展性

消费需要的发展主要体现在两个方面。一是需要层次的发展变化，一般是：较低层次的需要得到满足之后，逐步向较高层次推进；从简单需要向复杂需要发展；从物质需要向精神需要发展；从单纯追求数量上的满足向追求数量和质量的全面满足发展。这

小思考

一般来说，消费者最基本需求被认为是追求产品的使用价值，随着需求多样性的增加，消费者开始追求产品带来的精神上的满足。你是否认同该说法？请举例说明。

样就形成了阶梯式发展趋势。二是消费需要随时代而发展变化。随着时代的进步，往往产生许多新商品、新观念和新社会风尚，这必然引起消费需要的发展。可以说，没有消费需要的发展，就不会有时代的进步；同样，没有时代的进步，消费需要的发展也将受到限制。

4. 周期性

消费需要的满足是相对的，某些消费需要在得到满足后，在一段时间内可能不再产生，但随着时间的推移，已经消退的需要又会重新出现，周而复始，呈现出周期性。

导致需要周期性的原因主要有两个：第一，从内部原因看，消费者的求新心理、逆反心理和怀旧心理是心理基础；第二，从外部原因看，科技进步与经济水平的提高是客观条件。

消费需要的周期性主要由消费者的生理运行机制及某些心理特性引起，并受到自然环境变化周期、商品生命周期和社会时尚变化周期的影响。但周期性并不是一直在原有水平上的循环，重新出现的需要不是对原有需要的简单重复，而是在内容、形式上都有所发展。

🖋 知识点滴

服装流行的周期性

服装的流行一般会经过兴起、普及、盛行、衰退和消亡这五个阶段，并呈现出螺旋式的周期变化。兴起期一般是新款服装刚刚进入市场的阶段，商品的价位高、原创性强，但往往无法确定是否能够被消费者接受。进入普及期，新款服装开始逐渐引起人们的关注，仿制品也开始以不同的价格大量出现。发展到盛行期，新款服装受欢迎的程度达到顶峰，消费者增多，跟风购买的现象非常明显。当新款服装不再被人们喜欢或者被人们逐渐厌倦时，则进入衰退期，厂商就会开始关注新的服装色彩或样式，原有的服装元素逐渐淡出大众视野直到消亡。服装流行周期交替的频率和延续时间并不固定，经济的繁荣与衰退、战争的爆发、电影或电视剧的影响等，都可能成为服装某种风格、设计、色彩流行的诱因。

❓ 小思考

消费者为什么会喜新厌旧？这会给企业带来哪些商机？

5. 伸缩性

伸缩性又称为需求弹性。消费需要来源于消费者的生理和心理的欲望，又受社会环境诸多因素的影响和制约。这些因素都可能对消费需要产生促进或抑制作用，这就使消费需要表现出伸缩性的特点。消费需要的伸缩性既可能是由消费者本人需要欲望的特征、强度及货币支付能力等内因引起的，也可能是由商品的供应状况、价格、广告宣传、销售方式，他人的实践经验，储蓄利率等外因引起的。

6. 可诱导性

一般把能够引起消费需要的外部刺激（或情境）称作消费诱因。消费诱因按性质可以分为两类：凡是消费者趋向或接收某种刺激而获得满足的，称为正诱因；凡是消费者逃避某种刺激而获得满足的，称为负诱因。心理学研究表明，诱因的刺激强度过大或过小都会导致个体的不满或不适，从而抑制需要的产生。需要的这一特性说明，消费需要可以通过引导和培养形成，也可以因外界的干扰而削弱或改变。因此，诱导需要、开发和创造新的需要是企业营销管理的重要任务。

👓 视野拓展

脑白金的营销

想当年，脑白金可是无人不知、无人不晓的存在。而脑白金在宣传时主打的是，可以帮你提高记忆力、让你的大脑更聪明。甚至，哪怕是现在提及，不少人脑海中依然能浮现出那句广告词："今年过节不收礼，收礼只收脑白金！"不得不说，这句广告词可谓是为广大消费群体量身定做的。

脑白金主打的作用，更是精准地抓住了不同年龄段用户的心理需求。比如，对于那些年龄大的老人，脑白金的广告就已经做了很明显的表达：广告中的老爷爷和老奶奶，拿着脑白金精神地跳两下，这正是无数老年人所期望的——对于老年人来说，每个人都想拥有一个健康的身体，能多出去走一走。

但同时，脑白金又不仅局限于老年群体，对那些对生活充满渴望的年轻人来说也是诱惑。这一类年轻人，他们希望能有更好的洞察力和思考力。所以这种心理，会不可避免地让他们将希望寄托在脑白金上，以此来寻求更大的突破。

除此之外，脑白金最关键的转型就在那句广告语上了。如果以上这些情况，还只是针对有需求的老年群体或者年轻人的话。那么，这句"今年过节不收礼，收礼只收脑白金"的广告语则成功打破了保健品的瓶颈，一时间让脑白金成功转型为可以送礼的礼品，这也大大增加了脑白金的销售额。

第二节 消费者的购买动机

当个体采取某种行动时，总是会受到某种迫切需要实现的意愿、希望或要求的驱使，而这种内在的意愿、希望或要求具有能动、积极的性质，能够激发和驱动特定行为的发生，由此就构成了该行为的动机。因此，动机是引发和维持个体行为并导向一定目标的心理动力，是一种内在的驱动力量。

购买动机是在消费需要基础上产生的、引发消费者购买行为的直接原因和动力。相对于需要而言，动机更为清晰显现，与消费行为的联系也更加具体。据有些心理学家的分析，驱使人们行为的动机有 600 多种，比如，与生理需要有关的原始性动机或生理性动机，包括饥饿、渴、睡眠、温冷、痛苦等；与心理和社会需要有关的继发性动机或心理性动机，包括友情、爱情、亲情、归属、认可、独立、成就、赞许等。正是这些动机相互组合、相互联系、相互制约，推动了人们沿着一定的方向行动，展现出丰富多彩的人类生活。

一、购买动机的形成

消费者购买动机是指消费者为了满足自己一定的需要而引起购买行为的愿望或意念，它是能够引起消费者购买某一商品或服务的内在动力。购买动机的形成要具备一定条件。

> **小思考**
>
> 研究动机所围绕的问题就是回答行为背后的"为什么"的问题。有的行为好理解，如喝了一瓶水是因为你渴了，但有的行为却没那么简单，如为什么同学聚会你喝（酒）多了。试理解不同行为背后人们的动机。

首先，购买动机的产生必须以需要为基础。只有当个体感受到某种生存或发展的需要，并且这种需要达到足够强度时，才有可能产生采取行动以获取这些条件的动机。

其次，购买动机的形成还要有相应的刺激条件。当个体受到某种刺激时，其内在需求会被激活，使内心产生某种不安情绪，形成紧张状态。这种不安情绪和紧张状态会演化为一种动力，由此形成动机。

最后，需要产生以后，还必须有满足需要的对象和条件，才能形成动机。例如，消费者有御寒的需要，但是，只有当冬季来临，消费者感到特别寒冷，并在商店发现有想买的羽绒服品牌时，才会产生购买的强烈动机。

在消费者购买动机的形成过程中，上述三个方面的条件缺一不可。其中外部刺激非常重要，因为在通常情况下，消费者的需要处于潜伏或抑制状态，需要外部刺激加以激活。外部刺激越强，需要转化为动机的可能性就越大，否则，需要将维持原来的状态。可见，企业通过促销强化商品或服务的外部刺激是必要的。图 4.3 所示为动机形成的心理过程。

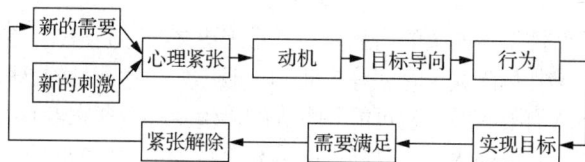

图 4.3 动机形成的心理过程

二、购买动机的分类

消费者需要和外在影响因素的多样性，决定了购买动机的复杂性。但在现实生活中，购买动机又呈现一定的规律和共性。本书介绍一般购买动机和具体购买动机两大类。

农夫山泉的广告突出"产品天然"的特点，满足了消费者对天然健康品质的追求。

（一）一般购买动机

我们把消费者在消费活动中普遍存在的购买动机概括为以下两种类型。

1. 生理性购买动机

生理性购买动机是指消费者为维持和延续生命有机体而引起的各种需要所产生的购买动机。这类购买动机是建立在个体生理需要基础之上的，具体可以分为以下四种类型。

（1）维持生命的动机。该动机是指消费者因饥而觅食、因渴而求饮所产生的购买食品、水等动机。

（2）保护生命的动机。该动机是指消费者为满足生命安全需要而购买商品的动机，如为治病而买药品等。

（3）延续生命的动机。该动机是指消费者为了组织家庭、繁衍后代、哺育儿女的需要而购买有关商品的动机，如买房置地的动机等。

（4）发展生命的动机。该动机是指消费者为生活得舒适、愉快而购买商品的动机，如为了提高文化水平购买图书，为了强身健体而购买健身器材。

2. 心理性购买动机

心理性购买动机是指由消费者的认识、情感、意志等心理过程引起的购买动机。消费者个体心理因素是引起其心理动机的主要原因，具体包括以下几个方面。

（1）情绪动机。该动机是由消费者的喜、怒、哀、乐、欲、爱、恶、惧等情绪引起的购买动机。在情绪动机推动下的购买行为，一般具有冲动性、情境性和不稳定性等特点。

（2）情感动机。该动机是由消费者的道德感、理智感和审美感等人类高级情感引起的购买动机。在这类动机推动下的购买行为，一般具有稳定性和深刻性等特点。

（3）理智动机。该动机是消费者建立在对商品客观、全面认识的基础上，对所获得的商品信息经过分析、比较和深思熟虑以后产生的购买动机。理智动机推动下的购买行为具有客观性、周密性和控制性等特点。

（4）惠顾动机。该动机是消费者根据感情和经验，对特定的商品、品牌、商店等产生特殊的信任和偏爱，形成习惯、重复消费的购买动机。产生惠顾动机的原因很多，如良好的信誉、周到的服务、物美价廉、优美的购物环境等。惠顾动机是以信任为基础的，因此，具有经验性、稳定性和重复性等特点。

（二）具体购买动机

（1）求实购买动机，是以追求商品使用价值为主要目的的购买动机。具有这种动机的消费者在选购商品时，一方面比较注重商品的功用和质量，要求其具有较高的使用价值，讲求经济实惠、经久耐用；另一方面比较注重所购买的商品能为其带来更多实际利益，如方便、实用、省时、省力，能减轻家庭负担、增加休闲娱乐时间等。他们一般不太在意商品的品牌、包装。产生这种购买动机可能与消费者收入有限有关，也可能与个人的价值观和消费态度有关。

（2）求新购买动机，是以追求商品时尚、新颖和奇特为主要目的的购买动机。具有这种购买动机的消费者注重商品的外观造型、款式、色彩以及时尚性，喜欢别出心裁、标新立异、与众不同的商品，这类消费者以追求时尚的年轻人为主。

（3）求美购买动机，是以追求商品的欣赏价值和艺术价值为主要目的的购买动机。具有这种购买动机的消费者，一方面注重商品本身客观的美，如色彩美、造型美、艺术美等；另一方面注重商品的美化功能，如美化自我形象、美化个人生活环境等。因此，这类消费者在选购商品时，特别重视商品的外观造型、色彩和艺术品位，而不太考虑商品的价格。

（4）求廉购买动机，是以追求商品价格低廉，以较少支出获得较多利益为主要目的的购买动机。这类消费者关注商品价格，愿意多花体力和精力去多方面了解商品的价格信息，对商品之间的价格差异进行仔细的比较，并反复衡量。他们喜欢选购优惠价、特价、折扣商品，不太计较商品外观、质量或包装。

??
小思考

你认为消费者要求"物美"又"价廉"是否相互矛盾？

（5）求名购买动机，是以追求名牌、高档商品的名望，借以显示或提高自己的身份、地位和威望为主要目的的购买动机。具有这种购买动机的消费者特别注重商品的品牌、产地、声誉以及其象征意义，而不太注重商品的使用价值。

（6）求便购买动机，是以追求商品使用、购买或维修方便为主要目的的购买动机。具有这种购买动机的消费者对时间和效率特别看重，希望能快速方便地买到适合的商品。同时，他们也希望购买的商品携带、使用、维修方便，以减少麻烦。7-Eleven、罗森等便利店就是因为极大地满足了消费者便利性需求而受到欢迎。

（7）从众购买动机，是在购买商品时以要求与别人保持同一步调为主要特征的购买动机，所以也称为模仿购买动机。从众购买动机一般受参照群体或社会因素的影响，消费者忽略或不能充分顾及自身的特点和需要，因此，这类消费行为往往具有盲目性和不成熟性。

（8）储备购买动机，是以储备商品的价值或使用价值为主要目的的购买动机。例如，购买黄金、珠宝、工艺品等进行收藏、储备、增值；或者当市场出现异常、社会发生动乱时，购买粮食等必需品以备将来之需。

以上列举的仅是消费者日常购买活动中常见的购买动机。需要指出的是，消费者的购买动机是一个复杂的体系，人们的消费行为往往不是由一种动机引发的，而是多种动机共同作用的结果。当消费者不情愿表达或说不清其真实的购买动机时，营销者了解消费者的真实购买动机是比较困难的。

三、购买动机的特征与动机冲突

（一）购买动机的特征

（1）启动性。动机具有发动行为的功能，它能使消费者的机体从静止状态转为激活状态。例如，为了买到美味的奶茶而排队几小时，为了得到优惠价格而熬夜网购，这些行为的背后都有动机的驱使。

（2）主导性。在现实生活中，每个消费者都同时具有多种动机。有些动机表现得强烈、持久，在动机体系中处于支配性地位，属于主导性动机；有些动机表现得微弱而不稳定，在动机体系中处于依从性地位，属于非主导性动机。一般情况下，人们的行为是由主导性动机决定的。例如：注重健康的消费者愿意买有机食物，并花大量的时间、精力在健身房；注重通过获取知识来实现自我价值的消费者会把时间、精力和金钱用于追求学业方面。

（3）内隐性。购买动机是消费者内在的心理活动，由于主体意识的作用，购买动机往往形成内隐层、过渡层、表露层等多层次结构。而在现实中，较复杂的消费活动中消费者常常将真正的动机隐蔽起来。例如，某人买了一辆奔驰车，他表面的动机是为了上班方便，但真正的动机可能是要向别人显示他事业的成功、生活的优越和家庭的富有，这就是动机的内隐性。

（4）方向性。动机不仅会引起行为，还会使行为朝向特定的目标和方向。例如：在学习动机的控制下，一个人的活动指向图书馆、博物馆等与学习相关的目标；而在娱乐动机的控制下，其活动将指向游乐场或电影院等。

（5）调节性。动机具有调节性，或者说具有维持和调整功能。当动机激发消费者的某种活动后，这种活动能否持续，同样要受动机的调节和支配。当活动指向消费者所追求的目标时，这种活动就能在相应动机的维持下继续下去。

（二）动机冲突

1. 动机冲突的产生及类型

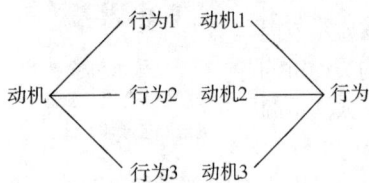

图 4.4　动机与行为的关系

动机冲突的产生与动机本身的复杂性有关。例如，图 4.4 所示的动机与行为的关系，反映了同一种动机可能引起多种行为表现，也反映出在同一行为的背后，可能存在多种动机。比如，一个消费者买新衣服的行为背后的动机可能是为了建立新的自我形象，也可能是想通过有品位的着装获得他人的赞赏或尊重，或者是为了克服内心的自卑感，增强社交自信心等。

当消费者同时具有两种以上共同发生作用的购买动机时，动机之间就会产生矛盾和冲突。这种矛盾和冲突可能是由于动机之间的指向相悖或相互抵触产生的，也可能是由于消费条件的限制产生的。因为人们的欲望是无止境的，而拥有的时间、金钱和精力是有限的，当多种动机不可能同时实现时，动机之间的冲突就是不可避免的。一般来说，购买动机冲突的形式有以下三种。

小思考

举例说明在消费条件的限制下，怎样让消费者能够"鱼和熊掌兼得"。你是如何平衡享用美食和减肥之间的冲突的？

（1）利-利冲突，又称为双趋冲突，是指一个人以同样强度追求并存的两个目的但又不能兼得时产生的内心冲突。简单来说，利-利冲突就是一个人既想得到这个，又想得到那个，两样都想要，所谓鱼和熊掌想兼得的心理。例如，一个周末，你既想去郊区旅游，又想和家人聚餐就是一种利-利冲突。在这种情况下，相互冲突的各种动机都会给消费者带来相应的利益，因而对消费者有着同样的吸引力。但由于消费条件的限制，消费者只能在有吸引力的各种可行性方案中进行选择，吸引力越均等则冲突越厉害。

（2）利-害冲突，又称为趋-避冲突，是指一个人追求同一目的同时产生两种对立的动机，一方面好而趋之，另一方面恶而避之的内心矛盾冲突。简单来说，利-害冲突就是对一个东西既想要又害怕，所谓既想吃又怕烫的心理。在这种情况下，消费者面临同一消费行为既有积极结果，又有消极结果的冲突。其中，具有积极结果的动机是消费者极力追求的，具有消极结果的动机是消费者极力避免的。例如，你喜欢吃糕点，但又害怕变胖，这样品尝美味的动机与避免体重增加的动机之间就发生了冲突。

（3）害-害冲突，又称为双避冲突，是指一个人同时遇到两个威胁性事件，但又必须接受其一，才能避免其二时的内心冲突。简单来说，害-害冲突就是对两样东西都想拒绝，都不想要，所谓前怕狼后怕虎的心理。比如，有的学生既不想用功读书，又怕考试不及格。由于用功读书和考试不及格都是学生企图回避或极力避免的，但因条件所迫又必须对其做出选择，因此两种不利动机之间也会产生冲突。

2. 解决动机冲突的营销策略

（1）针对"利-利冲突"的营销策略。由于利-利冲突动机会给消费者带来相应利益，因而两种动机选择对消费者有着同样的吸引力。但由于消费条件的限制，消费者只能二选一。企业可以通过增加产品独特的吸引力，强调产品与竞争产品的差别来解决消费者的动机冲突，或通过降价、分期付款等推广方式来解决。

（2）针对"利-害冲突"的营销策略。要解决消费者的利-害冲突心理，可以采取尽可能降低不利后果的严重程度，或采取替代品抵消有害结果的影响的方式。例如，一家啤酒公司针对一些消费者既爱喝啤酒，同时又担心摄入酒精后影响身体健康的心理，开发出不含酒精的啤酒，这就是对消费者利-害冲突的一种反应。另外，商家还可以增强消费者对产品的正确认识，例如，对喜欢吃糕点又怕吃了会发胖或对健康不利的消费者，可以告知消费者糕点中的甜味是来自甜味剂而不是蔗糖，甜味剂只需要蔗糖用量的几百分之一就可以获得相同的甜度，因此不产生热量或者产生的热量完全可以忽略，这样的信息可以打消消费者的疑虑，使消费者产生信任感。

（3）针对"害-害冲突"的营销策略。解决消费者害-害冲突的方式有很多。首先，消费者可能对冲突中的问题存在不正确的认识，如一个人牙痛又不敢去看牙医，认为看牙医是十分可怕的事情。此时，就应该通过宣传来消除或部分消除这种不全面或错误的想法。其次，害-害冲突可能为企业提供了新的市场机会。例如，当家里的空调经常出故障时，消费者可能既不想花钱买一台新的，又觉得请人来修理不合算，产生害-害冲突心理。在这种情况下，企业通过采取以旧换新推销方式，或通过为新空调提供更长时间的保修承诺，可能促使消费者采取购买行动来解除冲突。

四、购买动机对消费者行为的影响

购买动机对消费者行为的影响体现在以下三个方面。

（1）发动和终止行为。动机是人们行为的内在驱动力，它具有引发个体活动的作用，消费者的购买行为就是由购买动机引起的，而当购买动机指向的目标达成，即消费者在某方面的需要得到满足之后，该动机会自动消失，相应的行为活动也就终止。

（2）指引和选择行为方向。动机不仅能引发行为，而且还能使行为指向一定的方向。动机的这种功能在消费活动中，首先表现为在多种消费需求中确认基本的需求，如生理、安全、社交或成就需求等。其次，表现为促使基本需求具体化，形成对某种商品或服务的具体购买意愿。在指向特定商品或服务的同时，动机还影响消费者对选择标准或评价要素的确定。通过上述过程，动机使消费行为指向特定的目标或对象。与此同时，购买动机还可以促使消费者在多种需求的冲突中进行选择，将购买行为导向需求最强烈、最迫切的方向，从而求得消费行为效用和消费者需求满足的最大化。

（3）维持与强化行为。动机的实现和需要的满足要有一定的时间和过程。在这个过程中，动机会贯穿于某一具体行动的始终，为人的行动提供动力，直到目标实现。另外，动机对行为还具有重要的强化功能，即由某种动机引发的行为结果对该行为的再生具有加强或减弱的作用。行为的结果对动机的反馈，满足动机的结果能够保持和巩固该行为，称作正强化；反之，使该行为减弱或消退，称作负强化。

第三节　消费态度

态度是指人们对事物所持有的肯定或否定、接近或回避、支持或反对的心理和行为的倾向。心理学家认为态度并不是与生俱来的，而是后天获得的，当态度一经形成，就具有相对持久和稳定的特点，并逐步成为一个人个性心理倾向的一部分。

消费态度是消费者评价消费对象的心理倾向，会导致消费者喜欢或讨厌、接近或远离特定的商品或服务。消费者对商品或服务的态度会影响其购买决策，而在使用商品或接受服务中获得的经验又转过来影响消费者的态度，从而影响下一次的消费决策。

一、消费态度的构成要素

态度通常以语言形式的意见，或非语言形式的动作、行为作为表现形态。例如，2008年，消费者因"三聚氰胺事件"失去了对国产奶粉品牌的信任，转而选择通过海外市场代购奶粉的方式表达对国产奶粉品牌的负面态度。此次事件之后，各大奶粉品牌企业纷纷推出提高乳品质量、产品安全管控措施，并实施严格的检验标准，逐步赢得了消费者的认可，让消费者渐渐形成了对国产奶粉正面积极的消费态度。

📖 **示例**

国产"放心奶"

2023年5月，《中国农业展望报告（2023—2032）》显示，2022年我国奶类产量达到4025万吨，比上年增长6.5%，创下历史新高。其中，牛奶产量同比增长6.8%，连续5年保持增长。随着生活水平提升，人们对于乳制品的消费需求不断提高，消费结构发生显著变化，从以高温灭菌常温液态奶消费为主，到液态奶中冷藏鲜奶占比不断增加，黄油、奶酪等干乳制品消费快速增长。其中，以"更适合中国宝宝体质的奶粉"为品牌宣传语的飞鹤，已成长为中国婴幼儿奶粉的标志性品牌，市场占有率约20%。可见，消费者对国产品牌乳制品的信心不断提升，对国产品牌越来越放心。

消费态度是由认知、情感和行为倾向三种要素构成的复合系统，各个要素在态度系统中处于不同的层次地位，担负不同的职能，如图4.5所示。

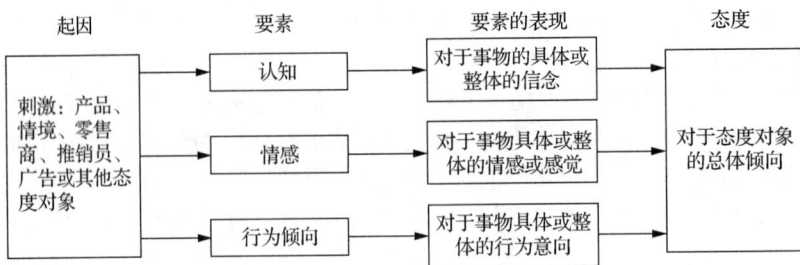

图4.5 消费态度的构成要素及表现

（1）认知要素。认知是指消费者对客观事物的认识、理解和评价。消费者通过感觉、知觉、思维等认知活动，形成了对商品好坏、优劣、高低档等的认识与评价，它直接影响消费态度的倾向或方向，是态度形成的基础。认知一般与消费者接收的信息有关，而不含情绪或情感要素。例如，消费者认为性能优越、设计美观、操作简单的手机值得依赖，而性能不稳定、返修率高的手机不可信。

（2）情感要素。情感是指消费者在认知的基础上对客观事物的情感体验，由情感体验而产生的情感构成态度的核心。情感表现了消费者对商品的喜爱、厌恶、抵制、满意或不满意的情绪，和消费者的行为紧密相连。

（3）行为倾向要素。行为倾向是指个人对态度对象的肯定或否定的反应倾向，即行为的准备状态。通常，消费者对某些商品或服务有喜爱的倾向，就会促使购买行为的产生；有厌恶的倾向，则会抑制购买行为的产生。

态度的认知、情感、行为倾向三种要素是相互依赖的，其中认知是态度的基础，其他两种要素是在对态度对象的了解、判断基础上发展起来的。情感对态度起着调节和支持作用，而行为倾向则制约着行为的方向性。一般来说，三种要素是协调一致的，消费者的态度表现为三者的统一，但如果三种要素发生背离，就会使消费者的态度呈现矛盾状态。

二、消费态度的功能

小思考

为什么积极的态度会产生"爱屋及乌"的心理，而消极的态度会产生"憎其余胥"的心理？

在研究消费态度功能的理论中，受到广泛关注的是社会心理学家卡茨（Katz）的态度理论。卡茨认为，态度有四种基本功能，即效用功能、自我防御功能、知识功能和价值表现功能。

1. 效用功能

效用功能基于奖罚原则，指态度能使人更好地适应环境和趋利避害，或者说，利用态度使回报最大化，使惩罚最小化。人是社会性动物，他人和社会群体对人的生存、发展具有重要的作用，人们经常通过表达态度去维持和发展一段关系，只有形成适当的态度，才能从某些重要的人物或群体那里获得赞同、奖赏或与其打成一片。例如，销售人员对消费者的购买表示赞美，可以使消费者对品牌形成正面的态度和好感，销售可能就会比较容易，而且消费者再次遇到该商品或服务时，也会做出一致的反应，从而也节省了消费者在购买决策上所花费的时间。

2. 自我防御功能

自我防御功能是指当消费者的个别行为与所属群体的行为相左，或与社会通行的价值标准发生冲突时，消费者可以通过坚持固有态度以保护自己，或适当调整和改变态度，求得与外部环境的协调，从而减少心理紧张，保持心理平衡，同时增强对挫折的容忍力与抗争力。

自我防御功能有两种运行机制。一方面，自我防御功能使消费者远离可能有威胁的信息。例如，喜欢吸烟的消费者可能会漠视证明吸烟有害健康的宣传，在这种情况下，态度作为一种防御机制使个体远离吸烟有害健康的事实。另一方面，消费者通常会对提高自我形象的商品产生积极的态度。例如，一些收入不高的消费者也会购买一些较贵的化妆品来缓解因容貌衰老带来的不安心理，并对购买较贵化妆品行为持积极的态度，这实际上也是出于自我防御的目的。

3. 知识功能

知识功能是指消费者形成某种态度，更有利于其对事物的认知和理解，可以使外部环境简单化，使消费者在已经形成的态度倾向性的支配下，决定是趋利还是避害。另外，消费态度的知识功能也有助于解释品牌忠诚度的影响，能够减少消费者信息收集时间，简化消费决策程序，并使消费者的行为趋于稳定。

4. 价值表现功能

价值表现功能是指通过态度表现出消费者的性格、兴趣、价值观或自我概念，同时反映消费者可能选择的决策方案和即将采取的购买行动。例如，有的消费者喜欢通过练书法、看京剧、穿汉服等行为表达他们对我国传统文化的热爱态度和价值取向。

微视频

经典条件反射理论

三、消费态度的形成

消费态度不是天生的，而是通过消费者后天的学习获得的。这里的学习是指消费者在购买和使用商品活动中不断获得知识、经验和技能，不断完善其购买行为的过程。不同的学习方法或方式是消费态度形成的重要途径。

（一）相关理论

1. 经典条件反射理论

经典条件反射理论是由巴甫洛夫创立的，它解释的是刺激与反应之间某种既定的联系。根据该理论，学习就是学会用一种新的方式对以前无关的刺激做出反应。经典条件反射理论促使消费者将奖励和惩罚条件同态度对象相联系，以形成赞成的积极态度或反对的消极态度。

经典条件反射理论及据其得到的科学事实，可用于广告设计中。例如，广告中出现惊涛骇浪

（无条件刺激）的画面总是能够引发人们不畏艰难险阻、挑战恶劣自然环境的正面情感（无条件反射）。再如，有的幽默广告本身能引起情感的反应，一开始消费者的情感仅限于广告本身，但如果反复给消费者看这些广告，那么广告所宣传的品牌同样能引起消费者愉快的感受，产生所谓的条件反应或者称为移情。在这里，消费者有意无意地习得了对特定品牌商品的积极态度和行为。换句话说，一则令人感到亲切的广告，通过经典条件反射就可能强化消费者对品牌的积极态度，而并不需要表明使用该品牌商品会带来何种满足。

另外，经典条件反射理论中的消退理论证明，品牌知名度和美誉度的保持或巩固，同样需要不断用好的产品品质和优质服务来强化，否则知名度和美誉度就会消退，甚至走向反面。

2. 操作条件反射理论

操作条件反射理论是由美国心理学家斯金纳（Skinner）提出的，用来解释人为适应环境而能动地采取的行为。

该理论强调学习是先有行为后有刺激，行为反应是自发出现的，而后才被刺激强化。斯金纳将强化分为正强化和负强化两种。正强化是一种积极刺激，它能引起消费者满意的体验。负强化是一种消极刺激，引起消费者不愉快反应的刺激都可以看成负强化。

操作条件反射理论对理解复杂的消费者行为具有重要的意义，该理论把消费行为视为对某商品使用后的满意感的函数。按照该理论，消费者对自己的购买行为是可以主动控制的，并能从商品使用中获得的持续强化（反复满意）中形成积极态度，由此会提高消费者再次购买这一商品的可能性。

在操作条件反射理论中有一种现象称为自然消退，这是指某种条件反射形成后，如果不再受到强化，那么这种条件反射就会逐渐减弱，甚至消失。例如，消费者在有奖销售的影响下，购买了某种商品，当他以后再次购买同类商品时，因为没有受到奖励，就有可能不再购买该商品。另外，如果消费者对某一种品牌或服务不再有好感，消退过程、终止刺激和预期回报之间的联系就会发生，使消费者再次购买相同品牌商品的可能性迅速降低。

3. 认知学习理论

认知学习理论认为学习是一个解决问题的过程，是一个人对信息进行加工、整理、处理的结果，由此主动地在头脑中形成一定的认知结构，而不是在刺激与反射之间建立联系的过程。根据该理论，消费者对商品的态度实际上是对接收到的信息进行判断和评估，并据此确定态度的方向和强度。

认知学习理论对学习的解释立足于学习者对问题的解决和对所处环境或情境的主动了解。这种主动了解并不像条件联系的学习那样盲目或机械地重复，而是通过掌握更多的信息，形成明确的态度。例如，认为吃高脂肪、高糖分的糕点易于发胖的消费者，则会对糕点持消极的态度而加以回避。

认知学习理论对了解消费者的购买决策的过程有很大的帮助。按照这一理论，消费者的购买行为总是先从认识需求开始，随后再评估满足其需求的可选商品，接着选出他们认为最有可能满足其需求的商品，最后评估商品满足需求的程度。

4. 观察学习理论

观察学习理论主要由美国心理学家班杜拉（Bandura）提出，该理论认为人的许多行为是通过观察学习而导致的，这种观察学习并不依赖于直接强化，即使在没有强化因素的情况下，观察学习同样可以发生。

利用观察学习理论可以诱导消费者特别是潜在消费者的反应。首先，通过特定人物（通常所说的榜样）说明产品的肯定结果，演示产品的使用方法，就可以引起潜在消费者的注意，并使之效仿榜样使用该产品。例如，欧莱雅护肤品用明星做形象代言人，其目的就是通过明星使用产品，引起潜在消费者的注意；或者使消费者通过对别人行为的观察，熟悉产品的使用方法。意图就是让消费者模仿和学习，采取重复购买行为，扩大品牌的口碑效应。其次，消费者可以通过观察别人在体验刺激时的情感表现，获得观察性学习的效果，进而更容易接受别人的影响，从而形成对产品积极肯定的态度。

（二）学习的方法

消费者的消费活动其实是一种学习的过程，是一个不断积累知识、丰富经验的过程，是一个由不知到知，由知之不多到知之较多的过程。而消费者也希望通过学习获得对商品正确的认知和态度。主要的学习方法有以下几种。

1. 模仿法

模仿就是仿效和重复别人行为的趋向，它是一种重要的学习方法。明星的发型、服饰，甚至生活方式，之所以能很快在某些人群中流行，就是因为这些人的模仿心理在起作用。模仿可以是有意、主动的，也可以是无意、被动的。当被模仿对象具有榜样作用，社会或团体又加以提倡时，这种模仿就会自觉进行。在社会生活中还有很多模仿是无意识的，如小孩模仿大人的行为，再如经常接触某个群体的成员，就会不自觉地带有该群体的行为特征等。

模仿可以是机械地模仿，也可以是创造性地模仿。例如，在上体育课时，老师做示范动作，让同学们仿效，这是机械地模仿，而通过模仿明星穿戴，自己创造出新的形象效果就是创造性地模仿。

示例

模仿"扮"明星

服饰搭配很神奇，只要掌握一定的搭配技巧，就能够打造出理想穿搭，甚至神似他人。有的穿搭、妆造达人已经开始了自己的模仿之旅，他们不仅可以模仿出明星的长相外貌，还可以模仿明星的搭配风格，穿出同样的气质。之所以能打造出相对理想的穿搭，主要是因为搭配时将明星的妆造、穿搭风格、发型以及神态等每一个细节都深度模仿。因此，你也可以根据自己的面部特征、身材比例去寻找与自己相似度较高的明星，然后通过模仿其妆造与搭配思路来形成适合自己的理想妆造与搭配。

2. 试误法

试误法即尝试错误法，它是消费者通过尝试与试错，从而在一定的情境和一定的反应之间建立起联结。例如，消费者口渴的时候，可以喝奶茶、咖啡、可乐或者矿泉水等，但经过多次尝试，发现口渴时喝水是最令人满意的，那么消费者在口渴时就会优先选择喝水而不是饮料。因此，如果某种行为反应之后总是伴随着满足，则这种行为与消费者的联结性会增强；反之，联结性则会减弱。

3. 观察法

观察法是指消费者通过观察他人的行为，获得示范行为的象征性表象，并做出或避免做出与之相似的行为的过程。在消费过程中，消费者自觉或不自觉地观察他人的消费行为，并以此指导自己的消费实践。例如，新入职的员工观察老员工的着装，以此作为公司着装的依据或标准。观察法可以使个体突破直接经验的限制，获得很多来自间接经验的知识、观念和技能，它是消费者普遍采用的学习方法。

四、消费态度的改变

消费态度的改变是指消费者因为某种原因而改变已经形成的消费态度，可分为两种情况。一是方向的改变，即原来反对的变成赞成，或原来喜欢的变成不喜欢。这种态度的改变也称为不一致性改变。二是程度的改变，但态度的方向不变。例如，原来态度为赞成（或反对），改变为强烈赞成（或强烈反对），即增加积极度（或消极度），使之成为一种更加强烈的积极态度（或消极态度），这种改变也称为一致性改变。

实际上，以上两种态度的改变也可以是同时进行的，即方向性的改变中包含程度或量的改变，而量的改变积累到一定程度又会引起方向性的变化。一般来说，消费态度的改变并不容易，企业的营销策略对消费态度的改变会产生影响。

（一）影响消费态度改变的因素

态度的形成受多种因素的影响，态度的改变也是如此，本书归纳为以下两大因素的影响。

1. 态度形成特征的影响

（1）形成态度的强度直接影响态度的转变。消费者对不同程度的刺激会产生不同的心理反应。因此，形成态度的强度也会有很大的区别，这直接关系到态度的转变。一般来说，消费者所受的刺激越强烈、越深刻，形成的态度就越不易改变。例如，消费者花了不少钱买了一台空调，但使用不久后发现空调制冷效果不好，售后服务也不及时，就对该空调品牌乃至企业形成强烈的不满，这种态度一经形成就很难改变。

消费者对老字号的积极态度可以持续多年不变，老字号沈大成糕点店总是熙熙攘攘的。

（2）形成态度的因素越复杂，态度的改变越困难。如果消费态度的形成只依赖于一个事实，那么只要证明这一事实是假的或错误的，态度就会改变。但是，如果态度的形成建立在许多事实的基础上，则态度的改变就十分困难。

（3）消费态度一经形成，持续的时间越长就越难改变。例如，有的消费者对老字号形成的信赖和积极态度可以持续多年不变。

（4）作为形成态度基础的价值观与该态度相联系的程度越高就越难以改变。一个人的价值观会通过对事物的态度反映出来，当商品代表的形象与消费者的价值观相吻合时，就会形成对该商品的良好印象，并难以改变。例如，中国人对白酒的喜爱，除了白酒符合中国人特殊的口感喜好，还与人们对白酒的态度有关，人们普遍认为白酒是与节日、庆典等场合联系在一起的，于是便形成了一种独特的具有中国特色的白酒文化。

2. 外界因素的影响

（1）信息的作用。消费者对信息传达者或输送渠道越信任，所产生的态度就越坚定。例如，运动鞋品牌进行产品宣传时，请奥运会冠军做代言与请明星做代言相比，前者有更大的说服力，消费者会更信任和认可。

（2）个体之间态度的相互影响。许多心理测试证明，当一个人首先表示他对某事的意见后，在场的其他人很容易附和。当另一种意见更有说服力时，人们又可能转变认识。这说明人们对事物的看法、见解很容易相互影响。这种相互影响的原因比较复杂，比较可信的解释就是从众心理的作用，因为随大流会使人感到安全。另外，人们不愿表现出自己的错误或无知，附和他人意见也是一种比较好的掩饰。

（3）自我知觉理论的作用。自我知觉理论认为消费者行为的改变也可改变其态度，因为人们以某种方式去行动时，实际上已经做出了承诺，这种不同程度的承诺会带来态度的改变。例如，消费者使用优惠券购买某种商品，说明对该商品有了一定承诺；如果消费者没有任何理由就购买某种商品，则说明有了更高程度的承诺；而多次重复地购买某种商品，说明承诺的程度是最高的，表示消费者对商品已产生了积极态度。

（4）团体压力。消费态度通常与消费者个人所属团体的期望和要求相一致。团体的规范和习惯力量会无形中形成一种压力，影响着团体内成员的态度。团体中的个体也愿意使自己的态度和行为与团体中的大多数成员相一致，以求得到团体的认可。当然，当消费者改变了所处团体时，其态度又会同新的团体规范相适应。

（二）营销策略与消费态度的改变

消费者在购买决策过程中不仅会因态度产生偏爱，而且还可能产生偏见。为了在激烈的市场竞争中争取更多的消费者，企业需要采取恰当的营销策略来改变消费者原来的不积极态度（或偏见）为积极态度，使消费者产生购买兴趣。改变消费态度的营销策略主要有三种。

1. 改变消费者的认知

（1）改变信念。改变信念是指通过提供有力的事实或描述来改变消费者对品牌或产品的不正确的信念。

（2）改变产品属性的权数。如果消费者认为产品的某个属性比另外一个属性更加重要，从而对本企业的产品产生不利的认知时，营销人员可以设法改变产品属性权数，强调本企业产品相对较强的属性是此类产品最重要的属性，以改变消费者的品牌认知。比如，美国克莱斯勒汽车在款式、耐用性、节油性等方面和竞争者相比不占优势，但它是最早将汽车安全气囊作为标准配备的汽车公司之一，因此克莱斯勒在广告中大力强调汽车的安全性是汽车最重要的属性，使消费者的产品认知朝着有利于该品牌的方向倾斜。

（3）增加新属性。这是指在消费者的认知结构中增加新的属性概念，使消费者原先没有认识到或没有重视的相对较强的属性成为影响消费者认知的重要属性。例如，多数消费者购买计算机显示器时对辐射问题并未给予充分的重视，换言之，消费者在关于显示器的品牌信念形成过程中没有考虑"辐射量"这项属性指标。如果这种情况不改变，消费者就不可能购买无辐射但价格昂贵的液晶显示器。营销人员可运用多种手段宣传辐射对人体造成的危害，促使消费者把辐射量作为显示器的重要属性来考虑，就能够改变其产品信念和购买行为。

（4）改变理想标准。这是指在既不改变消费者的属性权数，也不增加新属性的条件下改变消费者对属性理想标准的认识。例如，电视机尺寸大小是消费者选择产品所考虑的重要属性之一，许多人存在单纯求大的倾向，导致许多中小尺寸的电视机销路不佳。鉴于此，营销人员可宣传电视机的尺寸应当与房间的大小相适应，改变消费者对电视机理想尺寸的认识。

2. 改变消费者的情感

在不直接影响消费者品牌信念和行为的条件下，可以通过影响消费者的情感，促使消费者对产品产生好感，在使用过程中建立对品牌的正面态度。促进消费者建立对产品好感的方法有三种。

（1）建立消费者对产品的经典条件反射。企业将消费者喜爱的某种刺激与品牌名称放在一起展示，通过重复将该刺激产生的正面情感转移到品牌上来。例如，挑战极限运动能够激发消费者感受力量和毅力的正面情感，如果把挑战极限运动的镜头与某运动饮料的品牌多次放在一起播放，就会将消费者对该项运动的喜爱转移到运动饮料的品牌上来。

（2）激发消费者对广告本身的情感。消费者如果喜欢一则广告，也能导致他对产品产生正面情感，进而提高购买参与程度。使用写实、抒情、示证、幽默等表现方法能增加受众对广告的接受和喜爱程度。

（3）增加消费者对品牌的接触。研究表明，大量的品牌接触次数能增加消费者对品牌的好感。例如，通过多频次多媒体的广告投放、商品大量陈列、超低折扣或赞助热门综艺节目等来提高消费者接触产品的机会，会提高消费者对品牌的喜爱程度。

3. 改变消费者的行为

消费者行为可以发生在认知和情感之后，也可以发生在认知和情感之前，甚至可以与认知和情感相对立。例如，消费者在事先没有认知和情感的情况下尝试购买和使用一些便宜的新品牌或新型号的化妆品。

在改变消费者的认知或情感之前改变其行为的主要途径是运用操作条件反射理论。营销人员的关键任务是促使消费者使用或购买本企业的产品并确保产品的优异质量和卓越性能，使消费者感到购买本产品是值得的。吸引消费者试用和购买产品的常用策略有发放优惠券、免费试用、购物现场展示、消费者体验、捆绑销售以及降价销售等。

本章小结

本章主要介绍消费者个性心理倾向中的需要、动机、态度。需要是消费行为的起点，消费者的需要可以从多个角度进行分类。消费者需要具有不同的形态，并具有多样性、层次性、发展性等特点。动机是消费者购买行为的驱动力，它能够及时引导消费者去探求满足需要的目标。动机具有启动性、主导性、内隐性等特征，理解动机冲突产生的原因及形式对采取适当的营销策略是必要的。

消费态度由认知、情感和行为倾向三种要素构成，并具有效用功能、自我防御功能、知识功能和价值表现功能。消费态度形成的主要理论有经典条件反射理论、操作条件反射理论等，消费者可以通过模仿法、试误法、观察法等获得对商品的正确认知和态度。消费态度由消费者后天学习获得，与消费者的消费经验、获取信息的性质和程度等内外因素有关。企业可以通过改变消费者认知、情感和行为的营销策略来改变消费者的态度。

综合练习题

一、填空题

1. 需要是人们在个体生活和社会生活中感到某种_____而力求获得满足的一种心理状态。
2. 当消费者的需要转化成需求时，要考虑消费者的购买意愿及_____。
3. 引发和维持个体行为并导向一定目标的心理动力是_____。
4. 当消费者同时具有两种意向的动机并共同发生作用时，就会产生动机的矛盾和_____。
5. 消费态度是由消费者的_____、情感和行为倾向三种要素构成的复合系统。
6. 消费态度的改变主要包括方向的改变和_____两种情况。

二、选择题

1. 人类消费行为的复杂多样性主要是基于（　　）。
   A. 需要的复杂多样性　　　　　　　　B. 动机的复杂多样性
   C. 消费品的复杂多样性　　　　　　　D. 生存环境的复杂多样性
2. 根据马斯洛的需要层次理论，最高层次的需要是（　　）。
   A. 自尊需要　　　B. 爱与归属的需要　　　C. 安全需要　　　　D. 自我实现的需要
3. 当消费者的需要超过了市场商品供应量，呈现供不应求的状况时，这种需要称为（　　）。
   A. 充分需要　　　B. 过度需要　　　C. 潜在需要　　　D. 现实需要
4. 以追求名牌、高档商品的名望，借以显示或提高自己的身份、地位和威望为主要目的的购买动机是（　　）。
   A. 求美购买动机　B. 求名购买动机　　　C. 求新购买动机　　　D. 储备购买动机

5. 消费者可以通过表明某种态度以求得与外部环境的协调，这体现了态度的（　　）功能。

    A. 效用　　　　　　B. 知识　　　　　　C. 自我防御　　　　　D. 价值表现

6. 消费态度不是先天形成的，而是通过后天的学习获得的。消费者学习的方法有很多，例如（　　）。

    A. 加强法　　　　　B. 情绪法　　　　　C. 色彩法　　　　　D. 模仿法

三、论述题

1. 论述消费者需要和消费者购买动机的含义及特征，归纳两者的联系与区别。

2. 简述马斯洛需要层次理论的内容，分析该理论对分析消费者行为的启发。

3. 消费者动机是如何形成的？常见的具体购买动机有哪些？

4. 什么是动机冲突？购买动机冲突的形式有哪些？

5. 简述态度的含义及其构成要素，分析消费态度的基本功能。

6. 消费态度是如何形成的？影响消费态度改变的因素有哪些？

7. 简述消费态度的形成理论和消费者学习的方法。

四、实践题

1. 描述下列商品可能满足的需要，列出购买不同商品获得的利益和需要支付的成本。

①一瓶康师傅矿泉水；②一件恒源祥衬衫；③一辆宝马越野车；④一套90平方米的商品房（你所在的城市）。

2. 调查访问某小区的居民，了解他们对下列产品或事物的态度，并写出一份访谈报告。

①国产牛奶；②有机蔬菜；③N95口罩；④外卖食品。

五、案例分析题

如今的社会中，年轻人越来越倾向于从传统消费观念的束缚中解脱出来，开始追求个性化和非常规的消费方式。比如，去社区食堂吃饭，找特价团旅游，买折扣商品……请扫描二维码阅读案例，并回答案例后面的问题。

第五章　消费者人口统计特征、自我概念与生活方式

学习目标

学习消费者人口统计特征的构成要素及其对消费者行为的影响，掌握自我概念的含义、构成，了解自我概念与产品象征性的关系，理解生活方式的含义及测量方法，学习自我概念、生活方式对消费者行为的影响。

导入案例

展现女性的力量——西装

20世纪前期西装走进女性的生活

西装一直是男性服装世界的宠儿，人们常用"西装革履"一词来形容风度翩翩的男性。确实，穿上西装，一个人会显得有文化、有教养、有绅士风度、有权威感。因此，西装还有一个名字叫 Power Suit（权力套装）。女性穿上西装，绝对是女性时尚史上浓墨重彩的一笔。1910年之前，并没有出现过真正意义上的女士西装。1914年，倡导女权主义的 Coco Chanel（奢侈品牌 Chanel 的创始人）摒弃了"女性就该穿裙子"的旧观念，以粗花呢套装（Tweed Suit）设计，放松腰部束缚，增加硬朗的线条感，创造了第一套女士西装。

20世纪20年代，伴随着西方国家女权意识的觉醒，女性开始积极争取进入职场的权利，西装更广泛地渗入女性生活。好莱坞女星马琳·迪特里希（Marlene Dietrich）可谓是西装套装的引领者。1966年，法国设计师伊夫·圣罗兰（Yves Saint Laurent）大胆开创中性风，设计了历史上第一件女性吸烟装（Le Smoking），将男性阳刚和女性性感相结合。与此同时的主流时尚界，Chanel Suit 开始有了肩垫，更强调女性的力量。20世纪80年代，出现了以 Armani 为代表的 Power Suit，特征是笔挺的面料，中性色系，简约利落的剪裁，宽大肩垫风格，Power Suit 成为职业女性在职场上和男性争取同样地位和权力的象征。

20世纪90年代之后，西装中有了柔软的粉红色，印花图案的设计，很多女性还把西装与蕾丝花边吊带背心、真丝上衣、裙子搭配，正如 *Vogue*（美国《时尚》杂志）宣称"Power Suit 时代"结束了，因为女性已经拥有足够的自信和力量，不再需要西装来武装自己、证明自己了。

启发思考：

1. 根据案例，西装的产生和流行反映了怎样的女性消费心理？
2. 思考着装风格和一个人的自我概念、生活方式之间的关系及相互影响。

第一节　消费者的人口统计特征

人口统计特征是指消费者在人口上的主要特征，也称人口统计变量，主要指消费者在年龄、

性别、种族与宗教、地理区域、受教育程度、职业，以及收入等方面的特征。

了解消费者人口统计特征是研究消费者行为最基本、必需的步骤，因为人口统计特征不但与消费者行为密切相关，而且人口统计特征通常比其他变量更容易衡量和获取。在研究中，一般只有当人口统计特征不足以分析消费者行为时，研究者才会借助其他的变量信息（如个性心理特征、个性心理倾向等）来分析。在消费者行为的问卷调查中，人口统计特征一般会放置在问卷的最前面（或最后面），以方便研究者进行统计。

一、消费者的年龄

不同年龄的消费者需求不同，消费的形式和内容也不同。因此，可以通过年龄了解一个消费者的需求、经历、观念、态度等；同时，企业可以用年龄来细分市场，选择目标市场。通过年龄来分析预测消费行为的变化会比较容易：一是由于年龄的增长出现的消费变化特征比较容易获得，如婴儿服装和成人服装的区别；二是预测人口年龄变化带来的变化比其他变量容易，因为年龄在短期内不会发生太大的变化。

国家统计局数据显示，截至 2023 年年底，我国 60 周岁及以上人口近 3 亿人，占总人口的 21.1%。可见，我国的老年人市场是一个非常重要的消费市场，蕴含着巨大的机会和潜力（见表 5.1）。

表 5.1　我国 2023 年年末人口数及其构成

指标	年末数（万人）	比重（%）
全国人口	140 967	100.0
其中：城镇	93 267	66.2
乡村	47 700	33.8
其中：男性	72 032	51.1
女性	68 935	48.9
其中：0—15 岁（含不满 16 周岁）	24 789	17.6
16—59 岁（含不满 60 周岁）	86 481	61.3
60 周岁及以上	29 697	21.1
其中：65 周岁及以上	21 676	15.4

（来源：国家统计局《2023 年国民经济和社会发展统计公报》）

知识点滴

什么是银发市场？

21 世纪，人口老龄化已经成为世界各国必须面对的一项重大挑战。随着老年消费者在社会消费者中的比例不断提高，各国企业、社会服务业都已注意根据他们的特殊需求，为他们提供称心如意的服务和产品，甚至在每种产品的通用设计中，还要考虑"银发族"的特殊需求。这对企业来说，意味着一个"藏金蕴银"的大市场，这个市场被称为银发市场。银发市场不仅涉及适合老年人的衣食住行、康复保健，还包括老年人学习、娱乐、休闲、理财和保险等。

二、消费者的性别

在分析消费者行为时，性别是一定要加以考虑的，不仅是因为不同性别的消费者对产品和服务的需求不同，而且男性和女性由于生理和生活需要的区别，及其在社会中的地位、责任和义务的不同，导致了不同的社会心理，从而在消费心理和行为上表现出很大的差异性。

服装、化妆品、鞋帽、保健品、珠宝等产品常常用性别来划分市场。随着女性收入、地位的提高，传统上被认为是男性的产品和市场出现了新变化。例如，如今汽车早已不再是男性的专属产品，为女性设计开发汽车大有市场，如宝马 MINI Cooper、奔驰 Smart 等。同样，以往针对女性市场的产品，也开始转向男性市场，如日本资生堂开发了针对男性的 UNO 和 MG5 系列化妆品，深受男性的喜欢。另外，还出现了不区分性别的中性（Unisex）服装。

三、消费者的地理区域

不同的地理区域具有不同的自然环境，加上在这种环境下形成的文化和习俗的差异，导致了消费心理和行为的不同。例如，在我国，来自不同地理区域的消费者对食物有不同口味偏好，正如俗话所说的"南甜北咸，东辣西酸"，这在一定程度上反映了我国饮食文化的地域差异，同时，也反映了人们的口味与地理环境存在一定的联系。

> 📖 **示例**
>
> #### 抖音里的咖啡生活
>
> 2023 年 6 月，抖音生活服务、巨量引擎城市研究院等联合发布的《2023 年咖啡赛道专题研究报告》显示，伴随着 2023 年餐饮行业复苏的大趋势，线下咖啡门店的经营也正逐渐复苏。其中显著的表现之一即是在抖音上打卡咖啡厅的用户数量，2023 年 4 月比去年同期增长了 328%，总打卡次数增长了 296%，咖啡相关内容播放量达到 76 亿次。其中，上海因其繁荣的经济环境和良好的线上传播成为当之无愧的"中国咖啡之都"，打卡量远高于其他城市，并伴随着超过 700% 的打卡量增幅。咖啡已经成为上海鲜亮的城市名片，构成了上海的独特烟火气。

四、消费者的受教育程度

受教育程度不同，对产品的需求就不同。例如，受教育程度越高的人对知识类产品的需求越大，经常购买图书、杂志，去看话剧或听音乐会。一项旅游调查表明，受教育程度越高的人越青睐自助旅游项目而非"跟团走"。另外，受教育程度越高的消费者，对产品了解程度越深入，不易受他人影响，对产品能做出客观、严谨的评价。

五、消费者的职业

不同职业的消费者在产品类型、功能属性等方面的选择不同。例如，随着汽车保有量的增加和新车型不断涌现，消费者已不再满足于把汽车当成简单的代步工具，他们逐渐按照自己的独特需求来挑选汽车，汽车在一定程度上成了车主身份、喜好、个性、价值观的标志。有研究显示，汽车和职业的关系非常紧密，选择相同品牌的车主往往有着相似的职业特征。例如，有些企业家喜欢买奔驰，而有些自由职业者喜欢买宝马，等等，正所谓"物以类聚，人以群分"。

六、消费者的收入

收入对消费者购买力具有直接影响。研究表明，当消费者的收入提高时，消费支出状况会发生同比变化，收入对消费者行为的影响呈显著性特点。按照收入的高低，消费者可以划分为高收入型、较高收入型、中等收入型、低收入型。对于收入有限的低收入消费者来说，价格低廉的产品更具有吸引力；与之相反，奢侈品等就是典型的以高收入者为目标市场的产品。

在分析收入状况时，还要注意消费者的个人收入、个人可支配收入、个人可任意支配收入的区别和联系。当结合社会大经济环境来分析收入时，还要注意消费者名义收入和实际收入的区别。

第二节 消费者的自我概念

一、自我概念的含义

自我概念是指一个人对自己的能力、气质、性格等个性特征的知觉、了解和感受的总和。换言之，自我概念即一个人对自身存在的体验。它包括一个人通过经验、反省和他人的反馈，逐步加深对自身的了解。自我概念是一个有机的认知结构，由态度、情感、信仰和价值观等组成。

微视频

什么是自我概念？

一个人的自我概念是自身体验和外部环境相互作用的结果，是影响消费心理和行为的一个重要因素。消费者通常倾向于选择与自我概念相一致的商品与服务，避免选择与自我概念相抵触的商品和服务。根据相关研究，自我概念的构成主要有以下两种方法。

小思考

你感觉对自己非常了解，但有时候感觉对自己又很陌生。根据本章关于"自我概念"的定义，你认为如何全面地了解自己？

（一）三分法

美国心理学家威廉·詹姆斯（William James）认为，自我概念包括三个构成要素，即物质自我、社会自我和精神自我，这三种构成要素都伴有自我评价的感情（即对自己是否满意）以及自我追求的行为，如表 5.2 所示。

表 5.2　威廉·詹姆斯的自我概念构成

自我概念	自我评价	自我追求
物质自我	对自己身体、衣着、家庭所有物的自豪感或自卑感	追求自我形象、欲望的满足
社会自我	对自己的社会名誉、地位、财产的估计	引人注目、讨好别人，追求情爱、名誉、权势
精神自我	因自己智慧、能力、道德水平而产生的优越感或自卑感	在宗教、道德、良心、智慧方面求上进

（二）四分法

美国消费者专家格伦·沃特认为自我概念有四个组成部分，如表 5.3 所示。

表 5.3　格伦·沃特的自我概念构成

自我概念	含义
真实自我	一个人实实在在、完全客观的真实本质
理想自我	希望成为什么样的人
自我形象	对自己的看法和认识
镜中自我	认为别人对自己的看法

1. 真实自我

真实自我，是一个人实实在在、完全客观的真实本质。很多购买行为并不是消费者对真实自我有全面的认识之后才发生的，而是受潜意识支配的。

2. 理想自我

理想自我，是消费者希望自己成为什么样的人，而不是实际上是一个什么样的人。理想自我和一个人所崇拜和信仰的对象、所追求和渴望的目标有很大关系。有些研究表明，消费者力求实现理想自我可以在他购买"威望类"商品时表现出来，如高档服装、珠宝首饰、豪华轿车、私人游艇等。

3. 自我形象

自我形象，也称主观自我，是消费者对自己的看法与认识，也是真实自我与理想自我的混合物。消费者购买商品，要么是想保持自己的某种形象或完善自己的形象，要么就是想改变自己的形象。为保持自我形象，消费者喜欢购买能够塑造或反映良好的自我形象以及能进一步改善、提高自我形象的商品或是顺应某些群体规范的商品，而避免购买可能破坏、损害良好的自我形象的商品以及违背群体规范、不被群体接受的商品。

当一个人不喜欢现在的自我形象，希望更接近理想自我，认为其他人对自己印象不好或希望与某些人进行社会交往时，就有可能采取改变自我形象的行动。例如，有的人为了使容貌更接近理想自我形象，会通过美容整形手术来改善外貌，以提升自我形象，达到理想自我状态。

示例

医美：向"理想自我"靠近？

当前我国医疗美容（简称医美）市场非常活跃，成为全球增速最快的医美市场之一。其中，从 2015

4. 镜中自我

镜中自我，也称为社会自我，是消费者自己认为的他人对自己的看法。这种自我同一个人对他人的看法有关，比如，他人的学识、年龄、社会地位等，因此两者是一种互动关系。

通常情况下，人们都具有从实际的自我概念向理想的自我概念转化的意愿，这成为人们不断修正自己的行为，以求自我完善的基本动力。不仅如此，人们还力求使自己的形象符合他人或社会的理想要求，并为此而努力按照社会的理想标准行事。正是在上述意愿和内在冲动的推动下，自我概念在更深层次上对人们的行为产生影响，制约和调节行为的方式、方向和程度。

知识点滴

约哈里窗

心理学家约瑟夫·卢夫特（Joseph Luft）与哈里·英格拉姆（Harry Ingram）提出约哈里窗（Johari Window）的概念，如图 5.1 所示。"窗"是指一个人的心就像一扇窗，约哈里窗展示了关于自我认知、行为举止和他人对自己的认知之间在有意识或无意识的前提下形成的差异，由此把一个人的内在分成四个部分：公开的自己（Openself）、盲目的自己（Blindself）、隐藏的自己（Hiddenself）、未知的自己（Unknownself）。一般而言，这四个部分是相互影响的，任何一个区域变大，其他区域就会缩小。而各部分大小的变化，又会受到自我揭露、他人回馈的影响。约哈里窗在认识自我、促进人际沟通方面具有一定的应用价值。

	了解自己	不了解自己
他人了解	公开的自己 你和他人都很了解你本人	盲目的自己 别人很了解你，但你对自己不甚清晰
他人不了解	隐藏的自己 你很了解自己，但别人不了解	未知的自己 你和别人都不清楚关于自己的信息

图 5.1　约哈里窗

二、自我概念的形成

心理学研究表明，个体自我概念从发生、发展到相对稳定，一般需要经过 20 多年的时间。美国精神病医师、新精神分析派的代表人物埃里克森（Erikson）认为，人的自我意识发展会持续一生。他把自我意识的形成和发展过程划分为八个阶段，他认为这八个阶段的顺序是由遗传决定的，但是每一阶段能否顺利度过是由环境决定的，如表 5.4 所示。

表 5.4　埃里克森的人格发展阶段和相应的品质

年龄段	社会转变期的心理冲突	获得的相应品质	
		积极的	消极的
婴儿（1 岁以内）	信任感/怀疑感	希望、信任	恐惧、不信任
学步儿（1～2 岁）	自主感/羞怯感	意志（自制力）	自我怀疑
学前儿童（2～6 岁）	主动感/内疚感	自主和价值感	无价值感
小学生（6 岁到青春期）	勤奋感/自卑感	能力、勤奋	无能
青少年（十几岁到 20 岁）	自我同一/同一性混乱	忠诚、自信	不确定感
青年（20～40 岁）	亲密感/孤独感	爱和友谊	泛爱（杂乱）
中年（40～60 岁）	生产（繁衍）/停滞	关心他人和创新	自私自利
老年（60 岁以上）	自我整合/悲观绝望	智慧	绝望和无意义感

根据埃里克森的理论，可以认为一个人自我概念的形成和发展是终生的，人生就是一个人人格成长的过程，因此，每一阶段的健康发展对个人成长都非常重要。具体来看，自我概念的形成

主要受到以下四个方面因素的影响。

（1）通过自我评价来判断自己的行为是否符合社会所接受的标准，并以此形成自我概念。例如，人们把有的行为归入社会可接受的范畴，把有的行为归入社会不可接受的范畴。通过对自己的行为进行反复不断的观察、归类和验证，就形成了自我概念。

（2）通过他人对自己的评价来进行自我评价，从而形成自我概念。他人的评价对自我评价的影响程度取决于评价者自身特点和评价的内容。通常评价者的权威性越高，与自我表现评价的一致性越高，对自我概念形成的影响程度也就越大。

（3）通过与他人的比较观察而形成和改变自我概念。人们的自我评价还受到与他人比较的影响，比较的结果相同或不同，都会在一定程度上改变人们的自我评价，并驱动他们采取措施修正自我形象。

（4）通过从外界环境获取有利信息，来促进和发展自我概念。人们受趋利避害的心理驱使，往往希望从外界环境中寻找符合自己意愿的信息，而不顾及与自己意愿相反的信息，以此证明自我评价是合理、正确的，这一现象说明了人们经常从自己喜欢的方面来看待和评价自己。

奔驰车在我国是豪华品牌车的代表，它强调雍容华贵，象征成功和富有。

课堂讨论

1. 将自己与身材苗条、光鲜亮丽的模特进行对比，这种比较经常会使自己产生负面情绪。有些国家（如意大利、西班牙）禁止低于一定体重水平的模特走上 T 台。你怎样看待这样的规定？

2. 你认为时尚产业是否有责任影响消费者的自我概念？推崇过于纤细的体形会对消费者产生怎样的影响？请结合自身的实际生活进行说明。

三、自我概念与产品的象征性

瑞士著名钟表品牌百达翡丽（Patek Philippe）经典广告语"没人能拥有百达翡丽，你只不过是为下一代保管而已"，使产品成为连通父母与子女之间的情感纽带，象征着爱和永恒。

自我概念和产品象征性之间的关系是双向的。一方面，消费者会通过购物和展示不同的产品来表达自我概念；另一方面，产品也会帮助消费者定义消费者是如何看待自己的。

1. 产品的社会意义

不同的产品往往蕴含着特定的社会意义，代表着不同的文化、品位和风格，消费者通过购买和使用这些产品，可以显示出消费者与众不同的个性特征，增强和突出个人的自我形象，从而有效地表达自我概念，并促进真实自我向理想自我的转变。

因此，在很多情况下，消费者购买产品不仅是为了获得产品所提供的功能效用，更多时候还是为了获得产品所代表的象征价值。例如，在我国，购买奔驰车并不是单纯地购买一种交通工具，而成为自我身份的象征，是自我概念的外在显示。从某种意义上讲，消费者是什么样的人是由其使用的产品来界定的，如果丧失了某些关键拥有物，那么他或她就成为不同于现在的个体。

2. 产品的符号消费

法国哲学家、现代社会思想家鲍德里亚（Baudrillard）认为，现代消费社会的特点是从"物的消费"过渡到"符号消费"。符号消费是指一件产品不仅具有使用价值、交换价值，还具有符号价值，即一件产品具有表达风格、名声、地位、身份以及权力等特征的价值。在符号消费中，消费过程就是向他人显示自己地位的过程，也是在消费和享受这种"地位象征""理想自我"以及由此所带来的一种自我满足的过程。有些人对奢侈品的追捧，其实就是一种符号消费，也是消费者对理想自我追求的一种展示。因为奢侈品不仅是纯粹的物品，还是高品位的代名词。

一般来说，成为符号消费的商品具有三个方面的特征。第一，具有可见性，即指它们的购买、使用和处置能够很容易被人看到。第二，具有变动性。换句话说，由于资源、禀赋的差异，有些消费者有能力购买，而另一些消费者则无力购买。假如每人都拥有一辆奔驰车，那么这一产品的符号意义就丧失殆尽了。第三，具有拟人性，就是说产品能在某种程度上体现一般使用者的典型形象。豪华汽车、高档珠宝、高档服装等产品均具有上述特征，因此，它们很自然地被人们作为传递自我概念的符号产品。上述特征，可以解释消费者的购买动机和购买行为中的某些微妙现象，并揭示这些现象背后的深层原因。

小思考

为什么打耳洞或文身即使让人身体不舒服或痛苦，但还是有人去做？这反映了自我概念对人怎样的影响？

消费者在选购产品时，不仅以质量优劣、价格高低、实用性能强弱为依据，还把产品或品牌是否符合自我概念作为重要的选择标准，即判断产品是否有助于"使我成为我想象或期望成为的人"，以及"使他人以我希望的方式看待我"。研究发现，私人消费品（化妆品、食品）的购买主要受消费者实际自我概念的影响，而大众可视消费品（服装、鞋包）主要受理想自我概念的影响。

由此，消费者购买某种产品，不仅是为了满足物质需要或精神需要，同时还出于维护和增强自我概念的意愿。在这一意义上，购买产品成为增强自我概念的手段，自我概念则成为控制消费者购买行为的中心要素。

四、基于自我概念的营销策略

由于消费者的自我概念和产品的使用者形象之间的匹配性可以解释很多消费者行为，因此，营销策略的制定和实施就不可忽视自我概念的作用。

1. 运用自我概念为产品定位

营销人员要努力塑造产品形象并使之与目标消费者的自我概念相一致，营造产品和消费者的高匹配度。比如，有人将自己视为环保主义者，那么，以关心环境保护为诉求的公司和产品更可能得到这类消费者的支持。美国服装品牌 Eileen Fisher 深受环保人士的喜爱，因为这个品牌专注设计环保服装，这和环保人士的自我概念诉求高度一致。

2. 运用自我概念进行新产品研发

新产品设计应当符合消费者某种特定的自我概念，同时，新产品不仅要在质量、外观、性能上有别于老产品，更要具有独特的个性和社会象征意义，能够体现出特定产品和消费者相匹配的自我概念。

3. 运用自我概念进行广告宣传

企业在进行广告宣传时，要使广告信息与广告说服对象的自我概念相吻合。例如，使产品代言人的形象、产品或品牌形象与目标受众的自我概念相匹配，以增强广告的说服效果。

需要注意的是，由于媒体宣传对消费者的自我概念会产生潜移默化的影响，尤其是宣传中的代言人效应会对消费者的自身评判标准产生巨大的冲击，因此，企业要慎选代言人，并且注意在宣传中坚持一定的伦理标准。例如，有的化妆品过度宣传使用效果，误导消费者对理想自我不切实际的追求；或者时尚产业在推广中过于推崇瘦弱的模特和形体，使消费者将广告中的模特形象与自我形象进行对比，进而产生不现实、不正确的自我概念，对其身心健康带来了负面影响等，这些宣传均未坚持一定的伦理标准。

第三节 消费者的生活方式

一、生活方式的含义

狭义的生活方式指一个人在日常生活中的活动方式，包括衣、食、住、行以及闲暇时间的利用等。广义的生活方式指人们一切生活活动的典型方式和特征的总和，包括劳动生活、消费生活和精神生活等活动方式。美国消费者行为学教授所罗门（Solomon）为生活方式提供了更为具体的定义："一个人花费时间和金钱的方式。"它反映了一个人的活动、兴趣和意见等特征。

综合学者的研究，可以从以下四个方面来理解生活方式的内涵。第一，生活方式是一种群体现象。一个人的生活方式受到他所在的社会群体以及跟其他人之间的关系的影响。第二，生活方式覆盖了生活的各个方面。一个人的生活方式使他在行为上表现出连贯性。所以，当我们知道一个人在生活的一个方面的行为方式，就可以推断他在其他方面的行为方式。第三，生活方式反映了一个人的核心生活利益。许多核心利益塑造了一个人的生活方式，比如家庭、工作、休闲和宗教等。第四，生活方式在不同人口统计变量上表现出差异，包括年龄、性别、民族、社会阶层、宗教和其他决定因素。另外，社会变迁也会导致生活方式的改变。

生活方式描绘了消费者鲜活的生活场景，为企业全方位了解消费者提供了详尽的信息。从消费者来看，一个人的着装与他的生活方式高度相关，所谓得体的着装其实就是与其生活方式相适应的着装。比如，户外活动时穿休闲服或运动装，出入社交场合时要穿正装或礼服等。

二、生活方式的测量

生活方式的测量指的是对消费者生活方式的评测，目前采用的生活方式测量方法主要有两种：一是 AIO 分析法，即活动（Activity）、兴趣（Interest）、意见（Opinion）测试法；二是 VALS 分析法，即价值观念和生活方式结构测试法。

（一）AIO 分析法

AIO 分析法又称为活动、兴趣、意见测试法，其通过问卷（生活方式量表）调查的方式了解消费者的活动、兴趣和意见，以区分不同的生活方式类型。具体方法是研究人员从消费者中抽取大量样本，以问卷的方式向消费者提出一系列问题和答案，让消费者以文字表述或选择答案的方式回答。问卷所提出的关于活动方面的问题是消费者做什么、买什么、怎样打发时间等，关于兴趣方面的问题是消费者的偏好和有限考虑的事物，关于意见方面的问题是消费者的世界观、道德观、人生观、对经济和社会问题的看法等。表 5.5 列出了测量消费者活动、兴趣和意见因素的主要指标以及消费者的人口统计变量。

这种调查在企业做市场细分、产品定位和促销沟通活动中有广泛的应用价值。比如，消费者回答"我经常逛街买衣服"（A）"我对最新的时尚趋势很感兴趣"（I）"我认为人们应该穿舒适的衣服"（O）等，这些问题的反馈可以帮助企业根据消费者对服装的消费态度，细分若干个市场，并采取相应的营销策略。

表 5.5 关于消费者的 AIO 和人口统计变量

活动（A）	兴趣（I）	意见（O）	人口统计变量
工作	家庭	自我表现	年龄
爱好活动	工作	社会舆论	性别
社会活动	交际	政治	收入
度假	娱乐	经济	职业
文娱活动	时尚	教育	家庭规模
社交	食品	产品	居住的地理区域
购物	媒体	未来	受教育程度
运动	成就	文化	城市规模
……	……	……	……

什么是生活方式营销?

生活方式营销就是以消费者所追求的生活方式为诉求,通过将企业的产品或品牌演化成某一种生活方式的象征,甚至是一种身份、地位的识别标志,从而达到吸引消费者、建立稳定的消费群体的目的。生活方式营销要求企业研究社会变迁及其对社会心理产生的影响,将消费者生活方式的特征与企业的营销战略结合起来,用一种综合的视角来审视企业的经营环境。生活方式营销的本质是一种有意义的建构,面对消费者生活方式的多元化,竞争将不再是企业间单纯的商业竞争,而是围绕消费者生活方式差异开展的差异化竞争。

小思考

在日常生活中,我们常常用到和"生活方式"有关的词,如"健康的生活方式""不健康的生活方式""不正常的生活方式"等,这些词描绘出一种个人生活方式的画面,请根据生活方式的定义,描述你自己的生活方式。

(二) VALS 分析法

在生活方式的研究中,有学者引入了价值观理论,认为价值观是人们关于生活和行动的持久的信念,它与消费者的生活方式密切相关,是消费者行为更为深层次的决定因素,由此,出现了 VALS (Value and Life Styles) 分析法。VALS 分析法具体以自我取向和资源两个维度为基础对消费者进行生活方式的测量和市场细分。

1. 自我取向维度

VALS 测量的第一个维度是自我取向。自我取向分为三种,这三种自我取向决定了个人所追求的目标和行为的种类:①原则取向,这类人在进行选择时主要由自我的信念和原则指导,不在意其他人的看法;②地位取向,注重地位的人寻求他人的肯定,并非常在乎其他人的想法;③行动取向,这类人渴望社交或体能性活动,注重追求社会性或实质活动,动机多样化,并愿意承担风险。

2. 资源维度

VALS 测量的第二个维度是资源,包括智力资源、教育资源、金融资源等。一般来说,从青少年到中年阶段,个体所具有的资源处于上升期,然后保持相对稳定,随着个体的衰老,其资源将逐步减少。有学者根据 VALS 分析法将美国人分成八种类型的消费者,如图 5.2 所示。

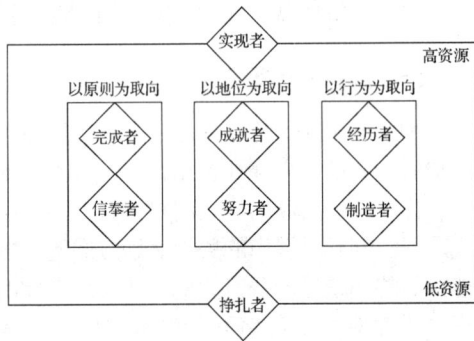

图 5.2 VALS 分析法对消费者的类型划分

(1)实现者(即创新者)。他们是成功、活跃、老练、富有自尊感的"领导式"人物,拥有丰富的资源,善于接受新观念和新技术。他们非常关注形象,其消费行为具有追求高档、特定产品和服务的特点。

(2)完成者(即思考者)。他们是成熟、满足、喜欢沉思的消费者,尊重秩序、知识,具有责任感,对新观念保持开放心态。尽管有足够的收入允许他们有多样化的消费选择,但他们是讲究实际的消费者,寻求购买产品的耐用性、功能和价值。

(3)信奉者(即信仰者)。他们是保守、传统的消费者,在家庭、宗教、社区和国家等方面遵循已有的和传统的规范。他们选择熟悉的产品和已有的品牌,特别喜欢并忠诚使用本国产品。

(4)成就者。他们过着目标取向的生活方式,生活传统,政治保守,尊重权威和地位。作为消费者,他们表现活跃,非常关注形象,喜欢名牌产品和服务,以向同类群体表现成功。由于非常忙碌,他们对于具有省时功能的产品非常感兴趣。

（5）努力者（即奋斗者）。他们是追赶潮流和生活情趣的消费者，并模仿比自己更富裕消费者的购买行为，但往往缺乏足够的资源和条件。他们将购物作为一项社交活动及向同类群体表现购买能力的机会。在消费能力许可时，他们容易冲动购买。

（6）经历者（即体验者）。他们是年轻、热情和冲动的消费者，追求多样化、刺激，喜欢新颖、另类和冒险。他们将主要收入花在流行、娱乐和社交活动上，其购买行为体现在对产品的外在形式和"酷"的追求上。

（7）制造者（即生产者）。他们喜欢投入家务活动，例如建房、养育孩子、修理汽车等，他们生活务实，投入物质性的休闲活动，对新观念持怀疑态度，以购买基本消费品为主。

（8）挣扎者（即生存者）。他们资源匮乏，关心基本的安全和保障，属于谨慎型的消费者，对偏好的品牌保持忠诚，常常在打折时购买。对多数产品和服务而言，他们所构成的市场非常有限。

服装品牌"例外"（EXCEPTION）店面装修采用环保和可回收材料，将中国精神、哲学理念融入服装设计及店面布置，体现了一种"例外"的生活方式。

三、生活方式与消费行为

在我国，改革开放带来的经济发展使消费者感受到了从短缺经济到物质丰富的市场经济所带来的生活方式的全新变化，体现在衣食住行等诸多方面，各种新生事物成为消费者生活方式的重要内容，生活方式对企业营销及预测消费者行为具有很大的价值。

（1）生活方式影响着消费者如何花费、如何消磨时间、如何选择商品等各个方面，与消费者的外部行为紧密相连，可以作为判断消费者购买行为的直接依据，而生活方式又会反过来影响消费者购买行为的方方面面。从图 5.3 中可知，生活方式受到文化、价值观、社会阶层、家庭，甚至消费动机、情绪等多种因素的影响。

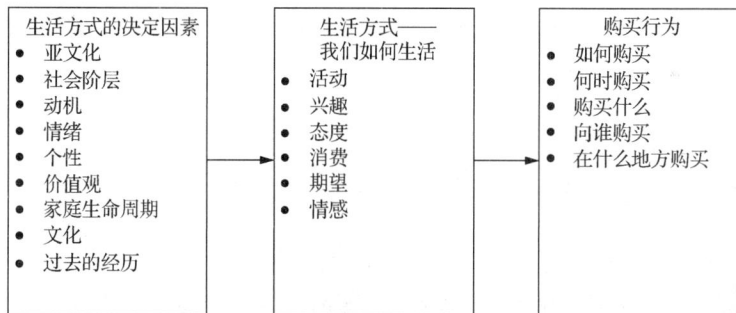

生活方式的决定因素	生活方式——我们如何生活	购买行为
• 亚文化 • 社会阶层 • 动机 • 情绪 • 个性 • 价值观 • 家庭生命周期 • 文化 • 过去的经历	• 活动 • 兴趣 • 态度 • 消费 • 期望 • 情感	• 如何购买 • 何时购买 • 购买什么 • 向谁购买 • 在什么地方购买

图 5.3 生活方式的决定因素及对消费者购买行为的影响

（2）消费者的生活方式会影响其需要与欲望，同时会影响消费者自身的购买行为和使用行为。另外，由于生活方式不同，与消费者关联的商品购买和服务选择也会不同，因此，根据生活方式可以划分不同的细分市场。

（3）企业促销宣传的主题需要符合目标消费者的生活方式。例如，服装品牌蕉下（Beneunder）2023 年广告片以户外靴、晴雨伞、折叠墨镜、天幕帐篷等产品恰如其分地在骑行、露营、溯溪、徒步等户外场景出现，构建出蕉下传达的"轻量化户外"生活方式品牌的概念。

（4）生活方式影响消费决策，而这些决策反过来又能强化或改

小思考

父母的生活方式对孩子有榜样和示范作用，有研究显示，如果父母热爱户外运动，吃健康食物，孩子的肥胖率就低。谈谈你和你的家庭成员之间在生活方式方面相互影响的例子。

变消费者的生活方式。实际生活中，消费者很少会明确地认识到生活方式在他们购买决策中所起的作用。例如，很少有消费者会这样想"我吃肯德基，以保持我的生活方式"。然而，追求简单方便生活方式的人可能会出于便捷的原因去肯德基买快餐。或者说消费者吃快餐并不完全是为了充饥，而是对快餐所体现的生活方式的一种认同。因此，生活方式通常为消费者提供了基本动机和行动指南，尽管往往是以间接和微妙的方式表现出来，但也足以让人们察觉到这种影响。

📎 知识点滴

什么是"生活方式病"？

"生活方式病"是指由于人们衣、食、住、行、娱等日常生活中的不良行为，以及社会、经济、精神、文化各个方面的不良因素导致人出现的躯体或心理的疾病。例如：在农业型社会，人们的健康主要受传染病、寄生虫病和营养缺乏症等疾病的危害；在工业型社会，人们的健康则主要受心血管疾病、恶性肿瘤、营养过剩等疾病的威胁；而在信息化社会，人们除了受肥胖症、糖尿病等疾病的困扰，很多人还出现"手机上瘾症"。这些统称为"生活方式病"。虽然这些疾病产生在不同条件下，受各种因素的影响，但这些疾病的产生有一个共同的因素——人们不健康、不科学的生活方式。

📖 本章小结

人口统计特征是研究消费者行为的基本指标，本章介绍了年龄、性别、地理区域、受教育程度、职业、收入等消费者人口统计变量及其对消费者行为的影响。需要注意的是，单一的人口统计变量往往不能提供完整的消费者画像，需要使用多个变量进行综合分析。

自我概念的构成有不同的划分方法，自我概念的形成不仅与年龄有关，而且还与人的经历、知识水平等有关。营销人员应该努力塑造产品形象并使之与目标消费者的自我概念相一致。生活方式通过一个人的思想意识与心理结构影响消费者的行为表现。测量生活方式主要有 AIO 分析法和 VALS 分析法。在具体的消费者生活方式的研究中，可以根据研究目的增加测量变量。在实践中，生活方式对企业营销及预测消费者行为具有很大的价值。

📖 综合练习题

一、填空题

1. 了解消费者人口统计特征是研究消费者行为的＿＿＿＿、必需的步骤。

2. 美国心理学家威廉·詹姆斯认为自我概念包括物质自我、＿＿＿＿、精神自我。

3. 通常情况下，消费者购买产品不仅仅是为了获得产品所提供的功能效用，更多时候还是为了获得产品所代表的＿＿＿＿。

4. 生活方式是人们生活、花费时间和金钱的方式的统称，它反映了一个人的活动、＿＿＿＿、意见等特征。

5. 生活方式的测量指的是对消费者生活方式的评测方法，主要有＿＿＿＿和 VALS 分析法。

二、选择题

1. 有研究显示，收入对消费者行为的影响呈显著性特点，在分析消费者收入状况时，要注意名义收入和（　　）的区别。

    A. 实际收入　　　　B. 月收入　　　　　C. 年收入　　　　　D. 奖金收入

2. 消费者感到别人如何看待自己，是（　　）的概念。

    A. 真实自我　　　　B. 理想自我　　　　C. 社会的自我　　　　D. 想象中的自我

3. 一般来说，能够成为象征品的产品具有（　　）、变动性和拟人性的特征。

    A. 高贵性　　　　　B. 普遍性　　　　　C. 客观性　　　　　D. 可见性

4. （　　）是人们居住以及花费时间、金钱的方式，反映一个人的活动、兴趣和意见等特征。

    A. 生活习惯　　　　B. 性格表现　　　　C. 消费态度　　　　D. 生活方式

5. 由于媒体宣传对消费者的（　　）会产生潜移默化的影响，因此企业要注意在宣传中坚持一定的伦理标准。

    A. 性格　　　　　　B. 自我概念　　　　C. 意志　　　　　　D. 气质

三、论述题

1. 为什么说了解消费者人口统计特征是研究消费者行为的首要步骤？

2. 简述消费者的人口统计特征的内容。

3. 简述自我概念的含义及构成。

4. 论述自我概念在消费者行为中的作用。

5. 什么是生活方式？怎样理解生活方式和消费行为的关系？

四、实践题

1. 编制一个调查表，调查你所在社区居民的人口统计特征，并分析调查结果，判断分析社区居民的消费特征。

2. 调查 10 名你班上的同学，看看他们是如何定义自我概念的。结合你对这些同学的了解，谈谈你对他们的自我概念有何不同的认识。

五、案例分析题

当 City Walk 的潮流还未消退，年轻人已经开始了 "Shopping Mall Walk"。以往，"逛商场" 就是到商场货比三家，然后交钱购买，然而现在年轻人对于 "逛" 的理解却产生了与以往完全不同的改变。请扫描二维码阅读案例，并回答案例后面的问题。

第三篇　环境因素与消费者行为

第六章　消费群体与消费者行为

学习目标

学习消费群体、参照群体、暗示、模仿、从众的概念，比较不同消费群体的心理及行为的差异，理解参照群体的功能及其对消费者的影响方式及影响程度，了解参照群体在企业营销中的运用，学习暗示、模仿、从众的特点及其对消费者的影响。

导入案例

百事可乐——新一代的选择

提到碳酸饮料，可口可乐与百事可乐绝对是人们最熟悉的两个品牌。从 1886 年可口可乐创立，再到 1902 年百事可乐创立，"红蓝大战"已经持续了百年。相比可口可乐来说，尽管百事可乐是后来者，但两者在长期较量中，势均力敌，各有所长。

最初，由于比百事可乐公司成立时间早，可口可乐抢占了极好的市场先机。在第二次世界大战以前，可口可乐绝对是碳酸饮料市场的王者。即使到了 1960 年，可口可乐在饮料市场的份额仍以 5:1 的绝对优势压倒百事可乐。不过，在与可口可乐的竞争中，百事可乐终于找到一个突破口，那就是从年轻人身上发现市场，把自己定位为新生代的可乐，并利用各种广告来打造"百事可乐新一代"。由此，热情奔放的年轻人成为百事可乐广告的主旋律，百事可乐打造了充满情趣、令人振奋、具备新思想、富有朝气和创新精神的品牌形象。到了 20 世纪 60 年代中期，百事可乐几乎成为美国年轻人的标配。1994 年，百事可乐投入 500 万美元聘请了流行乐坛明星迈克尔·杰克逊拍摄广告片，致力于利用明星效应进一步突出"新一代的选择"。在中国，百事可乐紧跟年轻人的时尚潮流，热衷邀请各路影视明星做品牌代言人，赞助明星演唱会。2023 年 4 月，百事可乐在中国市场推出首款"百事无糖生可乐"新品，这是国内首次由碳酸饮料品牌提出"生"的概念，相比传统可乐，百事无糖生可乐含气量更高，强劲气泡席卷舌尖，带来一种加气不加糖的独特"生爽"体验。

百事可乐聚焦年轻人市场，倡导"渴望无限"品牌理念，产品不断创新，强调"新一代的选择"，进而保持新鲜感，经历了 100 多年的发展还能保持旺盛的生命力。

启发思考：

1. 为什么百事可乐选择年轻人作为目标消费群体？
2. 百事可乐为什么采用明星代言的方式来推广品牌？

第一节　消费群体概述

消费者行为是一种复杂的社会心理现象，它不仅受消费者自身的心理活动过程、个性心理特征、个性心理倾向等心理因素的影响，而且受消费者活动的外界环境的影响。这是由消费者作为人的社会属性决定的，每个消费者作为社会成员之一，生活在一定的社会环境中，并与其他社会成员、群体和组织发生直接或间接的联系。因此，消费者行为不可避免地受到社会环境和各种群体关系的制约和影响。因此，从环境的视角来研究消费者行为的特征、变化和发展，对于解释复杂多样的消费者行为现象是必要的，并为理解和预测消费者行为提供了切实可行的依据。

一、消费群体的类型

消费群体即消费者群体，是由具有共同消费特征的消费者组成的群体。同一消费群体内的消费者在消费心理和行为方面往往会表现出相同或相近的特点，不同的消费群体之间则存在明显差异。消费群体的形成是消费者的内部因素和外部因素共同作用的结果。消费群体的类型划分如下。

1. 根据人口统计特征划分

本书第五章从个体消费者视角对人口统计特征进行了基本分析。其实，根据人口统计特征划分不同的消费群体，也是消费群体划分最常用的方法，即按年龄、性别、受教育程度、收入、职业等对消费群体进行划分。例如：按照性别划分，消费群体可分为男性消费群体、女性消费群体；按年龄划分，消费群体可分为儿童消费群体、青年消费群体、中老年消费群体等。

2. 根据自然地理特征划分

根据自然地理特征划分消费群体，也是常用的划分方法之一，具体见表6.1。由于地理位置的差异，各地区的自然环境、社会经济环境不同，消费需求和习惯也不尽相同，消费群体表现出不同的心理和行为特点。例如：在我国，按照地理方位，可以划分为北方消费群体、南方消费群体，或者更细致地划分为东、西、南、北、中部消费群体；按照城乡差异，可以划分为城市消费群体、农村消费群体。

表 6.1　按照自然地理特征划分消费群体

划分标准	可细分的划分标准
国家或地区	北美、西欧、亚洲、非洲、中东、太平洋沿海
国内地区	华北、东北、华东、华中、西北、华南
城市规模	特大城市、大城市、中等城市和小城市
气候条件	热带、亚热带、温带
人口密度	都市、市郊、农村

视野拓展

哪个省份的人最能花钱?

据国家统计局公布的《2022年国民经济和社会发展统计公报》各项统计数据（均未包括香港特别行政区、澳门特别行政区和台湾省数据），2022年全国居民人均消费支出24 538元。在全国31个省、自治区、直辖市中，高于全国居民人均消费支出平均水平的省、直辖市有9个，分别是上海市、北京市、浙江省、江苏省、广东省、天津市、福建省、重庆市、湖北省。具体来看，人均消费支出高于4万元的有2个，分别是上海市和北京市；人均消费支出在2万～4万元的省、直辖市有17个。人均消费支出低于2万元的省、自治区有12个，分别是陕西、宁夏、河南、云南、广西、贵州、新疆、吉林、山西、甘肃、青海、西藏。其中，上海市是中国经济最发达的城市之一，被称为"魔都"，消费水平很高，是全国经济活跃度最高的地区之一。北京市仅次于上海市，是华北地区最爱花钱的城市。

3. 根据消费者心理因素划分

现实生活中，尽管消费者在年龄、性别、收入或自然地理特征等方面具有相似性，但表现出的消费行为并不相同，这种差别是由心理因素的差异造成的。因此，按照消费者心理因素进行划分是必要的。例如，按心理因素可以把消费者分为创新或守旧、支配或服从、积极或消极、独立或依赖等不同的消费群体。

二、消费群体对消费者行为的影响

消费群体对消费者行为的影响体现在以下三个方面。

（1）对群体成员的示范性影响。消费者个体总是生活在一定的群体之中，群体成员之间进行相互沟通与交往，传递各种信息，会产生一种相互感染、相互影响的集体心理现象。集体心理现象的存在就会使每个群体成员趋向于某种共同的追求和目标，形成具有示范性的群体特征的消费方式。例如，办公室同事之间互相影响而喝咖啡，旅行团成员之间相互影响而购买纪念品，等等。

（2）对形成共同消费习惯的影响。具有较强影响力的消费群体或自我归属感强烈的消费群体，对其成员的消费态度与习惯具有重要的诱导作用，群体成员会愿意按群体的消费习惯来表现，以表明自己作为某群体成员的特征及意愿。例如，白领上班族一般衣着笔挺讲究，以正装为主；蓝领上班族穿着则比较简朴，一般以运动休闲装为主，很少佩戴饰物。

（3）促使群体成员行为的一致化。消费者在大多数情况下都会自觉产生与群体成员一致的消费行为，这是由于不同的群体有不同的内部规范。同时，消费者对商品的评价、选择、购买、使用都会受群体内大多数成员的影响。因此，共同的心理特征必然导致行为的一致化。

📖 视野拓展

职业装——行走的活名片

职业装被誉为"行走的活名片"，是体现职业形象和职业精神的窗口和载体，更是呈现企业文化内涵的名片。根据中国服装协会统计，我国职业装市场规模约 4 000 亿元，有近 3 万家服装企业涉足职业装生产，其中包括很多国内男装行业优势企业、上市公司。依据行业特点，职业装大致分为职业时装、职业制服和工装。随着行业企业对职业装需求持续发酵，职业装市场的潜力与日俱增，而日渐提升的时尚消费观念、逐步完善的质量体系、不断改进的技术能力、日益强化的社会责任、持续规范的服务水平等，都对新时期职业装的发展提出更多的挑战，也创造了更多的细分机会。诸如西服、军服、制服、工作服、校服、防护服等多领域，尤其是随着年轻职场人群自我意识的不断增强，独具特色、彰显个性的企业职业服设计成为潮流。

第二节　主要消费群体的消费心理及行为

一、不同年龄消费群体的消费心理与行为

（一）少年儿童消费群体的消费心理与行为

少年儿童消费群体由 0～15 岁的消费者构成，又可细分为儿童消费群体和少年消费群体。这部分消费者一般由父母养育和监护，自我意识尚未完全成熟，道德观念有待完善，缺乏自我控制能力，没有独立的经济能力，因此，具有特定的心理和行为表现。

1. 儿童消费群体

儿童的具体发展过程可分为婴儿期、幼儿期和童年期三个阶段，一般指 0～10 岁。在这三个阶段，儿童的心理及行为出现质的飞跃，逐渐有了认识能力，出现意识倾向、兴趣、爱好、意志及情绪等心理现象，还学会了在感知和思维的基础上解决简单的问题。

🤔 **小思考**

麦当劳曾经推出买快乐儿童餐送玩具的系列组合，这使麦当劳成为最受小朋友欢迎的餐厅之一。很多"80后""90后"都记得打开麦当劳红色餐盒，取出玩具时的那一份喜悦和感动，那成为自己童年的一份记忆。这种方式为什么受到孩子的喜欢？你如何评价？

儿童的身体和心理都处于发育成长阶段，主要受情感、情绪的支配，购买行为多依赖父母完成，但他们可以影响父母决策。具体表现在消费活动中的特征有以下几个。

（1）消费需求逐渐由本能的生理性需求发展为有自我意识的社会性需求。儿童在婴幼儿时期，消费需求主要表现为

生理性的，且是在他人帮助下完成的。随着年龄的增长，儿童的消费需求逐渐由本能发展为有自我意识加入的社会性需求。

（2）从模仿型消费逐渐发展为带有个性特点的消费。儿童的模仿性很强，消费行为也是如此。但随着年龄的增长，这种模仿型的消费逐渐被带有个性的消费代替。他们能够对所接触的商品进行评价，有一定程度的攀比心理。

（3）消费心理从感性逐渐发展为理性。儿童的消费多处于感情支配阶段，消费情绪不稳定，凭自己的喜好要求父母购买商品，缺乏金钱概念，且多喜新厌旧。但随着年龄的增长，儿童接触社会环境的机会增多，通过学校的学习开始有了一定的分析判断力，消费情绪逐渐趋于稳定，消费心理也开始相对趋于理性。

2. 少年消费群体

少年消费群体是指 11～15 岁的消费者。与儿童相比，他们的身体、心理都有了较大的变化，生理上呈现第二个发育高峰，心理上有了自尊与被尊重的需求。他们处于依赖与独立、成熟与幼稚、主动与被动交织在一起的时期。

（1）有成人感，独立性增强。这一时期的少年自我意识发展迅速，他们认为自己已经长大，应该有成人的权利与地位。反映在消费心理方面，他们不愿意受父母过多的干涉，希望按自己的意愿行事，要求独立购买喜欢的商品，喜欢在消费品的选择方面与成人比拟。

（2）购买行为的倾向性开始确立，购买行为趋于稳定。少年时期由于对社会环境的认识不断加深，知识不断丰富，兴趣趋于稳定。随着购买活动的次数增加，购买行为趋于习惯化、稳定化，购买行为的倾向性也开始确立。

（3）消费观念开始受社会群体的影响。少年消费者由于参加集体学习、集体活动，受社会环境的影响逐渐增加，其消费观念和消费爱好由主要受家庭影响逐渐转变为受同学、朋友、老师、艺人及大众传媒等社会因素影响。

总体来看，由于儿童的身体和心理都处于快速成长时期，对商品的需求指向性明确，但变化迅速。同时，由于儿童在家庭中的重要位置，很多父母对孩子有求必应，儿童服装、食品、玩具及其学习用品等构成了很大的市场，且孩子兴趣培养等开销占家庭消费的比例很大。

（二）青年消费群体的消费心理与行为

青年是指少年向中年过渡的人群，一般指 16～35 岁的人。但随着人均寿命的延长，有的研究者提出青年应泛指 16～45 岁的人。

青年消费群体具有的特点包括：①青年消费群体人数多，是一个庞大的消费群体；②青年消费者基本已具备独立购买商品的能力，具有较强的自主意识，购买力和购买潜力较强；③青年消费群体的购买行为具有扩散性，对其他各类消费者都会产生深刻的影响。尤其是有孩子的青年消费者，他们以独特的消费观念和消费方式影响下一代的消费行为，并且对他们的长辈也会产生极大的影响。

青年消费群体的消费心理与行为如下。

（1）追求时尚、表现个性。青年人思维活跃、富于幻想、勇于创新、渴求新知、追求新潮、积极向上。他们追求新颖与时尚，力图站在时代前列，领导消费新潮流，体现时代特征。他们对新产品有极大的兴趣，喜欢更换品牌，体验不同的感受。他们往往是新产品或新的消费方式的尝试者、追求者和推广者。

（2）突出个性、表现自我。处于青春期的消费者自我意识逐渐增强，他们追求个性独立，希望形成完善的自我形象。反映在消费心理方面就是愿意表现自我个性与追求，喜欢购买个性化的商品，并把购买的商品同自己的理想、职业、爱好，甚至自己所崇拜的名人等联系在一起，力求在消费活动中充分表现自我。

（3）注重感情、冲动性强。青年消费者处于少年到成年的过渡阶段，思想倾向、志趣爱好多样善变，行动易受感情支配，经常发生冲动性购买行为。

（三）中年消费群体的消费心理与行为

中年消费群体一般是指36～59岁的消费者（也有指46～59岁的消费者）。这一阶段的消费者人数众多。并且，多数中年人在社会和家庭中都处于决策者的位置，是消费市场上重要的购买力量。中年消费群体的具体消费特点如下。

（1）理智性强、冲动性小。中年消费者的生活阅历、购买经验丰富，多以理智支配自己的行动，注重商品的性价比，购买决策一般是多次分析、比较、判断的结果。

（2）计划性强、盲目性小。中年消费者一般是家庭的顶梁柱，"上有老，下有小"，其收入是家庭经济的主要来源。因此，他们的生活经济负担重，形成了勤俭、节约、精打细算的消费习惯，以量入为出作为消费原则，很少有计划外开支和盲目性购买行为。

（3）注重传统、创新性小。中年消费者一般具有稳重、老练、从众、保守的特点，他们对给自己带来益处的商品或品牌持有好感，为减少风险，愿意购买固定品牌的商品。他们不像年轻人一样特立独行，不愿意出风头，更多人选择低调的品牌，更多地考虑他人的看法，以维护自己在社会中的地位和品位。

（四）老年消费群体的消费心理

老年消费者一般是指60岁及以上的人。随着社会生活环境的改善和卫生、保健事业的发展，世界人口出现老龄化的趋势，老年人在社会总人口中所占的比例不断增加，老年消费市场是一个新兴的市场。老年消费群体特点如下。

小思考

有的药店在销售架上用绳子系着一个放大镜，你知道为什么这么做吗？再想一想，超市中奶粉盒上的营养信息、衬衫上的洗涤说明、葡萄酒上的标签……对视力减退的老年人来说，看清说明书并不容易，思考生产者和商家可以采取什么办法为老年消费者解决这些困难。

（1）消费习惯稳定，消费行为理智。老年消费者在多年的生活实践中，不仅形成了自身的生活习惯，而且形成了一定的购买习惯。这类习惯一旦形成就较难改变，并且会在很大程度上影响老年消费者的购买行为，这也会使老年型商品市场变得相对稳定。与年轻人相比，老年人的消费观比较成熟，消费行为理智，冲动消费和盲目消费相对较少，对时尚和潮流的兴趣不大。

（2）追求实用性商品。老年消费者一般已退休，收入有所下降，再加上多年的生活经历，他们购物会精打细算，把商品的实用性放在第一位，强调质量可靠、方便实用、经济合理和舒适安全，商品的品牌、款式、颜色和包装等是次要的。

（3）追求便利，注重售后服务。老年消费者的生理机能有所下降，他们希望购买场所交通方便，商品标价和商品说明清楚，商品陈列位置和高度适当，便于挑选，购买手续简单，服务热情、耐心、周到，也要求商品能够易学易用、方便操作，减少体力和脑力的负担。

（4）消费需求结构发生变化。随着生理机能的衰退，老年消费者的需求结构发生变化，保健食品和医疗保健用品的支出增加，在穿着方面的支出大大减少，满足个人的爱好和兴趣的商品支出有所增加。

课堂讨论

有的商店开始考虑到老年人的需求，增加门口、电梯、过道的宽度以方便借助轮椅出行的老年消费者，并考虑老年用品尽量不放在货架的底部，避免老年人夸腰拿取……这不仅有助于商品销售，也会使老年人感受到商店的温暖。请讨论还有哪些措施为老年消费者提供方便。

（5）较强的补偿性消费心理。由于子女成家立业，老年人没有过多的经济负担，而且很多老年人拥有退休金，部分老年消费者产生了较强的补偿性消费心理，在美容、衣着打扮、营养食品、健身娱乐和旅游观光等商品的消费方面有较强的消费兴趣，以补偿过去岁月未能实现的消费愿望。

📖 **示例**

老年旅游市场迎来新发展

根据携程网的相关数据，我国老年旅游市场拥有着巨大的发展潜力。45 岁以上中老年旅游人群占比从 2019 年的 30% 上升到 2023 年的 37%。其中 65 岁以上人群的占比从 4.8% 提升到 9.0%，是绝对值唯一正向增长的人群。目前携程 60 岁及以上老人用户规模已达千万级别。截至 2023 年 5 月，携程平台60 岁及以上的注册用户数量相比 2019 年增长 159%，整体订单量增长 87%。而老年群体的旅游产品，接近六成是由子女代为预订的，这更能说明目前老年旅游市场的需求庞大。

二、不同性别消费群体的消费心理与行为

（一）女性消费群体的消费心理与行为

女性消费市场是一个潜力极大的广阔市场。国家统计局的数据显示，2023 年年末，我国女性人口有 6.9 亿之多，占全国人口的 48.9%。其中在消费活动中有较大影响的是中青年女性，即 20～50 岁这一年龄段的女性。女性消费者不仅数量多，她们的消费需求和购买动机比男性更加丰富和主动积极。女性不仅为自己购买所需商品，也为子女、父母、伴侣等购买所需商品，并且还会对周围其他消费者行为产生很大的影响。

💻 **课堂讨论**

女性似乎天生喜欢购物，她们为有优秀的购物能力而自豪。有关统计显示，小至家庭用品，大至购房、度假计划，现在的女性有 90% 以上的决策权。因此，有人说，现在的商家是越来越"讨好"女性，你是否认同？请举例讨论。

1. 实用和细节

一般家庭消费多由女性操持，她们掌管家庭收支，负责安排全家衣食住行的开销，因此，开销大、项目多。同时，我国传统观念认为女性勤俭持家是一种美德，从而使女性消费者购物多以实用为首要原则，讲究性价比，愿意花费更多时间进行比较，关心商品带来的具体利益。同时，女性本身的心理特点决定了其在购买时注重商品和服务的细节，对商品的款式、色彩、功能、包装等各种特点进行评估，尤其是对服务过程有期待，希望获得热情、周到、细心的服务。

2. 便利和个性

我国中青年女性就业率较高，她们既要工作，又要做家务，所以迫切希望减少家务劳动量，缩短家务劳动时间，能更好地娱乐和休息。为此，她们对提供便利性的消费品有浓厚的兴趣，青睐智能家电，希望通过智能家电来减少家务劳动。例如，近几年，我国清洁电器中扫地机器人备受欢迎。根据调研机构公布的扫地机器人出货量，2022 年，我国扫地机器人的出货量超过了 450万台，销售额超过 120 亿元。

同时，随着女性地位的提高、物质生活的逐渐丰富，女性在精神领域的追求也日益明显，其消费除了追求实用、方便之外，更多女性开始关注内心和高品质的生活，以满足个性化的需求。因此，在购买活动中，她们不但注重外表，侧重于外观包装，还热衷于追求品牌并信任品牌；同时，她们不断地追求商品的流行趋势，使用新颖、奇特的商品来强调自我个性。

有的百货商店化妆品专柜会让有兴趣购物的女性进入专柜进行试妆,你认为商场这样做的好处是什么? 考虑到女性消费者的哪些需求?

3. 情感和美感

首先,女性不但追求商品的实用价值,她们的消费行为还带有很强的情感性,关心商品所包含的情感意义。如果一件商品表达了爱情、亲情、友情,能够唤起其情感或回忆,她们就会认为这种商品对自己有特别的价值。其次,女性在消费过程中注重与销售人员的情感沟通,愿意与销售人员建立一种情感联系。再次,女性在购物中易受各种外界因素的影响而产生情绪或情感的变化,如商品广告宣传、购买现场的氛围、销售人员的服务、其他消费者的意见等。另外,女性购买商品时特别强调美感,会对品牌的寓意、款式或色彩产生丰富的联想,喜欢有想象空间的商品。因此,各种"萌"商品,或者浪漫的咖啡厅、温馨的精品屋受到女性的欢迎。

有研究显示,女性更青睐于有"仪式感"的消费,从"秋天的第一杯奶茶"到"冬天的第一顿火锅"……"万物皆可仪式感"正渗透于每一个生活场景。你如何看待消费中的"仪式感"?

女性汽车消费的密码

随着"她经济"的繁荣,过去以男性为主力消费群体的汽车行业,近年来的风向也在发生改变,女性逐步成长为新时代消费的生力军。21世纪新汽车研究院等推出《女性汽车用户偏好与消费趋势洞察报告》其中揭示了女性汽车消费的密码。从整体年龄分布来看,"90后"已经成为汽车消费的主要力量,"00后"消费群体正在崛起。不过,与男性汽车用户相比,女性汽车用户则呈现出更加年轻化的趋势。其中,"90后"女性汽车用户占比达到47.8%("90后"男性汽车用户占比为36.2%),成为汽车消费的绝对主力。其中,女性偏好的轿车分别为轩逸、朗逸、卡罗拉,与男性汽车用户更加注重产品功能相比,女性汽车用户在情感化和个性化方面的需求更加多元和丰富。比如,女性卡罗拉用户偏爱新闻、旅行、娱乐;女性朗逸用户更爱时尚、美食;女性轩逸用户在关注美食的同时,还关注情感生活。

(二)男性消费群体的消费心理与行为

与女性相比,男性参与消费活动的意愿和实践经验通常没有女性强烈和丰富,他们对购物、逛商场的兴趣似乎并不高。很多情况下,男性购物是由于工作需要、家人嘱托或其他外界因素。当然,如今随着观念的转变,越来越多的男性加入了购物的行列。

1. 理性和自信

男性消费者大多会理性购买,注重产品的基本功能、实际效用。例如,买汽车时,男性主要考虑汽车的性能、功率、耗油量、排放量等。男性往往对科技类产品有着浓厚的兴趣,他们愿意看这些产品的说明书。另外,男性购物时善于控制自己的情绪,购买过程果断、迅速,按照自己的想法完成消费,体现出理智和自信。

2. 独立与自尊

与女性相比,男性购买时更不易受环境及他人的影响,他们购买目标明确,进入商场就会直奔主题。一些男性甚至不看价签,不太关注是否打折,也不注意产品细节,不喜欢花时间比较,不愿意受他人干扰,不愿意征询他人意见。因此,在商场里,多数男性看起来都是行色匆匆,他们看准东西买下就走。由于名牌皮鞋、名贵手表能表现男性的成就和社会地位，增强人的自信心和自尊心而受到一些男性消费者的青睐。

3. 好面子和责任感

有的男性消费者比较好面子，即使是购物，也要获得足够的面子，满足自己的虚荣心。例如，带孩子购物的爸爸更容易满足孩子的各种"无理"要求。有些男性会通过购物活动来体现自己的责任感，例如，和女朋友一起购物，男性总是坚持掏钱付款。当然，男性参与家庭购买决策时也体现出其对家庭的责任。

实际上，随着社会的发展，传统的性别角色的认识发生了很大的转变。例如，有的女性事业有成、经济独立，承担更多的社会责任，而很少参与家庭购物；同时，有的男性愿意花时间陪孩子、做家务，承担购物任务。这些变化将影响商家和厂家的市场策略。

📖 **视野拓展**

还是那个"他"吗？

颜值经济的爆发，使得"变美"不再只是女性的专属选择。男性颜值经济发展迅猛，有关男性消费者的化妆品与护肤品等品牌崛起，市场发展趋势向好，并且不断趋向于精细化、专业化和高端化，男性化妆品市场正逐渐成为一片新兴的蓝海。越是年轻的男性，越注重自己的"颜值"。有统计调查显示，在"95后"男性群体里，有 18.8%的人使用过 BB 霜，有 18.6%的人使用过唇膏/口红，有 18.6%的人使用过眼线笔/眼线液，有 8.8%的人使用过眉笔/眉粉/眉膏。此外，每三个买粉底液的男性里就有一个是"95后"。其实，男性市场正在成为新的消费蓝海，这也印证了男性消费力被大大低估。无论是自我形象管理还是审美意识，男性消费的边界在不断拓宽。除了运动服饰、汽车、3C 电子等在传统意义上具有"男性标签"的品类以外，美容、娱乐、美妆等领域的男性消费市场也正在打开。而男性中产人群崛起、个性化需求升级、单身男性比重上升……在这些背景下，"他经济"正在迎来新的增长。

第三节　参照群体与消费者行为

一、参照群体对消费者的影响方式

很多人希望自己有个性和与众不同，但作为社会中的人，群体的影响又无处不在。不管是否愿意承认，每个人都有意识或无意识地和群体保持着某种关联。

参照群体是个体认同的为其树立和维持各种标准、提供比较框架的群体。消费者在购买活动中或进行消费决策时，常常以参照群体作为参照和比较的对象。参照群体的范围最初是指家庭、朋友等个体与之直接互动的群体，但现在也包含与个体没有直接面对面接触但对个体产生影响的个人和群体。

1. 规范性影响

规范性影响是指由于群体规范的作用而对消费者行为产生的影响。规范就是群体对其所属成员行为合适性的约束，它是群体为其成员确定的行为标准。群体的正式规范是写入组织规章的，但组织中大部分规范是非正式的，非正式规范是成员间约定俗成的。

群体规范是要求个体共同遵循的行为准则，决定了群体成员的行为是否会受到大家的欢迎。表现出符合群体规范行为的个体更可能会得到群体的接纳和欢迎；而违反群体规范的个体将感受到群体一致性的压

❓ **小思考**

在日常消费中，正式规范与非正式规范哪个对你的影响更大？二者有哪些区别？

力，遭到群体的拒绝和排斥，甚至受到惩罚，从而在心理上产生对偏离群体的恐惧，为了获得赞赏和避免惩罚，不得不按照群体规范调节自己的行为。

2. 信息性影响

信息性影响是指参照群体成员的观念、意见、行为被个体作为有用的信息予以参考，并对其行为产生影响。当消费者对所购商品缺乏专业知识，难以对商品品质做出判断时，消费者会从各种渠道获取信息，并将参照群体成员的态度进行比较，他们试图通过将自己与所赞同的群体联系起来，或将自己与所不赞同的群体脱离开，来寻求对自己态度和行为的支持。当然，群体在这方面对个体的影响力取决于被影响者与群体成员关系的紧密程度，以及施加影响的群体成员的专业特征。

3. 价值表现上的影响

价值表现上的影响是指个体遵循或内化参照群体所具有的信念和价值观，从而在行为上与之保持一致。例如，一个消费者认为具有专业知识的人通常是戴眼镜的人，于是他也戴起了眼镜，以塑造他所理解的专业人士的形象。此时，该消费者就是在价值表现上受到了参照群体的影响。

个体之所以在无须外在奖惩的情况下自觉依群体的规范和信念行事，主要是因为两方面力量的驱动：一方面，个体可能利用参照群体来表现自我、提升自我形象；另一方面，个体可能特别喜欢该参照群体，或对该群体非常忠诚，并希望与之建立和保持长期的关系，从而视群体价值观为自己的价值观。

二、参照群体对消费者的影响程度

一般来说，参照群体对消费者的影响程度比其所属群体更大，因为参照群体是消费者"心之所向"的群体，对引导改变消费者行为有更大的作用。另外，有的群体是消费者回避的。例如，有的教师认为染红色头发与自己的职业要求不符，就会自觉避开。可见，参照群体对消费者的影响较大。具体的影响程度主要取决于以下因素。

1. 参照群体的权威性、可信度和吸引力

权威性强、可信度高的参照群体对消费者的吸引力更大。其原因有二：一方面，个体不遵守群体规范所要承受的压力大；另一方面，消费者愿意自觉遵从这一群体，通过消费行为来表现个人对群体的忠诚。

2. 消费者的个性特征、知识及经验

消费者的个性不同，受参照群体的影响程度也不同。一般来说，善于独立思考，具有较强的自信心，做事果断，具有较强分析判断能力的消费者，受参照群体的影响较小；反之，做事缺乏主见，优柔寡断，对他人依赖性强的消费者，往往受参照群体的影响较大。

课堂讨论

有研究显示，知识丰富的汽车购买者比购车新手更容易在信息层面受到群体的影响，前者喜欢和同样有知识的伙伴交换购买意见，购车新手则更容易受到广告和推销人员的影响。如果你要买汽车，你愿意从哪些渠道和群体获得信息来做出决定？

3. 消费者的自我形象

消费者会比较不同参照群体的价值观、行为准则与消费特征，当它们符合消费者的自我形象时，就会对该群体产生强烈的认同感，把该群体视为塑造自我形象的榜样群体。相反，如果参照群体的特征与消费者的自我形象相差甚远，参照群体就不会对消费者产生积极的影响，甚至还会使其反感和极力回避。例如，消费者认为自己是一个大方讲究的人，那么请朋友吃饭就会选择有名的饭店而不会选择路边的大排档。

4. 消费者选购商品的特点和类型

（1）商品使用时的可见性。可见性是指当消费者使用这种商品时能否引起别人的注意。一般而言，商品或品牌的可见性越高，参照群体影响力越大；可见性越低，则参照群体影响力越小。因为人们消费的商品具有一定的社会交流与暗示功能。例如，有研究表明，与大众消费品相比，消费者面对具有象征性、炫耀性的奢侈品时，参照群体对其影响尤其显著。与私下消费的奢侈品（内衣、饮品）相比，公开消费的奢侈品（服饰、箱包）的购买决策受参照群体的功利性影响与价值表达性影响更强，而私下消费的奢侈品，消费者在购买时更关注使用体验与自我需要。

📖 示例

买哪些奢侈品？

在过去的十年里，中国消费者在奢侈品消费方面一直处于领先地位。艾媒咨询数据显示，在 2023 年中国不同性别奢侈品消费者购买过的奢侈品品类分布中，55.3%男性消费者表示会选择皮带，54.9%男性消费者表示会选择酒类，74.1%女性消费者表示会选择香水以及化妆品，66.4%女性消费者表示会选择腕表，68.4%女性消费者表示会选择服饰。按地理位置来看，全球奢侈品零售主要集中在东京、首尔、巴黎、纽约、伦敦以及上海和北京等 25 个城市，其中上海和北京分别以 106 家和 102 家店位列全球拥有奢侈品牌门店总数城市榜单的第 7 名和第 8 名。

（2）商品的必需程度。消费者对商品的需求程度是不同的。对于食品、日常用品等生活必需品，消费者比较熟悉，而且很多情况下已形成了购买习惯，此时参照群体的影响力相对较小。相反，购买奢侈品或非必需品时受参照群体的影响较大。

✈ 知识点滴

什么是口红效应？

口红效应指一种有趣的经济现象，是指当经济低迷时，口红的销量不降反升的现象。这是因为当经济不景气时，消费者个人收入减少，不得已减掉买房、买车、买奢侈品或出国旅游等大项开支，口红作为一种"廉价的非必要之物"成为更合适的选择，对消费者心理起到安慰的作用。

（3）商品的生命周期。从商品和品牌两个方面来考虑商品的生命周期。当商品处于导入期时，消费者的商品选择受参照群体影响很大，但品牌选择受参照群体影响较小。在商品成长期，参照群体对商品及品牌选择的影响都很大。在商品成熟期，参照群体的影响在品牌选择上大，而在商品选择上小。在商品衰退期，参照群体的影响在商品和品牌选择上都比较小。

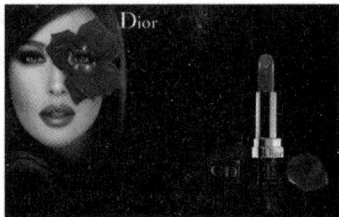

口红可以替代服饰、珠宝，成为在经济不景气时消费者购物的一种新选择。

三、参照群体在营销中的运用

一般来说，营销人员倾向于利用参照群体的影响力，诱导消费者产生成为某群体成员的愿望来推广自己的产品。参照群体在营销中的运用可以概括为四大效应。

1. 名人效应

名人或公众人物，如影视演员、知名运动员、商界精英等作为参照群体，对崇拜他们的受众具有很大的影响力和感召力。对普通人来说，名人代表一种理想化的生活模式。正因如此，企业才会花巨额费用聘请名人来代言其产品。有研究显示，名人效应对青少年群体的影响更明显。

运用名人效应的方式多种多样。例如，可以用名人作为产品或公司代言人，也可以让名人参与证言广告，还可以将名人的名字印在产品或包装上等。利用名人效应时，一定要注意所用的这些名人形象要和产品有关，名人应有良好的社会声誉，否则会引起消费者的反感和厌恶。另外，利用明星作为品牌代言人也要考虑存在的一些不确定因素，如明星的绯闻、负面新闻会连累被代言的企业，使企业品牌受到伤害。

> **课堂讨论**
>
> 很多人会毫不犹豫地购买自己喜欢的明星推荐的产品。例如，某明星一推荐某品牌面膜就被售卖一空，这其实是粉丝经济在起作用。讨论粉丝经济在产品销售中的作用。分析名人负面新闻对其代言的品牌会造成怎样的影响，请举例说明。

2. 专家效应

专家是指在某一专业领域受过专门训练，具有专门知识、经验和特长的人。医生、律师、教师等都是各自领域的专家。专家所具有的知识和经验，使其在介绍、推荐产品时较一般人更具权威性，从而产生特有的公信力和影响力，可引导和坚定公众的选择，成为公众依赖的对象。在运用专家效应时，一方面应注意法律法规的限制，如有的国家不允许医生为药品打广告；另一方面，应避免公众对专家的公正性、客观性产生怀疑，如不能在广告中弄虚作假，不能让普通人假扮专家来推荐产品。

多芬（Dove）品牌倡导"真美行动"，其广告用普通人为品牌代言。

3. 普通人效应

用普通人的证言来宣传企业的产品，是广告中常用的方法。例如，联合利华公司旗下的品牌多芬（Dove）洗发水曾推出"真美行动"（Real Beauty Campaign），用普通消费者为品牌代言，强调普通女性的自信美，传递多芬提倡女性健康、拥有内在和自然之美的品牌理念。

用普通人代言广告时，普通人的身份和亲和力更容易让消费者自然代入，使广告达到预期效果。还有一些公司在电视广告中展示普通消费者或普通家庭如何用广告中的产品解决遇到的问题、如何从产品的消费中获得乐趣等，由于这类广告贴近消费者的现实生活，因此，其产品可能更容易获得认可。

4. 经理型代言人效应

一个企业的经理或一个企业家本身就是企业的符号或缩影，因此，在广告中用经理做代言人也是一种聪明的选择。例如，20 世纪 70 年代，美国克莱斯勒汽车公司总经理李·亚科卡（Lee Iacocca）曾为本企业做广告，获得了很大成功。

我国有的企业也用创始人、董事长、总经理或产品发明人的名字和图像来代言企业的产品和品牌。例如，章光 101 洗发水由创始人赵章光自己代言，老干妈辣椒酱创始人陶华碧为自己的辣椒酱代言等。另外，企业家褚时健、董明珠、雷军等都曾为自己的企业或产品代言。

由于企业家形象所代表的内容极其丰富，它代表了冒险、创新精神，或成功的人生，而且从某种程度上来说是对产品的一种担保，因此，社会公众对他们的敬佩甚至敬仰的心理往往会投射到其代言的品牌上，使企业家成为引导个人消费的"意见领袖"。因此，有时经理人或企业家代言甚至会比明星代言更可信、更可靠、更具有号召力，能产生更好的传播效果。

> **小思考**
>
> 列举你所知道的企业家代言品牌的例子，并分析其效果。

第四节　暗示、模仿与从众行为

一、暗示的种类和作用

暗示是指以言语或非言语、简单或复杂的方式，含蓄间接或直接地对别人的心理和行为产生影响。心理学家巴甫洛夫认为暗示是人类最简单、最典型的条件反射。从心理机制上讲，它是一种被主观意愿肯定的假设，不一定有根据，但由于主观上已肯定了它的存在，心理上便竭力趋向于这项内容。例如，一些研究发现，对于一些轻度疼痛症状的患者，使用安慰剂药物能够缓解疼痛感。这一研究从生理学角度进一步印证了医学上的安慰剂效应，即心理暗示对病人潜在的积极影响。

社会心理学的研究认为，群体中暗示对个体的影响，主要是由于"传染"的结果，处于群体中的个体几乎都受一种精神感染式的暗示或提示，在这种感染下，人们会不由自主地产生这样的信念——多数人的看法比一个人的看法更值得信赖。

而且，在群体中，暗示作用更容易被诱发，并且传染性更强，有时甚至会使群体中的个体失去自己的观察力和思考力，而趋向于和群体其他成员相一致。例如，"双 11"购物节电商的打折降价诱发了大量的人参与，所有参与者形成了一个"以更实惠的价格购买到心仪商品"的群体。虽然这个群体非常松散，成员之间身份、经济状况各异，也并非居住在相同的区域，但是他们依旧形成了一个临时的群体，优惠、打折等宣传语就是这个群体的期望，即使你本身并没有特别在意价格，但是成为其中的一员，就会被这样的暗示驱动，参与到一系列的采购活动中。再如，使用某个品牌手机的所有消费者可以构成一个群体，他们是基于一个共同的关注点（如这个品牌不错）而购买这个品牌的手机的，这个关注点就是他们形成一个群体的支点。但是，假设其中一个消费者在网上评论这个手机有些方面（如性能或服务）不好时，它会被部分人认同，然后开始扩散开，最后影响大多数消费者对这个手机的评价。可见，群体极易受暗示作用的影响。

视野拓展

来杯咖啡提神?

曾经有人这样描述咖啡："没有发生任何事情，直到你喝了一杯咖啡。"伴随着社会的发展，咖啡如今已经成为一种具有时代特色的生活饮品，也成为全球三大饮料之一。咖啡也在发展进化，通过改变制作手法，其口味变得与众不同，以此来迎合不同人群的需求。有研究人员发现，对于长期喝咖啡的人来说，咖啡并不能真的促使他们提起精神，喝咖啡只是一种仪式。英国布罗斯托大学（University of Bristol）针对这种现象，进行研究调查，发现经常喝咖啡的人会产生耐受性。他们晨起后会由于一晚上没有受到咖啡因刺激而产生戒断反应，而当他们喝下咖啡后，戒断反应会在一定程度上缓解，让他们更为清醒和舒服。但问题是，他们大脑并没有受到比正常水平更高的刺激，而喝咖啡也仅仅只是让他们"回到正常状态"，尽管他们自我产生一种"喝了咖啡后更加清醒"的错觉。因此，你以为喝咖啡提神醒脑，实际上这只是一种"仪式性"的自我暗示。

（一）暗示的种类

生活中，人们总是试图通过言语、行为、神态等方式传递某种信息或意图。人的情感和观念会不同程度地受到别人下意识的影响，使人们不自觉地接受自己喜欢、钦佩、信任和崇拜的人的影响。暗示从不同角度可以划分为不同的种类。

1. 直接暗示和间接暗示

直接暗示指有意识地向对方直截了当地发出信息，使其迅速地不加考虑地接受，以引起预期的反应为目的而不会引起反抗。例如菜市场的叫卖声、上课的铃声、街头的各种标语口号等都是直接向受暗示者发出信息，这些都属于直接暗示。

暗示者向他人发出比较含蓄的刺激信息，既不显示动机，

农夫山泉广告中的画面——暗示农夫山泉的矿泉水属于"天然产品"。

也不指明意义，而是让受暗示者自己去理解暗示的内容，从而接受其暗示，这种暗示称为间接暗示。这种暗示往往寓意深刻、委婉自然。

2. 积极暗示和消极暗示

对人的身心健康产生积极作用的暗示为积极暗示；对人的心理行为和生理功能产生消极作用的暗示为消极暗示。很明显，积极暗示可帮助受暗示者稳定情绪，树立自信心，战胜困难和挫折；消极暗示会对受暗示者造成不良的影响。

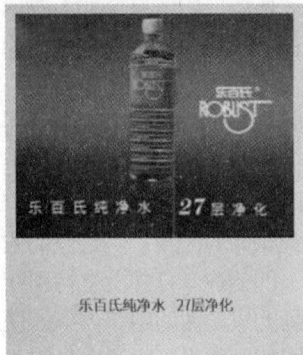

乐百氏纯净水经过"27 层净化"的概念暗示水的纯净，可以被信赖。

3. 物的暗示和人的暗示

由事物和情境提供线索的暗示称为物的暗示。例如，一个人回到母校，看到校园景象不禁感怀往事；会议室里紧张的氛围会影响每一个成员的精神状态；看恐怖片不禁让人毛骨悚然等。而由人物及其特征提供线索的暗示称为人的暗示。例如，穿着整洁制服的销售人员往往能带给消费者一种放心和信赖的感觉。

4. 自我暗示和他人暗示

自我暗示是指自己利用一些心理语言来说服自己去接受某种观念，使情绪与意志发生改变。他人暗示是指暗示内容来自他人，但对自己的心理和行为产生影响。

（二）暗示的作用

我们在生活中无时无刻不在接收外界的暗示。例如，一个生病的人去看医生，医生不经意的一声叹息可能会被这个病人理解为一种暗示，暗示自己的病情很严重。

暗示的具体方式多种多样，个人的词语和语调、手势和姿势、表情和眼神以及动作等，都可以成为传递暗示信息的载体。暗示还可以以群体动作的方式出现，如信誉暗示、词语暗示、行为暗示等。在消费活动中，消费者受暗示而影响购买决策和行为的情况是非常常见的，并且个体消费者往往会把接收的暗示传递给其所在的群体。企业可以通过广告暗示的方式对消费者产生影响。

1. 提高广告的感染力

暗示的作用是让消费者自愿、自觉地接受产品，不感到受迫。这种暗示手法是间接地起作用，可以提高消费者对品牌的信任度、认可度，更容易引起其购买欲望，也使得消费者能够自发传播品牌口碑。

2. 推动消费者做出购买决定

例如，一个人面对超市货架上种类众多的洗发水犹豫不决，不知道该选哪一种，这时候广告宣传中的暗示就会产生作用，比如这个人想起某位明星代言过的洗发水，觉得这位明星都在用这款洗发水，肯定没问题，就选它了，从而接受了广告中的暗示。这一行为过程是潜意识的，消费者并不会觉得这是广告的宣传作用，而认为这是他自己做的决定，即暗示在广告中的作用得以成功发挥。

3. 发挥间接暗示的作用

间接暗示即不直接告诉消费者这种产品多么好，有多少优点，而是通过对产品深层次精神意义的宣传，让消费者认为这种产品给自己带来的不只是使用价值，还有深层次的精神价值。实践证明，暗示越含蓄，其效果越好。因为直接的提示容易使消费者产生疑虑和戒备心理，而间接的暗示更容易被消费者接受。例如，广告语"喝了娃哈哈，吃饭就是香"，不但简单通俗、朗朗上口、便于记忆，还暗示了产品的功效。

二、模仿的产生和特点

模仿是指个人、组织和群体受到非控制的社会刺激而形成的一种心理行为。模仿不仅仅是简单地仿效他人的某些外部特征和行为方式，还会形成一定的思想、兴趣、行为、风格。社会生活中产生模仿的主要原因有两个：其一是获得心理满足；其二是满足好奇心。由于模仿者所模仿的是模仿对象的价值行为，因此模仿者通过模仿可以获得自在感和满足感，甚至通过模仿来消除内心的自卑感。

1. 模仿的产生

消费模仿是一种常见的社会心理现象。从外在的表现上看，模仿是在非强制因素作用下产生与某参照对象相同或类似行为的活动。从内在本质看，模仿是消费者的一种学习方式，是一个学习的过程。

模仿可以是有意、主动的，也可以是无意、被动的。当被模仿对象具有榜样作用，社会或团体又加以提倡时，这种模仿就会自觉进行。在社会生活中还有很多模仿是无意识的，如小孩模仿大人的行为；再如经常接触某个群体的成员，就会不自觉地带有该群体的行为特征等。知名演员或运动员的发型、服饰，甚至生活方式，之所以能很快在某些人群中流行，就是因为模仿心理在起作用。

模仿可以是机械地模仿，也可以是创造性地模仿。例如，在上体育课时老师做示范动作，让同学们仿效，这是机械地模仿。而通过学习名人穿戴，自己创造出新的形象效果就是创造性地模仿。另外，创造性地模仿产生的产品也有巨大的市场。在我国消费升级的背景下，一些小地方的消费者希望消费一线城市的消费者所能够消费的产品，过一线城市消费者的生活，由此出现模仿一线城市生活方式的"小镇青年"，这为企业带来更多市场机会。

知识点滴

什么是关键意见领袖？

关键意见领袖（Key Opinion Leader，KOL），通常被定义为拥有准确的产品信息，被相关群体接受或信任，并对该群体的购买行为产生重大影响的人。关键意见领袖通常是政治人物、专栏作家与社交媒体名人，或者来自社会"草根"，他们在其所属的领域内地位突出，他们的意见具有价值并值得大众借鉴。在新媒体时代，KOL 经常活跃在社交媒体与博客上，并与粉丝保持积极的对话，受到众多粉丝追捧和模仿。

2. 模仿的特点

模仿是一种普遍存在的社会心理和行为现象。消费者模仿的内容非常丰富，如服装、发型、家居风格或饮食习惯等。消费活动中的模仿行为，大致有以下特点。

（1）模仿行为的发出者即热衷于模仿的消费者，对消费活动大都有广泛的兴趣，喜欢追随消费时尚和潮流，经常被别人的生活方式吸引，并力求按他人的方式改变自己的消费行为和消费习惯。他们大多对新事物反应敏感，接受能力强。

（2）模仿是一种非强制性行为，即引起模仿的心理冲动不是通过社会或群体的命令强制发生的，而是消费者自愿将他人的行为视为榜样，并主动加以模仿，模仿的结果会给消费者带来愉悦、满足的心理体验。

（3）模仿是消费者理性思考的表现，也可以是消费者感性驱使的行为结果。成熟、消费意识明确的消费者，通常会在深思熟虑后选择要模仿的对象；相反，观念模糊、缺乏明确目标的消费者，其模仿行为往往带有较大的盲目性。

（4）模仿行为发生范围广泛，形式多样。所有消费者都可以模仿他人的行为，也都可以成为他人模仿的对象。而消费领域的一切活动，都可以成为模仿的内容。

（5）模仿通常以个体或少数人的形式出现，因而一般规模较小。当模仿规模扩大，发展成多数人的共同行为时，就衍生为从众行为或消费潮流了。

三、从众的原因、表现方式和特点

从众行为是指个体在群体的压力下改变个人意见而与多数人取得一致认识的行为倾向。从众是社会生活中普遍存在的一种社会心理和行为现象。

在消费领域中消费者自觉或不自觉地跟从大多数消费者的消费行为,以保持自身行为与多数人行为的一致性,从而避免个人心理上的矛盾和冲突。这种个人因群体影响而遵照多数人消费行为的方式,就是从众消费行为。

小思考

从众在每个人的日常生活中非常常见。例如,听说吃鸡蛋能减肥,就天天吃鸡蛋;听说喝蔬菜汁能养生,就天天喝蔬菜汁;听说买哪只股票赚钱,就跟着买这只股票……你有过哪些从众行为?

视野拓展

阿希实验

社会心理学家阿希(Asch)是对从众问题研究影响最广泛的一位学者。20世纪50年代,阿希设计了"三垂线实验",证明了从众行为的存在。他把被试者和一些陌生人安排在一个房间里。每个人都被要求在不相等的A、B、C三根线中,找出与X线长度最接近的一根(见图6.1及二维码内容)。

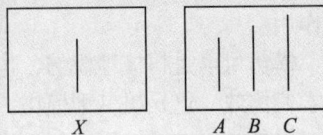

图6.1 三垂线实验

除被试者外的其他人被事先安排好,先于被试者回答线条C是最接近X线长度的。但很明显,答案应该是A。这项实验的结果令人惊讶,有超过1/3的被试者违背了自己的看法,而同意了其他人的意见。这一实验表明,当遇到群体内与自己不一致的观点时,很多个体会选择附和群体的多数意见,而不是表明一个有冲突的观点,即使在确信自己的观点是正确的情况下也是如此。实验结果是:①被试者受同伴影响产生从众的错误判断的平均数,占总回答人数的35%;有3/4的被试者,当同伴有12次做出错误判断时,就有1次产生从众性的错误,而且其中有许多人事后认为自己看到的确实与别人的一样。②在重复实验中,如果被试者单独先回答,同伴后回答,从众人数就会减少。③实验中如果只有1人出现不同的答案,从众现象就会急剧减少。该实验表明,群体规范能够给群体成员带来压力,迫使他们的反应趋向一致。

(一)从众产生的原因

为什么会产生从众行为呢?从心理学上看,主要是求同心理。消费者之间相互暗示、模仿、循环反应的过程,就是心理学研究证实的求同心理过程。正是这种求同心理,构成了从众的心理基础。具体原因有以下几个。

1. 寻求社会认同感和安全感

在社会生活中,人们通常有一种共同的心理倾向,即希望自己归属于某一较大群体,为大多数人所接受,以便得到群体的保护、帮助和支持。尤其是个体处于对情境缺乏把握的情况下,就更需要参照他人的表现以获得安全感。例如,人们会更愿意到人多的商店购物、到人多的地方旅行、到人多的餐馆用餐等,表现为对多数人的行为的信任。因为人们自然地假定,那么多人的出现自有他们的理由,而在这些理由中,自己跟随多数人的风险要远远优于少数人的选择。

需要指出的是,近年来,有些商家为了让消费者产生从众行为而人为地制造出人多排队的现象,甚至雇一批"消费者"来排队,制造商品热卖的气氛和假象。

2. 个人缺乏自主性和判断力

有些消费者由于缺乏自主性和判断力,在复杂的消费活动中犹豫不定、无所适从,他们认为多数人的意见值得信赖。因而,从众便成为他们最便捷、安全的选择。

3. 对脱离群体的恐惧

当个体表现得与众不同时，就会担心面临群体的强大压力乃至严厉惩罚，他的选择只有两个：脱离这个群体，或者改变自己原有的行为。多数人是不愿意脱离群体的，总是希望自己在群体中被接纳、受欢迎。于是，个体趋于选择从众。

有研究显示，个体是否产生从众心理或行为与群体规模、群体凝聚力、群体中领袖人物的权威性有关，还与个人的个性特征、文化背景、性别差异等有关。例如，有研究显示，不同性别的从众行为在各个国家略有不同，但总体来看，女性比男性更易从众，这种在从众方面的性别差异被认为是由"社会化过程"引起的。因为在社会化过程中，人们往往教育男孩要"成为一个独立思考者"，而在培养女性时却不强调这些内容。另外，青少年对来自同伴的压力尤其敏感，有时，甚至由于同伴的压力而酗酒、吸烟。

知识点滴

什么是羊群效应？

管理学和经济学里经常用羊群效应（The Effect of Sheep Flock）来描述个体的从众心理。一群羊在一起往往是散乱无章的，它们不时盲目地左冲右撞，而一旦有一只羊往前冲，其他的羊也会不假思索地一哄而上，全然不顾前面可能是悬崖或者可能有狼。因此，羊群效应比喻人们的一种从众心理，这种从众心理很容易导致盲从、不计后果，甚至使人陷入骗局或遭到失败。当然，羊群效应并不见得就一无是处，在信息不对称和预期不确定条件下，也许跟着"头羊"做还能降低不可预知的风险。

（二）从众的表现方式

消费者从众行为的形式包括顺从和接纳。顺从是指靠外在力量表现出来的从众行为，主要是为了得到奖励或避免惩罚。如果顺从行为是明确的命令所引起的，可称其为服从。如果是内心真正接受的从众行为，可称其为接纳。具体来看，从众行为有三种表现方式。

（1）从心理到行为的完全从众。当消费者对某种商品不了解时，认为多数人行为能提供有效信息，从而产生从心理到行为的完全从众行为。

（2）内心接受，行为不从众。这是指对形成的消费潮流从心理上已完全接受，但在形式和行为上予以保留。

（3）内心拒绝，但行为上从众。这是一种权宜从众行为。某些消费者对商品抱有抵触心理，但又无力摆脱群体的压力而不得不采取从众行为。

小思考

一家拉面馆，只要你一坐到店里，就会看到桌角有一个贴牌，上面写着：本店年度统计畅销菜品排行榜，分别是 Top1 骨汤拉面——年度销售 85 万余份，Top2 叉烧面——年度销售 76 万余份。其实，这是商家有意引导你去点这两款面，除了满足消费者从众的心理，也对店里集中采购成本控制、厨房的标准化作业等都有好处。你是否认同？

（三）从众的特点

（1）从众一般是被动接受的过程。许多消费者为寻求保护，避免因行为特殊引起的群体压力和心理不安而被迫选择从众。在从众过程中，消费者会产生复杂的心理感受，除安全感、被保护感等积极感受外，还会有无奈、被动等消极的心理体验。

（2）从众涉及的范围有限。从众的产生需要一定的客观环境和诱因刺激。例如，社会环境不稳定、人心慌乱的情况下，容易追随多数人的消费行为，或者出现舆论误导，使消费者不明真相，无从判断而盲目从众。

（3）从众引发消费流行。从众现象通常从少数人的模仿、追随开始，继而扩展成多数人的共同行为。多数人的共同行为出现后，又刺激和推动在更大范围内更多消费者做出相同或相似的消费行为，从而形成更大规模的流行浪潮。因此，从众是消费流行现象的先导。

本章小结

消费群体是由具有共同消费特征的消费者组成的群体。不同的消费群体对消费者行为的影响体现在示范性影响、习惯性影响以及一致化的消费行为。不同年龄和性别的消费群体具有显著、丰富的消费心理与行为表现。

参照群体对消费者的影响方式表现为规范性影响、信息性影响和价值表现上的影响，参照群体的权威性、可信度、吸引力、消费者自身因素等决定参照群体对消费者的影响程度。企业在营销中可以综合运用参照群体的名人效应、专家效应、普通人效应、经理型代言人效应。暗示、模仿与从众产生的原因和特点各不相同，它们对消费者心理和行为的影响非常普遍，企业可以据此设计产品、广告和品牌策略来影响消费者。

综合练习题

一、填空题

1. 消费群体是由具有共同＿＿＿＿＿＿的消费者组成的群体。
2. 可以按照人口统计特征、自然地理特征、＿＿＿＿＿＿等对消费群体类型进行划分。
3. 青年消费群体的购买行为具有＿＿＿＿＿＿，对其他各类消费者都会产生深刻的影响。
4. 一般来说，个体会自觉或不自觉地以参照群体的规范对照自己的行为并修正自己的行为，因为参照群体具有＿＿＿＿＿＿和比较功能。
5. 社会心理学的研究认为，群体中暗示对个体的影响，主要是由于＿＿＿＿＿＿的结果。
6. 消费者的从众行为是其寻求社会认同感和＿＿＿＿＿＿的结果。

二、选择题

1. 消费者在大多数情况下都会自觉采取与群体成员一致的消费行为，这是由于不同的群体有不同的（　　）。
    A. 内部规范　　　　B. 强制要求　　　　C. 规章制度　　　　D. 组织结构
2. 参照群体对消费者的影响，通常表现为规范性、（　　）和价值表现上的影响。
    A. 多样性　　　　　B. 客观性　　　　　C. 发展型　　　　　D. 信息性
3. （　　）消费群体具有较强的补偿性消费心理及追求实用性商品的特征。
    A. 青年　　　　　　B. 老年　　　　　　C. 中年　　　　　　D. 女性
4. 从外在的表现上看，消费模仿是消费者在非强制因素作用下产生与某参照对象相同或类似行为的活动。从内在本质看，模仿是消费者的一种（　　）方式。
    A. 比较　　　　　　B. 评估　　　　　　C. 学习　　　　　　D. 认知
5. 在广告中，直接的提示容易使消费者产生疑虑和戒备心理，而（　　）更容易被消费者接受。
    A. 词语的暗示　　　B. 间接的暗示　　　C. 行为的暗示　　　D. 物的暗示
6. 消费者从众行为的形式一般包括顺从和（　　）。
    A. 接纳　　　　　　B. 抵抗　　　　　　C. 反感　　　　　　D. 拒绝

三、论述题

1. 消费群体是如何形成的？阐述消费群体的类型。

2. 对比分析不同年龄消费群体的消费心理与行为特点。

3. 男性和女性消费群体的消费心理与行为有什么不同？你如何理解性别角色"中性化"现象对消费行为的影响？

4. 简述参照群体对消费者的影响方式及影响程度取决于哪些因素。

5. 如何理解暗示、模仿和从众行为？请举例分析其不同的特点及对消费者产生的影响。

6. 请举例分析参照群体在营销中的运用。

7. 论述消费者从众的原因及从众行为的特点。

四、实践题

1. 调查 5～10 名同学，了解他们喜欢哪些名人，这些名人对他们的观念、行为有哪些影响？

2. 调查 50 名以上你所在的学校学生的消费情况，包括收入来源、消费支出、消费观念等。根据调查结果分析大学生消费群体的消费特点，完成《大学生消费群体调查报告》的撰写。

五、案例分析题

毛茸茸的玩偶备受小孩子喜爱，但有一种玩偶拥有了奇特的不可抗拒的魅力，渐渐成为大人们选择和收集的对象，并成为一种时尚。请扫描二维码阅读案例，并回答案例后面的问题。

第七章　经济文化环境与消费者行为

学习目标

学习个人经济状况和客观经济状况对消费者行为的影响，掌握文化、文化价值观、亚文化的概念及其对消费者的影响，了解我国传统文化中的面子文化、关系文化、家庭伦理文化及其对消费的影响，学习消费习俗、消费流行对消费者心理和行为的影响。

导入案例

"一碗拉面"折射的文化

中国人对面食的喜爱可以说是全世界有目共睹的，家常的面食有饺子、花卷、馒头等，除此之外，在各大菜系中还有数不清的面点。中国比较传统的面食中，面条算是比较常见的，如武汉热干面、山西刀削面、四川担担面等。

拉面又叫甩面、扯面、抻面、板面，如山东抻面、山西拉面、河南拉面、兰州拉面、安徽板面等，其中影响力最大的应该是兰州拉面。兰州拉面讲求一清、二白、三红、四绿、五黄。什么意思呢？一清就是说拉面的汤要清；二白是说拉面里要加上白萝卜；三红就是说拉面要放辣椒，辣椒布满汤面才让人食欲大增；四绿是说拉面出锅之后要撒上葱苗，葱苗一定要绿；五黄是说拉面煮出来一定是发黄的。这十个字比较形象地描绘出了拉面整体的形象，当一碗热腾腾的牛肉拉面摆在你面前，不但让你食欲大增，相信你还会感受到来自西北的豪情。

相对北方饮食的豪爽之气，我国南方的饮食更精致，从我国南方流传到日本的拉面，除了精致外又有了些新特点。日本的拉面，配菜一定要摆放得整整齐齐，仪式感很强。日本的拉面还重视汤头的制作，好的汤头可以让一碗面鲜活起来。配菜的选择也有讲究，经常会用牛肉、笋干、葱花点缀。

这样一对比，你就会发现，虽然同样是拉面，但是不同地域有不同的吃法。下一次吃拉面的时候好好体会一下吧！

启发思考：

1. 根据案例，试述我国和日本的"一碗拉面"有哪些差异。
2. 通过案例，思考国家或地区之间的饮食文化差异是如何形成的。

第一节　经济环境的影响

经济环境是指消费者活动所面临的外部社会经济方面的环境，其发展水平、运行状况及趋势会对消费者行为产生影响。一般来说，经济发展水平高的国家总是伴随着丰富的物质，消费方面表现为消费者对商品的强烈需求、对物质的渴望、对消费的热爱；而对于经济不景气的国家来说，往往表现为消费者的消费信心不足，可支配的收入有限，倾向于减少消费的次数和降低消费的频率。本节从个人经济状况和客观经济状况两个方面分析经济环境对消费者行为的影响。

一、个人经济状况对消费者行为的影响

（一）消费者收入水平的变化

消费者的购买力来自消费者的个人收入。消费者的个人收入是指消费者个人从各种来源所得的全部收入，包括工资、退休金、红利、租金、赠予等。当然，消费者并不一定把全部收入都用来消费，还可以用来储蓄或信贷。

1. 主要的相关概念

（1）人均国民收入。人均国民收入是指国民收入总量除以总人口的比值。这个指标大体反映了一个国家人民生活水平的高低，也在一定程度上决定商品需求的构成。一般来说，人均国民收入增长，对消费品的需求和购买力就大。例如，根据有关统计，一个国家或地区人均国民收入达到5 000美元时，休闲消费就会进入快速增长时期，汽车等产品的消费进入普及阶段。

（2）个人可支配收入。个人可支配收入是指在个人收入中扣除税款和非税性负担后所得余额，它是个人收入中可以用于消费支出或储蓄的部分，构成实际的购买力。

（3）个人可任意支配收入。个人可任意支配收入是指在个人可支配收入中减去用于维持个人与家庭生存不可缺少的费用（如房租、水电、食物、燃料、衣着等开支）后剩余的部分。这部分收入是消费需求变化中最活跃的因素，因为这部分收入主要用于满足人们基本生活需要之外的开支，一般可用于购买高档消费品、旅游、储蓄等，它是影响非生活必需品的主要因素。

（4）家庭收入。很多产品是以家庭为基本消费单位的，如冰箱、吸油烟机、空调等。因此，家庭收入会影响很多产品的市场需求。一般来讲，家庭收入高，对消费品需求大，购买力也大；反之，需求小，购买力也小。

需要注意的是，我们在分析消费者收入时，还要区分货币收入和实际收入。只有实际收入才影响实际购买力，因为实际收入和货币收入并不完全一致。由于通货膨胀、失业、税收等因素的影响，有时货币收入增加，而实际收入可能下降。根据我国国家统计局的信息，2023年全国居民人均可支配收入比上年增长6.3%，扣除价格因素，实际增长6.1%。全国居民人均消费支出比上年增长9.2%，扣除价格因素影响，实际增长9.09%，具体支出见图7.1。

2. 收入状况对消费者行为的影响

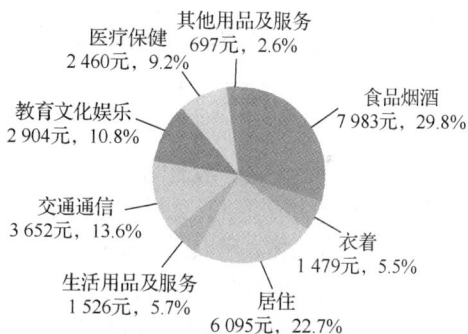

图7.1 2023年我国居民人均消费支出及构成

消费者收入水平的高低对消费者行为具有直接、显著的影响。收入状况对消费者行为的作用可以表现为：第一，当消费者的收入水平低、收入来源不稳定时，消费者的需求随之降低，消费心理消极，对生活缺乏稳定感，消费支出会减少，对消费品的价格敏感；第二，当消费者的收入水平越高，收入来源越稳定时，消费者的需求随之增长，消费心理活跃，消费开支加大，对生活充满信心，对商品价格不敏感，追求高档或奢侈品牌。例如，随着我国经济的快速发展，居民的个人收入不断增加，在服装消费上表现为个性化需求明显，促进了奢侈品店、设计师品牌店、买手店的蓬勃发展。

（二）消费者支出的模式及变化规律

消费者支出是指消费者作为居民个人用于满足家庭日常生活消费需要的全部支出，既包括现金消费支出，也包括实物消费支出。例如，一个消费者每月花费1万元用于支付房租、交通费用、通信费用和购买生活用品，这就是该消费者的支出。消费者支出一般包括食品烟酒、衣着、居住、生活用品及服务、交通通信、教育文化娱乐、医疗保健、其他用品及服务八个大类。

1. 消费者的支出模式

随着消费者收入的变化，消费者支出模式会发生相应变化。消费者支出模式指消费者收入变动与需求结构之间的对应关系，也就是常说的支出结构。西方经济学家常用恩格尔系数来反映这种变化。恩格尔系数表明，在一定的条件下，当家庭收入增加时，收入中用于食物开支部分的增长速度要小于用于教育、医疗、享受等方面的开支增长速度。食物开支占总消费量的比重越大，恩格尔系数越大，生活水平越低；反之，食物开支所占比重越小，恩格尔系数越小，生活水平越高。

2. 消费者支出的变化规律

在收入一定的情况下，消费者会根据消费的急需程度，对自己的消费支出项目进行排序，一般先满足排序在前的项目，即主要的消费。例如，对普通人来说，温饱和治病是第一位的消费，其次是住、行和教育，最后是舒适型、提高型的消费，如保健、娱乐等。

📚 示例

英敏特：消费者的支出将更谨慎

咨询机构英敏特（Mintel）发布的《2023中国消费者》报告显示，人们需要时间疗愈心灵、与外界重新建立联系并重拾生活中的自信。他们对于疗愈身心的渴望可成为2023年的增长动力。甚至，在对消费者2023年生活目标的调研中发现，国内旅行重新被列入消费者的计划之中，并居首位（20%），赚钱（16%）和存钱（6%）均排名靠前。同时，消费者将持续关注产品价值。虽然他们改善生活品质的需求一直存在，但其谨慎且节俭的消费意愿将在近期内保持强劲。

（三）储蓄和信贷对消费的影响

1. 消费者的储蓄

消费者个人收入一般不会全部花掉，有一部分以各种形式储蓄起来，这是一种推迟的潜在的购买力。消费者储蓄一般有两种形式：一是银行存款，二是购买有价证券。但在一定时期内货币收入水平不变的情况下，如果储蓄增加，购买力和消费支出便会减少；如果储蓄减少，购买力和消费支出便会增加。所以，储蓄的增减变动会引起市场需求规模和消费结构的变动。

受传统观念的影响，我国国民有勤俭持家的传统，长期以来养成储蓄习惯，大多数人喜欢把自己的存款存进银行。央行公布的2023年上半年储蓄数据显示，全国居民存款金额高达130多万亿元，平均人均存款金额达到了9.4万元。据统计，我国国民储蓄的目的主要是用于养老防病、子女教育、买房、买车等。

2. 消费者的信贷

消费者信贷就是消费者凭信用先取得商品使用权，然后按期归还贷款，以购买商品。这实际上就是消费者提前支取未来的收入，提前消费。信贷消费允许人们购买超过自己现实购买力的商品，从而创造了更多就业机会、更多收入以及更多需求；同时，消费者信贷还是一种经济杠杆，它可以调节积累与消费、供给与需求的矛盾。当市场供大于求时，可以发放消费信贷，刺激需求；当市场供不应求时，必须收缩信贷，适当抑制、减少需求。

如今，由于消费观念和财富观念的转变，消费信贷被普通民众广为接受，所谓"花明天的钱，圆今天的梦"。现阶段的信贷消费主要是住房贷款、汽车贷款、国家助学贷款、综合消费贷款等。信贷消费的开展对拓展市场、扩大内需、增加消费品生产，以及引导个人有计划消费、提高生活质量有积极意义。

二、客观经济状况对消费者行为的影响

（一）经济发展水平

经济发展水平是影响消费者行为最基本的经济因素，它从总体上制约消费者活动的范围、内容和方式。

1. 经济发展水平影响消费品的供应数量和供应质量

由于生产决定消费的对象，只有产品被生产出来了，才有消费的可能。当一个国家或地区的经济发展水平较低时，消费品生产更换周期较长、消费品的市场寿命周期相对较长，就会出现产品短缺、市场供应不足、产品质量不佳的情况，并导致消费者对消费品选择有限，消费者行为表现单一、雷同，并由于社会缺乏物质基础，消费心理受到抑制。反之，当经济发展水平较高时，供应品丰富，消费者选择多样，需求和购买力就越大。例如，伴随着改革开放及经济的快速发展，我国结束了延续几十年的短缺经济，粮、油、蛋、肉等不再凭票购买，形成了供大于求的买方市场，消费者实现了更大的消费满足。

2. 经济发展水平对消费观念及消费方式的影响

影响人们消费观念及消费方式变化的根本原因是生产力的发展以及经济发展水平的不断提高。当前，消费者更加注重通过消费提升生活品质，追求更加健康文明的消费方式。消费观念已从传统的满足基本衣食住行的消费品向满足更高层次身心健康需求的消费品转移，这不仅包括简单的物质需求，更有深层次的精神需求。比如，我国在改革开放之前，由于产品供应不足，形成了所谓"新三年，旧三年，缝缝补补又三年""闲时吃稀，忙时吃干"等艰苦朴素的消费观念。改革开放之后，市场上的产品供给充足，消费品的品种、花色层出不穷，消费活力被大大激发，"吃饭追求营养，穿衣追求时尚，精神追求愉悦"已成为新的消费观念。

3. 消费对经济发展的促进作用

改革开放以来，我国经济的快速发展大大带动了社会消费品销售总额的增长，这是我国消费发展的内生动力。此外，消费所形成的新的需要对经济发展及产业升级起着导向作用，影响着生产的方向和规模。例如，对汽车的需求量增加必然带动汽车产量的增加，对汽车性能要求的提高必然推动汽车产业的升级。

当前，消费对经济发展的拉动作用正在不断提升，刺激消费、扩大内需也成为国家经济调控的一项重要举措。随着我国经济由高速增长向高质量发展的转变，教育、医疗、旅游、养老等领域存在巨大的发展空间，网络消费、旅游消费、娱乐消费等蓬勃发展将对整体经济水平增长起到促进作用。当然，也要避免过度、畸形的消费对生产和社会的负面影响。

📖 示例

宠物盲盒

"盲盒"是近年来在中国兴起的一种新型的消费形式，起源于日本。早期盲盒内容主要是物品，近来有的商家将小动物活体（主要为猫狗）作为盲盒的售卖对象，消费者花费几元到几十元不等随机抽取盲盒得到宠物。这种兜售宠物盲盒的销售方式，使许多健康的动物在被运输的途中因为密闭缺氧而失去生命；同时，有不少买家如果没有抽到心仪的宠物，会将猫狗遗弃或直接转送、转卖他人等，甚至突破道德底线，漠视生命。这样的畸形消费已受到大部分消费者的抵制及监管部门的管控。

（二）经济体制

不同的经济体制对消费者的活动有重要的影响。例如，我国在改革开放之前，实行高度集中的计划经济体制，在消费领域，表现为以行政手段为主的供给制与半供给制形式，使消费者的消

费生活在很大程度上受行政手段的干扰，消费模式具有明显的供给制特征。改革开放以后，在社会主义市场经济体制下，商品价格放开，商品供应丰富，消费活动活跃，从20世纪80年代末至90年代末，实现了从自行车、手表、缝纫机"老三件"到冰箱、彩电、洗衣机"新三件"的过渡，然后又出现以"住房、汽车、教育"等为特征的"大三件"，消费者对商品的品质、功能、性价比、服务都有了更高的要求，实现由大众消费向个性化、多元化、差别化、品牌化消费的转变，娱乐、文化、通信、医疗保健、旅游等消费迅速增长，并出现网络消费等新的消费方式。在新的经济体制下，消费从量向质发生了根本转变，消费者的选择更加多元化，品质消费、文娱消费的占比大幅度提升。

（三）地区与行业发展状况

我国地区经济发展不平衡，形成了东部、中部、西部三大地带和东高西低的发展格局。同时，在各个地区的不同省市，还呈现出多极化发展趋势。这种地区经济发展的不平衡表现为不同地区的消费者消费能力、消费水平、消费结构等的差异。比如，我国东北的东三省、华南的两广和海南、西南的云贵川、华东的江浙沪这些地区，由于经济和文化的相似性，形成不同区域的消费形态特征。

（四）城市化程度

城市化程度是指城市人口占全国总人口的百分比，它是一个国家或地区经济活动的特征之一。城市化是影响消费者活动特征的重要环境因素之一。城乡居民之间存在着某种程度的经济和文化上的差别，进而导致不同的消费行为。例如，农村居民消费的自给自足程度较高，而城市居民则主要通过货币交换来满足需求。此外，城市居民一般受教育程度高，思想较开放，容易接受新生事物；而农村相对闭塞，农村居民的消费观念较为保守。因此，一些新产品往往先被城市居民接受。

近些年，随着我国农村经济的全面振兴，农村居民收入持续较快增长，城乡收入差距缩小，农村消费市场不断活跃，农村居民潜在的消费需求被逐步唤醒，对汽车、手机、热水器、空调等产品的需求旺盛，农村消费市场成为新的消费增长点。

第二节　文化环境的影响

文化对消费者行为的影响无处不在，这种影响是悄无声息、不易察觉的。而且，消费者会通过购买、使用某种富有特定文化意蕴的商品和服务来表达自己的文化特性和社会属性。因此，从某种角度来看，消费其实是在表达某种文化的意义。

一、文化的含义及特征

（一）文化的含义

文化是一个综合的概念，是人类行为最基本的决定因素之一。文化包括一个社会所共同接受的信念、价值、风俗习惯与行为标准，是人类知识、信仰、艺术、道德、法律、美学、习俗、语言、文字，以及人作为社会成员所获得的其他能力和习惯的总称。文化一般由两部分组成：第一，全体社会成员共同的基本核心文化；第二，具有不同价值观、生活方式及风俗习惯的亚文化。

文化是人类在社会实践中形成的，是历史现象的沉淀；同时，文化又是动态的，处于不断的发展变化之中。因此，人类对文化的认识随着实践的深入而不断变化。

文化对消费者行为的影响是多方面、多元的。例如，在有的文化中，消费节俭被看成一种美德；但在另一种文化中，消费是享受生活的一种体验和必不可少的方式。因此，不同的消费信仰和态度会对消费选择和购买行为产生直接影响。

💻 课堂讨论

文化体现在一个人的衣、食、住、行等日常生活中。例如，是否每天都要洗澡、早晨洗澡还是晚上洗澡、刷牙是在早餐前还是之后等问题在不同的文化中的答案是不同的。请以小组的形式讨论日常生活中每个人在具体事件中的文化表现特征。

（二）文化的特征

1. 共有性

文化是由社会成员在生产劳动和生活活动中共同创造出来的，因此，它为全体成员所共有，并对该社会中的每一个成员产生深刻的影响，使其心理和行为表现出某种共性。对于消费活动而言，文化影响表现为消费者通过相互认同、模仿、感染、从众等方式，形成共同的生活方式、消费习俗、消费观念、消费偏好和禁忌。例如，使用筷子吃饭是中国人世代相袭的用餐方式，春节是中国人家庭团聚的传统节日等，这些是中国消费者在传统文化的长期沉淀和熏陶中形成的共同的消费特征。

由于信息的畅通、交通的发达，改变了人们相互影响、相互联系的频率和方式，不同文化影响下的人们通过直接或间接交流，越来越了解对方，不同的文化之间呈现出融合性。例如，中国的饮食以色香味俱全吸引着大批外国人，而日本的饮食清淡、健康也得到全世界的认可。

2. 差异性

每个国家、地区、民族都有区别于其他国家、地区、民族的文化，都有自己独特的风俗习惯、生活方式、价值标准、宗教信仰等，这些构成了不同文化的差异。例如，红色在中国人的观念中象征着热情、吉祥、美好、积极向上，但西方一些国家认为红色是危险的象征，与恐惧、流血等相联系。因此，在不同文化背景的国家，需要考虑消费者的文化差异，"入乡随俗，入境问禁"是必要的。

🤔 小思考

为什么中国人习惯用圆桌吃饭，美国人习惯用长桌吃饭？这是否体现了某种文化差异？

📌 知识点滴

什么是自我参照准则？

要做到彻底理解文化的差异性是困难的，主要原因之一是所谓的自我参照准则在起作用。自我参照准则是指无意识地参照本国或本区域的文化价值观。例如，我国有的商务人员在谈判时，见到客户总要递上一支香烟，实际上这就是在使用自我参照准则。虽然在我国的社会交往中，递上香烟表示礼貌和友好，但在其他国家或地区，向他人递烟是一种冒犯，甚至可能会触犯法律。

3. 变化性

文化不是固定不变的，随着社会的发展，文化不断演化更迭。与之相适应，人们的生活方式、价值观念也会发生变化或调整。而消费市场是反映社会文化变化的一个最敏感的窗口，因为文化的发展变化常导致市场上某种消费时尚及商品的流行。例如，在我国，传统的早餐一般以粥、馒头、咸菜为主，但受西方文化的影响，很多人的早餐改成了以牛奶、面包为主。

4. 适应性

一个社会文化的形成是多种社会和自然因素综合作用的结果。因此，相对而言，企业无法改变一个社会的文化，只能适应文化环境。例如，企业在产品设计、商标、图案、产品命名及营销方式上应尊重不同文化的消费者特有的风俗习惯、宗教信仰，否则有可能给企业带来意想不到的挫折和损失。

二、文化价值观对消费者行为的影响

要了解消费者行为所体现的文化差异，首先应该了解不同文化背景下人们价值观的差异。价值观是指在同一文化背景下被大多数人所信奉和倡导的信念，它代表着一个社会或群体对某一类事物的看法和评价，是人们用来指导自身行为、态度和判断的标准。

每个社会或群体都有其居于文化核心地位的价值观，这种文化价值观又有核心价值观和次要价值观之分。核心价值观是指特定的社会或群体在一定历史时期内形成并被人们普遍认同和广泛持有的居于主导地位的价值观念，而次要价值观则是指特定的社会或群体在一定时期内形成和持有的居于从属地位的价值观念。这些价值观通过父母、学校、社会机构等得以传承和强化，这对理解、分析和预测消费者行为具有重要意义。有学者列出了美国人的核心价值观及消费特征，见表 7.1。

表 7.1 美国人的核心价值观及消费特征

价值观	含　义	消费特征
个人主义	以自我为中心，强调每个人都是自己前途的主人，鼓励人们不断地探索和冒险，善于自我完善，希望通过努力实现自己的价值	强调获得能够表现自我的产品
个人自由	认为个人自由是应有的权利	尊重消费的个性化和多元化
激励竞争	认为竞争有利于社会和个人进步	企业竞争激烈，鼓励生产多种多样的产品，产品丰富，消费选择多
勤奋工作	表现为"工作—挣钱—更好地工作—更多地挣钱"，认为工作上的业绩可以衡量一个人的成就	对改进工作、提高效率的产品感兴趣
讲究实际	注重效率和利益；重视解决实际问题的科学技术；认可可以解决问题（如节约时间和精力）的人或事物	花钱节省，消费以实用主义为主，不在乎面子和虚荣心
享乐主义	相信生活会更好，鼓励"快乐一阵子"	鼓励消费，超前消费、借贷消费普遍

荷兰社会心理学家吉尔特·霍夫斯泰德（Geert Hofstede）对文化价值观进行了维度的划分，从四个维度对不同国家的价值观进行分析和比较。

1. 个人主义/集体主义指数

个人主义/集体主义指数（Individualism/Collectivism Index，IDV），主要反映了人们对个人与集体关系的价值取向。强调个人主义的文化具有较高的 IDV，认为个人奋斗、个人成就或个人利益很重要，它反映了一种以自我为中心的思维，而个人与集体、社会间的关系比较松散。比如，美国、英国、澳大利亚等国家的 IDV 都比较高。集体主义文化具有较低的 IDV，反映的则是一种以集体为中心的思维，它强调个人利益服从集体利益，强调团队协作的工作方式。在集体主义文化下，人们与社会结成紧密的关系，这种关系会给人们带来安全感和归属感。例如，日本、韩国和大多数阿拉伯国家的 IDV 都较低，属于典型的集体主义文化国家。

IDV 对消费者的决策方式和消费价值判断方式具有重要的意义。在高度集体主义的社会中，人们倾向于生活在大家庭中，注重同事关系，集体归属感较强，人们往往从所属群体中获得身份认同，并忠于该群体。所以，在这样的社会，广告中应更多地强调诚实和友好。而在 IDV

高的社会，消费者通常会把消费品看作他们自身价值的延伸，因此，企业可以在广告中加入自我表现或自我赞赏的词语。例如，有研究发现，反吸烟广告在高度个人主义的国家应该强调吸烟对个人的危害；相反，在高度集体主义的国家强调吸烟对他人的危害则会更有效。

小思考

在集体主义文化的背景下，人们的消费决策体现了怎样的特点？请举例说明。

2. 权力距离指数

权力距离指数（Power Distance Index，PDI），反映的是人们对等级、特权和不公平的态度，即对一种社会结构中上下级之间的权利不平等状态的容忍度。在 PDI 高的文化下，人们倾向于接受等级制，习惯于服从上级的命令，对权力拥有者享有一定特权表示认同。而在 PDI 低的文化下，人们重视公平，反对特权，尊重知识。印度、印度尼西亚、墨西哥等国家的 PDI 都比较高；而德国、英国、美国等国家的 PDI 较低，不同阶层之间，甚至上下级之间可以直呼其名。

3. 不确定性回避指数

不确定性回避指数（Uncertainty Avoidance Index，UAI），反映的是人们对不确定性或风险的态度。此指数高的文化难以容忍不确定性，不鼓励冒险和创新，对新事物往往持怀疑的态度，人们较为关注安全感和行为的规范性以规避不确定性。因此，在这种文化下，人们会拘泥于过去习惯了的行为规范，这些行为规范最终会转化为不可违反的行为准则。

此外，在 UAI 高的文化下，人们往往崇拜权威，并回避风险。相反，在 UAI 低的文化下，人们易于接受新事物、新观念，并且乐于冒险和创新。根据霍夫斯泰德的调查，法国、德国等国家 UAI 相对较高。在这些国家，人们习惯于在近乎僵化的规范、制度下按部就班地生活、工作。而美国、英国等国家 UAI 则较低，人们喜欢冒险，鼓励创新。

在 UAI 高的社会中的消费者倾向于选择自己熟悉的商品或服务，避免风险，喜欢程序化生活，因此，营销者的任务就是要提供更多关于商品的信息，将消费者不熟知的商品转化为看上去具有吸引力的熟悉的商品。在 UAI 较低的社会中，消费者对新技术和新产品往往会保持较高的热情。

4. 男性化/女性化指数

男性化/女性化指数（Masculinity versus Femininity，MAS），反映了某一社会表现出的不同性别特质以及人们对不同性别职能的界定。MAS 高的国家往往会呈现出充满自信、竞争意识强、喜欢自我表现、追逐金钱和社会地位等男性特征。MAS 较低的国家，则往往会呈现出关心、友好、谦虚特征，强调性别平等。例如，日本、墨西哥等被认为是 MAS 较高的国家，男性在社会发展中居支配地位，女性处于从属地位，女性的就业率也相对较低。而瑞典、法国、芬兰等被认为是 MAS 较低的国家，男女地位相对来说更平等一些。在 MAS 不同的国家，营销的侧重点应有所差异。例如，在一个男性化为主的社会中，手机广告可以强调手机性能强、功能全、运行速度快，拥有这个手机可以让人在工作中表现得更出色；相反，在一个女性化为主的社会，手机广告可以突出手机能实现与亲人、朋友间更好的沟通交流。

三、亚文化与消费者行为

通常情况下，一个国家或社会内部并不是整齐划一的。其中，若干个社会成员因为民族、职业、区域等方面的某些特性而组成一定的社会群体或集团。同属一个群体或集团的社会成员具有共同的观念、生活习俗和态度倾向，从而构成了该社会群体特有的亚文化。

亚文化既有与整体社会文化一致或共同之处，又有其自身的特殊性。由于每个社会成员都生存和归属于不同的群体或集团，因此，亚文化对人的心理和行为的影响更直接和具体，这在消费者的心理和行为中体现得尤其明显。

（一）亚文化群的分类

表 7.2　亚文化群示例

人口统计指标	亚文化群的具体划分
年龄	如儿童、少年、青年、中年、老年
宗教信仰	如佛教、基督教、伊斯兰教
种族	如黄种人、白种人、黑种人
民族	如汉族、蒙古族、壮族、维吾尔族
收入水平	如高收入、中等收入、中低收入、低收入
国籍	如英国人、韩国人、加拿大人、美国人
性别	如女性、男性
家庭类型	如单身家庭、重组家庭
职业	如专业技术人员、农业生产人员
地理位置	如经济地理位置，政治地理位置、文化地理位置
区域	如自然区域、行政区域、经济区域、文化区域

亚文化群可以根据种族、民族、人口特征、地理位置、宗教信仰等因素进行划分，表 7.2 列出了一些亚文化群。

除了用以上指标来划分亚文化群之外，还可以用其他指标细分出很多亚文化群。消费者的价值观念、生活方式、消费态度总是在变化，导致新的亚文化群层出不穷。通过对新的亚文化群的分析，营销人员可以了解目标市场的需求状况和消费行为特征，从而提高营销策划的目的性和针对性，以取得良好的营销效果。

（二）亚文化消费者群的特点

研究亚文化消费者群，可使企业明白消费者行为不仅带有某一国家或社会的文化基本特征，而且还带有所属亚文化群的特有特征，并且，亚文化群的差异更容易识别、描述。因此，在企业营销中，亚文化消费者群成为企业市场细分的有效依据。

总体来看，亚文化消费者群具有以下特点：①以一个社会子群体的形式出现，每个子群体都有各自的文化准则和行为规范；②了群体和子群体之间在消费者行为上具有明显的差异；③每个亚文化消费者群都会影响和制约本群体内各个消费者的行为，群体成员对亚文化具有强烈的认同感和归属感；④每个亚文化消费者群还可以细分为若干个子群。

消费者通过消费某些象征性的商品，使用具有某种特定亚文化意义的商品和服务来表达自己的文化属性和社会属性。例如，在我国，同样是吃早餐，河南人喜欢吃胡辣汤，而湖北人喜欢吃热干面。因此，消费者通过日常生活中细微、具体的消费活动，使个体行为体现某个地区或特定的亚文化特征，也体现了消费背后亚文化消费者群生活方式的差异。

四、主流文化与消费

每个国家、每个民族都有自己长期以来积累的文化。中国的传统文化是中华民族在历代中国社会形成和发展起来的比较稳定的文化形态，是中华民族智慧的结晶，其传统性和延续性对中国人的心理和行为产生了根深蒂固的影响。如在饮食方面，中国人有"吃啥补啥"的养生观念，注重"按时令进补"，讲究"色、香、味"俱全等，形成了中国人特有的消费观念和消费文化。

1. 家庭伦理文化

儒家思想和伦理观念在我国的社会道德传统中有着根深蒂固的影响，而儒家的伦理观念是以基本的血缘关系为基础的。因此，中国人非常看重家庭成员之间和家族之间的伦理关系。由此，以家族为基础的社会结构使个人与家族紧密相连。例如，在中国，房子具有特殊的意义，它不仅是物理的居住场所，更是一个家庭的载体和精神家园。因此，买房置地是一个家庭甚至是整个家族发达的一个标志，房子成为家族延续、传承的证明。所以，子女买房时，父母往往会动用全部资金，甚至亲戚朋友也会全力相助，因为买房成了一个家庭和家族的事情。

由于重视家庭伦理关系，在我国，以温馨家庭氛围为背景的广告很容易被接受，以家庭伦理为剧情的电视剧也受到大众的欢迎。另外，由于重视家庭和家族整体利益和发展，很多父母秉承

"前人栽树，后人乘凉"的理念，有"望子成龙，望女成凤"的想法，愿意为孩子创造良好的教育环境。

2. 面子文化

"面子"是中文词汇里一个具有丰富内涵的词语，从字面上看，面子就是人的脸面，但在我国的文化中，这个词特别被重视。"给面子""争面子""丢面子""爱面子""留点面子""伤面子""没脸见人""体面"等诸多概念，成了中国人日常生活和日常交际的基本概念，反映了人们的深层心理结构。

从社会心理学的角度看，面子是指个人在社会上有所成就而获得的社会地位或声望。在我国传统文化中，"面子"两个字的内涵丰富，它意味着个体要求他人尊重自己和不被忽视，体现了个人强烈的自尊感，因此，面子具有符号象征的意义，象征着个人的身份、地位、财富与形象等。

在面子文化的影响下，消费者在消费活动中的表现如下。

第一，凡是涉及面子的消费都格外小心谨慎，注意遵从各种礼仪规范，尽量不失自己的面子或伤别人的面子。

第二，为了维护面子，部分消费者可能不顾自身的经济状况，进行攀比消费或炫耀消费，"宁可背后受罪，也要人前显贵"是这种观念的典型反映，出现"死要面子活受罪"等不良消费行为。

第三，在面子文化的影响下，消费者对商品或服务的情感性、夸耀性和符号性的要求，超过对商品或服务的物质性价值的要求，表现为消费中的盲目和冲动，或者迷恋名牌商品。例如，在我国运动型多用途车（Sport Utility Vehicle，SUV）的销量一直都非常不错，成了很多家庭买车的第一选择。除了因为其具有实用性、安全性，还因为有的消费者认为 SUV 开在路上更威武、更气派，有面子。

SUV 看上去更加气派，面子足，受到广大消费者的欢迎。

3. 关系文化

由于关系文化，消费者特别重视日常生活中的人情往来，包括亲情、友情、爱情、同乡情、同学情、同事情、上下级关系等。在关系文化的影响下，消费者特别在意在消费中巩固和拉近与他人的距离，其次才关注购买活动本身。因此，消费活动往往不是单纯的经济关系，还有人情往来、互惠交换等微妙复杂的心理。例如，礼品消费的意义不仅限于礼品本身的功能和价值，更重要的是通过礼品所表达的一份情感。正如我国俗语所说"礼多人不怪"，礼品成为送礼者和受礼者之间的情感关系纽带。另外，消费者常常通过消费活动来表达交往、归属和爱的需要，如通过结伴逛街、聚餐等行为建立和他人的感情联系。

第三节　消费习俗与消费流行

一、消费习俗

1. 消费习俗的类型

消费习俗是指人们在日常生活中，由于自然的、社会的原因所形成的不同地区各具特色的消费习惯，是社会习俗的重要组成部分。不同国家和地区的消费者，在长期的生活实践中形成了多种多样的消费习俗。消费习俗体现在消费者的衣、食、住、行等各个方面，通常可以分为以下两大类。

（1）物质类消费习俗，包括饮食消费习俗、服饰消费习俗、住宅消费习俗等。例如，我国一些地区民间用五香布袋、红绳、桃木、玉佩、铜葫芦来祈求健康、平安、幸福，而少数民族的服饰，如藏族的哈达、黎族的短裙、蒙古族的长袍，无一不表现出其独特的消费习俗。

（2）社会文化类消费习俗，包括喜庆类消费习俗、纪念性消费习俗和宗教类消费习俗等。例如，结婚庆典穿红衣服、喝喜酒；清明节踏青、祭祀；端午节吃粽子、赛龙舟、挂蒿草；等等。

小思考

你的家乡和你现在生活的城市各有哪些消费习俗？是否相同？为什么？

2. 消费习俗的特点

（1）长期性。消费习俗都是在漫长的生活实践中逐渐形成和发展起来的，受政治、经济、文化、历史等多种因素的影响，并经过若干年乃至更长时间的沉淀而成。在长期的生活中，消费习俗会潜移默化地影响生活的各个方面。例如，据考证，中国人过春节的习俗已有4 000多年的历史。

（2）社会性。消费习俗是在共同的社会生活中互相影响形成的，是在社会成员的共同参与下形成的，是社会生活的组成部分。

（3）地域性。消费习俗是特定地区的产物，带有浓厚的地域色彩，正如俗语所说"百里不同风，千里不同俗"。例如，我国不同区域的饮食习俗差异特别大，粤菜、川菜、湘菜、杭帮菜等都有浓郁的地方特色。

视野拓展

你要哪种辣？

如果把四川辣椒、湖南辣椒、江西辣椒以金庸小说中的武功派别来进行对比：川辣好比逍遥派，招式飘逸灵秀、引人注目，正如川菜的招牌菜麻婆豆腐、毛血旺、辣子鸡丁等，色泽鲜艳，光看图片就能令人食欲大增；湘辣就像是劲道刚猛的降龙十八掌，一味输出，只要你敢下筷，就必然要做好辣到五脏六腑的心理准备；而江西辣椒，正如北冥神功，初时不觉，但辣味犹如顶尖高手的掌力般绵绵不息，等你回味过来时，只想灌十桶矿泉水。江西菜比川菜辣得纯粹，比湘菜辣得彻底。有人说：四川人吃菜不怕辣，湖南人吃菜怕不辣，而江西人吃菜不觉辣。干辣椒、辣椒粉、鲜辣椒、小辣椒、朝天椒，但凡能叫得上名字的辣椒都能在江西人的家常菜品中看到。

（4）非强制性。消费习俗的产生、流行往往不具有强制性，而是无形的社会约束力量使生活在其中的人自觉或不自觉地遵守这些习俗，并以此规范自己的消费行为。

3. 消费习俗对消费者的影响

随着社会发展、技术的进步，以及人们的生活方式不断变化，有些消费习俗受到了冲击。但作为长久以来形成的社会风尚或习惯，消费习俗的影响仍旧不可忽视。

（1）消费习俗促成了消费者购买心理的稳定性和购买行为的习惯性。

（2）消费习俗强化了消费者的消费偏好。在特定地域消费习俗的长期影响下，消费者形成了对地方风俗的特殊偏好，并产生一种自豪感，这种偏好会直接影响消费者对商品的选择，不断强化其已有的消费习惯。

（3）消费习俗使消费者的心理与行为的变化趋缓。由于遵从消费习俗而导致的消费活动的习惯性和稳定性，将大大延缓消费者的心理及行为的变化，并使之难以改变。这对消费者适应新的消费环境和消费方式会起到阻碍作用。

知识点滴

为什么女装的扣子在左边，男装的扣子却在右边？

现代服饰受西方服饰的影响比较大。不知读者注意没有，男女西服上衣和衬衫的纽扣不在同一侧。

大概在 16 世纪，纽扣从东方传到了西方，当时只有有钱人的外套上才钉扣子。按当时的风俗，男士自己穿衣服，女士则由仆人帮着穿。女士衬衣上的扣子钉在左边，极大地方便了伺候女主人的仆人。男士衬衣的扣子钉在右边，不仅因为大多数男士自己穿衣服，还因为用右手拔出挂在左腰上的剑，不容易被衬衣兜住。如今仆人伺候穿衣的女士恐怕所剩无几，为什么女装扣子依然留在左边呢？因为规范一经确立，就很难改变。既然所有女装衬衣的扣子都在左边，要是有哪家成衣商提供扣子在右边的女士衬衣，那就很冒险。毕竟，女士早就习惯了从左边扣扣子，一旦扣子换到右边，她们还得培养新习惯，改用新技巧。除却这一实际困难，部分女士恐怕还觉得，当众穿扣子在右边的衬衣很尴尬，因为看到的人会以为她穿的是男士衬衣。

二、消费流行

消费流行对消费者来说有特别的吸引力，消费者以追逐流行来展现自我，媒体会抓住流行趋势大肆渲染、推波助澜，企业希望能跟上流行，抓住商机，获取利润。消费流行成为企业不得不关注的群体行为现象。

1. 消费流行的特征

流行是一种普遍的社会心理现象，是指社会上一段时间内出现的或某权威性人物推崇或倡导的事物、观念、行为方式等被人们接受、采用，进而迅速推广直至消失的过程。流行涉及社会生活的各个领域，包括服饰、音乐、美术、娱乐、建筑、语言等。

消费流行是在一定时期和范围内，大部分消费者呈现出相似或相同行为表现的一种消费现象。具体表现为多数消费者对某种商品或事物同时产生兴趣，而使该商品或事物在短时间内成为众多消费者狂热追求的对象。此时，这种商品即成为流行商品，这种消费趋势也就成为消费流行。

需要指出的是，消费流行不同于消费习俗。流行是一种风尚，在一定时期内，迅速风行一时，然后消失；而消费习俗则历史悠久，比较稳定，一旦形成，不易改变。一般来说，当流行的某类事物作为特定现象而为人们普遍接受，并经常重复出现时，流行就演化为习俗。

示例

从喝茶到喝咖啡

在我国，人们传统上习惯喝茶，对咖啡的认知很有限，甚至有些人认为喝咖啡对人的身体不好。20世纪 80 年代，雀巢速溶咖啡的"味道好极了"的广告词成为许多人最为深刻的咖啡印象。1999 年 1 月，星巴克在北京中国国际贸易中心开设中国第一家门店，通过开设咖啡教室普及咖啡知识和咖啡文化，不断加深人们对咖啡的认识，给顾客不一样的星巴克体验，逐渐改变了许多人对咖啡的负面态度。到 2023年 6 月，星巴克已在中国 200 多个城市开设了 5 100 家门店。越来越多的人开始喝咖啡了，咖啡消费逐渐成为一种时尚和潮流。

2. 消费流行的种类及方式

消费流行涉及的范围十分广泛，流行的种类可以从多角度划分。从范围上看，有世界性、全国性、地区性的消费流行；从速度上看，有一般流行、迅速流行和缓慢流行；从时间上看，有短

第七章 经济文化环境与消费者行为

期流行、中短期流行和长期流行；从内容上看，有吃、穿、用等商品引起的消费流行。

消费流行的方式一般有以下三种。

（1）滴流，即自上而下依次引发的流行方式。它通常以权威人物、名人的消费行为为先导，而后由上而下在社会上流行，如中山装、列宁装的流行等。

（2）横流，即社会各阶层之间相互诱发横向流行的方式。具体表现为某种商品或消费时尚由社会的某一阶层率先使用、倡导，而后通过社会舆论等媒介，向其他阶层蔓延、渗透，进而流行。例如，近年来出现的旅游热、健身热、瑜伽热等，都是先由社会某一阶层掀起，然后向其他阶层普及，形成风气，从而引发流行。

（3）逆流，即自下而上的流行方式。它是从社会下层的消费行为开始，逐渐向社会上层推广，从而形成消费流行的方式。例如，牛仔服原是美国西部工人的工装，现在已成为下至平民，上至美国总统的服装。

当前，随着互联网的发展以及抖音和快手等短视频新媒体的产生，各种消费流行运用互联网平台进行传播、交流、交锋、交融已经成了常态，不管是社会名流还是普通大众都成为消费流行传播者，推动了消费者互相参照、互相刺激，使消费流行方式更加多元和丰富。

知识点滴

潘通色卡

潘通色卡是国际通用的标准色卡，由位于美国新泽西州卡尔士达特市的潘通（Pantone）公司研发。潘通色卡是享誉世界的色彩权威，涵盖印刷、纺织、塑胶、绘图、数码科技等领域的色彩沟通系统，已经成为当今交流色彩信息的国际统一标准语言。自 2000 年开始，潘通公司便总结公布历年的年度流行色，供各行各业的人参考。在设计行业，潘通流行色更成为设计师不可不掌握的重要知识，以产品的外观色彩吸引消费者，那就等于成功了一半。潘通公司公布了 2023 年年度流行色是"非凡洋红"，这种颜色介于蓝色和红色之间、暖色和冷色之间。潘通公司介绍这种颜色能激发人们的奋进精神，帮助人们建立内在的力量。

3. 消费流行产生的原因

（1）经济发展提供了流行产生的条件。生产力的提高、经济的发展，产品的生产周期越来越短，产品在市场上的流通速度加快，这为商品的流行和快速更替创造了可能。

（2）流行受利益驱动而产生。某些消费流行的产生是出于商品生产者和销售者的利益，他们为扩大商品销售，努力营造出某种消费气氛，引导消费者追逐流行，而这些消费者又配合流行的商业活动，保证了参与活动的生产者和销售者的利益。

（3）消费者的心理需求。有些流行现象是由消费者的某种共同心理需求引发的，大部分消费者在这一共同心理的影响下，主动追求某种新款商品或新的消费风格，从而自发推动了消费流行的产生。

（4）科技和新媒体的推动。随着科技的发展和新媒体的产生，传播的范围越来越广，演艺明星、体育明星、社会名流、记者、广告人、各类编辑等成了流行的主要推动者，使流行的内容更丰富，形式更加多样化。

另外，一些学者引用心理学理论来解释消费流行的产生原因。例如，心理学家荣格认为群体的意识和行为可以通过"心理能量"来解释。心理能量不会随发生作用而消耗或丧失，而是从一种作用形式转换为另一种作用形式，或从一个位置转移到另一个位置。就消费者而言，当人们对一种商品的兴趣减少时，对另一种商品的兴趣便会等量地增加。消费流行也是如此，当一种消费流行衰落时，必然预示着另一种消费流行的开始。

消费者行为学（附微课 第2版）

本章小结

本章讨论经济环境和文化环境对消费者心理和行为的影响。首先从个人经济状况，即消费者收入水平的变化、消费者支出的变化规律、储蓄和信贷来分析对消费者的影响；然后从经济发展水平、经济体制、地区与行业发展状况、城市化程度等宏观方面分析对消费者的影响。

文化对消费者行为的影响无处不在，文化具有共有性、差异性、变化性和适应性等特征，文化价值观对消费者的影响较大。不同亚文化群具有明显不同的消费特征，中国传统文化中的面子文化、关系文化和家庭伦理文化对消费者有深刻的影响。消费习俗具有长期性、社会性、地域性、非强制性的特点。消费习俗一旦形成，使消费者行为具有稳定性、习惯性，使消费者的心理与行为的变化趋缓。消费流行的范围很广泛，尤其对年轻消费者的吸引力和影响力非常大，这为企业提供了新的商业机会。

综合练习题

一、填空题

1. 消费者收入水平的高低对消费者行为具有＿＿＿＿＿＿、显著的影响。

2. ＿＿＿＿＿＿表明，在一定的条件下，当家庭个人收入增加时，收入中用于食物开支部分的增长速度要小于用于教育、医疗、享受等方面的开支增长速度。

3. 文化是人类知识、信仰、艺术、道德、法律、美学、习俗、语言、文字，以及人作为社会成员所获得的其他能力和习惯的总称，它包括一个社会所共同接受的＿＿＿＿＿、价值、风俗习惯与行为标准。

4. 尽管不同文化之间的差异性体现在多个方面，但根本的差异还是＿＿＿＿＿＿的差异。

5. 消费习俗促成了消费者购买心理的＿＿＿＿＿＿和购买行为的习惯性。

6. 一般来说，消费流行的方式有滴流、横流和＿＿＿＿＿＿三种方式 。

二、选择题

1. （　　）是个人收入中可以用于消费支出或储蓄的部分，它构成实际的购买力。
    A. 人均国民收入　　B. 个人可支配收入　　C. 家庭收入　　　　　　D. 货币收入

2. 在（　　）指数高的社会中的消费者倾向于选择自己熟悉的商品或服务，避免风险，喜欢程序化生活。
    A. 集体主义　　　　B. 权力距离　　　　　C. 不确定性回避　　　D. 女性化

3. 在（　　）的社会，消费者通常会把消费品看作他们自身价值的延伸。
    A. 低个人主义　　　B. 高集体主义　　　　C. 高个人主义　　　　D. 低集体主义

4. "百里不同风，千里不同俗"的俗语表现出了习俗具有较强的（　　）特征。
    A. 社会性　　　　　B. 长期性　　　　　　C. 地域性　　　　　　D. 非强制性

5. 流行从形成到消失的时间较短，但在消失一段时间之后往往又会出现，表现了流行的（　　）特征。
    A. 周期性　　　　　B. 选择性　　　　　　C. 消费性　　　　　　D. 现实性

6. 消费习俗的特点之一是（　　）。
    A. 长期性　　　　　B. 变化性　　　　　　C. 短暂性　　　　　　D. 强制性

三、论述题

1. 论述经济环境对消费者行为产生的影响。

2. 简述消费者的储蓄和信贷状况对消费者支出的影响。

3. 如何理解文化、亚文化的概念？举例说明文化和亚文化对消费者的影响。

4. 根据霍夫斯泰德文化价值观的维度划分，分析文化价值观对消费者行为的影响。

5. 讨论我国面子文化、关系文化和家庭伦理文化的形成及其对消费者的影响。

6. 举例分析消费习俗的特征及对消费者的影响。

7. 为什么会产生消费流行？举例说明消费流行的特征及对消费者的影响。

四、实践题

1. 你所在城市（地区）有哪些消费习俗？讨论这些消费习俗对人们生活的影响。

2. 调查你身边的"80 后""90 后""00 后"的消费者，了解并记录他们对消费流行的看法及其对他们消费行为的影响。

五、案例分析题

对于奢侈品品牌而言，中国市场越来越重要，选择在农历新年发行特别版生肖系列产品，成了奢侈品品牌与中国消费者建立联系的绝佳方式。请扫描二维码阅读案例，并回答案例后面的问题。

第八章　社会环境与消费者行为

学习目标

学习社会阶层、社会角色、家庭消费的概念及特征，掌握社会阶层的影响因素及划分方法，熟悉社会阶层、社会角色、家庭消费对消费者行为的影响，学习家庭生命周期的划分及消费特点，理解家庭成员在家庭消费中的不同角色，学习家庭购买决策的方式及影响因素。

导入案例

英国的那些报纸

尽管互联网的崛起很大程度上冲击了传统媒体，相对其他国家，英国的报业比较坚挺，这源于英国人长期形成的爱读报纸的习惯。如果没有报纸，或许英国的下午茶也不会如此悠然自得。

是不是所有英国人都爱读同一种报纸？答案是否定的。暂且不说其他国家发行的报纸，仅英国本国的报纸就有成百上千种。上流社会有上流社会爱读的报纸，中产阶层有中产阶层偏爱的报纸，普通大众和底层人民又有自己心仪的报纸。有人说只要看英国人在读什么报纸，就大概知晓他所处的阶层和社会地位。

例如，The Times（《泰晤士报》）是英国高端的主流报纸，这家报纸的读者定位为政治家和社会精英，他们通常比较关心国家大事，并且一直致力于打造严肃的形象。The Guardian（《卫报》）自我定位为自由民主派的报纸，在欧洲知识界有极大的影响力，英国中产阶层非常青睐《卫报》，因为它传达爱好和平、热爱生活的精神，强调高品质的生活方式和健康的生活理念，与当下英国中产阶层的许多观点不谋而合。The Financial Times（《金融时报》）的读者多是金融才俊或企业高管。The Daily Express（《每日快报》）的文章短小精悍，文字通俗易懂，报道内容涵盖了财经、娱乐和社会生活的方方面面，适合普通老百姓和知识分子阅读。而八卦小报，则非 The Sun（《太阳报》）莫属了，每天的标题都非常吸引人，什么英国王室家长里短、哪位政治人物开会打瞌睡、艺人绯闻……可怪的是大家也偏爱看，据说 The Sun 的销量位居全英第一。

启发思考：

1. 根据案例，英国报纸的读者具有什么特点？为什么可以通过一个人读的报纸判断其社会阶层？
2. 除了报纸之外，还有哪些产品具有社会阶层的象征意义？

第一节　社会阶层

一、社会阶层的概念

社会阶层是指一个社会按照其社会准则将其成员分为相对稳定的不同层次。由于社会差异以及社会成员多样化的存在，一个社会必定会形成一定的社会分层体系，而处在不同状态和位置的社会成员就构成了不同的社会阶层，处在相同状态和位置的社会成员则共同组成了同一个社会阶层。

社会阶层是一种普遍存在的社会现象，每个人都会在社会中占据一定的位置，有的人占据非常显赫的位置，有的人则占据一般或较低的位置。这种社会地位的差别，使社会成员分成高低有序的层次或阶层。

从消费者行为学研究的视角，不同社会阶层的消费特征具有差异性，而在同一社会阶层，其内部成员都具有相近的经济利益、社会地位、价值观念、态度体系，从而有着相同或相近的消费需求和行为。

二、社会阶层的特征

1. 地位性

社会阶层的地位性是指社会阶层具有展示一定社会地位的性质。一个人的社会阶层是和他的特定的社会地位相联系的。处于较高社会阶层的人，必定拥有较多社会资源，在社会生活中具有较高社会地位，他们通常会通过各种方式，展现其与其他社会阶层成员相异的优势。

美国经济学家凡勃伦提出了炫耀性消费，实际上反映的就是人们显示其较高社会地位的需要与动机。由于决定社会地位的很多因素，如收入、财富不一定是可见的，因此人们需要通过一定的符号将这些不可见的因素有形化。凡勃伦认为，每一社会阶层都会有一些人试图通过炫耀性消费告诉别人他们是谁、处于哪一社会阶层。研究发现，即使在今天，物质产品所蕴含、传递的地位意识在很多文化中仍非常普遍。例如，人们通过购买珠宝、名牌服装、高档汽车或打高尔夫球、滑雪等活动显示自己的财富和地位。

随着社会的变迁和主流价值观的变化，显示地位的手段或符号的表现方式、作用会发生变化。比如，改革开放之初，汽车还是一种奢侈品，但今天它已成为很多家庭的标配，从奢侈品变成了大众消费品。这时，作为"地位符号"的产品就开始动摇。当然，也有上层社会的消费者对通过消费显示其财富和地位感到厌倦，他们简单、朴素，更向往普通人的生活。

小思考

社会阶层的形成受许多因素的影响。不同国家、地区或时代，用来区分社会阶层的变量也有所差异。你怎样理解我国古语所说的"万般皆下品，唯有读书高"？

2. 多维性

社会阶层的多维性是指一个人所处的社会阶层是由其职业、收入、财产、受教育程度和价值取向等多种变量而不是由单一变量决定的。影响社会阶层的因素既有经济层面的因素，也有政治和社会层面的因素。收入、职业、受教育程度常被认为是决定个体处于哪一社会阶层的重要变量，也有人认为职业是表明一个人所处社会阶层最重要的指标，其原因是从事某些职业的人更受社会的尊重。

3. 层级性

社会阶层的层级性是指从最低的地位到最高的地位，社会形成一个地位连续体。不管愿意与否，社会中的每一个成员，实际上都处于这一连续体的某一位置上，那些处于较高位置上的人被归入较高层级，处于较低位置上的人则被归入较低层级，由此形成高低有序的社会层级结构。社会阶层的层级性在封闭的社会里表现得更明显。

护肤品"大宝"品牌定位为工薪阶层

社会阶层的层级性使消费者在社会交往中，要么将他人视为与自己同一层次的人，要么将他人视为比自己更高或更低层次的人。这一点对企业分析市场十分重要。如果消费者认为某种产品主要被同层次或更高层次的人消费，那么他购买该产品的可能性就会增加；反之，如果消费者认为该产品主要被较低层次的人消费，那么他选择该产品的可能性就会减小。

4. 限定性

大多数人和与自己处于同一层次的人交往时会感到很自在，而和与自己处于不同层次的人交往时会感到不快。因此，社会交往会较多地发生在同一社会阶层之内，而不是不同阶层之间。同一阶层内社会成员更多互动，会强化共有的规范与价值观，从而使该阶层内成员间的相互影响增强。此外，不同阶层之间较少互动，会限制商品、广告和其他有关信息在不同阶层成员间的流动，使得彼此的消费行为呈现出更大的差异性。

5. 同质性

社会阶层的同质性是指同一阶层的社会成员在价值观和行为模式上具有共同点和类似性。在交往过程中，由于相似的经济状况、性格、兴趣而导致共同的消费取向。每一阶层都有类似的价值观、态度和自我意识，对品牌、商店、休闲活动、传播媒体等都有相同的偏好，有类似的消费需要和购买行为。这种同质性很大程度上是由共同的社会经济地位决定的，同时也和彼此更频繁的互动有关。对营销者来说，同质性意味着处于同一社会阶层的消费者会订阅相同或类似的报纸、观看类似的电视节目、购买类似的商品、到类似的商店购物等，这为企业根据社会阶层进行市场细分提供了依据和基础。

6. 动态性

社会阶层的动态性是指个体所处的社会阶层不是固定不变的，人能够在一生中改变自己所处的阶层。个体可以由较低阶层晋升到较高阶层，也可能由较高阶层降至较低阶层。越是开放的社会，社会阶层的动态性表现得越明显；越是封闭的社会，社会成员从一个阶层进入另一个阶层的概率就越小。

社会成员在不同阶层之间的流动，主要有两方面的原因：一是个人的原因，如个人通过勤奋学习和努力工作，赢得社会的认可和尊重，从而获得更多社会资源，实现从较低到较高社会阶层的迈进；二是社会条件的变化，如我国改革开放以来，知识分子的社会地位不断提高。一般而言，社会流动越通畅，社会流动率越高，就越能调动社会各个阶层尤其是中低层次社会成员的积极性，使他们对个人前途充满希望，坚信可以通过个人后天的努力奋斗，上升到更高的社会阶层，体现更高的个人价值。

三、社会阶层的划分

1. 社会阶层的影响因素

社会阶层主要受三大变量的影响，即经济变量、社会变量和政治变量。经济变量包括职业、收入和财富；社会变量包括个人声望、社会联系和社会化；政治变量则包括权力、阶层意识和流动性。其实，影响社会阶层的因素有很多，本书主要介绍以下几个方面。

> **小思考**
>
> 一个人可以通过自己的努力、勤劳与智慧提升社会阶层，这表现了社会阶层动态性的特征。人们普遍认为"白手起家"比"富二代"企业家更受尊重。谈谈你的观点。

（1）职业。职业是表明一个人所处社会阶层的最重要的指标，是研究一个人所属社会阶层最基本、最重要的线索。由于职业在一定程度上能反映出一个人的知识层次、专业特长、收入水平，因此，根据一个人所从事的职业可以大体确定他的生活方式和消费倾向。

（2）个人业绩。个人业绩可以用收入这一指标衡量，当然，个人业绩也涉及非工作方面的活动，如某人的收入并不高，但他通过关心社区事务、关心他人、诚实善良等行为品性赢得社会的尊重，从而取得较高的社会地位。

（3）社会互动。社会互动包括声望、社会联系和社会化等方面。声望表明某人是否受到尊重、尊重程度如何；社会联系是指个体与其他成员的日常交往；社会化则是个体习得技能、形成态度和养成习惯的过程。家庭、学校等对个体社会化具有很大的影响。

（4）拥有的财物。财物是一种社会标记，它可以向人们传递有关其所有者处于何种社会阶层的信息。例如，在一线城市拥有一套大房子可能就决定了一个人的社会阶层。一般来说，拥有财物的数量、财物的性质决定并反映了一个人的社会地位。

打高尔夫球被认为是富人的一项运动

（5）价值取向。价值取向是表明个体属于哪个社会阶层的又一重要指标。由于同一阶层内的成员互动更频繁，他们会形成类似或共同的价值观。这些类似的或共同的价值观一经形成，反过来会成为衡量某一个体是否属于此阶层的一项标准。不同社会阶层的人对艺术、金钱和生活的看法和理解不同，实际折射的就是价值取向的差异。

（6）阶层意识。阶层意识是指某一社会阶层的人，意识到自己属于一个具有共同的政治或经济利益的群体的程度。阶层意识具有一定的排他性，尤其是阶层意识越强，就越有可能排斥其他阶层以维护自己的利益。处于较低阶层的个体会意识到社会阶层的现实，但对于具体的阶层差别并不十分敏感。例如，低收入的旅游者可能认为五星级宾馆是上层社会成员出入的地方，但如果因某种原因（如促销）而偶然住进这样的宾馆，他对身边经过的人在穿着打扮、行为举止等方面与自己存在的差别可能并不特别在意。在他们眼里，五星级宾馆不过是设施和服务更好、收费更高的"旅店"而已，地位和阶层的联系（如果有）在他们的心目中是比较脆弱的。相反，经常出入高级宾馆的游客，由于其较强的地位与阶层意识，对于五星级宾馆这种"来者不拒"的策略可能会颇有微词。

知识点滴

什么是橄榄型社会？

所谓橄榄型社会，是指社会阶层结构中极富和极贫人数很少，中间阶层相当庞大。从社会学意义上说，中间阶层的壮大，使得对立的贫富两极成为一个连续性的排列，每个社会成员都能看到拾级而上的希望，有助于舒缓因贫富差距造成的对立情绪以及解决由此衍生的系列社会问题。从全球视域来看，许多发达国家都是这种结构，当然也正是这种结构铸就了这些国家今日的发达和辉煌，因为庞大的中产阶层具有对社会贫富分化较强的调节功能和对社会利益冲突较强的缓冲功能。

2. 社会阶层的划分方法

社会阶层的划分方法，目前主要有两种：一是单一指标法，即只使用单一尺度衡量的方法；二是综合指标法，即同时使用几种尺度的综合衡量的方法。因为个人在社会中所处的阶层受多种因素影响，所以，一般而言，综合指标法比单一指标法精确度要高些。但在研究消费者行为时，采用单一指标法容易确定社会阶层与消费者行为的相关关系，更简单易行。

较常用的单一指标主要有收入、职业、受教育程度。采用综合指标法划分社会阶层时较常用两因素法（职业、教育）、三因素法（住房、职业、收入），甚至更多因素的划分方法。例如，美国学者沃纳（Warner）认为可以通过职业、学历、收入来源（不仅仅指收入金额）、住房种类等来划分社会阶层，如表 8.1 所示。

表 8.1　沃纳社会阶层划分的主要指标

社会阶层（从高到低）	指标类型			
	职业	学历	收入来源	住房种类
1	大企业高级管理者	专门职业培训机关	大半来自继承的财产	优越地段的独院住房
2	中小企业领导干部	四年制大学	投资	大住房
3	职员	大学专科	工作收入	现代公寓
4	领班	高中毕业后进职业学校	月工资	新建住宅区
5	月薪工人	高中毕业	计时工资	旧式公寓
6	不熟练的工人	高中肄业	经济援助	破旧房屋
7	临时工人	初中毕业及以下	生活补助	贫民窟

四、社会阶层对消费者行为的影响

社会阶层是划分目标市场的一个重要参数，属于同一社会阶层的消费者，其价值观、兴趣、态度、自我意识等较为接近，因而在生活方式、购买对象、对广告的反应等方面都会表现出相似的心理趋势和特征。不同社会阶层的消费者往往具有不同的行为特征。就像鲁迅的小说《孔乙己》中所描述的：只有穿长衫的人要酒要菜，慢慢地坐着喝；而短衣帮只能靠柜外站着。

为了研究方便，把消费者的社会阶层按照上、中、下进行划分，不同社会阶层消费者行为的差异具体表现在以下几个方面。

1. 对商店选择的差异

不同阶层的消费者喜欢光顾的商店类型不同。一般而言，社会阶层越高的消费者青睐购物环境优雅、商品品质和服务上乘的商店，在这种环境中购物会使他们产生优越感和自信，并得到一种心理上的满足，他们一般不喜欢销售人员过于热情的讲解、介绍，常常独自购物，并乐于接受新的购物方式。社会阶层处于中间的消费者对购物环境没有过高的要求，他们可以把购物当成一种消遣，在购物时也比较谨慎。有调查表明，中层消费者较上层消费者去折扣店购物的次数要多得多，因为他们到这种商店采购既有信心（而下层消费者缺乏这种信心）又有积极性（而上层消费者缺乏这种积极性）。社会阶层处于下层的消费者由于受经济条件限制，对价格特别敏感，多在中、低档商店购物，而且喜欢与他人结伴逛商店。

2. 对产品选择的差异

不同社会阶层的消费者所选择和使用的产品存在差异。高阶层的消费者常把购买活动看作身份地位的一种象征和标志，他们通常是奢侈品的主要购买者，并对一些品牌保持很高的忠诚度。这类消费者会选择环境优雅的住宅区，室内装修考究，购买家具、电器多以豪华气派为主。他们购买服装时会更多地关注品牌和品位，在食品的消费上注重营养、档次，此外，他们通常喜欢欣赏或收藏艺术品。

低阶层的消费者更注重经济实用，购买的多为大众产品。他们要求穿着舒适大方，家电要质量好，易于保养维修，对于食品则要求味道好、分量足。在选购产品时希望厂家能提供良好的售后服务。

课堂讨论

如今，有一股"反奢侈"情结在社会上流行，部分富裕的消费者对奢侈品牌的服装、箱包不再追捧，甚至拒绝，而是把钱花在自身教育或者旅行等活动上，据说这甚至成了一些富裕阶层的新标志。讨论和分析该现象出现的原因。

3. 购买数量的差异

低阶层的消费者喜欢大批量地购买商品，他们是折扣店、仓储式商店的主要顾客。因为一次性购买量大，可以获得一定的价格优惠，可以减少因某些商品涨价所带来的损失，还可减少采购次数，降低交易费用。

高阶层的消费者强调生活质量，对价格不太敏感，比起冰箱里的速冻食品，他们更愿意每天购买鲜活产品。另外，他们愿意接受收费的送货上门服务。

4. 信息接收和处理上的差异

一般来说，高阶层的消费者比低阶层的消费者能更多地利用不同渠道获得商品信息。因为他们阅读的时间和机会较多，可能经常出入消费场所，接触社会名流，可以充分利用不同媒体获得更多有价值的商品信息。而低阶层的消费者多是信息的被动接收者，信息来源有限。他们可能对误导和欺骗性信息缺乏鉴别力，在购买决策过程中可能更多地依赖亲戚、朋友提供的信息。

实际上，企业在向消费者传递信息时，也注意到不同社会阶层的消费者所使用的语言各具特色。一般而言，越是高阶层的消费者，使用的语言越抽象；越是低阶层的消费者，使用的语言越具体，而且大多伴有俚语和街头用语。因此，在向消费者传递信息时，企业要对这些信息进行分类。例如，中高档车广告，因为主要面向中、高阶层消费者，使用的语句要稍长，语言需较抽象，画面或材料要使消费者有充足的想象空间，让消费者参与进去，引起消费者的兴趣。例如，上海通用别克轿车的广告语是"心静、思远、志行千里"，这句话既能鼓舞人心，又能充分激起人的想象力。相反，面向中、低收入消费者的汽车广告，多以宣传汽车的功能属性为主，语言通俗易懂和大众化。例如，一汽大众捷达车的广告语："我家的捷达，大家的捷达。"

小思考

富人的消费观也是不同的。例如，有的富人穿金戴银，名牌加身；有的富人却不显山露水，甚至看起来很普通。试举例分析其原因。

5. 对价格的敏感度不同

低阶层的消费者对价格非常敏感，倾向购买低价商品，购买时会把价格和质量联系在一起，他们认为一定的价格能反映相应的商品质量。中层和中下层的消费者更多追求适中的价格，但这并不代表他们对打折商品不感兴趣，但当商品价格过低时，他们会产生怀疑，认为这必然意味着商品质量低劣。

上层的消费者在评价和选择商品时较注重商品的象征性，所以价格和质量可以分开考虑。他们认为购买高价商品是一种身份地位的体现，价格高，可能才会吸引他们的目光；价格低，他们反而会视而不见。

6. 休闲活动中的差异

社会阶层影响消费者对休闲活动的选择。例如，有研究显示，上层社会的人大多喜欢个人或双人活动，如打高尔夫球、壁球和欣赏歌剧等；桥牌、网球、羽毛球在中上层社会成员中颇为流行，他们也是商业性休闲设施和博物馆、剧院等公共设施的主要光顾者。因此，一个人所偏爱的休闲活动通常是同一阶层或邻近阶层的其他个体所从事的某类活动，他进行的休闲活动往往也受到同一阶层或较高阶层成员的影响。

第二节　社会角色

一、社会角色的概念

角色（Role）原指演员在戏剧舞台上按照剧本的规定所扮演的某一特定人物及其行为模式。美国社会学家米德（Mead）和人类学家林顿（Linton）把角色概念引入社会心理学和社会学的研究，由此产生了社会角色概念。

社会角色是指与人们的某种社会地位、身份相一致的一整套权利、义务的规范与行为模式，它是人们对具有特定身份的人的行为期望，它构成社会群体或组织的基础。换言之，每个社会角色都代表一系列有关行为的社会标准，这些标准决定了个体在社会中应尽的责任与应有的行为。

按照林顿的说法，一个人占有的是地位，而扮演的是角色。在社会互动中，社会为每个人提供了一个"剧本"，用于指导分配给不同社会成员的不同角色的"表演"。角色的学习就是

结婚代表着从单身向已婚人士的角色转变，通过鲜花、礼服、红毯和当众朗读宣誓词等符号性商品和仪式获得角色认同。

领会某一特定身份被期待或必需的行为，换言之，即把握好对具有某种身份的人的"规范"。

> **课堂讨论**

假设你将大学毕业进入职场，这意味着你的社会角色将发生变化，讨论你需要做出哪些改变来适应新的社会角色。

二、社会角色的构成要素

社会角色的产生和存在是客观的，任何一种社会角色的产生都是一定社会文化、历史积淀的结果，是社会生产和生活发展的产物。社会角色的构成要素如下。

（1）角色权利。角色权利是角色扮演者所享有的权利和利益。角色权利是指角色扮演者履行角色义务时所具有的支配他人或使用所需的物质条件的权利。角色利益是指角色扮演者在履行角色义务后应当得到的物质和精神报酬，如工资、奖金、福利、实物等属于物质报酬，表扬、荣誉、称号等属于精神报酬。

（2）角色义务。角色义务是角色扮演者应尽的社会责任。角色义务包括角色扮演者"必须做什么"和"不能做什么"两个方面。

（3）角色规范。角色规范是指角色扮演者在享受权利和履行义务过程中必须遵循的行为规范或准则。角色规范包括不同的形式：从范围上可以分为一般规范和特殊规范；从具体要求上可以分为正向规范（可以做、应当做和需要做的行为规范）和反向规范（不能做、不应当做的各项行为规范）；从表现形式上可以分为成文规范（法律、法规、制度、纪律等）和不成文规范（风俗习惯等）。

> **小思考**
>
> 你在生活中承担了哪些角色？这些角色对你的要求是什么？

社会角色随着个人所处环境的不同而改变，个人在不同的环境中扮演着不同的社会角色，塑造不同的自我，具有不同的行为，但是在特定的时间内，特定的角色身份将占主导地位。有时，当一个人承担多种社会角色，且所有社会角色同时对他提出要求，或者当一个人所承担的几种角色间出现了行为规范互不相容的情况时，就会发生角色冲突。

例如，七夕节当天，妻子要你去吃烛光晚餐，但是单位领导要你晚上加班工作，这时就出现了角色冲突，即丈夫的角色与职员的角色发生了冲突。其实，一个人在社会上常常扮演多种角色，角色冲突是经常发生的，一般采取调和冲突的办法。比如上面的例子，可以采取的方法有：第一，说服妻子，放弃或推迟晚餐，也就是暂时中断扮演丈夫角色，专门扮演职员角色；第二，吃晚餐，放弃或推迟工作，这是暂时中断扮演职员角色，专门扮演丈夫角色；第三，吃完晚餐再去工作，或者工作完再去吃晚餐。

> **视野拓展**
>
> ### "监狱角色"模拟实验
>
> 1973年，心理学家菲利普·津巴多（Philip Zimbardo）做了一个"监狱角色"模拟实验。他和助手在美国的斯坦福大学心理学系建了一个模拟监狱，招募大学生自愿来充当实验者，并且提供一定的报酬。前来报名的大学生自愿通过掷硬币的方式确定自己扮演的角色，有的充当狱警，有的充当犯人。在实验期间，被测试的这些学生都穿着和现实生活中的狱警和犯人相同的衣服，扮演狱警的学生每人还配有一支警棍。出乎津巴多预料的是，这些学生很快就进入了角色，扮演狱警的学生逐渐变得性格暴戾，并且想出各种办法羞辱和控制犯人，而那些扮演犯人的学生则变得无助，甚至沉默。尽管他们所有人都知道，这仅仅是一项心理学实验，但角色的力量是如此强大，以至于所有参与实验的人都被角色控制，失去了他们原有的面貌。实验原先设计要进行两周，但津巴多不得不在第六天就结束了实验。在此后的数年，津巴多跟踪辅导了这些学生，以消除实验对他们的心理造成的伤害。用津巴多的话说，在那里"现实和错觉之间产生了混淆，角色扮演与自我认同也产生了混淆"。

三、社会角色对消费者的影响

每一个人在社会中都有他所扮演的角色，并且用一定的社会规范作为标准来衡量和评价每一个角色履行其职责的情况。所以，一个角色需要自觉地按照相应的规范行事。

在消费市场上，扮演不同社会角色的消费者都会有相应的消费行为方式，通过了解和识别消费者担任的角色，企业就可以了解其消费心理和行为，而消费者也需要通过自己的消费行为来表现其社会角色。社会角色对消费者的影响主要有以下五个方面。

（1）决定消费者在群体中的地位。社会角色就是社会对个人职能的划分，它指出了个人在社会中的地位和在社会关系中的位置，代表了每个人的身份，不同身份和地位的人，消费内容和范围自然不同。

> **知识点滴**
>
> **服饰表达社会角色**
>
> 社会角色的确立需要具备很多因素，每一种社会角色都有一套相应的行为期望。很多心理学研究表明，服饰是一个人表明社会角色和特定身份的重要标志。因此，一个人的服饰不仅要满足自我需要，还要符合社会的认可，只有这样才能称得上符合社会角色。而且由于各种社会角色的服饰形象在人们的头脑中形成定式以后很难改变，以至于出现有悖于这种习惯印象、不合乎社会角色的着装时，就很容易引起人们的怀疑与猜测。

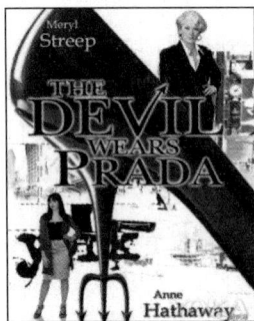

建议观看电影《穿普拉达的女王》，体会主角安迪社会角色的改变与着装风格和品牌的变化。

（2）形成不同的社交方式。不同的社会角色，形成不同的社交，而不同的社交出入的场所不同、交往的人不同、交往的方式不同，对消费商品的要求也不同。例如，一个人扮演学生角色时，送给教师鲜花是合适的；当他扮演儿子角色时，送给父母按摩椅是合适的。

（3）社会角色决定了消费者的生活方式，具体体现在消费态度、消费习惯上。例如某一职业和担任某一职务的消费者，其家庭的住房选择、室内陈设、接待客人的标准等往往要保持与同等角色和身份的人相似或相近。

（4）角色的多样化使同一消费者的购买行为出现差异性。一个人可以同时属于不同的群体，并在其中担任不同的角色，每一个角色会不同程度地影响其消费行为。例如：一个男性作为教师角色给自己买服装时，要讲究大方庄重；作为丈夫给妻子买服装时，就会注重色彩明快、新颖时尚；作为父亲给孩子买服装时，则希望款式活泼可爱、质地舒适柔软；作为朋友给好友买服装作为礼物时，会对品牌、包装等有要求。因此，一个人担任的角色越多，他在购买时考虑的因素就越多，有时要考虑对自己的效用，有时要考虑对他人的效用，有时还要考虑社会效果，其消费行为也越复杂。

（5）社会角色的变化使消费者行为发生改变。当消费者的社会角色发生改变时，其消费行为会有相应的改变，所购买的产品或品牌将与新的角色相联系。例如，当单身者向已婚人士的角色转换时，会引起相关消费行为的改变。同样，一个人从大学毕业，然后就业、结婚、生孩子、养孩子、孩子离家以及退休等，这些生活中的重要转折所发生的角色变化为企业营销提供了新的机会。

> **知识点滴**
>
> **角色关联产品集**
>
> 角色关联产品集是社会上人们普遍认为某种角色所需要的一系列产品。这些产品或者有助于完成角色扮演，或者具有重要的象征意义。角色关联产品集规定了适合和不适合某种角色的产品。例如，教师

角色通常穿整齐干净、文静素雅、大方得体的服装被认为是合适的；商人角色通常被认为是西装革履、名牌加身。有时，企业通过营销活动塑造其产品能满足目标角色的实用性或象征性需要，从而使人们认为产品适合该角色。例如，奢侈品制造商努力使箱包、腕表成为企业家角色关联产品集中的核心产品，手机制造商也强调高配置手机对扮演好商界精英角色的重要性。

第三节　家庭消费

一、家庭结构

家庭是一种以婚姻、血缘或收养等关系为基础而形成的社会生活单位。家庭是最基本的社会细胞，是人类最基本、最重要的一种制度和群体形式，具有实现儿童社会化、情感和陪伴、供养老人、经济合作等功能。

小思考

有的家庭会把家里的宠物（狗、猫、鸟等）当成重要的家庭成员，这对家庭消费会产生怎样的影响？

1. 传统家庭结构

核心家庭，指父母与其未成年子女所组成的家庭。

扩展家庭，分为主干家庭和扩大联合家庭。其中，主干家庭是指由父母和一个已婚子女及其配偶（或者再加上其他亲属）组成的家庭。扩大联合家庭是指由父母和多个已婚子女及其配偶（或者再加上其他亲属）组成的家庭。

事实上，绝大多数的家庭是以核心家庭或者主干家庭为主的小家庭，扩大联合家庭式的大家庭较少存在。

2. 新型家庭结构

近年来，随着社会经济的发展、人们观念的变化，家庭的结构也随之发生了变化，出现了一些新型家庭结构。

单亲家庭是由父亲一方或母亲一方与其未成年子女所组成的家庭。

单身家庭是指人们到了结婚的年龄不结婚或离婚以后不再婚而一个人生活的家庭。

重组家庭是指夫妻一方再婚或者双方再婚分别重新组成的家庭。

丁克（Double Income No Kids，DINK）的概念由西方传入我国，直译就是"双份收入、不要小孩"，现在，人们把选择不生育的家庭称为丁克家庭。

空巢家庭是指子女离开家庭独立谋生或居住之后，留下的中老年夫妇所组成的家庭。

📖 示例

我国家庭结构新变化

《中国家庭风险保障体系白皮书（2023）》显示，我国大部分的家庭是年轻父母带着孩子独立生活，父母老两口独立居住，"三口之家、二老之家"成为主流。因此，中国家庭结构正呈现出小型化、老年化、独居化的趋势。同时，因婚姻解体或不婚所致的单亲家庭在全部家庭中的比例稳步上升，重组家庭比例稳步上升，不完整的流动家庭与留守家庭在全部家庭中的比例持续居于高位。而且，由于预期寿命的延长增加了家庭的空巢期，空巢家庭比例也明显上升。

二、家庭消费的特点

家庭消费是社会消费的重要组成部分。家庭的消费活动不仅包括家庭成员共同的消费活动，也包括家庭中每个成员单独的消费活动，家庭与个体的消费关系很密切。相对于个体消费，家庭消费的特点有以下几个。

（1）家庭是最基本的消费单位。家庭消费不同于个体消费，无论在消费数量还是消费种类上，从日常消费的各种普通商品到满足各种特殊用途的专用商品，很多都是以家庭为单位进行购买和消费的。同时，家庭本身就是一个消费单位，如电视、冰箱、空调、家具，以及水电暖、米面油盐等方面的支出，还有锅、碗、瓢、盆等日用品的销售基本是以家庭为单位计算的。

（2）家庭决定其成员的消费方式。一个家庭组成之后，夫妻双方都要协调和改变自己的消费行为，以建立适合双方的消费方式。另外，子女通过观察、模仿父母的消费行为而学习如何消费。因此，父母的消费方式会潜移默化地影响子女，使其自觉或不自觉地形成与父母相似的消费习惯，而且这种影响是长期、强烈和持续的。

（3）家庭影响其成员的消费价值观。家庭成员的消费价值观会通过消费行为表现出来，子女通过学习和接受父母的消费方式，习得父母的消费价值观。例如，如果父母热衷于购买名牌或奢侈品，其子女也往往形成讲名牌、讲排场的消费行为；反之，如果父母习惯精打细算、勤俭持家，其子女也常常不乱花钱，养成勤俭节约的习惯。当然，这种影响不是绝对的，社会的发展和时代的变化，使父母和子女之间在消费观念上可能会出现一些分歧。

（4）家庭成员的结构变化对消费的影响。与消费活动直接相关的家庭成员结构变化包括人口变化、年龄变化和教育变化等。例如，家庭人口影响消费数量、消费水平和消费质量；而家庭中孩子年龄的变化对父母购买决策有不同的影响。另外，一个家庭的经济状况及所属的社会阶层对其家庭成员的消费都会产生影响。

三、家庭生命周期与家庭购买角色

（一）家庭生命周期

家庭生命周期是指一个家庭从建立、发展到结束这一过程所经历的时间阶段，是影响消费者消费倾向变化的重要因素之一。由家庭生命周期引起的家庭消费以时间为序，进行有规律的变化，在家庭生命周期的不同阶段，家庭消费方式和内容也在不断变化。家庭生命周期一般可分为以下几个阶段。

微视频

生命周期理论

1. 新婚阶段

新婚阶段始于新婚夫妇正式组建家庭，止于他们的第一个孩子出生。这一时期，由于来自两个家庭的两个独立个体结合，并由此产生和发展出一个新的家庭，需要较大的家庭建设支出，对商品的需求是多方面的，既包括住房、汽车、家具、家电等大件商品，也包括床上用品、卫浴设备、厨房用具、粮油米面等生活必需品。同时，建立新家庭是人生的一件大事，在消费中，不但有大量的物质需求，还强调美好的寓意、幸福美满的精神需要，因此，购买时求新、求美为主要消费动机。新婚夫妇常常是昂贵服装、高档家具、餐馆饮食、汽车消费、旅游度假等产品和服务的重要消费群体。

2. 满巢阶段

满巢阶段是指家庭从第一个孩子出生，到最小一个孩子被抚养成人后子女陆续长大并开始结婚和父母分居的阶段。这一阶段，家庭支出主要用于抚育后代，家庭消费也以此为主，消费品包括儿童及青少年食品、儿童及青少年服装、儿童及青少年学习用品、各种教育开支等。

满巢阶段可再细分为以下几个阶段。①满巢阶段第一期。这一阶段的家庭通常由年幼（六岁以下）的孩子和年轻夫妇组成。第一个孩子的出生常常会使家庭生活方式和消费方式产生巨大的变化。孩子出生后是家庭用品采购的高峰期，从而使家庭负担有所增加。家庭需要购买婴儿食品、婴儿服装、婴儿玩具等很多与小孩有关的商品。同时，在度假、用餐和家居布置等方面也要考虑孩子的需求。②满巢阶段第二期。这一阶段最小的孩

小思考

随着中国社会老龄化程度的加深，空巢老人越来越多，这会给商家带来哪些机会？

子已超过六岁，多在小学或中学念书。因为孩子不用由大人在家里照看，或者夫妻中原来专门在家看护孩子的一方已重新工作，所以家庭经济状况得到改善，有能力购买大件商品或集中购买多种商品。③满巢阶段第三期。这一阶段的家庭通常是由年纪较大的夫妇和他们还未结婚的孩子所组成的。这一阶段，孩子已经工作，家庭财务压力相对减轻。通常，处于此阶段的家庭会更新一些大件商品，热衷旅游、健身、在外用餐等。

3. 空巢阶段

空巢阶段始于孩子不再依赖父母，也不再与父母同住，子女陆续组成新的家庭，只剩下两位老人。这一阶段，家庭消费一是用于子女组建家庭，二是用于第三代的各项消费，三是增加家庭储蓄以应付意外和以供养老之用等。在我国，由于传统家庭观念的影响，前两项的支出占有较大的比例。

空巢阶段延续的时间比较长，因此又可再细分为下面两个阶段。①空巢阶段第一期。这一阶段，由于孩子已长大成人，父母获得相对的自由，在身体健康的情况下，夫妻不仅会培养新的爱好或外出度假，而且还会购买高档商品，且愿意参与公益事业。②空巢阶段第二期。这一阶段属于空巢的后期，夫妻到了退休年龄，经济收入减少。由于退休后可用的时间特别多，所以不少人开始追求新的生活方式，如上老年大学或参加老年人俱乐部等。

4. 解体阶段

当夫妻中的一方过世，家庭进入解体阶段，也称鳏寡期。这一时期，在世的老人生活方式发生较大的变化，家庭经济的变化也是巨大的。进入这一阶段的家庭，如果老人和子女生活在一起，消费行为受子女的影响较多。如果老人不与子女生活在一起，老人的消费行为一般延续原来的消费习惯，并将逐渐减少对服装、日常用品等产品的需求，而对医药、保健品有较大的需求。

（二）家庭购买角色

小思考

结合自身家庭，谈谈父亲、母亲在家庭中承担的角色和在家庭消费中的作用。

当家庭需要购买消费品时，每一个家庭成员所处的地位不同，所了解的信息不同，在购买中发挥不同的作用，因而处于不同的角色地位，各自执行不同的角色职能。例如，按照我国的传统，一般家庭按"男主外，女主内"来分工，在整个家庭活动中，妻子主要承担家务，扮演协调家庭关系的角色。但现在，家庭中"女主外，男主内"的情况也越来越多，反映了人们对家庭角色认知的新变化。

按家庭成员在家庭购买决策过程中所起的作用不同，家庭购买角色分为五种不同的角色。

（1）发起者，指第一个建议或想到要购买某种商品或服务的人。

（2）影响者，响应发起者的建议，是对最后决策有直接或间接影响的人，也是为购买提供评价标准和信息，从而影响购买决策的人。

（3）决定者，是对最后购买做出决定的人，是有权决定购买什么及何时何地购买的家庭成员。

（4）购买者，是实际进行购买的家庭成员。需要注意的是，购买者与决定者或影响者可能不是同一人。例如，青少年可能会向父母提出购买何种汽车甚至何时购买，但是，父母才是实际与经销商进行议价并付款的人。

（5）使用者，是在家庭中实际消费或使用由他们自己或其他家庭成员所购物品的人。有时，家庭中物品的使用者并不一定是购买者。例如，儿童消费品广告的诉求对象通常是母亲，因为她们常常是决定者及购买者。

在有些购买活动中，由一人承担大部分角色；而在另外一些购买活动中，则可能由多人承担不同的角色。一般来说，发起者和使用者多为同一人，但是发起者所提供的信息和建议不一定总被采纳，这取决于他或她在家庭中的地位和影响。影响者则决定了家庭在一次购买活动中接触的信息，他们对信息进行分析处理，影响者提供的信息是其他人做出决定的重要依据。购买者有时也会承担信息收集的任务，因为他们对要买的产品比较熟悉。

在消费中，不同家庭成员对购买决策的影响会受到家庭类型、所购商品类型、特点、价值与购买风险等因素的影响。购买不同的商品，每个家庭成员所起的作用是不一样的。对于企业来讲，了解家庭成员在购买和消费中扮演的不同角色和各自的作用，回答"谁最可能对企业的产品产生兴趣，谁将是产品的最终使用者，谁最有可能成为产品购买的最终决策者，不同类型的产品通常由谁来实际购买"等问题有利于营销策略的制定。

四、家庭购买决策

在日常生活中，一个家庭经常要做出各种购买决策。在这些购买决策中，有的极为重要，如买什么房子、买何种汽车，以及去哪里度假；有的决策则很普通，如决定午餐吃什么等。作为一种集体决策，家庭购买决策在很多方面不同于个人决策。例如，在购买早餐牛奶的活动中，成年人与儿童所考虑的产品特点是不同的，因而他们共同做出的购买决策将不同于他们单独做出的购买决策。

（一）家庭购买决策方式

家庭购买决策研究中的重要问题包括：对于不同商品的购买，家庭购买决策是以什么方式做出的，谁在决策中发挥最大的影响力。一般在家庭中，夫妻是商品购买的主要决策者，他们不仅掌握着家庭的经济大权，同时还决定着商品的购买意向以及购买时间。但是，不同的家庭，夫妻双方在商品购买决策中所起的影响作用是有很大差别的。随着社会的进步，夫妻地位趋于平等，经济收入相当，在购买家庭消费品时基本上是相互协商的，但由于家庭成员的性格、兴趣及消费经验的不同，对商品的看法和选择标准存在差异，因此，购买决策方式也不同。

📖 **示例**

家庭买房谁说了算?

在家庭购买决策中，女性的话语权一向不容小觑，近年楼市政策频出，女性在购房决策中的地位更加凸显。日前，有机构通过网络、售楼处、街头搜集到 1 000 多份调查问卷，其表明，在南京，有79%的家庭买房都由女性说了算。对此分析表明，女性从主观上容易把"家"和"房"联系在一起，需要安全感与平稳丰富的生活，因此比男性更渴望买一套自己喜欢的房子。某地产营销总监说："在新的时代背景下，女性的主权意识被唤醒，女性的消费观和置业观发生了转型，在家庭中的地位逐渐攀升，一致要求当家做主。"很多女性认为房子是独立、安全的象征，并对居住的品质提出了越来越高的要求。

家庭购买决策主要有以下四种方式。

（1）妻子主导型。这种类型形成的原因比较多，如妻子精明能干，掌握经济大权，又有丰富的购买经验和较强的决策能力，或者是由于丈夫忙于工作，家务事大部分由妻子承担。

（2）丈夫主导型。这种类型形成的原因可能是丈夫的生活经验多于妻子，有较强的理财、购物能力，还可能是丈夫收入高，家庭主要收入由丈夫提供。

（3）自主型。这类家庭夫妻收入都相对较高，自主性强，属于现代开放型家庭。另外，自主型购买在家庭不和、夫妻关系紧张的家庭中也较多见。

（4）联合型。这类家庭中夫妻双方关系融洽，思想开放，家庭气氛民主，有良好的沟通环境。这种共同做主的购买决策往往比较慎重、全面和理智。

当今社会，婚姻关系呈现多元化趋势，家庭形式更丰富，夫妻双方经济逐渐独立，个人权利受到尊重，人格趋于平等化，夫妻双方通过共同商量来决定家庭消费的比例不断增加。

研究发现：在购买保险、家电、汽车、住房等大件商品时，通常属于丈夫主导型决策；度假、孩子上学、住宅装修则多由夫妻共同做出决定；食品、服装、化妆品、清洁用品和厨房用具的购买基本由妻子做主。还有研究显示，一些夫妇对家庭决策中的影响的大小存在分歧，通常丈夫有被夸大其在家庭决策中的影响和参与作用的倾向，而妻子则更可能被低估影响力。

（二）影响家庭购买决策方式的因素

影响家庭购买决策方式的因素主要有三种：①家庭成员对家庭的财务贡献；②决策对特定家庭成员的重要性；③性别角色取向。一般而言，对家庭的财务贡献越大，家庭成员在家庭购买决策中的发言权也越大。同样，某一决策对特定家庭成员越重要，他或她对该决策的影响就越大，原因是家庭内部也存在利益交换。有时家庭成员可能愿意放弃在某一领域的影响力以换取在另一领域的更大影响力。性别角色取向是指家庭成员多大程度上会按照传统的关于男、女性别角色行动。研究表明，传统观念较少和更具现代化的家庭，在购买决策中会更多地采用联合决策的方式。除了上述因素，通常认为，影响家庭购买决策的因素还包括以下几个方面。

1. 文化和亚文化

文化和亚文化中关于性别角色的态度，很大程度上决定着家庭购买决策是由男性主导还是女性主导。例如，在我国有些农村地区，由于封建思想和重男轻女思想比较严重，家庭多以男性为核心。而在大城市，家庭成员的地位较为平等，因此家庭购买决策过程中就更可能出现自主型、联合型甚至妻子主导型的决策方式。当然，文化并非一个地理的概念，即使生活在同一个城市，由于文化背景的不同，人们对性别角色地位的认识也会有相当大的差别，所以男女在家庭购买决策中的影响力不同。

2. 角色专门化

夫妻双方在家庭购买决策中会逐渐形成专门化的角色分工。由于女性一般偏重于感性认识，具有较强的审美意识，在从事日常家务劳动、抚育子女方面担当重要角色，因而妻子在家庭日用品、食品、服装、化妆品、室内装饰用品的购买中起主要作用；而在购买家电、家具、汽车、住房等商品时，丈夫所起的作用则要大一些。实际上，随着社会的发展和观念的变化，家庭角色分工不再像以前那样鲜明，丈夫或妻子越来越多地从事以前被认为应由另一方承担的活动。

需要注意的是，在很多家庭中，孩子的消费在家庭中占有特殊地位，居于家庭消费的中心，并影响家庭消费支出比例的分配及购买商品的类型。这不仅表现为在儿童服装、儿童食品、智力玩具、儿童护肤品、学习用具等方面孩子有最终决定权，而且表现为在家庭的其他消费品方面，孩子的意见也举足轻重。

📖 **示例**

商场变身游乐园，"逛街遛娃"两不误

2023 年"六一"儿童节来临，亲子消费市场热潮涌动。南京市各大商业综合体相继推出丰富多彩的亲子消费主题活动，营造出浓厚的节日氛围，儿童消费市场持续升温。到中央商场看变形金刚超能勇士；去景枫中心"快乐屋"读绘本、看童趣展览、听儿童急救科普课；在建邺吾悦广场打卡哆啦A梦、观看街舞大赛……为迎接"六一"儿童节，南京多家商业综合体在推出打折促销优惠活动的同时纷纷变身"儿童乐园"，吸引家长和孩子们光顾。"现在家长最舍得在孩子身上花钱，今年市场消费加快复苏，我们推出了很多促销打折活动，提升销量。"某商场负责人说，"一娃出门，全家出动。"近年来，亲子消费业态已经成为实体商业线下消费的重要增长点，也是各大购物中心业态布局不可或缺的重要一环。

3. 家庭生命周期

在不同的家庭生命周期阶段，家庭的消费特点与决策方式有很大差异。一般在新婚阶段，夫妻双方协商、共同做出购买决策的情况较多，而随着孩子的降生及家庭生活内容的繁杂，一个人做出购买决策的情况不断增加。随着子女逐渐长大，共同决策的情况又会增加。当子女都各自成家后，夫妻双方独立决策的情况又会出现。当然，不同的家庭，其购买决策方式会有很大的差异。

4. 个人特征

家庭成员的个人特征对家庭购买决策有重要影响。一般认为，夫妻双方的影响力在很大程度上来自各自的经济实力，因此，拥有更多收入的一方，在家庭购买决策中更容易占据主导地位。

个人特征的另一个方面是受教育程度，一方所受教育程度越高，他或她所参与的重要决策也就越多。另外，家庭成员的其他个人特征，如性格、年龄、能力等，也会直接或间接影响其在家庭购买决策中的地位。

5. 介入程度及商品特点

家庭成员对特定商品的关心程度或介入程度是不同的。例如，对手机、游戏卡、玩具等商品的购买，孩子可能特别关心，因为他们是这些商品的使用者，购买时介入程度高，会发挥较大的影响作用；而对于父亲买什么牌子的剃须刀或者母亲买什么样的护肤品，孩子就不会关心，所以在这些商品的购买上他们的影响力就比较小。

家庭购买决策方式因商品特点不同而异。通常，当某个商品对整个家庭都很重要，而家人对这类商品又比较陌生、缺乏足够的市场信息时，由于担心购买风险很高，家庭成员倾向于进行联合型决策；当商品为个人使用，或其购买风险不大时，则自主型决策居多。当所购商品的价格较高，对全家人具有重要意义时，多数家庭通常是共同协商做出决策的。一般来说，在购买价格较低的生活必需品时，无须进行家庭购买决策。此外，一些情境因素也会影响购买决策的方式。例如，家里的水龙头漏水，就需要紧急购买阀门配件而无须家人商议决定。因此，当购买商品的时间充裕时，联合型决策出现的可能性增大；而当时间紧迫时，丈夫或妻子主导型决策以及自主型决策则会更普遍。

本章小结

社会阶层是一种普遍存在的社会现象，具有地位性、多维性和层级性等特征，社会阶层的影响因素主要有收入、职业以及社会互动、价值取向等综合指标。同一社会阶层的消费特征具有共性，不同社会阶层消费的差异性表现为商店选择、产品选择、购买数量、价格敏感度、信息接收与处理和休闲活动的差异。

社会角色是指与人们的某种社会地位、身份相一致的一整套权利、义务的规范与行为模式。消费者不同的角色要求会有相应的消费行为。社会角色对消费者的影响主要有角色的多样化使购买行为出现差异性，并影响消费者的社交、生活方式及消费者在群体中的地位。当社会角色发生改变时，消费者行为会随之变化。

无论是传统家庭结构还是新型家庭结构，家庭与个体的消费关系非常密切，家庭有其独特的消费内容和购买模式。在家庭生命周期的不同阶段，消费方式和内容呈现不同特征。家庭购买决策方式受文化和亚文化、角色专门化、家庭生命周期、个人特征、介入程度及商品特点等多种因素的影响。

综合练习题

一、填空题

1. 由于社会差异以及社会成员多样化，一个社会形成一定的社会分层体系，而处在不同状态和社会位置的社会成员就构成了不同的_____。

2. _____、职业、受教育程度等被认为是决定个体处于哪种社会阶层的重要变量。

3. 同一社会阶层的消费者在价值观念、生活方式、购买对象上常表现为一种_____的特征。

4. 每个_____都代表一系列有关行为的社会标准，这些标准决定了个体在社会中应有的责任与行为。

5. 任何一种社会角色的产生都是一定社会文化、历史积淀的结果，是社会生产和生活发展的产物，社会角色的构成要素包括角色权利、角色义务和_____。

6. 由家庭生命周期所引起的家庭消费以时间为序，有规律地变化，所以家庭消费具有____的特征。

二、选择题

1. 不同社会阶层的人对艺术、金钱、生活的看法不同，实际折射的就是（　　）上的差异。

  A. 心态好坏   B. 财物多少   C. 价值取向   D. 思想观念

2. （　　）指能够帮助人们满足社会需求、获取社会利益的各种社会条件，这导致社会阶层的形成和分化。

  A. 社会分工 B. 社会网络 C. 社会分化 D. 社会资源

3. 大多数人与和自己处于同一层次的人交往时会感到很自在，而与和自己处于不同层次的人交往时会感到不快，这显示了社会阶层的（　　）特征。

  A. 对比性   B. 限定性   C. 多维性   D. 同质性

4. 一般而言，越是上层消费者，使用的语言越（　　）；越是下层消费者，使用的语言越（　　），而且更多地伴有俚语和街头用语，这为企业的广告创意提供了依据。

  A. 抽象/具体 B. 具体/抽象 C. 丰富/贫乏 D. 贫乏/丰富

5. 当一个人所承担的多种社会角色同时对他提出要求，或者当一个人所承担的几种角色间出现了行为规范互不相容的情况时，就会发生（　　）。

  A. 角色权益 B. 角色权力 C. 角色冲突 D. 角色关联

6. 家庭对其成员的购买行为具有强烈和（　　）的影响。

  A. 短暂   B. 灵活   C. 持续   D. 冲动

7. 一般来说，影响家庭购买决策方式的主要因素是（　　）。

  A. 收入的高低 B. 年龄的大小 C. 性别的不同 D. 脾气的大小

三、论述题

1. 什么是社会阶层？简述社会阶层的特征。

2. 论述社会阶层的影响因素。

3. 举例说明社会阶层对消费者行为的影响。

4. 社会角色的含义和构成要素是什么？社会角色从哪些方面影响消费者？

5. 为什么说家庭消费对消费者的影响很大？

6. 什么是家庭生命周期？简述家庭生命周期的阶段划分及其消费特点。

7. 家庭购买角色是如何划分的？影响家庭购买决策方式的因素有哪些？

四、实践题

1. 以服装或汽车为例，你了解哪些品牌的目标消费者代表着不同的社会阶层？

2. 在你的家庭消费中，谁参与购买决策？谁最终说了算？对比购买不同产品的差异。

五、案例分析题

  今天，人们对奢侈品品牌并不陌生，比如 LV、香奈儿、古驰、普拉达、迪奥、爱马仕、博柏利、芬迪、劳力士、百达翡丽、江诗丹顿等，为什么有些人热衷于奢侈品呢？请扫描二维码阅读案例，并回答案例后面的问题。

第四篇　营销因素与消费者行为

第九章　产品与消费者行为

学习目标

学习产品、新产品、品牌、包装的概念及特征，了解产品功能与产品属性，掌握新产品购买者类型及新产品的推广策略，学习品牌的功能，了解消费者对包装设计的要求，掌握产品命名、品牌和包装对消费者的重要影响。

导入案例

你多久换一部手机？

关于多久换一部手机，相信很多人都有不一样的见解。

在功能机时代，很多手机的使用寿命往往为五六年甚至更长。不过到了智能机时代，随着手机性能的飞速发展，手机的寿命似乎开始出现大滑坡。统计公司数据显示，现在智能手机的更换周期一般在两年左右。

智能手机的使用寿命变短的原因有两个。一是智能手机因为集成了更多的硬件，更多的硬件和更强大的性能会让手机需要更多的电力供应，而偏偏智能手机走上了轻薄化和大屏幕之路，这加剧了手机电量不够用的问题，手机充电也变得更加频繁，从功能机时代的一周一充变成一天一充甚至频率更高，电池不耐用就成为换机的重要原因。二是新机的发布越来越频繁。在过去几年里，苹果手机基本上每年9月左右发布新一代旗舰机型。而安卓阵营有数家手机制造商，每年多个时间点都有全新的智能手机发布。更有意思的是，每一部新安卓手机的问世，总是有新鲜的功能卖点，厂商会对其进行大量的营销宣传，来吸引消费者换新机。

综合来看，是否换新机已经不单单取决于手机的寿命，还要看消费者的经济能力和个人喜好。对于很多精于理财又讲究的消费者来说，年年换新机也根本不是事儿。

启发思考：

1. 根据案例，影响手机使用寿命的因素有哪些？
2. 查阅资料，分析新手机具有什么特征会吸引消费者购买。

第一节　产品与产品命名

一、产品特征

从营销的角度，产品是指能够提供给市场，被人们使用和消费，并能满足人们需求的任何物品，包括有形物品和无形服务。因此，从产品的概念出发，桌子、椅子、电视、计算机、汽车是产品，歌曲、电影、电视剧、演唱会同样是产品，甚至咨询公司提供的一套方案、律师接的一个案子等都是产品。产品一般可以分为以下三个层次。

小思考

有的物品很特殊，对他人来说可能并没有价值，但对你来说可能具有特殊的意义，例如，你小时候的一个小汽车玩具，你妈妈为你织的一件毛衣，你拍过的毕业照……如果有人想高价买这些物品，你是不是会卖掉？为什么？你生活中还有哪些类似的特殊物品？

（1）核心产品。核心产品是指产品能够提供给消费者的直接利益和效用，也就是消费者真正要购买的利益，即产品的使用价值或核心价值。例如，消费者买冰箱购买的就是"制冷"，寄快递要求的就是"快速、安全到达"。因此，每个产品实质上都是为解决某个问题而存在的。

（2）形式产品。形式产品是指产品在市场上出现的物质实体外在形态，或者说是核心产品借以实现的形式或目标市场对需求的特定满足形式，是消费者看得见、摸得着的部分，包括产品的样式、规格、品牌及包装等。

（3）延伸产品。延伸产品是指提供给消费者的产品的附加利益，包括运送、安装、维修、退换货等。

消费者的购买，从表面上看是对核心产品的购买，但实际上，在对产品的选择和评估过程中，形式产品和延伸产品都会加入消费者的评估体系。因此，企业需要认识到给消费者提供的产品应该是一个全面整体的产品概念。

产品特征就是产品自身构造所形成的特色，是影响消费者认知、情感和行为的主要刺激物。这些特征凭借消费者自身具有的价值观、信仰和过去的经验来综合评价，一般指产品的功能、属性、质量、商标和包装等特征。除此之外，产品在哪里生产也非常重要，有研究显示，原产地效应会影响消费者对产品的看法。这些特征反映了产品对消费者的吸引力。

二、产品功能与属性

（一）产品功能

产品功能是消费者从购买的产品中获得的功能和效用。消费者购买某种产品，不仅仅是为了获得产品本身，更主要的是获得产品给他带来的某种需求的满足。例如：消费者买电视是为了满足其闲暇时休息和娱乐的需要，买微波炉是为了满足加热饭菜的需求。因此，从产品的层次上来看，产品功能属于产品核心层，是消费者购买或使用该产品的原因，缺少这一层，消费者就不会购买这种产品。因此，企业在开发产品时，首先要考虑到产品功能，明确产品能够带给消费者的功效和益处。

当然，产品功能总是通过一定的具体形式反映出来的。例如，一件羽绒服的基本功能是防寒，通过面料、填充物、设计、规格、版型等外在的特征加以表现。在消费水平不高或产品供给不足的情况下，消费者购买产品主要考虑的是功能，而对产品形式的要求是次要的。随着消费观念的改变和买方市场的出现，消费者的要求越来越高，选择余地也越来越大，除了考虑产品功能外，产品的质量、造型、颜色、品牌等外在形式在很大程度上影响着人们的消费决策。

（二）产品属性

产品属性是指产品本身所固有的性质，是产品在不同领域差异性的集合。也就是说，产品属性是产品性质的集合，是产品差异性的集合。产品属性可以从多角度划分，产品在每个属性领域所体现出来的性质以及在产品运作的过程中所起的作用不同、地位不同、权重不同，呈现在消费者眼前的产品就是这些不同属性共同作用的结果。

1. 感性产品和理性产品

感性产品是基于消费者情感来评价的产品，如一个消费者说"我不知道为什么要买这件毛衣，但我就是喜欢"，这就是以感觉为主的评价过程。一般服装、食品、化妆品都属于感性产品。而基于产品属性来评价的产品就是理性产品，如消费者会根据自己的经济状况、市场提供的产品特性做出选择，这样的购买一般伴有消费者的信息收集和仔细思考、比较过程。例如，汽车、房子这类产品属于理性产品。

课堂讨论

一般认为，汽车是理性产品，但随着消费者需求的变化，很多汽车厂商开始从汽车的颜色、款式造型、内饰设计方面吸引消费者，注重消费者的感觉和体验，请讨论、分析这一现象出现的原因。

因此，产品属性决定了消费者的心理体验，不同消费者心理体验越来越多地成为营销成败的关键因素，企业必须根据自身的产品属性来营造与目标消费者心理属性相一致的体验，从而让自己的产品成为能与消费者产生共鸣的产品。

2. 感知属性产品和根本属性产品

消费者在购买中，还可以按感知属性或根本属性来区分产品。前者是消费者在视觉上容易辨认的大小、形状、颜色、价格等。因为这些属性比较容易获知，消费者在购买时很容易做出评判。

根本属性不一定是从视觉上辨认的，可能需要消费者在产品的使用体验经历中获得，这也被称为经验性特征。例如，产品的质量一定是消费者在使用产品后逐渐感知到的。有时，消费者会通过感知属性来判断产品的根本属性，如有人认为价格贵的产品质量就一定好，这时，价格就成了评判质量的一个指标。因此，企业可以通过价格策略来影响消费者的选择。有研究显示，相对于成熟、有经验的消费者，年轻而缺少经验的消费者更多地依赖产品的感知属性特征来做决策。

小思考

对消费者来说，不同的产品具有不同的意义。例如，烤火鸡、玉米卷、清蒸鱼可以分别代表美国人、墨西哥人、中国人的喜好。还有研究发现，牛肉等被认为是"男性"食品，而芹菜等被认为是"女性"食品，想想这背后的原因是什么。

3. 功能属性产品和享受属性产品

功能属性产品和享受属性产品是从产品给消费者带来的价值和利益方面进行划分的。功能属性是指从购买产品中获得的实际的价值或利益；而享受属性主要是从购买产品中获得的愉快的体验或精神的价值。例如，购买奢侈品给消费者带来更多的优越感、价值感，奢侈品就是享受属性产品。实际上，享受属性产品同样具有功能属性产品的特征。例如，一只LV的箱包与普通的箱包一样，可以用来装手机和纸巾，只是消费者获得的心理体验不同。

三、产品命名对消费者的影响

视野拓展
阿里巴巴名字的由来

1. 产品名称的重要性

产品名称是企业赋予其生产的产品的称谓，其作用不仅是直接而概括地反映或描述产品的形状、用途、性能等，使其区别于其他产品，更重要的是：首先，消费者在接触到产品之前会通过产品名称来判断产品；其次，一个好的名称可以提前吸引消费者的注意；再次，消费者对产品的认识和记忆会依赖产品的名称；最后，一个简洁明了、引人注目、富有感染力的产品名称，不仅可以使消费者了解产品，还会给其带来美的享受，从而激起消费者的购买欲望。因此，根据消费者的心理特点进行产品命名是极其必要的。

课堂讨论

有的企业为了使自己的产品看起来有"国际范儿"，就起一个洋气的外国名称；但有的企业入乡随俗，起一个符合当地特色的名称。例如，宝洁公司在中国市场的产品的名称都相当本土化，如海飞丝、飘柔、佳洁士等。谈谈你对该现象的看法。

2. 产品命名的心理要求

产品命名就是给产品取名，其实就是选择恰当的语言文字，概括地反映产品的特点、用途、形状、性能等。产品命名的根本目的是使产品的名称与消费者心理相吻合，对消费者产生积极的影响。所以在命名时应注意符合下列心理要求。

（1）名实相符。产品名称要与产品的实体特征相适应，使消费者能够通过名称迅速了解产品的基本效用和主要特征，加快消费者认识产品、了解产品的过程。例如，片仔癀珍珠霜、美加净银耳珍珠滋养霜，消费者通过名字就对护肤品的成分一目了然。

（2）便于记忆。产品的名称主要用来吸引消费者，加深消费者对产品的印象，所以产品的名称应易读、易记，以便降低记忆难度。一般来说，产品的名称一般以 2～5 个字为宜，字数过长不便于记忆。另外，产品命名还要考虑产品的使用范围和目标消费者的知识水平。大众化的产品命名应该通俗易懂，尽量避免采用冷僻、复杂、拗口的字，同时，尽量少使用方言土语或专业化的名称，否则不利于消费者理解和记忆。例如，日本的 SONY（索尼）电器、德国的 Benz（奔驰）轿车，其简单上口的名称传播广泛。

（3）引人注意。好的产品名称应能在众多同类产品名称中脱颖而出，迅速引起消费者的注意。一方面，产品命名应以消费者的特征为依据，如儿童产品的命名应该是活泼可爱、充满童趣的；另一方面，产品命名要注意名称的寓意和特色，如宝洁公司旗下的产品"飘柔""海飞丝""护舒宝""舒肤佳"等无不准确地体现了产品特点和产品形象，不但引人注目，更增加了消费者对产品的信赖感。

（4）激发联想。激发联想是产品命名的一项潜在功能，通过名称的文字和发音使消费者产生恰当、良好的联想，引发消费者良好的心理感受，加深其对产品的理解并产生购买欲望。例如，联合利华旗下的 LUX（力士）品牌，不但简单易记，更主要的是这个名称可以激发人的联想，从LUX 想到了英语单词"Luxury"，奢华、享受、高级的感觉油然而生。再如，我国福建名小吃"佛跳墙"的名称生动传神（据说，菜名来自"启坛荤香飘四邻，佛闻弃禅跳墙来"的诗句），可见这道菜的吸引力。

（5）避免禁忌。由于不同国家、民族的社会文化传统不同，消费者的习惯、偏好、禁忌也有所不同；此外，语言文字的差异也会造成对产品理解的差异。例如，我国某电池厂生产的"白象"牌电池在国内畅销，但该产品在英美市场不受欢迎，因为白象英文名"White Elephant"，在英文中有"大而无用的东西"的意思。因此，产品命名要考虑到国家、地区、民族的社会文化传统，避开禁忌，以使产品适应国际化的需要。

根据以上分析，产品的命名要做到易读、易写、易识、易听，且力求寓意深远、象征吉祥，还需要注意产品名称在世界各国的通行性。我国有些企业进入国际市场时采用拼音、与拼音相近，或拼音缩写的方式进行产品命名，如华为（HUAWEI）、新浪（SINA）、比亚迪（BYD）等。另外，有些企业给产品命名采用若干英文字母组成毫无意义的名称，只要这个名称发音响亮，没有歧义，就被认为是一个非常成功的名称。例如，"可口可乐"就是以读音取胜的新创词，不注重名称的文字含义。再如，OMO（奥妙）、PEPSICO（百事可乐）、NIKON（尼康）、Kodak（柯达）等国际品牌都属于这一类型。

课堂讨论

1. "狗不理"包子始创于 1858 年，是我国商务部认定的首批中华老字号。了解"狗不理"店名的由来，讨论分析该店名的特点。

2. "狗不理"的英文名是"Go Believe"，有人认为很有创意，有人则认为缺少原本的文化含义，谈谈你的看法。

3. 产品命名的营销策略

对企业来说，给产品起一个好的名称，是进入市场的第一步，必须谨慎行事，除了要充分考虑消费者的需要，还要结合语言、美学、民俗学、社会学等知识。一般采取的策略有以下几种。

（1）以产品的主要效用命名。以产品的主要效用命名的特点是名称直接反映产品的主要性能和用途，使消费者能迅速了解产品的功效，加快对产品的认知过程，此命名策略多用于日用工业品、化妆品和医药品。比如同仁堂的中药"感冒清热颗粒"，一看便知是治疗感冒的药物；"玉兰油防晒霜""美加净护手霜"等均可直接从名称上了解产品的用途和功效。这种开门见山的命名方法迎合了消费者追求产品实用价值的心理。

（2）以产品的主要成分命名。以产品的主要成分命名可使消费者直接从名称上了解产品的原料，帮助消费者认识产品的特色和价值，以便根据自己的实际情况选择产品。一般食品类、医药类、服装类产品常用这种方法命名。例如，"人参蜂蜜"面膜主要原料是人参和蜂蜜，"五粮液"是由大米、糯米、小麦、玉米、高粱五种粮食酿造而成的。

（3）以制作工艺或制造过程命名。以制作工艺或制造过程命名方法多用于具有独特制作工艺或研制过程有纪念意义的产品。例如北京的"二锅头"，就是根据酒在制作过程中要经过两次换水蒸酒，且只取第二锅酒液的中段，以保证酒质纯正、醇厚的制作特点来命名的。此命名策略能使消费者了解该酒不同寻常的酿制工艺，从而提高产品声望。

（4）以产品的产地命名。冠以产地的名称可以突出该产品的地方风情、特点，使其独具魅力。例如，"崂山绿茶""金华火腿""云南白药""北京烤鸭""青岛啤酒"等。这种命名方法可以利用消费者对产地的信赖心理，给消费者货真价实、历史悠远、品质可靠的感觉，同时使消费者感受到产品体现的地域文化，从而产生亲切感和偏好，符合消费者求名、求异、求新的心理，还能增加产品的名贵感和知名度。

（5）以人名命名。以人名命名，即以发明者、制造者或历史人物的名字给产品命名。这种方法将特定的产品和特定的人联系起来，使消费者睹物思人，引起丰富的联想、追忆和敬慕之情，从而使产品在消费者心中留下深刻的印象。

以人名命名是国外品牌常用的一种方法。例如，服装品牌阿玛尼（Armani）、范思哲（VERSACE）、路易威登（LOUIS VUITTON）、皮尔卡丹（Pierre Cardin）等，汽车品牌福特（Ford）、奔驰（Benz）、凯迪拉克（Cadillac）等，以及百威（Budweiser）、飞利浦（Philips）、波音（BOEING）、迪士尼（Disney）等都是以品牌创始人或相关人的名字来命名的。我国有的企业也采用这种命名方式，尤其是一些老字号企业，如"王致和豆腐乳""张小泉剪刀"等。以人名命名可以体现产品悠久的历史和文化，表明产品系出名门、正宗独特，以此诱发消费者的购买欲望。

小思考

近些年，市场上出现一些特别的产品名称，如钟薛高、自嗨锅、小仙炖、完美日记……了解这些产品是什么，你认为这些名称对消费者是否有吸引力？

（6）以产品的外形命名。以产品的外形命名多用在食品、工艺品和儿童用品上。这种命名方法突出产品的优美造型，能引起消费者的注意和兴趣，尤其适用于儿童用品。例如"动物饼干""宝塔糖""大雪人雪糕""猫耳朵"等。其中，"猫耳朵"是山西晋中、晋北等地区的一种传统风味面食，形状如猫耳。

（7）以吉祥物或美好事物命名。以吉祥物或美好事物命名的方法通过褒义词或适当的文学夸张，暗示产品的性能、质量，使消费者产生积极的情感和美好的联想，增加对产品的喜爱和渴望。例如，"龙凤"水饺、"红豆"内衣、"百合"棉被等。

（8）以色彩命名。以色彩命名的方法适用于食品类产品。例如"黑巧克力"突出巧克力的纯度，"白玉豆腐"突出豆腐白嫩细腻，"白加黑感冒片"则突出了白片与黑片的不同效果。以色彩命名突出了消费者的视觉感受，使之对产品留下深刻印象。

（9）以外来词命名。以外来词命名的方法在进口产品的命名中较为常见，用外来词命名主要是为了满足消费者的求新、求奇、求异的心理，还可以克服翻译上的困难。但这要求名称朗朗上口、寓意良好。例如，沙发、席梦思、麦克风等都是外来词，最好的例子就是"Coca-Cola"，其中文译名选定为"可口可乐"，让人联想到可口的饮料带来的舒畅感觉，以及由此产生的愉悦心情。

小思考

你认为产品命名怎样才能告诉消费者关于这个产品的更多信息？

总之，产品命名时要将产品的名称和产品某方面的特性联系起来，使消费者看到产品名称就能够明白，而且能够记住该产品的相关特性，这样才能刺激消费者产生心理需求，达到吸引、诱导消费者的目的。

第二节　新产品对消费者的吸引力

一、新产品的类型与特点

小思考

不同创新程度的产品对消费者行为的吸引力是不同的，举例说明不同类型的创新产品对消费者产生的影响。

新产品是指采用新技术原理、新设计构思研制而成的全新产品，或在结构、材质、工艺等某一方面比原有产品有明显改进，从而显著提高了产品性能或完善了使用功能的产品。从营销的角度来理解，新产品是产品整体性概念中任何一部分的创新、改进，能给消费者带来某种新的感受、满足和利益的相对新的或绝对新的产品。

课堂讨论

微波炉改变了我们的烹调方式，微信改变了我们的沟通方式，数码相机和智能手机改变了我们照相和展示照片的方式……讨论这些新产品满足了消费者的哪些需要。

1. 新产品的类型

（1）连续创新产品。连续创新产品是指对原有产品只做了细微改变的新产品，消费者购买新产品后，仍可按原来的消费方式使用。例如，某公司推出的苹果香味的新洗发水，就是在原有配方的基础上加入芳香剂，这并不影响消费者的使用方式。

（2）动态连续创新产品。动态连续创新产品是指对原有产品进行一定程度的改进后推出的新产品，这种新产品会使消费者原有的消费方式发生改变，但这种改变又不是彻底的。例如，iPhone15就是在iPhone14基础上的动态连续创新产品。

（3）非连续创新产品。非连续创新产品是指引进和使用新技术，要求消费者重新学习和认识的新产品，它会彻底改变原有的消费方式，如智能手机替代固定电话、二维码支付替代现金支付等。

视野拓展

宜家神奇的"产品矩阵"

走进宜家，如同进入了产品的海洋。家居用品、纺织品、厨房用品、办公用品、小吃零食令人眼花缭乱。那么，在这么多纷繁复杂的产品中，宜家是如何进行单品的研发和管理的呢？其令人目不暇接的产品组合背后的商业逻辑是什么？其秘诀就是宜家的"产品矩阵"。首先，宜家会根据产品的品类进行划分，这是产品矩阵的第一个维度；其次，宜家根据色彩和风格将同一品类的产品分为乡村风格、斯堪的纳维亚风格、现代风格以及瑞典潮流风，这是产品矩阵的第二个维度；最后，宜家将产品按照价格区间分为高价、中价、低价和超低价，用宜家内部的说法，超低价就是"心跳价"，这是产品矩阵的第三个维度。就这样，品类、色彩和风格以及价格三个维度构成了宜家的产品矩阵。《宜家真相》一书作者约翰·斯特内博认为，宜家的开发人员正是利用产品矩阵来发现其品类上的空白和疏漏，这是宜家产品具有竞争力的核心因素。

2. 新产品的特点

（1）适应性。适应性是指新产品能够与目标消费者的生活方式、价值观念、消费经验等相接近、吻合，减少消费者对新产品的心理障碍。

（2）简易性。简易性是指新产品设计、结构、使用、维修、保养要与目标市场的认知程度相适应，减少消费者理解和掌握新产品信息所需的时间和精力，复杂程度越高的产品，越不容易被市场接受。

（3）可试用性。可试用性是指增加消费者对新产品的试用、体验机会，消除消费者对新产品的陌生感或恐惧感。

（4）可传达性。可传达性是指新产品在性能、用途、工艺以及效用方面的优点能够让消费者感知、想象或形容，消费者能够向他人表达新产品的特点，有利于新产品的推广。

📖 示例

洗衣凝珠：暗香袭来

洗衣凝珠，也被叫作洗衣珠，是一种创新性的洗衣产品，因其外形似珠子而得名。洗衣凝珠是专为机洗设计的，使用起来方便快捷，同时凝珠遇水即溶无残留，还能有效快速去除顽固污渍让衣物洁净如新，清洁能力较强，留香持久。当出差或者旅游的时候，带上洗衣凝珠可比洗衣粉方便多了。有调查显示，34%的消费者购买衣物护理产品的原因是想尝试新的气味，42%的受访消费者会为含有独特香味的产品支付溢价。2022年的"6·18"电商节期间，京东数据显示开场的10分钟之内，洗衣凝珠成交额就同比增长488%，显然消费者对洗衣凝珠的需求正在增长。

二、新产品购买者类型

表 9.1　新产品购买者类型及其所占比例

新产品购买者类型	比例（%）
最早购买者	2.5
早期购买者	13.5
早期大众	34.0
晚期大众	34.0
落后者	16.0
总计	100.0

美国学者罗杰斯（Rogers）等提出了有代表性的新产品购买者类型理论，即按消费者接受新产品时表现出来的个性差异和接受新产品的时间先后，把消费者划分为五种类型：最早购买者、早期购买者、早期大众、晚期大众和落后者，如表9.1和图9.1所示。

（1）最早购买者。最早购买者也称创新采用者，在新产品的全部接受者之中所占的比例是2.5%。他们是新产品刚上市，最先购买的消费者。他们具有自信心强、社交活跃、对产品信息敏感、富有创新精神、敢冒风险的个性特征。最早购买者人数虽然很少，但可以起到示范、表率、带动其他消费者的作用，因而是新产品推广的首要力量，是新产品消费的带头人。

（2）早期购买者。早期购买者在新产品的全部接受者之中所占的比例是13.5%。他们是新产品上市初期，继最早购买者购买之后，马上投入购买的消费者。这部分消费者大多对新产品的态度积极，他们普遍思想活跃，有较多的社交活动，喜欢评论，常是公众意见领导者。

（3）早期大众。早期大众在新产品的全部接受者之中所占的比例是34%。他们是在最早购买者和早期购买者对新产品的特点、性能、用途等证实之后，而实施购买行为的消费者。他们在消费中具有明显的同步和仿效心理，一旦证实新产品的特点后，会马上实施购买行为，成为形成某一消费热潮的重要力量。

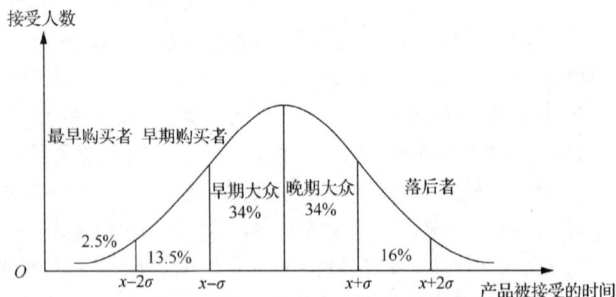

图 9.1　消费者接受新产品的过程

消费者行为学（附微课　第2版）

（4）晚期大众。晚期大众在新产品的全部接受者之中所占的比例是34%。他们是当大部分消费者接受并使用新产品后才开始购买新产品的消费者。他们多数人经济条件一般，社会活动较少，信息不灵敏，对新事物反应不积极，当看到购买新产品的人数越来越多，并已证实新产品的特点及由此带来新的消费趋势后，他们才开始购买。这部分消费者对新产品在市场上达到成熟与饱和状态所起的作用较大。

小思考

新产品只有能够给消费者带来价值和利益才会让消费者接受。例如，混合动力车能够为车主省油、省钱，而且又环保，消费者并不一定看重该车的动力特性。谈谈你的看法。

（5）落后者。落后者在新产品的全部接受者之中所占的比例是16%。他们是最后购买或最终拒绝购买新产品的消费者。他们一般个性保守，遵从传统观念，文化水平或收入水平较低，与外界缺乏沟通，信息闭塞。他们在新产品处于饱和状态或趋于衰退状态时，才实施购买甚至拒绝购买。

为什么消费者对新产品的接受不是同步的？罗杰斯的研究结果表明，每类新产品消费者的个性特点都具有相似性，而各类型消费者的个性特征又有明显差异，如表9.2所示，罗杰斯认为这是消费者购买时间顺序上有巨大差异的原因所在。当然，消费者对新产品的接受还受年龄、收入状况、社会交往程度、受教育程度、性别和文化等其他因素的影响。

表 9.2　新产品购买者个性特征

新产品购买者类型	个性特征
最早购买者	冒险性强、喜欢变革、独立性强、非传统
早期购买者	炫耀、追逐时髦、好奇
早期大众	模仿、从众
晚期大众	谨慎小心、怀疑、犹豫
落后者	传统、保守、惰性强

三、新产品的推广策略

尽管新产品有诸多优点，但消费者并未完全感知、理解，这就需要企业运用正确的策略去推广宣传，使消费者意识到新产品的功能、效用及优势，从而接受新产品。

首先，新产品上市之初，消费者对其比较陌生，因此缺乏安全感，这种心理障碍会导致消费者采取等待观望的态度。因此，企业采取的策略应是介绍和宣传新产品的性能、效用、使用方法、售后服务等，来消除消费者心理上的障碍，并使其尽快熟悉新产品；企业还可以开展丰富多彩的消费者体验活动，鼓励消费者试用新产品，甚至免费提供样品，此时还可以利用意见领袖的力量加快新产品的推广和扩张。

小思考

有时，消费者会抵制新产品，如不愿意购买新计算机或新手机，因为担心新产品过于复杂或所提供的新特性并不是他们所要的。如果你是新产品的生产者，如何消除消费者的抵制心理？

其次，在新产品的成长期，新产品在市场上已经有了立足之地，这时新产品的购买者不仅仅限于最早购买者，一些热衷消费潮流的消费者也会加入购买新产品的行列。但因为新产品进入市场的时间还不长，大多数消费者还是心存疑虑。这时企业的推广策略是做大量的广告，表明产品利益的重要性，并运用消费者愿意接受的方式，宣传使用新产品后形成的消费习惯、消费方式的优越性、合理性等，使消费者清楚地了解到使用新产品后能为自己带来的新的利益，从而消除抵触情绪，使消费者对原有的消费习惯、消费方式产生动摇，直至放弃。同时，这一时期，企业还要注意收集消费者对新产品的反馈信息，以便未来对新产品的设计、配方、工艺或策略进行及时调整。

微视频

产品生命周期策略

最后，在产品成熟期，企业需要继续采用快速增长的策略。例如，更新产品设计和广告策略，创造性地运用多种促销手段鼓励消费者重复购买，聘用有经验的推销人员，以适应落后者的需要，实现市场渗透最大化。

示例

从毛巾到洗脸巾

过去，我们习惯使用毛巾来洗脸，但随着时代的演变和科技的进步，一种新的洁面方式正在悄然兴起。它以一种轻松又时尚的姿态走进了消费者的视野，它就是洗脸巾。这个小小的洁面工具以其独特的材质和设计俘获了年轻女性的心。与传统的毛巾相比，洗脸巾不仅更柔软、更亲肤，而且更加便携。它既可以在家中使用，也可以外出携带。甚至，洗脸巾还经过了技术革新，具备抗菌和深层清洁功能。打开购物网站，输入"洗脸巾"后发现，各大品牌洗脸巾动辄就是 10 万包以上的销量。除了年轻女性消费者之外，越来越多的人也开始使用洗脸巾，因为它们不仅使用方便、价格实惠，而且可以在使用后作为抹布或擦鞋布再次利用。可以说，一场洗脸巾的革命正在逐渐展开。

第三节　品牌与消费者行为

一、品牌的功能

根据美国营销专家菲利普·科特勒（Philip Kotler）的观点，品牌是一个名称、名词、标记、符号或设计，或是它们的组合，其目的是使消费者识别某个销售者的产品或劳务，并使之与竞争对手的产品和劳务区别开来。

品牌主要包括品牌名称和品牌标志两个部分。品牌名称是指品牌中可以用文字表达的部分，如内衣品牌"爱慕"；品牌标志是指品牌中以符号、图案或颜色等形式显示出来的部分，是一个可以被识别、辨认但不能用语言表示的部分，如内衣品牌"爱慕"的品牌标志。

（1）识别功能。对消费者来说，品牌能直接、概括地反映或描述产品的产地、形状、用途、成分等，便于消费者认知和区别产品，使消费者在购买产品时能很快做出选择。而且，因为品牌代表一定的品质、特色和承诺，所以缩短了消费者的购买时间和过程。

（2）象征功能。品牌不仅代表企业的经营特色和企业形象，还是一种文化现象，品牌所体现的风格、引起的联想、代表的形象，以及其最终的象征意义，都传达着品牌的理念。

（3）保护功能。品牌商标一经注册认证，就受到法律法规保护，禁止他人非法使用，这不但保护了企业的利益，也保护了消费者的正当权益。

（4）增值功能。品牌是一种无形资产，它本身可以作为产品被买卖，为企业带来巨大的经济效益。随着品牌知名度、美誉度的提高，品牌本身的价值也在逐渐攀升。

（5）促销功能。品牌不但能够引起消费者的注意，如果品牌获得了消费者的好感、信赖，消费者就会愿意出高价购买产品，企业就会获得更多利润，实现品牌溢价。

小思考

一个人站在你面前，你通过他的表情和身材等特征来判断他的职业、身份……除此之外，你看到他戴了一块劳力士手表，此时，你会得出怎样的结论？为什么？

知识点滴

什么是品牌资产？

品牌资产（Brand Equity）是 20 世纪 80 年代在营销研究和实践领域出现的一个重要概念。品牌资产与品牌、品牌名称和品牌标志相联系，能够增加企业所销售产品或服务的价值的一系列资产，或减少其负债。这表明，品牌除了本身具有经济价值之外，还可以为企业带来稳定的超额收益，是企业创造经济价值不可缺少的一种资源，因此，品牌是企业无形资产的重要组成部分。

小思考

市场上很多品牌通过降价促销来吸引消费者，使消费者对许多品牌的忠诚度降低，你认为可以采取什么办法留住消费者？

二、消费者的品牌忠诚

品牌忠诚是指消费者长期反复地购买、使用品牌产品，并对品牌产生一定的信任、承诺、情感维系，乃至情感依赖。品牌忠诚度是衡量品牌忠诚的指标，品牌忠诚度高的消费者对价格的敏感度较低，愿意为高质量付出高价格，能够认识到品牌的价值并将品牌视为朋友或伙伴，愿意为品牌做出贡献。

1. 品牌忠诚度的测量

品牌忠诚度的测量主要涉及以下几个方面。

（1）消费者重复购买次数。在一定时期内，消费者重复购买某一品牌产品的次数越多，说明其对这一品牌的忠诚度就越高；重复购买次数越少，品牌忠诚度就越低。当然要注意购买次数还与产品的类型有关。

（2）消费者的购物时间。一般来说，消费者挑选时间越短，说明他对某一品牌产品形成了偏爱，对这一品牌的忠诚度越高；挑选时间越长，则说明他对这一品牌的忠诚度越低。在运用这一指标时，要剔除产品结构、用途方面的差异产生的影响。

（3）消费者对价格的敏感程度。一般来说，对于喜爱和信赖的产品，消费者对其价格变动的承受能力较强，即敏感程度低；而对于不喜爱的产品，消费者对其价格变动的承受能力弱，即敏感程度高。据此亦可衡量消费者对某一品牌的忠诚度。

（4）消费者对竞争产品的态度。如果消费者对竞争产品兴趣浓、有好感，就说明对某一品牌的忠诚度低。如果消费者对其他品牌的产品没有好感、兴趣不大，就说明对某一品牌的忠诚度高。

（5）消费者对产品质量问题的态度。如果消费者对该品牌的忠诚度高，当品牌出现质量问题后越有可能以宽容和同情的态度对待；若消费者对该品牌忠诚度低，则一旦产品出现质量问题，消费者就会非常敏感，极有可能从此不再购买这一产品。

2. 消费者的品牌忠诚类型

品牌忠诚既是消费者重复购买的意图，也会直接导致购买行为发生。不同的消费者对品牌忠诚的程度是不同的，可以划分为五种类型。

（1）忠诚购买者。忠诚购买者是对品牌忠诚达到最高境界的消费者，对品牌保持长期的购买习惯，且不会轻易改变，甚至品牌出现瑕疵时也可以原谅品牌的过失，也会继续保持对品牌的专一而重复购买。

（2）情感购买者。情感购买者对品牌有一定程度的喜爱，品牌成为他们情感与心灵的依托，他们对品牌像对朋友一样，品牌一般不易被取代。

（3）满意购买者。满意购买者对品牌相当满意，考虑过其他品牌，但如果转换品牌，会担心有效益上的风险。

（4）习惯购买者。习惯购买者习惯购买某个品牌的产品，有固定的偏好，购买时心中有数，目标明确。但如果竞争者给出明显的诱因，如采取价格优惠、广告宣传、独特包装等方式鼓励消费者试用，消费者就有可能会购买其他品牌的产品。

> **小思考**
>
> 忠诚购买者不易受商家打折降价或其他促销方式的诱惑，相比价格，他们更在乎品牌，这是不是说商家就可以坐等这样的消费者上门呢？你认为品牌商家该如何对待忠诚购买者？

"棒！约翰"（Papa John's）比萨因为坚守品牌承诺——"更好的馅料，更好的比萨"获得了大众的喜欢。其红、绿两种颜色的标志和大大的品牌名称引人注意，外卖盒中赠送的解腻爽口的"黄金辣椒"也是其品牌识别的一部分。

（5）无品牌忠诚者。无品牌忠诚者对品牌没有认同，不会把品牌当成购买的理由，他们一般对价格非常敏感，哪个产品价格低就选哪个，或者哪个产品使用方便就买哪个。低值易耗品、同质化产品和习惯性消费品想要获得消费者的忠诚比较难。

三、品牌对消费者行为的影响

1. 品牌视觉形象对消费者行为的影响

品牌的视觉形象对消费者行为的影响非常明

显。一般来说，品牌的视觉形象必须是统一、稳定的，这是品牌吸引消费者的重要条件之一。品牌视觉形象的统一和稳定主要表现在四个方面：①品牌名称，如稻香村、同仁堂等老字号，几十年甚至上百年不变，形成了统一、稳定的固有形象；②品牌图形，如爱马仕的马车图形、劳力士的皇冠图形，突出了品牌的魅力；③品牌颜色，如可口可乐的红色、蒂芙尼的蓝色等都是品牌独特特征；④文字、图形及其颜色的有机结合，图文并茂，反映品牌的整体视觉形象，从而最大限度地引起消费者的注意，激发联想，并使其最终产生对该视觉形象的情感认同，即对品牌忠诚。

2. 品牌定位对消费者行为的影响

企业进行品牌定位的目的是使消费者形成品牌认同，进而影响消费者行为。为此，品牌定位必须符合特定目标消费者的需求、特征。企业要通过各种宣传手段传递品牌信息，来帮助消费者理解品牌定位。比如，红牛饮料定位为功能型饮料，具有提神、抗疲劳作用。"红牛"这个名字本身就似乎有极强的力量，而其金色的包装似乎蕴藏巨大的爆发力，并且其广告语"困了累了喝红牛"直接表达出红牛品牌的定位。再比如，农夫山泉的定位为来自千岛湖的天然弱碱性水，名字"农夫山泉"听着就非常天然，通过"我们从不生产水，我们只做大自然的搬运工"这句口号把定位传递得十分清晰。

因此，正确的品牌定位来自企业对消费者心理的深刻理解。有时，消费者本身往往并不能明确知道自己对某类产品的心理需求，因此，企业可以将某种社会或者生活中存在的心理和产品相结合来定位，使特定的消费者对某一特定定位的产品感兴趣。尤其是在身份、地位方面，如奢侈品牌香奈儿、古驰对中高收入者有吸引力，而以纯（服装品牌）则受到普通收入者的喜爱。

3. 品牌个性对消费者行为的影响

品牌个性化是方便消费者认知品牌的　个重要手段，个性化的品牌使一个没有生命的产品具有人性化的特征，消费者通过品牌的个性来形成对产品的认知。相应地，消费者也借助于品牌的个性来表现自我，寄托情感。因此，品牌的个性化有助于消除消费者的心理障碍，使消费者从品牌的独特个性中感受到丰富的个性内涵，并对品牌产生高度的契合感，从而满足个性心理。

📖 **示例**

古驰：时尚潮流的奢侈品牌

作为起源于意大利佛罗伦萨的高级时装品牌，古驰一直以来以高档、奢华、性感的形象闻名于世。品牌标志性的特征包括古驰花纹、马鞍形状的包袋、双 G 的 Logo 和红色与绿色搭配的织带的宽条纹等。近些年，古驰采取华丽复古、动物图腾、对比撞色、细节丰富、极繁主义等突出品牌个性与创新。例如，消费者可以根据自己的偏好进行个性化定制，甚至可以在手袋上刻上自己的名字。2023 年七夕，古驰手袋添加"酒红色亮片＋小草莓"等浪漫元素，受到追求浪漫、时尚潮流和个性张扬的年轻人的喜爱。

4. 强势品牌对消费者行为的影响

当一个品牌成为强势品牌时，意味着该品牌对消费者的行为能产生全方位的影响，这也是企业品牌策略的目标和方向。一个品牌成为强势品牌并非一朝一夕的事，它需要经历艰辛而漫长的过程，不仅需要企业有科学的品牌战略、精准的品牌定位、过硬的产品质量、动人的品牌文化等，还需要企业持之以恒地为消费者服务，为品牌建设添砖加瓦，让品牌逐步深入人心，在品牌知名度、认知度、忠诚度等方面具备成为强势品牌的条件。例如，劳力士手表对产品品质不懈追求，以尊贵、典雅和卓越的品牌形象闻名全球，成为财富和地位的象征。

📖 **示例**

"包"中王者：爱马仕

虽然奢侈品牌风云争霸，但成立于 1837 年的爱马仕王者之地位却无人能撼。2017 年，一款镶有

10.23 克拉钻石的爱马仕白色喜马拉雅鳄鱼皮铂金包，在香港被佳士得以 294 万港元拍得，刷新了手袋拍卖的世界纪录。爱马仕凯莉包（Kelly）是爱马仕的当家花旦之一，因被摩纳哥王妃 Grace Kelly 使用而被更名为"凯莉包"。另一款有名的爱马仕包是铂金包（Birkin），灵感来源于法国的女歌星 Jane Birkin，也以此命名，因做工精良及实用闻名。2023 年 7 月 28 日，爱马仕发布了 2023 财年第二季度和半年度业绩报告，财报显示，2023 年上半年营收同比增长 22.3%至 66.98 亿欧元，在中国、新加坡、泰国、澳大利亚和韩国等国延续了强劲的增长势头。

第四节　包装与消费者行为

一、包装的构成及其功能

包装是指在流通过程中为保护产品、方便储运、促进销售，按一定的技术方法所用的容器、材料和辅助物等的总体名称，也包括为达到上述目的，在采用容器、材料和辅助物的过程中施加一定技术方法等的操作活动。包装一般有主要包装、次要包装和运送包装三个层次。例如，香水先被装在一个玻璃瓶子里，这是主要包装；然后被装在一个带有说明书的纸盒里，这是次要包装；最后被装在一个瓦楞纸箱里，这是运送包装。对于饮料、酒、化妆品这些液体或膏状的产品而言，包装和产品是密不可分的，我们使用产品的过程，就是使用产品包装的过程。

> **课堂讨论**
>
> 使用手写字体的包装能够传递出手工艺的质感和制造者的匠心，可以使消费者与产品之间产生微妙的情感联系，或传达一种怀旧的感觉。讨论让你印象深刻的产品包装，它们的特征是什么。

1. 包装的构成

一般来说，产品包装应该包括商标或品牌、形状、颜色、图案、材料和产品标签等要素。

（1）商标或品牌。商标或品牌是包装中最主要的构成要素，应在包装整体上占据突出的位置。

（2）包装形状。合适的包装形状有利于储运和陈列，也有利于产品销售。

微视频
产品包装策略

> **视野拓展**
>
> ### 为什么牛奶盒是方形的？
>
> 现在市面上所售卖的软性饮料瓶大多数是圆柱形的，可牛奶盒似乎都是方形的，这是为什么呢？据说，这是因为：第一，方形容器（无论容器内装着什么）能节约货架空间，能够充分利用货架空间；第二，牛奶需要放进冰柜里冷藏，而方形的牛奶能充分利用冰柜空间，间接降低运营成本。之所以大多数软性饮料瓶被设计成圆柱形，是因为圆柱形容器携带方便，拿着也很方便。

（3）包装颜色。颜色是包装中最能刺激销售的元素。使用突出产品特性的色调组合，不仅能够突出品牌特征，而且对消费者有强烈的感召力。

（4）包装图案。图案在包装中如同广告中的画面，其重要性不言而喻。

（5）包装材料。包装材料不仅是产品质量的保证，也会影响包装成本，进而影响产品的市场竞争力。

（6）产品标签。产品标签上一般都印有包装内容和产品的主要成分、品牌标志、产品质量等级、产品厂家、生产日期和有效期、使用方法等。

2. 包装的功能

包装决定了消费者对产品的第一印象，设计优良的包装有助于增加品牌资产并促进销售，能够让消费者快速接受产品。而且包装还会影响消费者的产品体验，这使包装作为营销工具的作用十分突出。传统营销学中的 4P 策略中，包装（Package）被归入产品（Product）策略中。因为包装如此重要，有些学者甚至提出包装应该独立出来，成为营销组合的第五个"P"。

包装的功能具体体现在以下几个方面：①实现产品价值和使用价值，设计包装是增加产品价值的一种手段；②保护产品，使产品免受日晒、雨淋、灰尘污染等自然因素的侵袭，防止挥发、渗漏、融化、碰撞、挤压、散失以及盗窃等损失；③给装卸、盘点、码垛、发货、收货、转运、销售等流通环节的储、运、调、销带来方便；④美化产品、吸引消费者，有利于促销。

除了以上功能之外，包装还可以标识和强化品牌以及品牌所倡导的价值观，并传递出相关信息，对消费者产生影响，使消费者认同品牌以及品牌理念和价值观。例如，可口可乐的经典弧形瓶包装成为可口可乐品牌标识不可或缺的一部分，它独树一帜的弧线设计使消费者在黑暗中仅凭触觉即能辨认，为可口可乐成为家喻户晓的全球品牌立下了汗马功劳。

另外，包装还可以通过创意设计来提升消费者的体验，包括视觉体验、开箱体验和使用体验。例如，打开产品的包装，期待已久的产品展现在面前，这种带有仪式感的开箱体验，毫无疑问加强了消费者对品牌的认可。

有的品牌通过包装设计创新传播品牌理念或表达品牌主张。例如：可口可乐通过包装设计的昵称瓶、自拍瓶、歌词瓶、表情瓶……来表达年轻、时尚化符号，实现品牌与消费者的"连接"；农夫山泉专为青少年设计的运动版矿泉水，不仅瓶盖设计非常贴心，单手能轻松开关，而且包装上的插画非常吸引人，瓶身上的彩色插画描绘了长白山的四季景色和天然生态，其包装设计由英国的一位插画师创作而成，风格夸张、色彩丰富、充满想象力。可口可乐和农夫山泉的包装如图 9.2 所示。

图 9.2　可口可乐和农夫山泉的包装

再如，小罐茶包装环保、美观、实用，其包装由日本设计师神原秀夫设计，罐身为铝合金材质，采用充氮技术，包装美观、实用及给消费者良好的撕膜体验，如图 9.3 所示；江小白从名字到包装设计，以及广告文案输出，其实是让产品化身为消费者的朋友，让消费者可以与之倾诉、与之同饮，其包装也被打上了人格化、有温度的符号，如图 9.3 所示。

图 9.3　小罐茶和江小白的包装

二、消费者对包装设计的要求

包装不仅是为保护产品，更重要的是服务消费者。因此，从消费者使用便利、喜好的角度考虑是包装设计的起点。从近些年包装的发展来看，便携式包装、易拉罐、压力喷雾包装、真空包装等包装形态越来越多，这些无一不是消费需求所导致的结果。网络购物时代，包装设计发生了更大的改变。例如，网购中对良好的购物体验的需求更明显，因此，在网购产品的包装里放上一张感谢卡、优惠卡、欢迎光临卡等，会让消费者心里顿感温暖，提高对产品及网店的好感。

1. 方便与实用

包装设计首先要满足消费者方便和实用的需求，使包装向轻量化、小型化、方便化方向发展。包装本身的设计、包装的易打开程度、包装携带的便利性等都会影响消费者的购买决定。例如，铝箔包装饮料附吸管、洗发水按压瓶、塑料袋包装边缘的锯齿状易撕口等，这些设计都是为了消费者使用方便。

2. 安全和防伪

对消费者来说，安全是产品质量的基本要求。在产品外包装上，厂名、商标、成分、有效期、使用方法等标示清晰，有助于减轻消费者对产品质量的怀疑心理。一些产品采用可视性透明包装设计，也能给消费者带来极大的安全感。同时，防伪技术的采用，也在一定程度上使消费者放心购买。例如，某品牌鸡蛋的外包装上有防伪二维码，消费者可以扫描二维码了解鸡的生长环境、发育状况，吃料、用药等情况，追溯鸡蛋的生产过程；有的化妆品采用"激光防伪""荧光防伪"等防伪包装技术。

> **小思考**
>
> 你是否为了打开一瓶罐头而大费周折，其实，坚固的罐头包装是为了耐储存。有些罐头有拉环之类的快开包装，但是为了避免因意外受到冲击导致罐头外壳变形，或者食物腐蚀罐体，拉环快开包装的刻槽一般不会做得很深，甚至有的罐头不采用拉环快开设计，因为有的军用罐头厂商默认士兵可以用军刀打开。查查资料，了解不同的罐头品牌（梅林、甘竹牌……）的包装有什么特点。

3. 求新和求美

新颖独特的包装设计，除了要充分体现设计的形式美和内涵美之外，还要体现其设计构思的独到性，将情感、技术、社会信息、审美意愿和设计文化等诸多因素综合在一起，力求使设计既有独特的艺术风格又能表现艺术个性。例如，2020 年，化妆品品牌 SK-Ⅱ为迎接中国鼠年而和迪士尼进行联名，其经典产品神仙水的包装采用中国红配色，封面的米奇经过拟人化设计，护肤的动作惟妙惟肖，使包装多了一份趣味与活力。

4. 环保

消费者越来越注重包装材料的环保性，这就要求企业在选择材料时应选择无毒、无污染和易回收、易分解的材料。例如，食品包装应采用无毒的聚乙烯塑料，喝水用的纸杯则不能添加荧光增白剂。我国传统包粽子用的苇叶、包叫花鸡用的荷叶等，这些包装材料就很环保。

三、包装的心理策略

（1）根据消费者的年龄和性别，设计有个性的产品包装。例如，男性化妆品的包装设计中大多采用灰色、蓝色、黑色等稳定性较高的颜色作为主体色，字体采用的是简洁大方的样式，以突出男性消费者的沉稳、刚强、大方的个性。女性化妆品的包装多使用红色、粉色、米色，以突出火辣、可爱、自然清新的性格特点，在文字和图案设计方面显示女性阴柔之美。

（2）根据消费者的消费水平，设计档次有别的产品包装。例如可适应不同经济收入、不同社会地位的消费者不同要求的等级包装。

（3）根据消费者的消费习惯，设计方便、实用的产品包装。例如惯用包装、分量包装、配套包装、系列包装等。

包装真的很重要

作为一种艺术形式，食品包装不仅有自带的视觉传达性和欣赏价值，还可以很好地触发消费者的购买欲望。澳大利亚的一项研究显示，评判巧克力味道时，包装对人的影响可能大于味道本身。当巧克力包装带给人快乐、健康、有趣、放松等正面印象时，人们往往会对巧克力产生喜好之情。另外，比起不带包装的巧克力，人们更愿意购买包装带有积极意义的巧克力。

本章小结

本章介绍了营销因素中的产品对消费者行为的影响。产品不仅包括有形物品，也包括无形服务。按照功能和属性的不同，产品可以划分为不同的类型。产品命名要注意名实相符、便于记忆、引人注意、激发联想、避免禁忌等，科学的产品命名策略将对消费者心理及行为产生积极的影响。按消费者接受新产品时表现出来的个性差异和接受新产品的时间先后，把消费者划分为五种类型：最早购买者、早期购买者、早期大众、晚期大众和落后者。品牌具有识别功能、象征功能、保护功能、增值功能、促销功能。品牌忠诚既是消费者重复购买的意图，也会直接导致购买行为发生。企业可以从品牌视觉形象、品牌定位、品牌个性、塑造强势品牌等方面加强品牌对消费者的影响。

产品包装包括商标或品牌、形状、颜色、图案、材料和产品标签等要素，消费者对包装设计的要求有方便与实用、安全和防伪、求新和求美、环保等，产品包装的心理策略要根据消费者的具体特点和要求来制定。好的产品包装不仅能保护产品，更能为产品和品牌锦上添花，设计好的产品包装成为增加产品价值的一种手段。

综合练习题

一、填空题

1. 表面上看，消费者购买核心产品，但实际上，在对产品的选择和评估过程中，形式产品和＿＿＿＿都会加入消费者的评估体系中。

2. 产品命名的目的是使商品的名称与＿＿＿＿相吻合，对消费者产生积极的影响。

3. 新产品可以分为连续创新产品、动态连续创新产品和＿＿＿＿三种类型。

4. 随着品牌知名度、美誉度的提高，品牌价值也在逐渐攀升，这是品牌的＿＿＿＿功能。

5. 一般来说，商品包装应该包括＿＿＿＿、形状、颜色、图案和材料等要素。

二、选择题

1. 实际上，每种产品都是为了解决某种问题而存在的，这是消费者真正要购买的利益，这可以称为（　　　）。

　　A. 形式产品　　　B. 延伸产品　　　C. 核心产品　　　D. 潜在产品

2. 相对于成熟、有经验的消费者，年轻而缺少经验的消费者更多地依赖产品的（　　　）特征来判断产品的优劣或好坏。

　　A. 根本属性　　　B. 享受属性　　　C. 感知属性　　　D. 功能属性

3. （　　　）可以起到示范、表率、带动其他消费者的作用，因而是新产品推广的首要力量，是新产品消费带头人。

　　A. 最早购买者　　B. 早期购买者　　C. 早期大众　　　D. 独立购买者

4. 品牌能直接、概括地反映或描述商品的产地、形状、用途、成分等，便于消费者认知和区别商品，使消费者在购买商品时能很快做出选择。这是品牌的（　　　）。

A. 象征功能　　　　B. 识别功能　　　　C. 促销功能　　　　D. 增值功能

5. 包装最基本的功能是（　　　）。

A. 美化商品　　　　B. 促销商品　　　　C. 增值商品　　　　D. 保护商品

三、论述题

1. 理解产品的含义和产品特征对企业分析消费者行为具有什么意义？

2. 举例说明产品功能与产品属性对消费者的影响。

3. 为什么说产品的名称很重要？简述产品命名的营销策略。

4. 新产品具有什么特征会吸引消费者？简述新产品购买者类型及购买特征。

5. 简述品牌的功能及对消费者的影响。

6. 品牌忠诚是如何衡量的？简述消费者的品牌忠诚类型。

7. 论述品牌对消费者行为的影响。

8. 包装的功能是什么？消费者对包装设计有哪些要求？举例分析。

9. 举例分析产品包装的心理策略。

四、实践题

1. 在你的日常消费中，品牌对你的影响体现在哪些方面？列举三项以上。

2. 你最喜欢哪种瓶装水的包装？这个包装有什么特点？问一问你的同学是否和你有同感。

五、案例分析题

随着越来越多的人开始注重家庭生活的品质，添置小家电就成了众多消费者的喜好，催生出了庞大的市场规模。请扫描二维码阅读案例，并回答案例后面的问题。

第十章　价格与消费者行为

学习目标

学习价格的心理功能，掌握消费者的价格心理，学习产品定价的心理策略及价格调整的心理策略，了解价格变动对消费者行为的影响。

导入案例

新"十元店"——名创优品

十几年前，在街头巷尾总看到一些小杂货店，店里的商品统一零售价为 10 元，不找零、不还价，由于价格实惠、购买方便，受到百姓的欢迎，人们称其为"十元店"。如今，这样的"十元店"渐渐从市场上消失，但是类似的物美价廉的店越来越多，它们有统一的品牌、标准化的商品、低廉的价格，号称新"十元店"。

新"十元店"中最具代表性的就是名创优品（MINISO）。名创优品在 2013 年开了第一家店，截至 2023 年 3 月 31 日，已在全球开了 5 514 家门店，其中，中国名创优品门店数量为 3 383 家，海外名创优品门店数量为 2 131 家。名创优品销售的商品涵盖日常生活的方方面面，如指甲油、香水、牙刷、面膜、帆布包……一包棉签 9.9 元，一盒卸妆棉 10 元，一瓶精油 29.9 元……近50%的商品价格为10～49 元，而且同样品质的商品价格可能只是其他商店的 1/4。

名创优品店铺

为了刺激消费者购买，名创优品先后和 Hello Kitty、飞天小女警、芝麻街、Peanuts 等全球超 80 个知名 IP 达成合作，推出了覆盖全品类的各种 IP 联名产品，引发了粉丝的抢购买热潮。这些联名商品不仅种类多、"颜值"高，价格也算亲民。当然，一个不争的事实是，名创优品中的商品有点变贵了，花 10 元能买到的商品越来越少，有人说名创优品已不是人们印象中的"十元店"了，在名创优品天猫官方旗舰店，一个盲盒摆件 294 元。或许这正如其提出的新口号："只相信美好生活，就是与价格无关。"

启发思考：

1. 你是否购买过名创优品的商品？其商品和价格具有什么特点？
2. 为什么名创优品能保持低价？如果名创优品提高了价格，你认为它是否还拥有同样的竞争力？

第一节　价格的心理功能

价格是商品价值的货币表现，价格的变化反映市场供求关系的变化。对消费者来说，价格意味着为获得商品而付出的货币支出，消费者往往对价格特别在意。一个商品的价格并不一定取决于生产成本，消费者的心理和企业的价格策略影响价格的制定并对消费者的行为产生影响。

小思考

一个商品的价格高，它的价值就高吗？反之，要是一个商品价格低，它的价值就低吗？

在日常的购买活动中，经常可以看见这样的现象：对于同一商品的价格，有些消费者认为是合理的，有些消费者却难以接受；或者，生产者认为自己提供的价格是最低价格了，但消费者认为还有降价的空间。这主要是因为每个消费者对商品价值和品质的判断不同，以及作为价格制定者的生产企业忽略了消费者的价格心理，不了解消费者如何看待商品价格和商品价值之间的关系，导致其制定的价格背离了消费者心理上的价格标准。价格的心理功能是指商品价格对消费者心理的影响，以及影响过程中消费者所产生的价格心理现象，主要包括以下几个方面。

一、价值认知功能

根据经济学理论，商品价格是价值的货币表现，价格以价值为中心上下波动，商品价值凝聚了生产过程和流通过程中活劳动和物化劳动的耗费。从理论上来说，消费者在选购商品时，应该以商品的价值为尺度来判断是否购买。然而，由于供求关系的作用，交换价值与商品价值之间存在一致或偏离的关系，因此，价格的表现价值功能并不意味着商品价格与商品价值是简单的等同关系。

现实生活中，消费者不具备鉴定每一种商品价值和质量的能力，因此，会把价格高低作为衡量商品价值大小和品质优劣的尺度。他们往往认为商品价格高，则商品的质量好、价值大；商品的价格低，则质量差、价值小。通常我们说的"一分钱一分货，好货不便宜，便宜没好货"等成为消费者奉行的价格心理准则，造成这种现象的原因主要是买卖双方信息不对称以及消费者的购买属于非专家型购买。

二、自我意识比拟功能

商品的价格不仅表现价值，在消费者的自我意识中，价格还具有自身社会地位、经济地位的象征意义，即消费者把商品价格同个人的爱好、兴趣、个性心理特征联系起来，有意或无意地进行价格比拟，来满足个人的社会性需求，这主要表现在以下三个方面。

第一，社会地位的比拟。例如，有的消费者只到高档商场购物，只购买名牌商品，以显示自己的社会地位和经济地位，并获得一种心理上的满足；有的消费者喜欢到平价超市购物，爱买降价打折的商品，认为这样更与自己的购买能力和地位相符。

第二，文化修养的比拟。例如，有的消费者为了显示自己具有很高的文化修养，会花大价钱购买名人字画、学习琴棋书画或热衷参加音乐会等文化活动，从而获得心理上的慰藉。

第三，气质、性格、能力等方面的比拟。例如，有的消费者愿意购买与自己气质或性格相符的品牌，如低调内敛的消费者很少购买奢侈品，或购买不那么显眼的奢侈品。

价格所具有的自我意识比拟功能，与消费者自身的价值观、生活态度、个性心理特征直接相关。当价格的自我意识比拟功能发挥作用时，消费者往往忽略价格与价值、品牌的关系，而更加重视价格的社会象征意义。

三、调节需求功能

商品价格和需求之间有着密切的关系。在其他条件不变的情况下，由于供求规律的作用，消费需求量的变化与价格变动呈相反的趋势：价格上涨时，需求量减少；价格下降时，需求量增加。因此，商品价格具有调节需求的功能。实践中，价格对需求的调节还会受到需求弹性、消费者的心理需求强度和价格心理预期的制约。

視野拓展

依云矿泉水为什么那么贵？

美国的Dollar Tree

美国的 Dollar Tree 是一家销售 1 美元商品的打折连锁店，其前身是一家杂货铺，成立于 1953 年，公司总部位于弗吉尼亚州切萨皮克，是世界 500 强企业之一，在美国和加拿大拥有一两万家商店。Dollar Tree 销售保健及美容产品、食品、季节性装饰、家居用品、餐具、家居清洁用品、玩具、礼品、礼品袋和包装、文具、工艺用品、教学用品、汽车、电子产品、宠物用品和书籍。大部分 Dollar Tree 也卖冷冻食品和乳制品，如牛奶、冰激凌和预先做好的烘焙食品。Dollar Tree 以物美价廉、品类丰富吸引了中低收入群体和讲究实惠、寻求低价的消费者。2021 年，受通货膨胀等因素的影响，Dollar Tree 将商品价格从 1 美元提高到了 1.25 美元，涨价并未影响 Dollar Tree 的销售。相反，Dollar Tree 的销售额在继续增长，当然，公司的管理人员表示因为一些"高端"消费者也开始在店里购物，因此，增加了定价在 3～5 美元的"高端"产品。

第二节　消费者的价格心理

消费者的价格心理是消费者在购买活动中对商品价格认识的心理活动，它既反映了消费者的个性心理，也反映了消费者对价格的知觉程度。作为一种心理现象，消费者的价格心理不仅受到客观因素的影响，也受到消费者自身认识、经验、兴趣、爱好等个体因素的影响。消费者的价格心理一般表现在以下几个方面。

一、习惯性心理

消费者在购买商品时评价商品价格是否合理，往往根据以往购物经验形成的习惯性心理，在心理上形成对购买价格的上限和下限，只有价格处于上下限之间时，消费者才会乐于接受。因此，习惯性心理是由于消费者长期、多次购买某些商品，通过对某些商品价格的反复感知而逐步形成的。

基于习惯性心理，消费者心中会形成对某种商品价格水平的大致规定，一般会有上下限标准。如果价格超过上限，他们就会认为商品太贵而拒绝购买；如果价格低于下限，他们就会怀疑商品质量有问题而拒绝购买。可见，消费者的习惯性心理会对消费者的购买行为产生直接影响。另外，企业不仅在制定商品价格时要考虑消费者的习惯性心理，而且在调整价格时也要考虑。

二、感受性心理

感受性心理是指消费者对商品价格及其变动的感知强弱程度。消费者对商品价格高与低的认识和判断，不完全基于某种商品价格是否超过或低于他们心中认定的价格尺度，他们还会与同类商品的价格进行比较，以及与购物现场中的其他商品的价格进行比较，比较结果的差异大小，形成了消费者对价格高低的不同感受，这种感受会影响消费者的价格判断。

小思考

假如你看到"蒂芙尼"珠宝店的柜台里一条项链 5 万元，但又突然发现了旁边一款很好看的胸针 2000 元，这时和刚才那款 5 万元的项链相比，胸针是不是太便宜了。此时，你会不会购买？为什么？

需要注意的是，消费者的感觉和判断往往出现错觉，从而对商品价格高低的识别和判断也出现错觉，这被称为价格错觉。例如，同一商品价格，处于高价系列中其价格会显得低，在低价系列中其价格会显得高。可见，消费者感知到的价格高与低是相对的，消费者会根据商品的性能、质量、外观、造型、所用的材料，以及作为陪衬的其他商品的价格来综合判断商品的价格是否合理。

一家理发店，普通理发师剪发标价 38 元，总监剪发标价 88 元。奇怪的是，虽然普通理发师的价格便宜却很少有人问津，而总监剪发贵却需要预约排队，你认为其原因是什么。

三、敏感性心理

敏感性心理指消费者对商品价格变动的反应程度。这种敏感性既有一定的客观标准，又因为消费者在长期购买实践中逐步形成一种心理价格尺度，具有一定的主观性，这两者共同作用，影响消费者对不同种类商品价格变动的敏感性。

（1）消费者对价格的敏感性与商品的价格弹性有关。如果商品需求有较大弹性，说明商品的价格变化不大，而购买量会产生很大的变化，即消费者对价格反应比较敏感；如果商品需求缺乏弹性，说明商品价格变动后，购买量不会产生很大变化，即消费者对价格反应不敏感。

（2）消费者对价格的敏感性因商品而异。例如，鸡蛋、蔬菜、猪肉等这些与日常生活关系密切的商品的价格略有提高，消费者马上就会做出强烈反应；而计算机、手机、家具等即使价格比原来的价格高出几十元或上百元，消费者也不太计较，对这类商品的价格敏感性较低。

（3）商品价格的升降直接关系到人们的生活水平，低收入消费者对价格变化更敏感。

课堂讨论

消费者在收入降低时比收入提高时表现出更加敏感的价格心理，因此，消费者的价格心理不是一成不变的。请讨论还有哪些因素影响消费者的价格心理。

示例

为啥鸡蛋价格狂飙？

连跌数月后，2023 年 7 月末，鸡蛋价格开启新一轮"狂飙"。短短一周时间，鸡蛋价格几乎每天一变，每斤至少上涨 0.5 元，这是时隔两个月后，每斤鸡蛋价格又一次突破"5 元大关"。是什么原因导致鸡蛋价格短期"狂飙"呢？首先，鸡蛋价格上涨的主要原因还是蛋鸡产蛋量减少。数据显示，受三伏天影响，鸡蛋产能呈现下降趋势，主要是因为炎热的天气导致养殖场的蛋鸡产蛋率明显下降。供应小于需求，价格自然上涨。其次，养殖场蛋鸡养殖成本升高也是关键原因。蛋鸡饲料主要由玉米、豆粕等杂粮组成，6 月以来，玉米和豆粕价格双双上涨，必然推高了蛋鸡的养殖成本。另外，步入 7 月中下旬，全国多地降水明显增多。受高温潮湿的天气影响，鸡蛋储存不易，高温天气也导致鸡蛋储运困难。由此可见，蛋鸡养殖成本高，鸡蛋产量又下降，运输仓储也较为困难，三方原因叠加，才是导致这次鸡蛋价格猛涨的背后因素。

四、倾向性心理

倾向性心理指消费者在购买过程中对商品价格进行比较、判断、选择时所表现出的对商品的档次、质量和商标的选择倾向。例如，有的消费者倾向于选购高价格的商品，在价格心理上，认为各类商品的质量不同，而质量又是与价格密切关联的，品牌更是质量高的具体标志，因此，在选购商品的过程中，具有明显的倾向性，愿意购买高价、高质的名牌商品。相反，有的消费者倾向于选购低价格的商品，他们在价格心理上，认为价格并不能完全表示质量，在每类商品中各个档次之间的差别也不会很大，品牌的社会意义更不必多加考虑，只

小思考

如果一条裙子卖 10 元，你会购买吗？对你来说，这意味着什么？

要能够买到经济实惠的商品便感到满意。可见，消费者对价格有不同的心理反应，会有不同的选择倾向。

五、逆反性心理

一般来说，价格涨落会直接激发或抑制消费者的购买欲望，二者的变动通常呈高度的反向关系。但是，某种特殊因素的影响，如市场商品供应短缺引起的心理恐慌，对物价上涨或下降的心理预期，对企业降价销售行为的不信任等，也会引起消费者对价格变动的逆反心理，产生"买涨不买落""越涨价越买""越降价越不买""持币待购"等逆反行为和现象。

知识点滴

什么是吉芬商品？

吉芬商品是 19 世纪英国经济学家吉芬（Giffen）的一个发现。按照经济学的供求规律，当价格上升时，需求减少，价格下降，需求增加，这种升降变化的强度可以用需求的价格弹性来表示。但是，吉芬发现，有一类商品的价格上涨不仅不会导致需求减少，反而使需求增加，而价格下跌反而会导致需求减少。譬如，他发现，在发生灾荒的爱尔兰，马铃薯价格的上涨不但不会使其需求量减少，反而还会使其需求量增加。为了纪念吉芬，人们就把吉芬所发现的这一类需求量与价格成同方向变动的特殊商品称作"吉芬商品"。现实中，奢侈品、珠宝字画或者股票等都有可能表现为吉芬商品。

第三节　定价的心理策略

在市场经济的条件下，企业制定商品价格既要考虑成本和利润，又要考虑消费者的价格心理，根据不同的商品类别、不同的市场环境和不同的购买对象心理特点采用合理的定价策略。商品定价的心理策略主要有以下几类。

小思考

撇脂定价策略的实施需要一定的条件，如市场上存在足够强的购买力并且对价格不敏感的消费者。你认为还应具备什么条件？

一、新产品定价的心理策略

1. 撇脂定价策略

企业在推出新产品时，利用消费者求新、猎奇心理，以及市场上缺少竞争对手的情况，先制定高价格获取高额初期利润，以便尽早收回研发生产成本；而当竞争对手出现时，采取降低价格的定价策略。这种先高后低的定价策略，类似于从牛奶中撇取奶油，从多到少，从厚到薄，因而被称为撇脂定价策略。

撇脂定价策略的优点是在产品生命周期的早期阶段迅速收回成本并获得丰厚利润，同时也会使消费者对产品产生优质、新颖的印象。其缺点是高价格、高利润会引起竞争者对这种产品市场的强烈关注，从而使大量竞争者参与竞争，仿制品、替代品迅速出现，影响企业的地位和利润。同时，高价也会阻拦一部分消费者，甚至容易招致消费者抵制，因此，撇脂定价策略一般是一种短期定价策略。

2. 渗透定价策略

渗透定价策略是一种先低后高的定价策略。这种方法利用消费者的求廉心理，在新产品上市之初有意将产品价格定低，以便迅速进入并占领市场，快速吸引大量消费者并赢得较大的市场份额，当消费者习惯这种产品后再逐步提高产品价格。

采取渗透定价策略会使企业在短期内没有利润或利润很少，但它是企业扩大市场占有率的一种有效竞争手段。但这种策略有三个不足之处：一是投资回收期较长，见效慢，风险大；二是价格先低后高容易引起消费者的质疑和反感，以至于失去部分消费者；三是低廉的价格可能对产品形象产生不利影响。

3. 满意定价策略

满意定价策略是新产品以适中、买卖双方均感合理的价格销售产品的策略，又称为温和定价策略，它是介于撇脂定价策略和渗透定价策略之间的定价策略，一般适用于需求弹性适中、销售量稳定增长的生活日用品和技术要求不高的新产品。

满意定价策略的优点在于：既便于吸引消费者，促进销售，又稳扎稳打，避免承担亏损风险。其缺点是：很难掌握买卖双方都满意的价格水平，尤其对于新产品来说，市场上可参考的产品价格有限，实行起来并不容易。

二、商品销售中的价格策略

1. 尾数定价策略

尾数定价策略是一种保留价格尾数，采用零头标价的策略。这种定价策略利用消费者对商品价格感知的差异所造成的错觉，来刺激消费者行为，使消费者认为企业的定价很精确，而且价格足够便宜。

由于不同国家、不同消费者具有不同的价格心理和风俗习惯，因此，这种策略的表现各不相同。例如，有调查显示，标价为 5 元以上的商品，末尾数是"9"和"5"的销售情况最好，5 元以下的商品，末尾数是"9"的最受欢迎。例如，标价为"4.99 元"比"5.00 元"吸引力大得多，这不仅是因为人们的阅读习惯是从左往右，看到的第一个数字对消费者的影响最大，"4"看起来显然比"5"要小，而且，".99"让人有一种商品在打折的错觉，使消费者觉得买此价格的商品占了便宜，尽管实际上只便宜了一点点。因此，许多销售商就故意把促销商品价格设置为以"9"结尾，如服装品牌 ONLY 等商品的价格多以"9"为尾数。

另外，有研究显示，偶数定价比奇数定价更受消费者欢迎，因为偶数给人一种稳定、好事成双的感觉。在我国，很多人喜欢以"8"或"6"为尾数的价格，因为"8"的谐音是"发"，被认为代表发财，"6"代表顺利。

2. 整数定价策略

整数定价策略是企业把价格的尾数去掉，舍零凑整的定价策略。对于一些高档品，把价格定为整数可以达到让消费者认为价高质优的效果。对一些名牌商品、高档消费品，采用整数定价策略可以满足部分消费者的自尊和炫耀心理。

当然，对很多消费者来说，整数定价策略不一定能起作用，因为正好的整数会让消费者对价格产生怀疑，感觉自己多支付了价格，很不划算。并且，以前有的卖方为了避免找零钱的麻烦而采取整数定价策略，但现在由于消费者多采取移动支付，因此，企业使用整数定价策略并不一定能奏效。

3. 分档定价策略

分档定价策略是把不同品牌、规格、型号的同一类商品比较简单地划分为不同的档次，每档定一个价格，既简化了商品管理，易于上货、理货，又便于消费者选购，满足了不同消费者的需求。

分档定价策略既能体现商品品质的差异，又能提高经营效率，水果店、蔬菜店、服装店可以采用分档定价策略。需要注意的是，在进行商品分档时，分档的级数不宜过多或过少，同理，档次的价格差异也应适宜，否则会导致消费者无从选择或无法选择。

小思考

在商品的橱窗里，同一类商品，不少商家喜欢摆放三个型号，分别对应的价格是高、中、低，想想商家为什么这么摆放？据统计，消费者最后购买最多的是中间价位的商品，为什么？

第十章 价格与消费者行为

享誉中外的百年老字号全聚德烤鸭比其他品牌的烤鸭价格贵了不少。

4. 声望定价策略

声望定价策略是根据商品在消费者心目中的声望，并为保持或提高商品在消费者心目中的形象而采取的策略。这种定价策略利用的是消费者慕名的心理，是一种根据消费者显示地位、炫耀身份、满足虚荣心的心理需要来制定价格的策略。

声望定价的高价格是名牌效应的重要组成部分，尤其适用于知名品牌、奢侈品牌。消费者愿意支付高价来满足心理需要，实际上是追求品牌所包含的社会象征意义。

5. 招徕定价策略

招徕定价策略是指低于一般市场价格，甚至低于成本而招徕消费者的定价策略，也称特价商品定价策略。招徕定价策略是为了吸引消费者前来购物，当消费者进店后，商家不仅可以卖出特价品，也会带动和扩大其他商品的销售。例如，某服装店把要过季的夏装做特价销售，吸引大量消费者前来，不仅仅是为了解决服装过季滞销问题，更是为了使来店的消费者购买新款秋装。

6. 折扣定价策略

折扣定价策略是企业为了扩大销量，将商品的原有价格降低一定比例后售出。这种定价策略可以起到刺激消费者购买欲望、增加购买或连续购买的作用。折扣定价的主要形式有数量折扣、现金折扣、季节折扣、促销折扣等。

7. 差别定价策略

差别定价策略是指企业对同一产品针对不同的客户、不同的市场制定不同的价格的策略。差别定价有以下四种形式。

（1）顾客差别定价。顾客差别定价即企业按照不同的价格把同一种产品或服务卖给不同的顾客。例如，有的商家为维护顾客关系，推出针对 VIP 或老顾客的特别价格优惠，大大低于提供给普通顾客的价格。

（2）产品形式差别定价。产品形式差别定价即企业

服装品牌 ONLY 以降价打折吸引消费者

对不同型号或形式的产品分别制定不同的价格，如罐装饮料的价格一般比瓶装的贵。但是，不同型号或形式产品的价格之间的差额和成本费用之间的差额并不成比例，如大瓶可乐的价格就很便宜。

（3）产品位置差别定价。产品位置差别定价即企业对处在不同位置的产品或服务分别制定不同的价格，即使这些产品或服务的成本费用没有任何差异。例如，飞机上公务舱座位的价格比经济舱座位的价格高；电影院同一个厅里看电影中间位置观影效果最佳，票价最贵。

（4）销售时间差别定价。销售时间差别定价即企业对不同季节、不同时期甚至不同钟点的产品或服务分别制定不同的价格。例如，酒店根据淡旺季来调整房间的价格，平时也会推出钟点房。

8. 组合定价策略

组合定价策略是指将两种及两种以上的相关商品组合成套并推出优惠价格，组合定价比消费者单独购买商品的价格低，这样对消费者具有一定的吸引力。例如，一个化妆品店中，一瓶洗面奶 79 元、一瓶护肤水 89 元、一瓶护肤霜 139 元、一瓶防晒霜 109 元。如果分别购买，总共需要416 元，但如果消费者一次性购买这四件商品，只需 328 元。这样，组合价格可以省 88 元，从而产生"1+1<2"的效果。

组合定价策略既可以使消费者得到实惠，又可以使企业扩大商品销售，增加利润。但要注意不能进行硬性搭配，否则不仅不利于商品的销售，反而会损害品牌形象。另外，当企业销售附带

商品时，往往会采用组合定价策略。例如，将主要商品的价格定得很低，将附带商品的价格定得较高，通过低价促进主要商品的销售来带动附带商品的销售，附带商品的高额利润不仅足以弥补主要商品降价的损失，还能增加企业的利润。例如，一些宠物商店在卖宠物的同时，还卖一些宠物用品，如宠物的服装、食品等，而宠物用品的利润空间更大。

> **课堂讨论**
>
> 肯德基、麦当劳等快餐连锁店经常用"优惠套餐"来吸引消费者，你是否愿意接受这样的"优惠套餐"形式？为什么？

三、价格调整的心理策略

（一）消费者对价格调整的心理反应

企业营销实践中，商品价格的变动与调整是经常发生的。价格调整可以分两种情况：一种是降价，另一种是提价。商品无论降价还是提价，必然会影响消费者的切身利益。因此，消费者对价格变动的反应十分敏感。

> **小思考**
>
> 对于降价的商品，你是否真的喜欢？如果这个商品在你购买之后继续降价，你的感受是什么？为了避免消费者的反感，有的商家采取"变相降价"的方式，如价格保持不变，采取赠送礼品的方式，或采用组合定价的方式。对此你如何评价？

（1）消费者对调低商品价格的心理反应。一般情况下，调低商品价格会对消费者有利，因而会激发消费者的购买欲望，促使其大量购买。但有时，降低商品价格反而会失去一些消费者，减少商品销售。这主要是因为消费者对降价的心理反应是：①降价的商品可能是过期商品、残次品或低档劣质品；②降价的商品可能是淘汰品，新产品即将上市；③价格还要进一步下调，等一等再买；④购买便宜商品有损自己的自尊心和满足感。

（2）消费者对提高商品价格的心理反应。提高商品价格，通常对消费者不利，一般会造成需求减少，影响商品销售。消费者对提价的心理反应是：①这种商品畅销，不赶快购买可能会脱销；②这种商品价格看涨，将来可能还会涨，不如现在就买；③这种商品价值高，物超所值。

和2023年下半年华为Mate60系列手机产能不足而造成的抢购和加价现象不同，小米13对2023年上半年的手机市场来说绝对是一个冲击，非常高的欢迎度加上不错的销量，让小米13斩获了新一代"钉子户"的称号。相比于历代小米手机，由于市场表现良好，小米13的降价速度非常缓慢，甚至在"6·18"活动期间都没有太大的优惠力度。

可见，商品价格的调整引起消费者的心理反应是错综复杂的，不同商品的调价，引起的消费者心理反应的强度也不尽相同。因此，企业在调整价格时，一定要准确分析、把握消费者对价格调整的心理反应，采取适当的调价策略。

（二）价格调整的策略和技巧

根据消费者对商品降价和提价的心理反应，企业可以采取相应的降价策略和提价策略。

1. 商品降价的心理策略

当企业出现产品积压、产品有缺陷、产品处于衰退期等情况时，商品降价是必要的。降价时需要注意以下几个问题。

（1）降价的幅度要适宜。降价幅度过大，不仅会减少企业收益，还会造成消费者的疑虑。降价幅度过小，不能吸引消费者，达不到降价的目的。

（2）把握降价的时机。降价时机的选择关系到降价策略的成败，如选择在节假日、店庆、换季时降价效果会比较好。

（3）降价不宜连续进行。虽然降价能够刺激消费者购买，但降价过于频繁会引起消费者对商品的不信任感，出现持币待购现象，消费者甚至会反感这样的商品，不再购买。

需要注意的是，在一个商店中，少数商品的大幅度降价，比起多数商品的小幅度降价的促销更有轰动效应。如果把降价前后的两种价格标签同时挂在商品上，不仅能证明降价的真实性，还能让消费者眼见为实，方便对比，从而加速消费者做出购买决策。

2. 商品提价的心理策略

消费者通常对商品提价产生消极的心理反应，因此，提价策略并不经常被应用。但当企业成本增加，或市场需求旺盛而商品供不应求时，企业就会考虑提价。提价时需要注意以下几个问题。

（1）提价幅度不宜过大。尽量压低提价的幅度，避免引起消费者的抱怨、不满，减轻消费者的恐惧心理。

（2）选择合适时机。当商品在市场上处于优势地位、商品进入成长期、季节性商品处于销售旺季或在竞争对手提价等情况下，可以选择提价。

（3）提价的技巧。在提价方式的选择上，企业可以采取直接提价或间接提价。直接提价就是以一定幅度提高原有商品的标价；间接提价就是商品的价签不变，通过产品本身的变动来实现提高价格。例如，如果方便面要提价，可以把方便面的面饼从原来的120克改为105克，而价格保持不变。也有的企业会采取推出升级款产品、更换产品型号、种类，或减少一些不必要的产品功能来实现提价的目的。

（4）做好宣传解释工作。为了让消费者接受上涨的价格，企业需要向消费者解释说明提价的原因（如通货膨胀、原材料涨价或劳动力成本上升等），帮助消费者寻找节约的途径，提供热情周到的增值服务等，以获得消费者的理解和支持，增强消费者的购买信心。

本章小结

价格是与企业利润密切相关的因素，是企业市场营销因素中最灵活的因素之一，也是影响消费者行为的重要因素之一，本章主要介绍了价格对消费者行为的影响。

价格的心理功能包括价值认知功能、自我意识比拟功能、调节需求功能。消费者的价格心理具体表现有习惯性心理、感受性心理、敏感性心理、倾向性心理、逆反性心理等，企业需要研究消费者对商品价格不同的心理反应，以制定科学、有效的价格策略。新产品定价的心理策略主要有撇脂定价策略、渗透定价策略和满意定价策略；商品销售中的价格策略有尾数定价策略、整数定价策略、分档定价策略、声望定价策略等。企业在调整价格时不仅要分析调价的原因、掌握好调价幅度、把握调价时机，更要重视调价引起的消费者心理反应。

综合练习题

一、填空题

1. 一般来说，当价格上涨时，需求量_____；价格下降时，需求量增加。

2. 消费者会把价格作为衡量商品价值大小和品质优劣的尺度，认为商品价格高，则商品的质量好，价值大；商品的价格低，则质量差，价值小，这是价格的_____。

3. 当价格的自我意识比拟功能发挥作用时，消费者往往忽略价格与价值或品牌的关系，而更加重视价格的_____。

4. "买涨不买落"等现象是价格的_____心理在发挥作用。

5. _____是基于消费者显示地位、炫耀身份、满足虚荣心的心理需要来制定价格的策略。

二、选择题

1. （　　）是由于消费者长期、多次购买某些商品，通过对某些商品价格的反复感知而逐步形成的。

    A. 习惯性心理　　　B. 感受性心理　　　　C. 错觉心理　　　　　D. 逆反性心理

2. 新产品采取（　　）策略会使企业在短期内没有利润或利润很少，但它是企业扩大市场占有率的一种有效竞争手段。

    A. 撇脂定价　　　　B. 满意定价　　　　　C. 中档定价　　　　　D. 渗透定价

3. 飞机票一般分为头等舱、商务舱、经济舱这三个等级，而头等舱和经济舱之间的票价可能相差好几倍，这是一种（　　）策略。

    A. 声望定价　　　　B. 差别定价　　　　　C. 招徕价格　　　　　D. 折扣定价

4. 与消费者单独购买某商品相比，（　　）提供的价格往往更优惠，不仅对消费者具有一定的吸引力，还可以增加商品销售利润。

    A. 组合定价策略　　B. 动态定价策略　　　C. 差别定价策略　　　D. 整数定价策略

5. 一般来说，（　　）商品价格，一般会造成需求减少，影响商品销售。

    A. 保持　　　　　　B. 稳定　　　　　　　C. 提高　　　　　　　D. 降低

三、论述题

1. 价格的心理功能有哪些？举例分析。

2. 消费者的价格心理表现在哪些方面？

3. 简述差别定价策略的四种形式。

4. 尾数定价策略有什么特点？为什么这种定价策略可以刺激消费者行为？

5. 企业的定价策略有哪些？

6. 论述价格调整对消费者心理及行为的影响。

四、实践题

1. 选择两家超市，调查这两家超市销售的牛奶品牌及其价格，对比其中的异同。

2. 有段时间，"蒜你狠""豆你玩""姜你军""糖高宗""羊贵妃"等用语走红网络，了解这些用语出现的背景及你的看法，并联系生活实际谈谈食品价格上涨对人们生活的影响。

五、案例分析题

很多人都喜欢买打折降价的商品，但为什么有的商品越涨价越有人买？为何有人对涨价的商品能照单全收？扫描二维码阅读案例，并回答案例后面的问题。

第十一章　销售场景与消费者行为

学习目标

学习销售场景的周边环境、建筑特征、门面与招牌、橱窗设计对消费者行为的影响，学习销售场景的内部布局、商品陈列、色彩与音响、气味与灯光、温度与湿度与消费者行为的关系，认识销售服务的重要性，掌握销售服务的类型和服务项目，学习处理销售服务中的冲突与投诉。

导入案例

宜家家居——进入"危险的仙境"

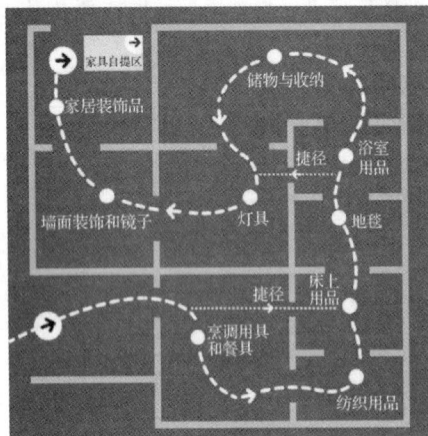

宜家家居用品区域导线示意图

如果你经过北京的北四环路，很容易就被路边一座蓝色的建筑物吸引，这就是瑞典宜家家居（IKEA）四元桥店。不但这座蓝色建筑及其"IKEA"的黄色标识非常醒目，而且由于宜家地处车流量大的北四环路北侧，再加上与首都机场高速交界，地理位置优越，吸引了大批前来购物的顾客。

当你踏入宜家，很可能就会被地上的一条"导线"引导着走完展示的客厅、餐厅、卧室等各个角落，直到一个不落地走完才能抵达出口。但细心的你会发现，如果你想离开这条"导线"而能够抵达感兴趣的区域，这条连接每个主区域的"导线"旁边还有一条辅助线，只不过辅助线有些隐蔽。此外，在宜家，清晰明了的指引牌随处可见，墙上、地上、货架上，甚至连购物车上都会有清晰的退换货指示牌。除指引牌外，其每一个商品都会详细地标注尺寸，包括样板间也会标注面积的大小，让顾客可以快捷购物。

宜家以这种独特的店面路线设计和购物指引，让顾客看完了所有商品。据说，这种导线设计也被称为"危险的仙境"，意思就是看起来不错，但会让你不知不觉进行消费。对宜家来说，如果有60%的商品本不在你的购买清单之内，但你选购了，那宜家的目的就达到了。

启发思考：

1. 为什么说宜家家居的商店布局是"危险的仙境"？它具有什么特征？
2. 你如何评价宜家家居的"导线"设计？这对顾客意味着什么？

第一节　销售场景外部环境与消费者行为

消费者的购买行为通常是在一定的销售场景中实现的，这里的销售场景主要是指各类商场，包括百货商店、购物中心、专卖店、超级市场等。销售场景对消费者购买活动中的心理具有多方面的影响。因此，适应消费者的心理特点，营造良好的销售环境，是企业扩大商品销售的必要条件，也是研究消费者行为的重要内容。销售场景外部环境主要包括周边环境、建筑特征、门面与招牌、橱窗设计等。

一、周边环境

1. 交通状况的影响

交通状况包括公共汽车、电车线路、地铁线和停车站情况，也包括商场周围道路的宽窄，是不是主干道或快速路，两侧的商业、服务、办公情况等。消费者来商场之前就会考虑以下相关问题：商场附近是否有地铁站，是否方便汽车行驶和停留，客流和车流是否畅通，附近是否有医院、学校等人口密集的场所，是不是单行线街道，是不是禁止车辆通行街道等。对这些问题进行判断之后，消费者会对商场的交通状况进行综合评估，然后决定是否前往。

近年来，有的大城市依托地铁兴建了大型商场，这些商场分布在地铁沿线、紧邻地铁出入口，甚至地铁口直接建在商场的地下入口，非常便捷，将地铁的交通功能与商场的购物、餐饮、休闲、娱乐等多种商业功能综合在一起。例如，据统计，上海市地铁 2 号线上就有十几个地铁站连接着商场，具有巨大的人流量，带来很好的商业效益。

北京 SKP 商场位于地铁 1 号线大望路站，交通便捷、畅通。

2. 商圈特点及规模的影响

商圈是指一个商场能够有效吸引消费者来店的地理区域。商圈的特点主要指商圈中的商店经营的商品种类、类型、档次等。例如：北京北四环以居然之家为中心形成了以经营家具、建材、家居用品而闻名的商圈；北京国贸商圈以销售时尚商品和奢侈品为主。

商圈的大小受所在区域特征、商店业态等方面的影响。一般来说，商圈规模越大，意味着商圈内的商店越多，商品的种类、品种越齐全，服务项目越多，商店的市场吸引力就越强，吸引消费者的范围也就越大。例如，北京的王府井、西单都属于大型商圈，吸引了北京市内不同区域的消费者及全国各地的游客前来购物。

3. 停车位的影响

对于开车的消费者来说，商场是否有停车位、是否容易找到停车位、是否好停车等问题是决定其是否前来购物的重要因素。随着开车的人增多，停车位对商场的影响越来越大。有研究表明，同样规模的商场、超市，有停车场的人流量是没有停车场的人流量的 10 倍以上，且不好停车对营业额的影响超过 30%。

需要注意的是，不仅要有足够数量的停车位，停车场的管理也很重要。停车场要做到干净整洁、标识清晰。商场的档次越高、规模越大，消费者对停车场的要求也就越高。

北京西单大悦城购物中心的停车场收费标准清晰明了，出入口墙上的黄红蓝搭配以及"WELCOME TO JOY CITY"的标语能给人带来一种愉悦的感觉。

二、建筑特征

商场的建筑特征会影响消费者对商场的判断。有特色的商场建筑本身不仅展示商场的定位、理念、档次，还可以起到宣传商场的作用，成为商场形象的一部分，并且可能成为一座城市的一道独特风景线。

例如，北京 SOLANA 蓝色港湾紧邻朝阳公园及亮马河，采用了欧洲小镇式的建筑风格，按不同的功能划分为儿童城、品牌街、亮马食街、中央广场等区域，遍布着品牌店、酒吧、餐馆、电影院和超市，成为北京时尚风向标之一。

三、门面与招牌

1. 门面设计

门面是消费者辨识商店的重要因素。风格独特的门面设计，能在瞬间抓住消费者或行人的眼球，使人们立刻想知道这是什么类型、什么档次的商店，会使潜在消费者产生进店观摩和购物的欲望。而且，门面设计还是美化商店的重要手段，能够有效地提升商店的形象。

在进行门面设计时，首先，需要全面了解商店出售的商品种类、规模、特点，使之与店面外部形式相吻合；其次，要满足消费者方便、实用的心理要求，以方便消费者出入、形式大方、吸引消费者为出发点；最后，注意门面的设计要与周围环境、建筑物风格协调一致。由于商店类型不同，门面设计也不同，从商店的外观和专门的设计来看，有以下几种门面设计。

星巴克上海新天地店的门面设计融入老上海石库门建筑元素。

（1）封闭型门面。销售金银首饰、名贵工艺品、艺术瓷器等高档商品和特殊商品的商店多采用封闭型门面，也称为"两小一大型"，即小店门、小橱窗、大招牌。这种类型的门面设计是入口尽可能小，同时商店招牌应醒目、高大、引人注意，而橱窗则应小，陈列物也应简单、大方，数量不多但精美华贵。书店、咖啡屋、西餐厅等也可采用这种形式，体现其别致、优雅和幽静。

（2）半开型门面。大、中型商场一般采用半开型门面设计，也称为"三大型"，即大店门、大招牌、大橱窗。这种类型的门面设计是大店门，入口适中，既能应对客流量大的问题，又给人以宽敞明亮的感觉，使消费者能看清店内的大体结构；大招牌给人以大店、名店的印象，以显示经营者的实力和信誉，有利于吸引更多消费者的注意；大橱窗使消费者在进店前即可了解商店所经营的主要商品种类，有利于吸引更多过往的行人。

（3）全开型门面。水果店、蔬菜店、食品店，或者农贸市场、蔬菜市场等的商店一般采用全开型门面设计，亦称为"两大型"，即大店门、大招牌。这种类型的门面设计是出入口全部开放，没有橱窗，消费者出入方便，没有任何障碍，方便、实用、经济。消费者对这些门面的装饰并不在意，只要有醒目、简单的大字招牌和有序的环境即可。

（4）特色型门面。采用特色型门面设计的商店多为专门销售某种商品的特色商店或专卖店，在门面设计方面非常注重突出商品特色和经营特色，给消费者耳目一新的感觉。例如，服饰店、面包坊、眼镜店等。

除此之外，门面设计还要考虑自然环境。例如，我国北方冬季天气寒冷，门面设计一般要考虑防寒、防风，门面一般较小；而在南方，由于夏季时间长、天气炎热且多雨，因此，门面设计一般要宽大，且有避雨和遮阳通道的设计。

2. 招牌设计

招牌是商店的名称，是用以识别商店、招徕生意的牌号。设计精美、具有高度概括性和吸引力的招牌，不仅便于消费者识别，而且还可以形成鲜明的视觉刺激。例如，北京"都一处"烧麦馆的匾牌据说由清朝乾隆皇帝所题，牌匾用黑漆油饰，字贴金箔，称之为"虎头匾"或"蝠头匾"，寓意洪福吉祥，招牌设计大气、醒目、精美，对消费者的购买心理与行为能产生积极的影响。在商店招牌的命名与设计上，具体应遵循以下原则。

北京"都一处"烧麦馆的匾牌据说由清朝乾隆皇帝所题。

（1）新颖别致。设计新颖独特、别具一格或富有艺术性、形象生动的招牌，能迅速引起消费者的注意，激起其浓厚的兴趣和丰富的想象，成为容易被记住的品牌符号。例如，星巴克咖啡的"美人鱼"招牌、Tim Hortons 咖啡的"红色枫叶"招牌等。

（2）反映商品和经营特色。招牌可以反映主营商品和特色，引起消费者对商店历史、文化和传统的联想，加深印象并赢得赞誉和信任。例如，北京的老字号"内联升"鞋店、"瑞蚨祥"绸布店、"同仁堂"药店、"荣宝斋"书画店等。

（3）命名易读、易记，便于记忆与传播。名字别致、造型独特、文字简练、寓意深刻的招牌往往会在消费者的记忆中留下深刻的印象。比如，北京的"鸿宾楼"酒家、"六必居"酱菜等招牌名字易读、易记，高效地发挥了其识别功能和传播功能。杭州的"楼外楼"菜馆因"山外青山楼外楼，西湖歌舞几时休"的诗句而增添了文化情趣。

位于西湖畔的"楼外楼"菜馆是杭州颇有名气的酒楼。

四、橱窗设计

橱窗不仅是门面总体装饰的组成部分，而且是商店的第一展厅，就像商店的眼睛一样，通过它你就能了解商店的全部，橱窗设计的好坏决定商店是否能更吸引人。有关数据显示，放在橱窗中的商品会比普通展示的商品平均销售量高 68%。因此，一个成功的橱窗不仅具有吸引消费者驻足的功能，且能够切实提高销售量。

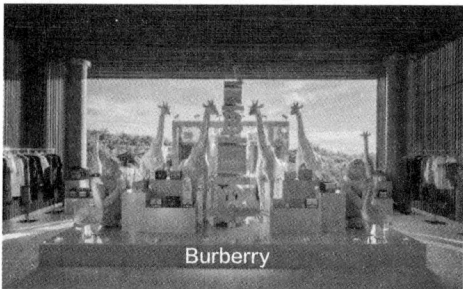

位于海南三亚的艾迪逊酒店的 Burberry 店，采用开放空间设计，带有品牌标志的玻璃屏风向室外延伸，与自然景色融合，为顾客营造了有如亲临大自然的购物体验。

橱窗设计一般以布景、道具、背景画面装饰为衬托，配以合适的灯光、色彩和文字说明，对商品进行介绍和宣传。橱窗设计不仅是传递商品信息的重要形式之一，也是美化环境的重要手段。一个主题鲜明、构思新颖、风格独特的商品橱窗本身就是一件街头艺术品，与商店建筑及周围环境形成一个生动的画面，会给消费者带来强烈的视觉冲击和审美享受。

橱窗设计的实践操作中，要根据商场建筑结构特点，采取封闭式、半封闭式或开放式的橱窗；或按商品的陈列方式不同，选择特写橱窗、分类橱窗、综合橱窗；在表现手法上，选择简洁式设计、季节式设计、生活场景式设计、奇异夸张式设计等不同的方式。当然，还要考虑与商场内的整体风格及商场内的营销活动相呼应来制定橱窗设计策略，总体做到主题鲜明、构思巧妙。

（1）突出展示商品的品质和特征。橱窗设计的重要目的是展示商品、促进销售，因此，在橱窗设计中，要根据设计主题充分展示商品的特征、特色，向消费者提供新商品的信息，展示能够引起消费者注意的新花色品种，或新一季将要上市的新品，使消费者对商品产生兴趣，对商品产生购买欲望。

（2）塑造橱窗整体美的形象。商品是橱窗设计的主体。为了更好地展示商品，需要借助一定的道具、灯光、色彩，从消费者审美心理出发，利用支架、模特、陈列牌等，创造更好的艺术展示效果，使橱窗整体设计巧妙、生动、和谐，塑造具有艺术感染力的整体形象，这样才能给消费者留下深刻的印象。

（3）既要全面考虑又要灵活多变。橱窗设计就像艺术品一样，不可生硬模仿和照搬照套，具体的设计要根据商店的位置、营业项目和

微视频

视频 1：爱马仕橱窗设计
视频 2：Gucci 橱窗设计

视频 1   视频 2

营业场所的大小而定。例如，百货商场传统上使用大面积并有一定空间的橱窗，辅以各种道具展示商品及商品的使用情景，有一定的故事情节，能创造出很好的画面效果。而营业面积小的商店，一般不会设置专门的橱窗，可以使用玻璃墙进行展示，这样既能使行人对所陈列的商品一览无余，又能反映商店的经营情况，可以说是一种特殊的橱窗设计。

另外，在具体展示方式的选择上要灵活多样，根据设计主题选择展示方法和手段。例如，"六一儿童节"的橱窗展示可以利用丰富多彩的颜色、生动的卡通形象、充满童趣的游乐场场景来吸引消费者。橱窗设计还要注意考虑消费者的行走路线、视线高度及由远及近的动态视觉效果，并且要根据季节、主题、节日的变化等更换新的橱窗，保持对消费者的吸引力。

第二节　销售场景内部环境与消费者行为

一、内部布局

小思考

为什么餐饮类的店铺一般都在商场高楼层甚至顶层或地下B1、B2层呢？

内部布局是指商场对内部空间的总体规划和安排。良好的内部布局不仅可以提高商店有效面积的使用率、营业设施的利用率，而且能为消费者提供舒适的购物环境，使消费者获得购物之外的心理满足。

内部布局可以遵循"总体均衡、突出特色、和谐舒适、方便购物、适时调整"的原则，并且注意应具有美感，保持空间宽敞，标识清晰明确，在视觉、听觉等方面给消费者美的享受。

（一）空间布局

1. 格子式布局

格子式布局是一种十分规范的布局方式。这种布局中，货架平行排列，货架中间形成整齐过道，呈格子状分布，如图11.1所示。

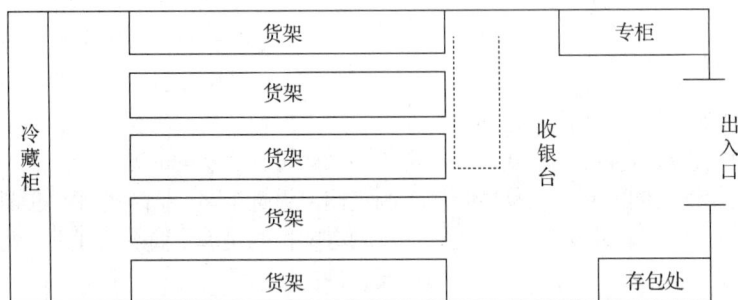

图11.1　格子式布局

格子式布局给人严谨规范、整齐有序的印象，其优点是：①空间利用率高，处处联通，不留死角；②可以提供大量商品，商品的曝光率高；③标准化货架能够降低商场成本；④对顾客导向性强，能实现对客流一定程度的控制。

格子式布局的缺点是：①限制了顾客的行动自由，比较呆板；②顾客在商店中的体验有限；③顾客和员工的接触较少，员工很难有效地为顾客提供个性化服务。

超市、便利店、杂货店大多采用格子式布局，但对于高档商场而言，要尽量避免采用这种布局。

消费者行为学（附微课　第2版）

2. 岛屿式布局

岛屿式布局是在店铺中间布置各不相连的岛屿的形式，在岛屿中央设置货架陈列商品，岛屿可布置成正方形、长方形、圆形、三角形等多种形式。

这种布局美化了店铺，营业气氛好，顾客流动较灵活，视线开阔，易引起顾客的冲动性购买；同时岛屿式布局的柜台较长，陈列商品较多，满足了顾客对某一类或某品牌商品的全方位需求。与格子式布局相比，岛屿式布局更有利于员工为顾客提供服务。但是它不利于最大限度地利用营业面积，不利于柜组成员间的相互交流与协作，布局的变化也会造成顾客的迷失，且货架的成本较高。百货商店、购物中心和综合商场往往采用这种布局。

3. 自由流动式布局

自由流动式布局是充分利用已有空间，根据商店建筑（如墙、柱、角、梯等）和设备特点而形成的各种不同的组合，或独立，或聚合。

自由流动式布局的优点是：①方便顾客通过许多不同的路线进入商店的所有区域；②大面积的开放空间和多样的购物路线提高了顾客的购物体验，顾客可以自由选择，不会产生急切感，增加了顾客的逗留时间和购物机会；③员工利用与顾客的近距离沟通，把握顾客需求，可以向顾客提供个性化服务，使人员促销等行为变得更容易、有效。

自由流动式布局的缺点也是十分明显的：①不能充分地利用卖场面积，降低了空间利用率；②顾客行动更加自由，限制了商场对人流的控制能力，也使人流量比较有限以及人流的分布不均，潜在地降低了商品的曝光率，即商店不能保证顾客能看到某个展示区域；③对商场的管理能力有比较高的要求。

自由流动式布局非常适合追求商店购物体验而非效率的商场，它们通常只向顾客提供有限的商品类别，且商品的毛利率比较高，顾客在购买决策上需要较多时间。例如，服装专卖店常采取自由流动式布局，以充分展示服装，并能使顾客在店内自由走动。

小思考

为什么商场的第一层大多都是化妆品和手表、首饰专区？

购物中心的中庭设计了喷泉和长廊，可给顾客带来独特的视觉冲击。

4. 环形布局

环形布局是指店铺的布局呈环形。环形布局有多种表现形式，如：百货商场或购物中心采用店中店的形式，围绕中庭，设计成"回"形或圆形的走廊，沿途排列各个店铺；中小型店铺在营业场所四周设置货架，中间设置中岛柜台，形成环形布局；等等。

这种布局对顾客的引导性较强，顾客无须往复奔波，可以不走重复的路线，一次性把所有的柜台或把一层楼的店铺逛完，同时对空间的利用比较充分，顾客的体验也不错。缺点是，有时候会使顾客产生一种急切感。因此，环形布局通道设置要尽可能宽敞，各类有亮点的陈列或商品均匀分布，以便让顾客停留的时间相对均匀，防止造成局部拥堵。

（二）卖场通道

卖场通道一般分为主、副通道。主通道是顾客从店门进入店内的通道，是引导顾客行进的主线。副通道是辅助的通道，可以帮助顾客进入店内的各个区域。

主、副通道是根据商店的规模、商品的位置与陈列方式进行设计的。对于小型店铺而言，由于店铺空间较小，通道一般设计成 I 形、Y 形或 U 形；对于空间较大或结构复杂的店铺而言，通道可以设计成环形或 R 形等，甚至可以连接不同的出入口设计多条主通道。

微视频

宜家家居的内部环境设计

一般来讲，通道的宽度要在 1.2～2.5 米。通常，营业面积越大、越高档的店铺，通道越宽。当然，通道的宽度还要考虑商店所在城市或区域的政府管理的相关规定。例如，《北京市商场、超市安全管理规范（试行）》中规定北京市商（市）场内柜台、货架应合理布置，主要疏散通道应直通疏散门或疏散出口，并保证主疏散通道宽度不小于 2.4 米，辅助通道宽度不小于 1.5 米。

卖场通道的设计原则是：通道既要长得能留住顾客，又要短得可一目了然；此外，还要考虑顾客通行时的舒适性，避免出现过度拥挤。

小思考

为什么在超市的收银台附近摆放着口香糖、巧克力或电池之类的小件商品？

（三）动线设计

动线是指顾客在商场行走的线路。一般来说，一方面，动线的形成取决于商场通道的设计，顾客可能会沿着主、副通道前行；另一方面，可以有意规划顾客前行的路线来引导顾客，用中岛、展示台、模特等道具的布置来决定或影响动线，从而引导顾客按商家的意图前行。

合理规划的动线不仅有利于让全部商品进入顾客的视线范围，也能延长顾客在商场内部的停留时间，间接性地增强商场的盈利能力。因此，好的商场动线规划，能够引导顾客按照商家设计的自然走向，通往商场的每一个角落，接触到尽可能多的商品，最终产生购买动机并实际购买商品；同时，动线设计也应该让顾客在购物中感觉舒服。

总体来讲，商场动线设计应遵循简单清晰、利于顾客的原则。例如，可以通过箭头标志引导顾客，或用不同的颜色区分路线，并贴放标志加以区别。

动线不仅包括同一楼层的水平线路，也包括不同楼层间的垂直线路。例如，有的楼层多的商场在设计自动扶梯时，让每层楼的电梯是同向的，这样顾客乘坐上下自动扶梯时，都需要转个圈，为的是让顾客能多接触商品，增加销售机会。但有的商场在设计自动扶梯时，让顾客可以不停留连续地上楼，甚至还有跨楼层的电梯，这样的动线设计不像前者那种强制性地"挽留"顾客，而是一切以方便顾客为原则。

整齐有序的服装陈列

二、商品陈列

商品陈列是指柜台及货架上商品摆放的位置、搭配及整体表现形式。商品陈列是商店内部陈设的核心内容，也是吸引顾客购买商品的主要因素。

微视频

超市商品布局

（一）商品陈列的原则

"陈列就是沉默的推销" "成功的商品陈列就是优秀的无声推销员"，这些话已被越来越多商店接受。

为了方便顾客购买，满足顾客求便、求美、求新的心理需求，商品陈列须遵循以下原则。

1. 易看

商品要让顾客容易看见，并非那么简单。如果商品的摆设位置过高，顾客仰视时会比较费力；如果商品摆设的位置过低，顾客需要低头寻找商品，在人多拥挤的情况下顾客不容易发现这些商品，减少了商品被人注意的机会。因此，使商品陈列的高度与人平视的高度大致相等是较好的选择。

一般来说，男性平视视线距地面 150 厘米，女性平视视线距地面 140 厘米，在这两个高度范围内的商品陈列最符合人的视觉习惯，也最容易引起人的注意，可见，把最主要的商品陈列在此高度范围内更有利于销售。有些商场还为了加速资金流转、获取更多利润，仅将价格高、利润大的商品放在与顾客视线平行的货架上。

商品陈列高度示意

2. 易摸

商品不仅要让顾客容易看见，还要让顾客能摸到。因为顾客为了感受商品的品质，有时还想知道商品摸起来如何，如衣服、床单、毛巾等，有的顾客要经过仔细触摸才会购买。而且，手提包、雨伞、杯子之类随身携带的商品，顾客都希望用手掂掂重量，如果不让触摸意味着对顾客的一种拒绝。

一般而言，顾客观看和拿取商品的有效范围是离地面 30～180厘米。人手最容易触摸到的高度是距离地面 80～120 厘米，这一范围被称为"黄金位置"。按消费者易拿、易放的原则来陈列：距地面 80～150 厘米为"第一有效区"，商场应该把最主要的商品陈列在此范围内，以便顾客拿取；距地面 60～80 厘米和 150～170厘米为"第二有效区"；距地面 60 厘米以下和 170 厘米以上为"第三有效区"，该区域较少用来陈列商品，通常作为存货空间或不放商品。

超市中开放陈列的蔬菜、水果方便顾客拿取

3. 易选

易选即通过商品分类，让顾客一目了然、易于挑选。商家不仅要把商品的种类区分开来，摆放得便于顾客挑选，而且还应按照商品的大小、款式、用途及适用对象的年龄等进行细分。

（二）商品的陈列方法

商品的陈列要把重点放在顾客的视觉感观上，既要展现商品的特性，又要借助美观的陈列设计，把商品的魅力表现出来。

（1）分类陈列法，是根据商品的类型、质量、性能、特点、档次、产地或使用对象等进行分类，并向顾客展示的陈列方法。例如，服装按照男装、女装、童装分类陈列。分类陈列法是一种广泛使用的方法，它便于顾客集中挑选、比较，符合顾客的购买习惯，也有利于反映商店特色。

（2）主题陈列法，是指结合某一特定事件、时期或节日，集中陈列展示应时适销的关联性商品，或根据商品的用途在特定环境、时期陈列的方法。例如，春节前商店中的"年货"专柜张灯结彩，加上喜庆的音乐，可营造出一种独特的节日气氛，以吸引顾客的注意，激发顾客的购买热情。

（3）季节陈列法，是根据春、夏、秋、冬四季的消费特点进行商品陈列的方法，重点突出应季的商品，把过季商品品类调整到相对较差的陈列位置，同时，要注意陈列商品与季节的协调，减小商品与自然环境的反差，促进季节性商品的销售。还要注意在不同的季节会有一些大型节假日，如春季有妇女节、劳动节，夏季有儿童节，秋季有教师节和国庆节，冬季有春节等，利用好季节陈列法会给商家带来更多收益。

（4）整体陈列法，是将相关联的商品完整地向顾客展示的陈列方法。例如，将全身服饰作为一个整体，把帽子、衣服、鞋子、皮包甚至饰品全部展示在一个人体模特上面。整体陈列法能为顾客展现商品的整体效果，激发顾客对商品的联想，便于顾客连带选择和购买。

（5）大量陈列法，主要指在商场的大面积、大空间内陈列数量足够多的单一商品或系列商品，或

水果、蔬菜采用大量陈列法营造热卖的氛围

者将这些商品进行堆积陈列的方法。例如，超市中的水果、蔬菜常采取这种方法陈列，一是能吸引消费者的目光，二是能营造出一种热销与廉价的效果，达到刺激消费者购买的目的。

（6）特写陈列法，是通过各种形式，采用烘托、对比等方法，突出宣传、陈列某种商品的方法。因为大部分商店都有成百上千种甚至更多种类的商品，要使顾客在同一时间内对所有的商品都给予同样的关注是不可能的。因而，对于需要特别宣传的商品或有特殊意义的商品，采用特写陈列法，既有利于陈列商品的销售，也有可能带动其他商品的销售。

实际上，商品陈列的方法还有很多种，不同的商场及不同的商品都可能会有不同的陈列方法，如服装服饰采取叠装陈列、侧挂陈列、正挂陈列、人模陈列、装饰品陈列等陈列方法，超市及便利店最常用的是多层货架陈列、端头陈列、堆头陈列、悬挂式陈列、突出陈列等陈列方法。商店应根据具体环境和条件来选择合适的陈列法。

📖 课堂讨论

1. 请对比图 11.2 中的两种服装陈列方式，你对其中的服装印象如何？
2. 你认为这两幅图中的服装陈列方式适合什么样的服装品牌？为什么？

图 11.2　服装陈列对比

三、色彩与音响

（一）色彩

餐厅以红灯笼做挂饰，吸引食客眼球并营造出喜庆节日气氛。

在商店内部环境中，色彩的有效使用具有重要作用，色彩与商品、色彩与环境是否协调，对顾客的购买心理有重要的影响。因为每一种颜色都会给人以特定的感觉，而人们对色彩的反应与偏好又与他们的社会文化、个性特征、生活经验、需要和情趣等有关。不同的色彩能引起人们不同的联想，让人产生不同的心理感受。例如，黄金首饰店铺以大红色为主色调，营造喜庆的气氛；高档礼品店以淡绿色花岗石地板作为装饰，再配以柚木色陈列用具，可营造清新高雅的氛围，令人赏心悦目。

在设计色彩时，应根据商店周围环境、经营性质、商品特点、顾客特点等进行颜色的选择和搭配。同时，还需要注意色彩与墙壁、天花板、地板、陈列用具、灯具、商品等要素之间的协调和搭配。

✈ 知识点滴

色彩的妙用

"红花虽好，还需绿叶陪衬"，不同的色彩会对顾客的心情产生不同的影响和冲击，因此很多商家都采取各种各样的色彩搭配以吸引顾客注意力，力求给顾客留下赏心悦目的印象。超市在进行食品陈列时，采用暖色系的配色，如奶油色和橘黄色，再点缀少量绿色，就可以使人食欲大增。但如果在熟食卖场使用青绿色或银灰色，则会使顾客感觉不愉悦，甚至产生厌恶感。而当生鲜肉品货柜的背景色偏红时，会让人产生肉看上去不新鲜的感觉。如果改为淡蓝色或草绿色，肉就会显得新鲜、红润。还要注意，如果卖场中的商品是色彩斑斓的，那么环境色彩应尽量采用中性色，以突出商品，防止因背景色过于杂乱破坏商品色感。

（二）音响

销售场所的音响主要来自三个方面：一是商店播放的背景音乐，目的是调节营业环境的气氛，调动顾客的购物情绪；二是商店播放的广告信息；三是服务人员给顾客演示商品而产生的声音。除此之外，还有顾客之间、顾客与服务人员的交谈声，空调、通风设备等发出的声音等。

微视频
促销活动氛围营造

1. 发挥背景音乐的作用

商场播放背景音乐已经成为一个普遍的现象。音乐能极大地调动顾客情绪，为商店营造一种舒适的氛围，产生令人愉快的效果，能够激发顾客某种购物欲望，从而采取行动。

商店内播放的背景音乐，其主题要适合特定场所的购物环境。例如：若商店销售的商品具有地方特色，可播放一些民族音乐；若商店的现代气息比较浓郁，可播放一些现代轻音乐；若商店的艺术色彩比较浓厚，可播放一些古典音乐；若主要消费对象是青年人，可播放一些流行音乐；若以中老年顾客为主，则可播放一些怀旧金曲。总之，要使顾客的情绪在音乐的映衬下能与商店的风格产生共鸣。

当然，在春节、元旦、中秋等节日播放喜庆的音乐，不但能营造商场与顾客共度佳节的氛围，还能拉近商场和顾客的心理距离，激发顾客的购买欲。

还要注意，播放背景音乐时切忌音量过大，过大的音量不仅不能使消费者放松紧张的心情，反而会增加顾客的紧张感，只有和谐的音调、柔和的音色和适中的音量才会令人感到舒适。

2. 慎用"大喇叭"

有的商场通过"大喇叭"形式，在店内反复播放商品打折、降价等信息，虽然可以起到引导顾客购物的作用，但播放内容简单重复、播放音量过大、播放频率过高，使商店内声音嘈杂、混乱，顾客不能安静地购物，会破坏商店的整体氛围。

3. 巧用特殊声音

正常的、令人愉快的声音，不但可以吸引顾客注意商品，还可能产生意想不到的效果。例如，烤牛排的饭店采取现场制作牛排的方式，就是让顾客看到煎牛排的过程，让顾客听到煎牛排发出的"滋滋"的声音，特别能刺激人的味蕾，对顾客吸引力极大。同样，星巴克店员在研磨咖啡时发出的声音，能刺激人的感官，营造一种欢乐氛围。因此，商店可以结合所售商品的特点，巧妙利用一些声音，不但能让商店氛围变得温馨动人，还能起到非常好的销售效果。

四、气味与灯光

（一）气味

商店中的气味会直接影响顾客的心理感受。有实验显示，气味可以激发人的某种心情或唤起人的某种记忆。比如，柠檬味能让人打起精神或者感觉心旷神怡，而香草味让人产生温暖和舒适的感受。

美国某研究机构通过实验发现，气味确实可以影响人的购物行为。例如，美国一家冰激凌连锁店借一种蛋筒冰激凌上的锥形华夫薄饼的香味来吸引顾客，本来低迷的销售业绩一下子增长了三分之一。一个售楼处用刚刚烘烤好的巧克力味的甜点来款待购房者，使购房者感觉像在家里一样，从而使销量大增。越来越多的商店、酒馆、博物馆等注意运用香氛进行营销。

要注意的是，气味既有积极的一面，也有消极的一面。商场运用气味营销时，需要注意气味的选择和投放方式，避免运用过于强烈、过于刺鼻的气味，还要对各种不正常的气味进行控制，这样才会产生正向的促销效果。

（二）灯光

在销售场所的内部环境设计中，灯光的使用具有重要的意义，灯光的强弱、明暗对比能使人产生不同的心理反应。商店内部照明分为基本照明、特殊照明和装饰照明三种类型。

1. 基本照明

基本照明是为保证顾客能够清楚地观看、辨认方位与商品而设置的照明系统。一般情况下，商场的基本照明要保证明亮，光线要充足，光线亮度要调配恰当，使商店富有朝气。还要考虑需要照明的商品，如床上用品尽量用暖光灯来照射，以营造浪漫温馨的氛围。

目前，商场多采用吊灯、吸顶灯和壁灯的组合，来创造一个整洁、宁静、光线适宜的购物环境。基本照明除了帮助顾客辨认商品之外，不同灯光强度也能影响人们的购物气氛。总体来看，基本照明主要是把商场的整个空间照亮，具体运用时要注意各区域照明的均匀性。

2. 特殊照明

特殊照明是为了突出部分商品的特性、特质而布置的照明，其主要目的是显现商品的个性，以便更好地吸引顾客的注意，激发顾客的购物兴趣。例如在珠宝首饰店，采用集束灯光照射，显示珠宝的晶莹耀眼、名贵华丽；在服装店，采用底灯和背景灯照射，可以显示服装的面料、质地和轮廓。

3. 装饰照明

装饰照明在整个商店的氛围营造中起着重要作用，它不但可以突出商品，还可为商场营造出特定的情景，增添商场气氛，给顾客带来不同的视觉上的感受，而且也是促销的一种手段。但要注意装饰照明强弱对比不宜过大，彩色灯光和闪烁灯光也不能滥用，否则会使顾客眼花缭乱、紧张烦躁，还可能扰乱商品的颜色，破坏店内整体的照明环境，而且会对销售人员心理产生不利影响。

五、温度与湿度

商店内部的空气质量不仅受气味影响，还受温度和湿度影响。当前，温湿度独立控制空调系统在商场中被广泛应用。对商店温度的要求是：冬季温暖而不燥热，夏季凉爽而不骤冷，春秋季室内外的温度相差不太大。对湿度的控制应做到使顾客体感舒适。

由于商场人流量大，容易造成空气污染，商场应注意保持空气流通顺畅。小商店可以采取自然通风的方式，大中型商店多数安装了通风设施来保持空气流通和清洁卫生。合适的温度和湿度不但能满足顾客的生理和

服装品牌"例外"的陈列基于对天然材质的使用，通过对材质本身的尊重及设计重组传达其品牌精神，结合恰当的灯光营造出别样温暖的艺术空间。

心理需要，使顾客产生舒适、愉快的心理体验，也可以调节销售人员的情绪，提高其服务质量。

第三节　销售服务与消费者行为

一、销售人员的仪表

销售人员的仪表不但代表商店与商品的形象，还直接影响消费者的情绪与态度，销售人员仪

表的好坏有时甚至会直接决定销售的成败。总体上，销售人员仪表包括仪容、表情、姿态等，不仅反映销售人员个人的素质修养、精神气质，还反映了整个商店的精神面貌。在服务过程中，销售人员要坚持穿着整洁、朴素和表现大方、自然的原则，注意举止得体，与消费者交流时诚恳热情、亲切自然，体现亲和力和专业性。

目前商场内的销售人员多以女性为主，但如果销售手机、计算机、家电等产品由男性来做销售人员，销售效果或许会更好。另外，销售人员的着装并非一定以制服为主，服装店的销售人员穿本店售卖的服装，让消费者亲眼看到服装上身的效果，可以达到促销的目的。

当然，提供优质的服务，销售人员还需要具有丰富的商品专业知识。例如，一个有经验的服装销售人员对服装的面料、款式、设计风格应该了如指掌，能够根据消费者特点为消费者搭配适合的服装。

🤔 **小思考**

有人认为商场中的销售人员越漂亮就越吸引顾客。实际上，这样的想法并不完全正确，有的顾客看到长相普通的销售人员会更有亲切感、真实感，你是否有同感？

二、服务类型和服务项目

向消费者提供什么类型的服务及哪些服务项目，与一个商店的规模、类型、定位、策略有关。例如，超市一般提供有限的销售服务，而百货商店则提供多样化服务。

（一）服务的主要类型

1. 按售货过程的阶段分类

（1）售前服务。售前服务即在商品出售以前所进行的各种准备工作，目的是向消费者传递商品信息，引起消费者的购买动机。这一阶段的服务包括提供商品信息、整理编配商品、推荐免费试用、陈列商品、赠送宣传资料、营造购物气氛等。

（2）售中服务。售中服务主要指销售人员在与消费者交易的过程中提供的各种服务，如接待消费者、商品介绍、帮助选购、办理成交手续、包装商品等服务。在自我服务商店中，售中服务则表现为提供咨询、结算、包装等服务。

（3）售后服务。售后服务即商品售出后继续为消费者提供的服务。一般来说，商店向消费者交付了商品，消费者向商店支付了金钱，销售已基本完成。但对于有的大件商品（如家具）、高科技产品（如计算机），消费者在购买后对商品运送、安装、使用时发生的问题，需要商店提供进一步的服务。这类服务的目的是降低消费者使用成本和风险，使消费者对商店感到满意，并成为商店的回头客，或乐意向他人介绍、推荐本商店商品。售后服务包括退换商品、送货、维修、安装调试、技术培训、解决抱怨及赔偿等。

2. 按投入的资源分类

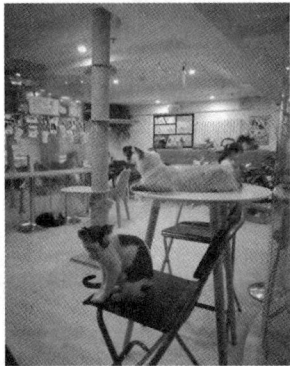

某咖啡店推出"撸猫"服务，让顾客喝咖啡、撸猫两不误。

（1）物质性服务。物质性服务即通过提供一定的设备、设施为消费者服务。例如商店向消费者提供的电梯、试衣室、寄存处、购物车、停车场等，或为老年人、残疾人提供轮椅服务等。

（2）人员性服务。人员性服务主要指商场的售货人员、送货人员、导购人员、咨询人员等不同岗位的人员提供的服务。

（3）信息服务。信息服务即向消费者传递商店与商品等方面的信息，使消费者了解商家、了解商品，帮助消费者做出适当的购买决策。例如，商店的促销信息、新产品上市信息、商品使用指南，以及商场活动信息等。

（4）资金信用服务。资金信用服务即提供消费者信贷，如允许赊销商品、分期付款、信用卡付款、移动支付等。

3. 按消费者需要分类

（1）方便性服务。方便性服务即对消费者购买商品提供的各种便利。这类服务是任何业态的商店都应该提供的服务，也是商店的基本服务，满足消费者购物的基本需要。这类服务包括提供方便的营业时间，商品货位有指示说明标志，提供购物手推车，提供自助式物品存放箱，等等。

（2）伴随性服务。伴随性服务即针对消费者在获得商品的过程中的要求提供服务。这类服务与购买商品有直接联系，也是商店提供的促销性质的服务，如提供送货、安装、包装、快递等服务。

（3）补充性服务。补充性服务即对消费者期望得到的非购买商品需求而提供的服务。这类服务对消费者购买起推动作用，辅助商店成功地经营，也可以说是推销性服务。这类服务包括提供消费者休息室、自动取款机、寄存处、电话咨询、照看婴儿服务、免费上网服务、停车场等。这类服务能有效地吸引消费者、留住消费者，提高了消费者在停留期间的购买概率，同时也有助于体现商店的服务特色，树立商店的良好形象。

"盒马鲜生"店融合了"超市+餐饮"双重场景，满足了顾客购物和就餐的需要。

📺 课堂讨论

有的商店为了吸引消费者，采取会员制度，赋予会员一定的优惠和特权。例如，某百货商店对会员购买任意产品一律给予九折的优惠。讨论商店应采取哪些措施做好会员管理。

（二）主要服务项目

商场服务的形式多种多样，下面介绍一些较常见的服务内容。

（1）商品的退换。做好商品的退换工作，是商场提高服务质量的一项重要内容。商场的退换政策在很大程度上影响着消费者对商场的信任程度，进而影响商场的营业额。

（2）商品的维修。商场对手机、计算机等商品提供的商品维修工作，一般在商品保修期内实行免费维修，超过保修期则收取一定的费用。有条件的商场还对大件商品提供上门维修服务。另外，这些服务还包括为消费者提供熨烫衣服、换拉链、缝裤边等服务内容。

（3）包装服务。包装服务即为消费者购买的商品进行妥善的包装。这种服务可以很简单，如将商品放在纸袋或塑料袋中就可以了；也可能比较复杂，如精致的玻璃器皿，需要放在专门防破碎的盒子中。需要注意的是，商场提供的包装服务要与经营的商品以及商场的形象相适应。一般的食品店、杂品店、普通超市只要简单地将商品放在购物袋中即可；但高级服装专卖店就需要把服装放在专门、精美的包装盒中，一是利于消费者携带，二是符合商品的整体形象。

有的商场还为消费者提供礼品包装服务，礼品包装包括礼品盒和缎带及印有商场名称的包装纸、包装袋，提供这种包装不仅是一种友好的表示，而且也是一种广告形式。另外，随着环保观念的普及，商店要尽量减少塑料包装袋的使用。采取符合环保要求的包装材料，有助于商店树立有社会担当的形象。

（4）送货与安装服务。对于体积大、不好搬运或者需要专业安装才能使用的商品，如冰箱、洗衣机、空调等，商场要为消费者送货上门，必要时还要为消费者安装调试。这种服务既给消费者提供了较大的方便，又能避免消费者在安装调试过程中出现不必要的事故，保障了消费者的人身财产安全，还可以为商场增加回头客。

（5）快递邮寄服务。快递邮寄服务是指商场对不能来店的顾客或来店购物但有邮寄需求的顾客提供的服务。随着社交媒体的发展以及快递业务的普及，许多商场都推出了快递邮寄服务。销售人员先和顾客通过商店 App、微信、QQ 等方式确认好订单后，将商品寄给顾客。这项服务节省了顾客为购买商品所花费的时间和费用，能提高顾客对商场的黏性，受到普遍欢迎。

（6）儿童托管。很多商场提供儿童托管服务，让带孩子来购物的顾客可以把孩子寄托在商场的儿童托管中心或儿童乐园，商场派人负责照料，让顾客能放心购物。这项服务受到前来购物的父母的欢迎，而且，因为不用担心孩子吵闹，顾客在商店的购物时间大大延长，有效地提高了商场交易额。

有的商场提供儿童游乐项目服务，受到孩子和家长的欢迎，该服务也带动了其他商品的销售。

（7）提供休息室。有的商场利用一部分场地，开辟顾客休息室。休息室一般备有报纸、杂志供顾客阅览，提供上网服务，并出售饮料和小点心。

（8）形象设计服务。近年来，有的大型商场推出了为顾客提供形象设计的服务，这项服务由商场聘请形象设计师为顾客进行形象设计，设计师根据顾客的身材、收入、职业等来指导顾客如何搭配服装、鞋、包。这项服务有效地激发了顾客的购买欲望，不但满足了顾客求美的心理，还能让顾客获得个性化、专业化建议，受到顾客的欢迎。

除以上服务之外，商场会根据具体情况为顾客提供各式各样的服务项目，如免费班车、免费上网、商品咨询、分期付款、代售福利彩票等，多方面满足顾客的需要。

三、服务中的冲突与投诉处理

1. 冲突产生的原因

在服务过程中，有时销售人员与消费者会发生冲突，主要有以下几个原因。

（1）双方立场不同。由于销售人员是卖方，消费者是买方，双方立场和利益不同，这是造成冲突的根本原因。

（2）商品有问题和服务不当。商品质量有问题或服务承诺没有实现，从而侵犯消费者的利益而造成冲突。

（3）双方心理状态、情绪和投入程度不同。例如，有的消费者来商店购物前遇到某些不愉快的事，带着某些不良情绪来购物，此时容易发生冲突。同样，销售人员也可能由于个人原因未能克制住不良情绪而与消费者发生冲突。

（4）买卖双方对交易过程中出现的问题的认识和理解不同，如一个热情的销售人员可能被消费者理解为虚情假意或强行推销。

2. 消费者的投诉心理

消费者投诉是指消费者在购物活动中，由于商品和服务等而引发矛盾和冲突，通过协商不能解决时，向商场管理部门或社会相关机构提出自己的意见和要求的行为。当商品质量低劣、销售人员工作不负责任、销售人员的态度不好、退换货问题不能解决时，消费者可能会选择投诉的方式来解决问题，以维护自身的利益。

消费者投诉的心理主要包括：①求尊重的心理，消费者希望得到回应、尊重、同情和理解；②求补偿心理，消费者希望受到的损害能够得到补偿，如免费维修、调货、退货，甚至要求得到精神补偿；③发泄心理，消费者希望通过投诉，把怒气、怨气发泄出来，缓解郁闷沉重的心情，以获得心理平衡。

3. 对消费者投诉的处理

首先，商场需要明确的是，消费者来商场进行投诉，未必是不好的事情，通过消费者投诉，商场可以发现销售过程中存在的问题，避免以后出现更大的问题；其次，消费者到商场来投诉，表明消费者对商场还有一定的期待，如果商场能够为消费者妥善地解决问题，可以重新获得消费者的认可，不至于失去该消费者；最后，如果消费者不来商场投诉，而是到社会相关机构去投诉或者采取口碑相传的方式把这次的不满传给更多人，又或者通过电视、报纸或微博等媒体去曝光，就会对商场产生更加不利的影响，商场应尽量避免此种情况发生。因此，商场需要重视消费者的投诉，并积极为消费者解决问题。

在处理投诉的过程中，商场可以采取以下方法。①认真倾听，保持冷静。不计较消费者过激的态度与言语，保持克制、忍耐，不与消费者争吵，不和消费者争辩。②表明同情，诚恳道歉。站在消费者的立场考虑问题，对给消费者带来的损害表示同情、理解并致歉，让消费者感觉销售人员重视他们的投诉，尊重他们的意见。③及时处理，有始有终。只是道歉并不能妥善处理消费者的投诉，必须采取恰当、及时的行动才能解决问题。销售人员在了解情况的基础上，应马上予以处理，提出补偿性的处理结果。如果超越自己的权限范围，可以向消费者说明情况，告诉消费者解决问题的程序和时间，避免消费者误会。

📚 课堂讨论

有研究表明，如果妥善处理消费者的投诉，消费者很可能变得对商店更加忠诚；但如果商店过于取悦消费者，又会使更多消费者进行投诉，即使有的投诉是不合理的，甚至有的消费者认为得到补偿是理所当然的。如果你是商店的管理者，如何处理这一矛盾。

📖 本章小结

本章介绍了销售场景对消费者行为的影响。销售场景外部环境主要包括商场的周边环境、建筑特征、门面与招牌、橱窗设计等。周边环境是指销售场景外的交通状况、商圈的特点及停车位状况等；商场的建筑特征不仅能影响消费者对商场的判断，还能够表现商场的定位、理念、档次，成为商场的宣传标志；设计门面和招牌时，首先需要明确设计的原则，然后根据不同的类型要求进行设计；橱窗设计不但要从商场建筑结构特点、橱窗设计的目标出发，还要结合消费者的心理要求。

销售场景内部环境包括内部布局、商品陈列、色彩与音响、气味与灯光、温度与湿度等要素。做好空间布局、合理设计卖场通道和动线是商场内部布局的基础工作；商品陈列遵循"易看、易摸、易选"的原则，采取多样化的陈列方法；色彩与音响、气味与灯光、温度与湿度是内部环境中的软性要素，既讲究用科学的方法进行设计，也要有一定的艺术感、美感，最重要的是能够打动消费者。销售服务的质量和水平与商店提供的服务类型和服务项目有关，也与销售人员的仪表相关，而学习解决销售服务中的冲突与正确处理消费者投诉也是必要的技能。

📖 综合练习题

一、填空题

1. 销售场景的优劣对消费者心理与行为的影响显而易见，一般来说，销售场景包括销售场景外部环境、销售场景内部环境和_____等方面。

2. 销售场景的周边环境、建筑特征、门面与招牌、_____等对消费者行为产生很大的影响。

3. _____不仅能展示商场的定位、理念、档次，还可以起到宣传商场的作用，成为商场形象的一部分。

4. 商品陈列应遵循易看、_____和易选的"三易"原则。

5. 按照售货过程的阶段对销售服务进行分类，其主要类型有售前服务、售中服务和_____。

二、选择题

1. 销售场景的周边环境包括除了（   ）之外的所有选项。
   A. 交通状况　　　　B. 商圈　　　　　　C. 招牌与橱窗　　　D. 停车位
2. 卖金银首饰的商店一般采用（   ）门面设计。
   A. 封闭型　　　　　B. 半开型　　　　　C. 全开型　　　　　D. 特色型
3. 商店（   ）布局的营业气氛好，顾客流动较灵活，视线开阔，易引起顾客的冲动性购买。
   A. 格子式　　　　　B. 岛屿式　　　　　C. 自由流动式　　　D. 环形
4. 销售场所中灯光一般分为基本照明、特殊照明和（   ）三种类型。
   A. 色彩照明　　　　B. 动感照明　　　　C. 霓虹灯照明　　　D. 装饰照明
5. 对消费者的投诉，商场采取的正确做法是（   ）。
   A. 息事宁人　　　　B. 被动应付　　　　C. 积极应对　　　　D. 不了了之

三、论述题

1. 销售场景外部环境包括哪些内容？它们对消费者行为有哪些影响？
2. 销售场景内部环境需要考虑哪些方面？
3. 如何设计商店的招牌来吸引消费者？
4. 为什么说橱窗设计像商店的眼睛一样？橱窗设计需要注意哪些事项？
5. 简述商品的陈列方法。
6. 综合论述色彩、音响、气味、灯光、温度、湿度等对消费者行为的影响。
7. 销售人员的仪表包括哪些内容？
8. 简述销售服务的类型，并举例分析商场哪些服务项目受到消费者的欢迎。
9. 为什么销售服务中会发生冲突？对消费者投诉的处理方法有哪些？

四、实践题

1. 选择一家你熟悉的商店，调查该商店的外部环境、内部环境以及销售服务情况，总结该商店有哪些方面能吸引消费者，列出五项以上。
2. 选择一条商业街，观察记录街上商家的招牌、门面特征等，并对这些招牌进行对比分析。

五、案例分析题

常买菜的人可能会遇到这样的情况：在超市、菜市场看上去很新鲜的肉，一到家颜色怎么就变淡了许多。扫描二维码阅读案例，并回答案例后面的问题。

第十二章 促销与消费者行为

学习目标

学习促销、促销组合、整合营销沟通的概念，明确促销对消费者的影响，了解广告的功能，熟悉人员促销的特点及作用，了解开展公关活动的目的及形式，学习销售促进的形式及特点，掌握促销组合的沟通特征，掌握整合营销沟通策略。

导入案例

巴黎欧莱雅——你值得拥有

1907 年，年仅 26 岁的欧仁·舒莱尔发明出世界上第一种无毒的合成染发剂，并命名为欧莱雅（L'Oreal）。如今，欧莱雅经营范围遍及 130 多个国家和地区，产品已从染发剂扩展到女士护肤、彩妆、女士洗护发、家用染发、男士护肤、男士洗发及造型等诸多领域。欧莱雅旗下的品牌包括 Helena Rubinstein、Lancome、L'Oreal、VICHY、Maybelline 等，这些品牌给消费者带来了"从指尖到发梢"的美丽，使欧莱雅成为全球知名美妆品牌。

"你值得拥有"是欧莱雅的广告语，在其美容美妆产品的广告中经常出现。这句话所传递的信息，是每个人都有权利追求美丽，而欧莱雅可以为每个人提供优质的美容美妆产品，帮助他们实现自己的美丽梦想。欧莱雅在全世界选择最具魅力的明星组成"梦之队"，从各个角度来展现"巴黎欧莱雅美丽无疆界"的气势，并使"巴黎欧莱雅——你值得拥有"的美丽概念成为经典。每一位欧莱雅品牌代言人都拥有成功的事业和非凡的个性，完美诠释了"你值得拥有"这一品牌理念。

促销策略是欧莱雅进军中国市场的重要手段。除了设立形象专柜、专卖店，欧莱雅的电视广告、杂志广告、巨幅明星海报等媒体广告随处可见，覆盖了大型百货商店、超市、高档专业发廊和免税店等各种销售渠道，而"你值得拥有"这句广告语不断提醒着每个人都是独一无二的，每个人都有自己的美丽之处。它不仅代表了欧莱雅产品的高品质，更代表了欧莱雅对每个人个性化需求的尊重和关注。2022 年，欧莱雅中国迎来了 25 周年里程碑，整体业绩实现逆势增长 5.5%，并在 2023 年第一季度继续领跑中国美妆市场。欧莱雅北亚总裁及中国首席执行官费博瑞表示，站在下一个 25 年的新起点，欧莱雅将继续深耕中国这一充满活力的市场。

启发思考：

1. 你是否使用过欧莱雅的产品？你是通过哪些渠道知晓这些产品的？你如何理解"巴黎欧莱雅——你值得拥有"的广告语？

2. 根据案例，并查阅资料，分析欧莱雅针对中国市场的促销策略及其特点和效果。

第一节　促销概述

促销是 4P 营销理论的重要内容之一，是为了促进消费者购买行为的发生，提高消费者购买行为的可能性和频率的最常用的营销手段之一。

一、促销的本质

促销（Promotion）是指企业利用各种有效的方法和手段，将企业及其产品的信息传递给消费者，使消费者了解和注意企业的产品，激发消费者的购买兴趣和欲望，并促使其实现最终的购买行为，从而达到扩大销售的目的。

促销的本质是一种信息沟通，是企业与消费者之间的一种信息沟通过程，即企业作为信息提供者发出刺激消费者的各种信息，把信息传递给目标消费者，以影响其态度和行为。

日常生活中，消费者常见的促销形式有电视广告、报纸广告、购物优惠券、有奖销售活动、现金满减活动、会员卡折扣等。

小思考

有人说促销就是做广告，你是否认同？

二、促销组合的含义

企业把广告、人员促销、销售促进和公关活动等多种促销方式综合起来进行选择、协调、运用，组合成企业的一个整体的促销策略系统，即称为促销组合（Promotion Mix）。促销组合能够使多种促销方式互相配合、协调一致，最大限度地发挥整体促销的效果，从而顺利实现企业目标，影响消费者行为及决策。

促销组合是一种系统化的整体策略，体现了现代市场营销理论中的整体营销思想。四种基本促销方式则构成了这一整体策略的四个子系统。每个子系统都包括一些可变因素，即具体的促销手段或工具，某一因素的改变意味着组合关系的变化，也就意味着产生了一个新的促销策略。企业可根据实际情况及市场、产品等因素选择一种或多种促销手段。

地铁车厢广告不仅可以获得广泛的受众，而且人们在地铁车厢内的时间比较充裕，相对于其他场所，更容易关注广告信息。

三、促销对消费者的影响

随着企业竞争的加剧和产品的增多，消费者收入的增加和生活水平的提高，消费者对产品挑选余地更大、要求更高。因此，企业更需加强促销，利用各种促销方式形成差异化竞争优势，使消费者加深对产品的认识，信赖并愿意购买该产品，从而达到扩大销售的目的。

促销对消费者的影响是多方面的，主要体现在以下三个方面。

1. 获取信息

通过促销，消费者会直接、间接得到或推断出关于产品、品牌、厂商、产业等方面的相关信息，这会给消费者对促销的交易价值评价以及购买行为带来影响。

一般来说，通过促销获取的信息有助于消费者决策及购买行为的产生。但有时，在消费者心理机制的作用下，促销传递的信息可能对消费者购买造成负面影响。例如，当企业通过折扣、降价的方式进行促销时，消费者未必会马上购买，而可能会推断降价是因为以前该商品的定价虚高，那么，消费者就会据此调低购买时所需支付的价格，处于持币待购状态，而且降价促销越频繁、降价幅度越大，消费者推断出的负面信息就越多，消费者就越不会购买。

2. 获得经济利益

通过促销能够获取经济利益，这是消费者热衷于参加促销活动的重要动因。打折、优惠券、现金返还等价格促销活动可以为消费者省钱，购买时赠送礼品、赠量、积分返利、购物券返还等促销活动也可以让消费者得到经济上的实惠。

促销类型不同给消费者带来的经济利益也不同。通常打折、现金返还、优惠券等提供价格减让的价格促销更侧重于利用经济诱因来吸引消费者，而非价格促销如样品赠送、免费试用、抽奖等所提供的经济诱因没有价格促销那样强烈，但因为"有好处、占便宜、不吃亏"的心理，非价格促销仍然对消费者有诱惑力。

3. 获得情感满足

促销不仅能够使消费者获得实惠，而且，当消费者因为促销而获益时，往往会产生一种成就感，感到自己买得对、买得精明。而一些娱乐性强的促销活动，如幸运抽奖、销售现场互动游戏等更是会直接给消费者带来乐趣，从而使消费者获得情感上的满足。

当然，有时促销活动也可能给消费者的情感带来负面的影响。例如，一个商场开展的促销活动只针对会员，那么其他消费者可能会认为自己受到了不公平待遇，这部分消费者的购物热情就会大打折扣；频繁的价格促销活动可能使消费者变得麻木，对促销活动不敏感；如果打折促销的力度过大，消费者还可能对商家产生怀疑、不信任。另外，促销活动还可能造成购物环境嘈杂、拥挤，影响消费者的购物体验，购物满意度下降。

可见，促销活动确实能够引起消费者的关注和兴趣，获得一定的实惠，但也可能带来负面影响，企业在针对不同的目标市场开展差异化促销活动时，一定要注意到可能的负面影响。

课堂讨论

并不是所有的消费者都对企业的促销持支持态度，有的消费者认为无论如何都是"买的不如卖的精"，或者认为无论何种促销活动都是对"消费者有目的的企图"。面对这样的消费者，企业应该采取什么办法打消他们的疑虑？

第二节　促销的类型

促销的类型很多，常见的有广告、人员促销、公关活动和销售促进。

小思考

任何一种营销刺激能够影响消费者行为之前，必须能让消费者注意到。广告是能够让消费者注意的一种重要方法。你最近的生活中接触到了哪些广告？

一、广告

广告（Advertisement）的意思为广而告之，是指向社会公众告知某件事情或某个事物。就其含义而言，有广义和狭义之分。广义广告是指不以营利为目的的广告，如政府、教育、文化、市政、社会团体等方面的公告、声明等。狭义广告是指一种市场营销行为，即商业广告，是指企业（广告主）为推销商品或提供服务，以付费方式通过广告媒体向消费者或用户传播商品或服务信息的手段。本书研究的是狭义广告。

广告作为一种传递信息的活动，它是企业在促销中普遍重视且应用最为广泛的促销方式。

（一）广告概念中的要点

广告的概念中，主要包含以下几个要点。

（1）广告是一种传播工具，是将某一种商品的信息，由这种商品的生产或经营机构（广告主）传送给用户和消费者。

（2）做广告需要付费。

舒肤佳广告传递了新的健康知识和理念，树立品牌的专业化形象。

（3）广告作为一种传播活动具有说服性。

（4）广告是有目的、有计划的，并且经常是连续的。

（5）广告不仅对广告主有利，而且对目标对象也有好处，它可使用户和消费者得到有用的信息及利益。

（二）广告的功能

1. 信息功能

广告最基本的功能是传递信息、沟通产需。通过电视、网络、书刊、广告牌等广告媒介，企业向消费者传递企业产品和品牌的信息，帮助消费者认识和辨别自己所需要的产品，在实施购买行为之前做好充分的准备，减少购买风险。同时，现代社会，消费者也在很大程度上依赖广告来了解产品功能或服务内容方面的信息，即广告是消费者获知信息的重要来源。

2. 传播功能

广告作为一种"信息传播的艺术"，它的主要使命在于有效地传播企业产品和服务信息，树立良好的企业形象和品牌形象，通过广告的创意、设计、制作来刺激消费者的感官，通过新奇、幽默的传播手段引起消费者的兴趣和注意，促使消费者产生联想，引起其购买欲望，说服消费者实施购买行为，最后达到促进销售的目的。

美国艾维斯（AVIS）租车广告语"我们是第二，所以我们更努力"——坦诚地说自己是第二，以一种谦虚、诚恳的态度赢得了消费者的信任。

3. 诱导功能

广告通过不同的表现形式来引起消费者的注意和兴趣，把他们引导到具体的商品和服务上，刺激消费者的需求，使其产生购买行为。此外，广告还能诱发消费者的潜在需要，提供购买的理由，说服消费者，使消费者产生新的购买欲望。

4. 促销功能

广告作为促销组合的重要组成部分，促销是其基本功能。随着市场竞争日益激烈，广告在竞争中发挥的作用越来越大。一句"怕上火，喝王老吉"的广告语使凉茶的销售遍布全国各地；一句"今年过节不收礼，收礼只收脑白金"的广告语使脑白金产品家喻户晓。因此，有卓越创意、良好运作的广告能迅速使企业从竞争者中脱颖而出，引起消费者的注意和兴趣，增强企业的竞争优势，加深消费者对产品的认识，加速消费者的购买决策，促进企业产品的销售。

5. 美学功能

优秀的广告作品不仅能起到促销作用，还能通过语言、音乐、色彩、创意、画面等要素，以及夸张、联想、象征、比喻、幽默等手法充分感染消费者，使消费者沉浸在商品和服务给予的愉悦中，使其自觉接受广告的引导，为消费者带来美的享受。

示例

广告片《爱到春潮滚滚来》

五粮液旗下品牌五粮春广告片《爱到春潮滚滚来》由歌曲引入，以青绿色为主打色调，山中竹、山中水，一对侠客情侣置身世外桃源，寄寓山水，如梦似幻，画面充满诗情画意、唯美浪漫，随即以"五粮春光灿烂，香醉人间三千年"的诗句引出五粮春酒。

（三）广告媒体及特点

对于营销人员来说，应让消费者注意、接触到产品的过程始于媒体的挑选。报纸、杂志、广播和电视是四大传统广告媒体。随着互联网的发展，各种新兴媒体丰富了广告主的选择，也抢夺了传统媒体的广告资源。除此外，还有很多其他形式的广告。不同的广告媒体都有其独特的风格和相对固定的受众，广告主只有分析不同广告媒体的特点才能有针对性地进行信息传播，以达到最佳传播效果。

1. 报纸广告

报纸是最早进行广告宣传的大众传播媒体，具有覆盖面广、发行量大、阅读方式灵活、易于保存、传播范围广、传播信息详尽、费用相对较低的优点，但也存在有效时间短、阅读注意度低、多数报纸印刷不够精致、感染力差等缺点。

根据广告在报纸中排版的位置及所占版面的不同，报纸广告可以分为报花广告、报眼广告、单通栏广告、双通栏广告、半版广告、整版广告、跨版广告等。一般来说，广告所占版面越大，越容易引起消费者的注意；同时，大版面还便于企业用文字、图案来充分展示广告信息，也体现了广告主雄厚的经济实力。当然，广告在报纸中的位置也决定了广告影响力的大小。例如，报眼广告由于处于报纸第一版中最显眼的位置，虽然版面不大，但位置十分显眼，这个位置用来刊登广告，显然比其他版面广告获得更多关注，并会自然地体现出权威性、新闻性、时效性与可信度。

课堂讨论

1. 有的报纸为了吸引广告主会夸大报纸的发行量，因为发行量会直接影响广告主的投放决策，你认为这种情况会对广告主带来什么影响？

2. 当前受互联网冲击等因素的影响，许多报纸出现发行量降低的情况，这会对报纸广告带来哪些影响？

《时尚芭莎》杂志不仅提供时尚资讯、流行趋势报道和女性话题，还与读者分享当代女性生活的乐趣和美学。

2. 杂志广告

杂志也是较早用作广告宣传的一种传播媒体，杂志和报纸统称为印刷型媒体。杂志广告具有读者集中、针对性强、保存时间长、吸引力强等优点，但也存在收稿排版的周期长、灵活性较差、信息不易及时传递、影响范围较窄、价格较贵等不足。

一般来说，杂志读者比较明确，是各类专业商品广告的良好媒介，如果广告能够刊登在彩色印刷杂志的封面、封底或封二，能有不错的广告表现力，这是报纸广告难以比拟的。另外，杂志广告还可以用较大的篇幅来传递商品的详尽信息，既利于消费者理解和记忆，也有较高的保存价值。

3. 广播广告

广播是通过无线电波向大众传播信息、提供服务和娱乐的大众传播媒体。广播用作广告媒体虽然比报纸、杂志晚，但因为其具有独特性，发展迅速，即使在今天存在电视、计算机、手机"多屏同用"的情况，广播的影响力仍然很大，广播广告仍有很大的发展空间。

广播广告具有传播及时、覆盖面广、表现力强、制作方便、费用低廉等优点，其不足表现在缺乏视觉形象、听众分散、声音转瞬即逝、难于记忆和难保存，以及宣传效果难以测定等方面。

总体上看，由于广播的受众不受年龄、文化程度、收入等各种条件的限制，并且，随着汽车的普及，边开车边听广播的人群比例不断提高，以及"眼疲劳"人数增多，越来越多的人喜欢收听广播节目，广播广告以其独特的魅力对消费者有很大的影响力。

4. 电视广告

电视广告是一种经由电视传播的广告形式，它将视觉和听觉综合在一起，融入图像、声音、色彩、动作、文字等，充分运用各种艺术手法，能直观、形象地传递产品信息，因此具有丰富的表现力和感染力，是企业热衷采用的广告媒体之一。

电视广告具有视听结合、传播面广、表现方式灵活多样等特点。电视广告的不足之处为制作复杂、成本高、适应性不强（如走路时无法收看）以及展现转瞬即逝，并且，如果众多广告一起放在黄金时间播出，不易引起观众的注意。另外，如今计算机、手机使用率高，电视的收视率不断下降，因此，电视广告的效果也在减弱。

小思考

一项研究表明，在看电视时 2/3 的人在广告时间经常换台，男性换台的概率高于女性，且在半小时或整小时的时间点比节目中间更有可能换台。针对这种情况，你认为有什么方法能留住观众？

5. 新兴媒体及其他广告

除了上述四大传统媒体，随着科技的发展，各种新兴的媒体不断出现，可利用的资源越来越多，如邮件、网站、社交媒体、App（应用程序）、小程序……这些新兴媒体凭借成本低、类型丰富、互动性强、精准投放等优势抢夺了传统媒体的广告资源，也为广告主提供了越来越多的选择，值得深入研究。

另外，户外路牌广告、霓虹灯广告、车体广告、店头广告也是广告主常用的广告形式。

知识点滴

微信广告

作为移动端的巨大流量入口，微信在保证用户使用体验的同时也能带来商业价值。如今，微信广告让广告主多了一个选择。目前，微信广告主要分为微信公众号广告和微信朋友圈广告。微信公众号广告是一个基于微信公众号平台，可提供给广告主多种广告形式，并利用专业数据处理算法实现成本可控、效益可观、精准定向的广告媒体。微信朋友圈广告是基于微信公众号生态体系，以原创内容形式在朋友圈进行展示的原生广告。微信为广告主提供了新的互联网社交推广营销平台。

不同的广告媒体，其传播范围、传播速度、表现形式、对广告受众的刺激强度等都是不同的。企业在选择广告媒体时，应以最低的代价达到最好的效果为原则。具体来说，在选择广告媒体时，应考虑目标消费者接受广告媒体的习惯、消费者对广告媒体的评价、产品的种类和特点、广告的传播范围、竞争者使用的广告媒体和预算等因素。

课堂讨论

由于广告媒体越来越多，广告在人们的生活中"无孔不入"，这引起了消费者的反感，你是否有同感？作为商家，该采取什么办法避免这一点？

二、人员促销

人员促销（Personal Selling），也称人员推销，是一种古老、普遍但又最基本的销售方式，也是一种有效的促销手段。人员促销是指企业促销人员直接与消费者接触、洽谈、宣传、介绍商品，以实现销售目的的活动过程。在人员促销活动过程中，促销人员把企业与消费者联系在一起，传递买卖信息，促成双方交易。

1. 人员促销的特点

人员促销实质上是一个由促销人员与目标消费者进行面对面沟通的过程，有以下几个优点。

（1）信息传递的双向性。人员促销是向具体的消费者传递产品或者品牌信息的促销方式，通过面对面的交流，使得潜在消费者不容易避开促销人员传递的信息，能够提高消费者的关注度。

此外，促销人员传递信息后能够得到及时的反馈，促销人员能够直观、敏锐地察觉到消费者的消费喜好和潜在需求，可及时讲解答疑，详细记录消费者的反馈，以便为企业改进产品或服务提供决策依据，以便更好地满足消费者的需求。

（2）推销过程的灵活性。在促销过程中，促销人员可以直接展示、演示产品，并可用多种方式进行描述、讲解，使消费者产生不同的感觉，进而影响消费者的行为。当消费者表现出疑虑或提出问题时，促销人员可以及时进行讨论和解答，表现出很强的灵活性。

（3）建立友谊，培养关系。在促销过程中，促销人员与消费者在面对面交流过程中，往往能培养出亲切友好的人际关系。一方面，促销人员帮助消费者选择称心如意的产品、解决消费者的疑虑和困惑，容易使消费者对促销人员产生亲切感和信任感；另一方面，消费者对促销人员的肯定和信任，也有助于企业产品和服务的宣传，有利于长期稳定关系的建立。在这个过程中，不但满足了消费者的社交需求，也有利于品牌信任和品牌忠诚的建立。

📋 课堂讨论

有的促销人员为了加强和客户的联系，经常给客户发短信、打电话或发邮件，你认为这样做好吗？

（4）激发兴趣，促成交易。人员促销的直接性，大大缩短了从促销活动到采取购买行为之间的时间间隔。采取其他促销方式，消费者都会有一个接收信息、筛选信息、对比、决策的过程，而人员促销活动可以实时激发消费者的购买兴趣，在促销人员面对面讲解、说服、帮助下，消费者可以更快采取购买行为，实现即时购买。

🤔 小思考

有人说，促销人员的个人形象要与所售商品的形象（包括品牌）相吻合，你是否认同？

同时，人员促销也存在一些缺点和局限：首先，促销人员能够直接接触的消费者有限，销售面很窄；其次，人员促销的支出较大，成本较高；再次，人员促销要求促销人员与消费者面对面交流，促销人员的业务水平和素质高低直接决定了促销活动能否正常进行，因此人员促销对促销人员的要求较高。例如，房地产、保险、旅游等产品的推销还需要促销人员通过必要的考试。

👤 人物谱

乔·吉拉德

乔·吉拉德 1928 年 11 月 1 日出生于美国密歇根州底特律市，被认为是世界上最伟大的销售员，连续 12 年荣登吉尼斯世界纪录大全世界销售第一的宝座，他所保持的世界汽车销售纪录至今无人能破。乔·吉拉德创造的 5 项吉尼斯世界汽车零售纪录包括：平均每天销售 6 辆车；一天最多销售 18 辆车；一个月最多销售 174 辆车；一年最多销售 1 425 辆车；在 12 年的销售生涯中总共销售了 13 000 辆车。乔·吉拉德总结其成功的秘诀是"推销的要点不是推销商品，而是推销自己"。

2. 人员促销的作用

人员促销属于直接销售，促销人员的工作好坏直接关系到企业市场营销的成败，人员促销的重要性逐渐被企业认识。

🤔 小思考

过于热情的促销人员会不会令你不快？你认为怎样避免过度推销？

（1）开拓市场。促销人员不仅要巩固老客户，更重要的是要不断吸引新客户，扩大新市场。

（2）传递信息。促销人员把有关企业的产品或服务方面的信息传递给现有或者潜在消费者，是人员促销最基本的工作内容之一。

（3）推销产品。通过与消费者直接接触，促销人员发现或者挖掘消费者的需求，并立足于满足消费者的需求，针对性地将产品推销给消费者。

（4）提供服务。消费者购买的不仅是企业的产品，还包括售前、售中、售后的服务，如为消费者提供咨询服务、为消费者出谋划策、减少消费者等待时间等。优质的服务能够加深消费者对企业的印象，增加消费者的满意度，对树立企业品牌形象有重要的作用。

（5）收集信息。通过与消费者交流，促销人员收集到消费者对产品的看法、意见，了解消费者对产品的真正需求，并反馈给企业的研发部门，可成为其改进产品的依据。

三、公关活动

公关活动是指企业为了改善与社会公众的联系状况，获得公众信赖，加深消费者印象，增进公众对企业的认识、理解与支持，树立企业及产品形象，为企业发展创造一个良好的环境而进行的一系列活动。

公关活动并不是为了推销具体的产品，而是希望把企业的经营目标、经营理念、政策措施等传递给社会公众，使公众对企业有充分了解，对内可以协调各部门的关系，对外可以密切企业与公众的关系，从而提高企业的知名度、信誉度、美誉度，为企业营造一个和谐、亲善、友好的营销环境，实现间接地促进产品销售的目的。

公关活动实例——中国移动针对老年人推出的"心级服务银色守护计划"。

公关活动的形式主要有以下几种。

（1）设计公关活动。通过捐助、赞助活动，展示企业关爱社会的责任感，树立企业良好的形象。

（2）发布新闻。公关人员将企业的重大活动、重要政策以及新奇、创新的思路编写成新闻稿，借助媒体或其他宣传手段传播出去，帮助企业树立形象。

（3）举办记者招待会。邀请新闻记者，发布企业信息。该形式具有传播广、信誉好、更容易引起公众注意的特点。

（4）举办企业庆典活动。通过庆典活动，营造热烈、祥和的气氛，显现企业蒸蒸日上的风貌，增强公众对企业的信心和热爱。

（5）制造新闻事件。制造新闻事件能引起轰动效应和社会公众的强烈反响。

（6）制作宣传材料。公关部门制作精美的企业宣传册等宣传资料，并在适当的时机，向相关公众发放这些资料，可以增进公众对企业的认知和了解，从而扩大企业的影响。

（7）制作内部刊物。内部刊物是企业内部公关的主要手段，是管理者和员工的舆论阵地，是沟通信息、凝聚员工的重要工具。

（8）危机处理。由于企业管理不善、执行操作不当、防范不力或其他外部原因，企业危机往往不可避免。例如，出现产品质量问题、工厂机器伤人事件、舆论报道负面消息等，这些危机事件的发生会对企业产生负面影响甚至带来灾难性结果，导致企业在公众心目中的形象受到严重破坏。为防止事态恶化，改变公众对企业的印象，公关部门需要妥善进行危机处理，化解危机，使企业转危为安。

四、销售促进

销售促进（Sales Promotion）又称营业推广，是指企业运用各种短期诱因鼓励消费者和中间商购买、经销产品和服务的促销活动。企业开展销售促进活动是为了提高产品的价值、吸引消费者和中间商购买，达到提高整个销售渠道的运作效率的目的。

可口可乐公司推出的"满减活动"

1. 销售促进的主要形式

（1）针对消费者的销售促进。针对消费者的销售促进包括有奖销售、优惠券、消费卡、价格折扣和价格保证、分期付款、以旧换新等。

（2）针对经销商的销售促进。针对经销商的销售促进包括交易折扣、返点奖励、销售竞赛、销售奖励、展销订货会等。

企业在采用以上方式时应结合这些方式的特点、产品的特点、促销目标及目标受众、促销市场环境等多种因素综合考虑。

2. 销售促进的特点

销售促进形式灵活多样，短期效果明显，能够有效刺激需求，增加产品销量，已经成为广告、人员促销、公关活动不可或缺的辅助性沟通工具。其具体特点如下：

（1）销售促进的方式灵活、形式多样；

（2）根据产品特点、消费者心理和市场营销环境等因素，采取针对性强的促销方法；

（3）向消费者提供特殊的购买机会，具有强烈的吸引力和诱惑力，能引起消费者的广泛关注，立即促成购买行为，在较大范围内收到立竿见影的效果。

但是，由于促销活动会让消费者认为企业有急于销售产品之嫌，容易引起消费者的顾虑，使他们怀疑产品的质量，或者认为价格不合理，从而使消费者产生逆反心理，对企业的产品和服务产生不好的印象。所以，企业应尽量避免对同一产品频繁使用销售促进措施，并注意合理搭配其他的促销方式。

📚 课堂讨论

1. 在销售促进中，有的消费者愿意接受买一赠一、附送赠品等可以立刻得到的好处，也有的消费者愿意接受购满抽奖、集齐印花换购、积分换购等需要等待才能获得的好处。你倾向于哪一种？为什么？

2. 有的品牌会在固定的时间进行打折促销。例如，优衣库一般在每周二推出"超值精选"，每周五推出"限时特优"，还在每年的 1 月和 7 月推出最优惠的"一年两次季末大促"，持续时间可达一个月。想想这样对消费者的吸引力是什么。

✈ 知识点滴

什么是植入式广告？

植入式广告（Product Placement）是随着电影、电视、游戏等的发展而兴起的一种广告形式，它是指在影视剧情、游戏中有意插入商家的产品或服务，与影视作品内容融合在一起，从而达到潜移默化的宣传效果。从消费行为的角度考察，植入式广告对受众消费行为产生一种光晕式影响，特别在电视、电影这样声像俱全的媒介中，强烈的现场感能对消费者形成一种行为示范，消除受众对广告的抵触心理。例如，在电影《霹雳火》《我是谁》《警察故事》中就有三菱汽车的植入式广告，影片将三菱汽车与勇气、冒险联系在一起，在扩大品牌影响力的基础上，激发观众对品牌的联想，品牌也最终赢得了广泛的认同与价值的提升。

植入式广告案例

第三节　促销目标与整合营销沟通

促销的本质是一种信息沟通，企业所有的促销活动会作为环境中的信息被消费者认知、辨别，换句话说，企业的所有促销活动都会影响消费者的认知、情感、态度和行为。企业需根据促销目标，协调使用不同的促销手段，采取整合营销沟通策略，最大程度地实现有效的信息沟通，满足消费者的需求。

一、促销目标与消费者心理

促销目标是指企业促销活动所要达到的目标。例如，销售量目标、利润目标、市场占有率目标等。促销目标要根据企业要求及市场状况确定，企业可以确立单个促销目标，也可以确立多个促销目标。企业促销的一般目标有：①增加销售量，扩大销售；②吸引新客户，巩固老客户；③应对竞争，争取客户；④树立企业形象，提升知名度。企业需要在开展促销活动之前进行促销目标的确定。

促销的具体目标需要根据消费者需求变化、心理活动状态的特点而有所不同。一般来说，消费者购买行为是消费者经历知晓、了解、喜欢、偏爱、说服等一系列心理活动后的最终结果，伴随这一过程，消费者的需求状态也会发生变化，从没有需求到产生较低水平的需求，再逐步发展为较高水平的需求，直到产生强烈的需求，从而完成购买前的心理准备。企业促销活动的任务就是推动这个过程的发展，使消费者的需求水平由低到高，直至采取购买行为。

根据消费者在购买过程中心理活动状态的不同，促销目标的确定会经历以下几个阶段。

（1）知晓阶段。当一种产品刚刚被推入市场，绝大多数目标消费者对该产品一无所知时，企业促销活动的主要目标就是让目标消费者知道这种产品的存在，建立品牌知名度。通常只需要向消费者传递简单的信息，如企业或产品的名称。

（2）了解阶段。为了让消费者对企业及其产品的基本情况有所了解，企业将普及产品知识作为首要传播目标，此时所需传递的信息数量开始增加，传递信息的方式也应不断变化。企业应随时掌握目标消费者对企业和产品了解的程度，并据此决定发布信息的方式和频率。

（3）喜欢阶段。当目标消费者对企业和产品知识已经有了一定程度的了解时，企业要力图使目标消费者建立起对企业及产品的良好印象。如果消费者对该产品印象不佳，促销人员就要分析其原因。一种可能的原因是促销活动的方法不当，没有产生预期的结果，甚至产生相反的结果，此时，改进促销策略是当务之急；另一种可能的原因是产品本身存在某些问题，此时，则必须改变产品策略。

（4）偏好阶段。目标消费者可能喜欢某个企业或某种产品，但不一定有偏好。企业要注重传播产品差别，使企业产品与其他同类产品区分开来，有独特的产品特征或者特别的意义，使消费者产生偏好。

（5）说服阶段。在说服阶段，企业的促销目标就是让消费者相信，购买本企业的产品是最好的选择。在这一阶段，人员促销发挥着很重要的作用。

> **小思考**
>
> 要想知道消费者的心理活动状态处于哪个阶段并不容易，你需要对你的顾客有深入的洞察和了解，可能你需要一段时间去跟踪你的消费者，甚至需要采取程序性的调查。结合本书第一章的内容，思考可以采取哪些具体的调查方法。

（6）购买阶段。在购买阶段，促销目标是引导消费者迈出最后一步，完成购买。

二、促销组合的沟通特征

促销组合主要由人员促销、广告、销售促进和公关活动四种促销类型构成。企业为了达成促销目标，需要把信息传播的一般原理运用于企业的促销活动中，在企业与中间商和消费者之间建立起稳定有效的信息联系，实现有效的信息沟通。

从信息沟通方式来看，促销组合可以分为两大类，即双向沟通与单向沟通。人员促销是典型的双向沟通方式，主要表现在促销活动中企业的促销人员与消费者同时都是信息的发出者和接收者;而广告是典型的单向沟通方式,因为无论何种广告,都是企业将信息传达给目标接收者,无法和接收者沟通信息;而销售促进和公关活动两种方式中虽然包含双向沟通的一些方法,但是从总体来说,这两种方式仍应归为单向沟通方式。

促销组合中的四种促销类型各有不同的沟通特点。

1. 人员促销的沟通特点

采用人员促销进行信息沟通的特点如下。①面对面接触。促销人员与顾客可以清楚地看到对方的肢体语言,看到对方情感或思维的细微变化,从而实现相互间更好的沟通,提高沟通成效。②培养感情。培养双方感情,有助于推销人员和顾客之间建立起个人联系,拉近彼此的距离,为长期合作打下基础。

人员促销中推销人员的素质和水平,在很大程度上决定了其沟通能力。人员促销需要训练有素的促销人员,并且要求促销人员在促销之前做好充分的准备。如果促销人员缺乏沟通能力和一定的沟通技巧,难以取得理想的促销效果。另外,人员促销对具有较高判断能力、有丰富的购买经验、有充分的购买信心特征的消费者所起的作用有限。

麦当劳一个户外广告——路灯变成咖啡壶,路灯座变成咖啡杯,灯杆是倾泻而下的咖啡。整个画面富有创意、有趣,让人在轻松的氛围中潜移默化地接收广告的信息,具有良好的沟通效果。

2. 广告的沟通特点

广告的沟通特点:①以新颖、奇特的方式吸引消费者的注意力,给消费者一定的震撼;②通过各种媒体,及时、反复地传递产品信息,加深消费者的印象并便于消费者收集有关资料,在购买前充分考虑、比较和选择,减少购买风险;③利用社会心理的作用机制,在消费者中造成广告的轰动效应,促使流行、时尚等社会行为的出现。

应该注意的是,广告作为一种成熟的促销手段,已渗透到社会生活的各个方面。但近年来,随着新兴媒体的出现、互联网的兴起,传统的电视、报纸广告等效用减弱,对消费者的影响力正在下降。企业需要在充分了解和把握消费者心理的基础上,有针对性地进行广告构思与创意,选择恰当的媒体,将广告信息传递出去,同时必须对广告效果从社会、经济、心理三个方面去评估分析,从而提高企业广告宣传的效率,真正达到广而告之的目的。

3. 销售促进的沟通特点

销售促进的沟通特点:①能够快速引起消费者的注意;②提供诱因,使用返现、折扣、买送买减等多种优惠活动,让消费者能够迅速感觉到所获的利益;③强化刺激,通过特殊的手段刺激消费者立即购买。

康师傅采取的"再来一瓶"促销方式可以给消费者制造一种惊喜的效果。

销售促进的最大作用在于采用显而易见的激励措施立刻刺激消费者购买,吸引新的试用者和奖励忠诚的消费者,提高偶然性消费者的重复购买率。但是,销售促进是一种短期行为,大量使用销售促进会降低消费者的品牌忠诚度,增加消费者对价格的敏感度,在一定程度上淡化品牌概念,使消费者发生感情转移,从而成为品牌的游离者。

4. 公关活动的沟通特点

公关活动在增进公众及消费者对企业的认识、理解、支持,改善信息接收、沟通效果,树立良好的企业形象与信誉方面发挥着极大的作用。不仅如此,公关活动是一种双向沟通方式,帮助企业对消费者进行细分,协助新产品的开发,协助成熟期产品的再定位等。公关活动的沟通特点:①可信度高,如消费者感到有关企业的新闻报道比广告更真实可信;②能接近有意避开销售人员或广告的消费者；③利用新、奇、特的手法宣传企业的产品或服务，树立良好的企业形象。

课堂讨论

你是否登录过抖音、快手、小红书、哔哩哔哩等社交互联网平台？你知道哪些品牌通过这些新媒体获得快速增长？你认为新媒体比传统媒体"新"在哪里？哪些产品适合采取新媒体与消费者进行沟通？

三、整合营销沟通策略

（一）整合营销沟通的含义

整合营销沟通（Integrated Marketing Communication，IMC），也称整合营销传播。其中心思想是企业在研究消费者需求的基础上，综合运用所有与消费者的接触点作为信息传达渠道，进行整体化信息传播，创造一个统一的企业形象，从而达到影响消费者的目的。

因此，不仅企业开展的促销活动是一种营销沟通，企业的产品策略、价格策略、渠道策略等营销活动的实施都能够实现与消费者的信息沟通与交流。因此，从整合营销沟通的角度来看，从某种意义上说，市场营销就是沟通和传播。

由此，企业不仅可以通过促销手段来影响消费者，事实上，企业的每一项营销活动都与消费者密切相关，或者说，营销活动中 4P 策略都承担着促销的功能。企业需要加强企业内部所有部门与消费者的沟通意识，并进行全面规划、实施和监督，综合产品、定价、分销、促销等营销所有的要素和策略，将其作为传播手段，与消费者进行良好的沟通，实现吸引消费者、维系消费者、扩大消费者规模的目的，最终为企业创造高收益及树立良好的企业形象。

> **微视频**
>
> 整合营销案例

示例

喜茶和FENDI携手联合促销

2023 年 5 月，作为新式茶饮品牌的喜茶与意大利奢侈品牌 FENDI 推出了名为"FENDI 喜悦黄"的限定饮品，这款饮品以 FENDI 品牌的代表色黄色为主色调，采用颜色相近的芒果、香橙、百香果等原料，制作出黄色饮品，同时还推出了主题徽章和主题杯垫等周边产品。为了配合营销活动，喜茶将其社交媒体账号的头像换成了类似联名品牌结构的正反黄底头像，并将联名图片设为首页背景和精选内容。奢侈品牌与茶饮品牌的联名并不多，因此，迅速吸引了广大消费者，"FENDI 喜悦黄"上线 3 天即售出超 150 万杯，获得了消费者的热烈反馈，引发了社会各界的极大关注，登上微博热搜、抖音品牌榜及小红书热点创作榜，真是"引爆全网"。

（二）整合营销沟通的实施

互联网技术的发展，使消费者在信息获取方面不再依赖于传统的信息提供者，消费者可以利用网络自主搜寻信息，甚至产生信息，对企业开展整合营销沟通活动的要求更高。企业需要把广告、人员促销、销售推广、网络营销、新媒体营销及其他形式的营销沟通等整合到一起，以扩大产品销售，传达清晰的品牌形象。

课堂讨论

前北欧航空公司 CEO 詹·卡尔森在《关键时刻 MOT》一书中提到，北欧航空公司每年大约运载 1 000 万名乘客，每位乘客平均接触公司 5 名员工，每名员工大概有 15 秒与乘客沟通的时间，那么，1 000 万名乘客×5 名员工=5 000 万次的"15 秒"关键时刻，这 15 秒的关键时刻决定了公司未来的成败。因为对乘客而言，他只会记住那些关键时刻（Moments of Truth，MOT）。请举例说明你对这段话的理解。

创立于 1921 年的中华老字号五芳斋积极争取年轻的消费群体,通过官网、KOL、短视频、B 站、小红书、H5、快闪店、AI 虚拟艺人、科幻广告片等多种渠道和广告创意与年轻人建立沟通,让新一代消费者"热爱中国味"。

1. 确定目标消费者

任何整合营销沟通活动的开始是对目标消费者的定位研究,目标消费者是产品的购买者,或者对购买决定形成重要影响的人。我们首先要对目标消费者进行定位,研究消费者的特点,如消费者的媒体使用习惯、消费偏好或态度等。

2. 明确沟通目标

一旦明确了目标消费者,营销人员必须确定营销沟通的目标。营销沟通目标不仅仅包括销售,销售是最终目的,但不是唯一目的。例如,某些产品的购买决策时间较长,营销人员就需要知道消费者目前处于哪一阶段,以及发展方向。如果消费者处于喜欢阶段,企业应把重点放在使用各类营销工具的组合上,对消费者进行说服工作,帮助其建立预期的产品偏好,推动消费者购买。

3. 设计沟通信息

第一,确定信息沟通主题。简单地说,确定沟通的主题是寻找消费者购买产品的理由或卖点,主题越明确,理由越充分,越容易说服消费者。依据 AIDA(Attention,Interest,Desire,Action)模式,把消费者的注意力吸引或转移到产品上,使消费者对推销人员所推销的产品产生兴趣,这样消费者的欲望也就随之产生,然后促使其采取购买行为,达成交易。因此,沟通主题要有效地促使消费者产生相应的消费行为。

第二,确定信息沟通的内容。信息沟通的内容包括介绍产品的外观、质量、性能、产地、用途、价格、购买时间及地点等。这类沟通的主要作用是使消费者能及时了解某种商品的信息。沟通时可以采取理性诉求和感性诉求的表现方式:理性诉求采取"晓之以理"的方式,信息中明确展示会给消费者带来其期望的好处;感性诉求采取"动之以情"的方式,更多的是激发消费者情绪,用感性的文案和图片,使其产生购买欲望。

第三,选择合适的信息传递形式。在信息沟通中,由于可能存在的"噪声"或障碍,如消费者的年龄、性别、受教育程度、职业、收入等,消费者对推广信息的理解会有偏差,因此,需要选择适当的信息传递形式,以适应消费者的心理和习惯,包括采用图片、视频、声音、文字、气味等多种形式传递信息。

4. 选择沟通渠道

以往,企业习惯使用广告或人员促销等单一的渠道来促进产品的销售,但在如今的信息时代,新的传播手段越来越多,这就要求企业在营销沟通的过程中,注意整合使用多种渠道,特别是整合运用互联网营销、电子商务、数字化媒体、事件营销等新手段,同时,重视 4P 营销策略在沟通中发挥的作用。

总体来看,沟通渠道有以下两种形式。

(1)人际沟通渠道。人际沟通渠道包括销售人员与消费者面谈、艺人代言、电话销售、网络 KOL(关键意见领袖)带货、淘宝直播、抖音直播等渠道。

(2)非人际沟通渠道。非人际沟通渠道指除了人际沟通外的其他沟通形式,非人际沟通不是人与人之间的沟通,而是通过广播、电视、杂志等大众媒体或通过策划活动、慈善义卖来实现沟通的目的。

5. 编制预算

针对具体的营销沟通活动,需要编制活动预算,这是营销沟通活动中重要的一环。一般采取量入为出法、销售比例法、目标任务法等来编制预算,其中,目标任务法是指为了达成销售目标,预计完成所需任务的费用。

6. 收集反馈

当具体的营销沟通活动结束后，及时收集消费者的反馈信息，听取消费者的意见，保持、维护和消费者的互动关系，并评估沟通活动的效果，以积累经验。

总体来说，整合营销沟通活动需要从目标消费者出发，研究消费者的特点，从其角度明确沟通目标，设计沟通信息，选择整合多种沟通渠道，以影响、吸引、说服消费者，实现企业预期的沟通效果，取得较好的销售业绩，并谋求企业长远发展的空间。

📖 本章小结

本章主要介绍了营销组合中促销因素对消费者行为的影响。促销的本质是一种信息沟通，其目的是激发消费者的购买兴趣和欲望，促使消费者最终采取购买行为。促销组合是由广告、人员促销、销售促进和公关活动等促销方式组合起来的一个整体的促销策略系统。促销对消费者的影响主要体现在获取信息、获得经济利益和获得情感满足等方面。

广告是被普遍重视且应用最为广泛的促销方式，发挥着信息功能、传播功能、诱导功能、促销功能及美学功能，要注意报纸、杂志、广播、电视等不同广告媒体的特点；人员促销的重要性逐渐被企业认识；开展公关活动的目的是为企业营造一个良好的营销环境，使消费者愿意购买；销售促进的形式最为灵活，能够迅速、有效地刺激消费者购买。

促销目标需要结合消费者的心理发展过程确定，不同促销组合的沟通特点不同。树立整合营销沟通的理念是必要的，整合营销沟通策略的实施需要遵循一定程序。

📖 综合练习题

一、填空题

1. 促销的本质是一种_____，是企业与消费者之间的一种信息沟通过程。

2. 在企业促销中，_____是普遍重视且应用最为广泛的一种促销方式。

3. 有奖销售、优惠券和分期付款等是_____的主要形式。

4. _____在增进公众及消费者对企业的认识、理解和支持，改善信息接收和沟通效果，树立良好的企业形象与信誉方面发挥着极大的作用。

5. _____是企业运用所有的与消费者的接触点作为信息传达渠道、手段，进行全方位的信息传播，从而达到影响消费者的购买行为的目的。

二、选择题

1. 广告的功能主要体现在以下除（　　）之外的项目中。

    A. 信息功能　　　　B. 传播功能　　　　　C. 促销功能　　　　D. 形象功能

2. 在今天存在着电视、计算机、手机"多屏同用"的情况下，（　　）的影响力仍然很大，有很大的发展空间。

    A. 广播　　　　　　B. 报纸　　　　　　　C. 杂志　　　　　　D. 邮寄

3. 从信息沟通方式来看，（　　）是典型的双向沟通方式。

    A. 销售促进　　　B. 人员促销　　　　C. 公关活动　　　　D. 广告

4. （　　）是一种短期行为，大量使用会降低消费者的品牌忠诚度，增加消费者对价格的敏感度。

      A．销售促进   B．人员促销   C．公关活动   D．广告

5．企业不仅可以通过促销手段来影响消费者，事实上，企业的每一项营销活动都与消费者密切相关，都可能影响消费者行为，因此，企业开展（   ）活动是必要的。

      A．联合促销   B．网络营销   C．整合营销沟通   D．全面促销

三、论述题

1．简述促销和促销组合的含义。

2．企业为什么要促销？简述促销对消费者的影响。

3．论述促销的基本类型及其特征。

4．广告的功能有哪些？

5．分析促销组合的沟通特征及对消费者的影响。

6．如何理解整合营销沟通？简述实施整合营销沟通的步骤。

四、实践题

1．选择一家百货商店和一家超市，在一定的时间（如劳动节或国庆节），调查这两家商店推出的促销活动类型、内容、形式，对比其中的异同。

2．选择某一品牌（如飘柔），分析其不同时期的广告特征（广告代言人、广告画面、广告语、广告音乐……），并对其进行评价。

五、案例分析题

一首只有四个八拍、不到 30 秒的"魔性神曲"，却让你不知不觉被吸引，一听到就会不由自主地唱起来，一首"神曲"何以"出圈"？扫描二维码阅读案例，并回答案例后面的问题。

第五篇　消费者行为与消费者决策

第十三章　消费者购买行为与决策

学习目标

学习消费者购买行为理论，熟悉消费者购买决策类型及内容，分析消费者购买决策过程，认识消费者决策中的非理性行为，区分消费者的非理性消费、非伦理行为以及消费者的问题行为。

导入案例

吃水果麻烦？来一杯果昔吧

一种浓稠的混有水果、蔬菜等的叫作果昔的饮料似乎越来越受到消费者的追捧。咨询公司 Mintel 的报告显示，果昔的销售额正在逆势增长，甚至正在一步步蚕食果汁的市场份额。

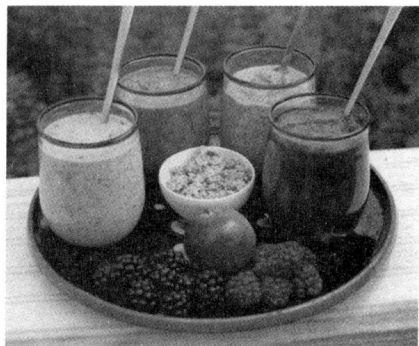

根据 Mintel 的数据，15%的美国消费者会从零售渠道购买果昔作为日常早餐，11%的消费者会在果昔店或者饮品店购买后早上喝。典型的果昔消费者是年轻、有健康诉求的女大学生或者初入职场的女性，因为它便捷、好吃（喝）、便于携带又比较有营养，而且还能管饱。其实，果昔的出现已经有一段时间了，果昔连锁店品牌 Jumba Juice、Smoothie King 以及瓶装即饮果昔 Naked 和 Odwalla 品牌大多是在 20 世纪 80 年代创立的。近年来因为消费者对健康的日益关注，以及生活节奏加快，果昔似乎更加受欢迎了。一些人把喝果昔当作摄入维生素的方式，羽衣甘蓝这样的蔬菜和水果混在一起，口感更好，比单吃蔬菜更甜，更容易让人接受。另外，果昔的种类比果汁更多，花样也更多。除了蔬菜，你还可以往里面加豆奶、酸奶、坚果和谷物等。值得一提的是，近年来人们对食品功能性的关注也是果昔越来越受欢迎的原因之一。比如说，果昔品牌都很善于利用奇亚籽、蜂花粉和小麦草这些带有"保健"卖点的材料。

食品公司怎么会轻易放过这个健康的潮流。百事可乐公司早已买下 Naked，而可口可乐公司拥有 Odwalla 品牌。不过，它们面对的一个问题可能是消费者普遍觉得瓶装即饮果昔没有果昔店里或者自家里做的健康。但无论如何，随着消费者日益对健康的关注以及多元化的口味需求，果昔的市场大有开发的空间。

启发思考：

1. 根据案例，请分析消费者为什么会购买果昔，果昔满足了消费者的哪些需要。
2. 你认为果昔品牌可以采取什么措施吸引更多的消费者购买？

第一节　消费者购买行为理论

为了发现消费者行为的规律，研究者做了大量工作，提出了各种消费者行为理论。这些理论从不同的角度来解释消费者为什么要购买某种商品，为什么在此时、此地购买，消费者的购买行为是否能够预测和控制等诸如此类的问题。本节主要介绍其中的四种理论。

一、习惯建成理论

习惯建成理论认为消费者购买行为实际上是一种习惯建立、养成的过程。其主要观点及内容如下。

（1）重复形成喜好与兴趣。无论消费者是否了解某商品的有关信息，消费者在内在需要和外在商品的刺激下，若长期地重复接收商品信息或长期使用商品，则会对商品产生兴趣和偏好，即重复形成习惯，习惯引起喜好。

（2）购买习惯的建成取决于"刺激-反应"的巩固程度。消费者若经常购买某商品，每次都得到了愉快的体验，就会形成一种习惯，建立牢固的"商品-购买"的条件反射，一旦需要该商品时，就自然而然地会再次购买，最终形成固定化反应模式，消费习惯就建立了。

（3）及时且适当地使用强化物，能有效地促进消费者习惯购买行为的形成。习惯建成理论符合美国心理学家、行为主义学派的代表人物斯金纳（Skinner）操作条件反射理论，这是行为主义心理学观点在消费者行为研究上的应用，如图 13.1 所示。商品的质量、价格、功能、品牌等都可构成促进消费者习惯购买行为形成的强化物。

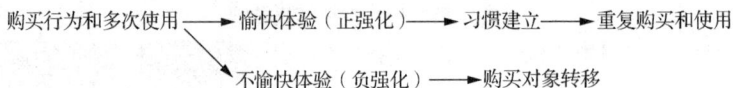

购买行为和多次使用 —→ 愉快体验（正强化）—→ 习惯建立 —→ 重复购买和使用

不愉快体验（负强化）—→ 购买对象转移

图 13.1　习惯建成理论模式

习惯建成理论能够解释现实生活中的许多消费行为，尤其对那些习惯性消费行为能提供比较满意的解释。在日常生活中，每个人都有习惯性购买行为存在，如对牙膏、香皂、洗发水等都有固定的消费偏好，而不会轻易选择新的消费对象。这样不但可以使消费者最大限度地节省精力，同时又避免了不必要的消费风险。

知识点滴

什么是路径依赖?

路径依赖（Path Dependence），又译为路径依赖性，是指一旦人们做了某种选择，就好比走上了一条"不归路"，惯性的力量会使这一选择不断强化，让人们不能轻易走出去。经济学家道格拉斯·诺斯（Douglass North）在《经济史中的结构与变迁》一书中，用路径依赖理论成功地阐释了经济制度的演进，并于 1993 年获得诺贝尔经济学奖。人们把路径依赖理论广泛应用在选择和习惯的各个方面。在一定程度上，人们的一切选择都会受到路径依赖的影响，人们过去做出的选择决定了他们可能的选择。因此，消费者选择熟悉的商品、品牌或商店也可以用路径依赖理论来解释。

二、信息加工理论

信息加工理论把人看作一个信息处理器，而人的消费行为就是一个信息处理过程，即信息的输入、编码、加工、储存、提取和使用的过程。消费者面对各种大量的商品信息，要对信息进行选择性注意、选择性加工、选择性保持，最后做出购买决定并发生购买行为，如图 13.2 所示。

商品信息 → 选择性注意 → 选择性加工和保持 → 购买决定和行为

图 13.2　信息加工理论模式

这个过程可以用心理学原理解释为：商品信息引起了消费者的有意或无意注意，此时消费者大脑就开始对所获得的信息进行加工处理，这个过程处理的要素包括知觉、记忆、思维和态度，购买决定就产生了。

需要说明的是，信息加工理论的假设前提是"人是理性的"，只有这个前提成立，信息加工理论才能成立。而事实上人是理性和非理性的复合体，纯粹的理性状态和非理性状态都是非常态的，所以应用信息加工理论时必须注意这个问题。

信息加工理论揭示了人的一个侧面，能够解释消费者购买行为的某些种类和某些部分，但是，信息加工理论无法解释消费者的随机性购买和冲动性购买。另外，受教育程度较低或购买经验缺乏的消费者，其信息加工过程并不明显，或者说谈不上什么真正的信息加工。而受过良好教育的人，面临投入较多的高卷入购买行为，同时又有大量的商品信息可以利用时，信息加工理论就能为此时的购买行为提供比较完美的解释。

三、效用理论

效用就是指商品或者服务满足人们某种欲望的能力，或者是消费者在消费商品或服务时所感受到的满足程度。效用理论认为，消费者在决策中所要面对的问题是"我应怎样花钱才能使其效用最大化"，即消费者决策以追求效用最大化为目标。效用理论中研究消费者行为的观点主要有两个。

1. 基数效用论中的边际效用理论

基数效用论认为效用作为消费者从消费商品中得到的满足程度，其大小可以用基数 1、2、3……来表示，并可以加总求和。同时，还提出了边际效用递减规律的假定，这是基数效用论者分析消费者行为的理论基础。

边际效用递减是指在一定时间内，在其他商品的消费数量保持不变的条件下，当一个人连续消费某种商品时，随着所消费该商品的数量增加，其总效用虽然相应增加，但商品的边际效用，即每消费一个单位的该商品，其所带来的效用的增加量有递减的趋势。这个规律对我们理解消费者的消费行为非常重要。假定消费者对其他商品的消费数量保持不变，则消费者从该商品连续增加的每一消费单位中所得到的效用增量是递减的。

边际效用递减的原因在于消费者的生理或心理，以及商品本身用途的多样性。边际效用递减的特点如下。

（1）边际效用的大小，与欲望的强弱成正相关。

（2）边际效用的大小，与消费数量的多少反向变动。由于欲望强度有限，并随满足的增加而递减，因此，消费数量越多，边际效用越小。

（3）边际效用是特定时间内的效用。由于欲望具有再生性、反复性，边际效用也具有时间性。

（4）边际效用实际上永远是正值。虽然理论上有负效用，但实际上，当一种商品的边际效用趋于零时，理性的消费者必然会改变其消费方式，去满足其他欲望，以提高效用。

（5）边际效用是决定商品价值的主观标准。边际效用价值论认为，商品的需求价格不取决于总效用，而取决于边际效用。消费数量少，边际效用高，需求价格也高；消费数量多，边际效用低，需求价格也低。

2. 序数效用论中的无差异曲线理论

序数效用论认为，消费者行为活动的目标虽然是使自己既定的收入达到效用的最大化，但是效用是无法计量的，不能加总求和，也不能进行效用量的比较，它只能根据满足程度的高低进行排序。因此，效用只能用序数第一、第二、第三……来表示。序数效用论是通过对无差异曲线的分析来解释消费者购买决策行为的。

无差异曲线用来表示两种商品或两组商品的不同数量的组合、搭配对消费者所提供的效用是相同的，所以无差异曲线也叫作等效用线。无差异曲线符合这样一个要求：如果听任消费者对曲线上的点进行选择，那么，所有的点对他都是同样可取的，因为任一点所代表的组合给他带来的

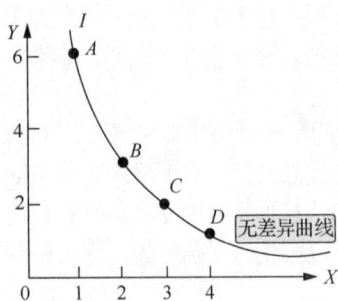

图 13.3　消费者的无差异曲线

满足都是无差异的。

图 13.3 中的横轴和纵轴分别表示商品 X、Y 的消费数量，I 这条无差异曲线表示给消费者带来相同满足程度的两种商品 X、Y 的不同组合的轨迹。其中，A、B、C、D 任何一点所代表的两种商品的不同组合所提供的总效用或总满足水平都是相等的，因此消费者愿意选择其中任何一种组合。

序数效用论把市场中的消费者描绘成"经济人"或理性的决策者，从而给行为学研究带来启示。但需要注意的是，消费者效用的实现需要一定条件，如消费者想要购买，前提是要有足够的钱，这个前提在经济学上可称为预算经济条件。一方面指购买各种消费品需要多少钱；另一方面是想要的东西很多，但收入有限，因此是一种约束。那么，想要将有限的收入用好，以让消费后的自己满足程度达到最大该怎么做呢？固定的收入有很多消费的方式，如少买奢侈品、零食、衣服等，总而言之，就是消费者要在各种消费之间选择一个最让自己感到满意的消费。经济学称消费者的这种行为为效用最大化。可见，效用最大化是消费者在收入约束下所追求的目标。另外，在实际中，消费者很难按照效用最大化的模式去追求最大效益，因为消费者行为受各种因素的影响，要求消费者思考太多问题，所以，消费者只能做到"有限理性"。

四、减少风险理论

减少风险理论认为，消费者在购买活动中常常存在不同程度的风险，因此，消费者在购买商品时，总是力图减少或者回避风险，即消费者的购买行为其实就是一种努力减少风险的行为。如果风险很大，而且难以减少或回避，则消费者可能不实施购买行为。

减少风险理论的主要内容如下。

消费者在购买商品时，风险程度的大小与购买后可能造成消费者的损失大小以及实际造成消费者的损失大小有直接关系，给消费者造成的损失越大，则风险性越大。

消费者因购买某种商品可能面临多种类型的风险损失，如金钱风险、身体风险、功能风险、时间风险、社会风险和心理风险等。

消费者为了避免购买某商品造成风险损失，在做购买决定或决策时，总是力图采取某些措施或办法来减少或防范风险，其包括：①在购买前努力收集商品有关信息；②先少量购买试用，若试用效果好，再多买该类商品；③选大多数消费者购买的品牌；④到自己熟悉、信誉好的商店购买；⑤购买过去使用较为满意的商品；⑥购买服务有保障的商品；⑦购买品牌商品；⑧购买商品时多跑几家商店，实行"货比三家"等方法。

虽然消费者采取减少或回避风险的办法多种多样，但是在市场行为不规范、消费者能力有限、信息不对等的市场环境下，消费者要完全避免风险是很难做到的，这就需要政府、社会、企业、消费者各方面共同努力，只有这样，才能真正避免或减少消费者的购买风险。

第二节　消费者购买决策概述

一、购买决策的重要性

消费者购买决策是指消费者寻找、比较、选择、评价商品、品牌或服务的属性，并进行判断、决定等一系列活动的过程。消费者决策的目的是用最少的付出获得能满足某一特定需要的商品或服务，实现购买价值最大化。

购买决策在消费者购买活动中占有极为重要的地位。首先，消费者决策是否进行购买，决定了购买行为是否发生；其次，决策的内容决定了购买行为的方式、时间和地点；最后，决策的质量决定了购买行为的效用。正确的决策可以使消费者以较少的费用、时间买到满意的商品；反之，错误的决策不但会造成时间、金钱上的损失，使消费者无法得到满足，还会导致不同程度的心理挫败感，影响以后的购买行为。因此，购买决策在消费者购买行为中居于核心地位。

视野拓展
为什么星巴克没有小杯?

> **小思考**
>
> 在一家商店，有三种啤酒可以选择：8.5 元的高级啤酒、5.8 元的中档啤酒和 3.6 元的廉价啤酒。消费者会怎样选择呢？一项调查显示：80%的人会买 5.8 元的啤酒，少数人会买 8.5 元的啤酒，很少有人选择最便宜的啤酒。后来，商店撤去了 3.6 元的啤酒，换成 9.8 元的啤酒。大多数人就会选择 8.5 元的啤酒，一小部分人会选择 5.8 元的啤酒，约 10%的人会选择最贵的 9.8 元的啤酒。想一想，消费者为什么会这么选择。

二、购买决策的类型

（一）根据消费者购买决策的不同研究视角划分

1. 理性决策

理性决策的假设前提是"消费者是理性的人"，认为消费者的购买主要是为了追求功效价值。消费者的表现为最大限度地收集信息，全面细致地对比各种产品特征、性能、特色、价格等，最终做出理性的决定。例如，消费者买洗衣机往往是一个理性决策。

> **小思考**
>
> 不仅买房子需要决策，买汽车需要决策，上哪一所大学需要决策，就是每天去超市里买青菜和水果也需要决策。列举过去的一天中你都做了哪些消费决策。其中哪些是重要决策？你是用什么标准做出的决策？

理性决策必备的条件包括：①决策过程中必须获得全部有效的信息；②找出与实现目标相关的所有决策方案；③能够准确地预测出每一个方案在不同的客观条件下所能产生的结果；④可以选择出最优决策方案。

从心理学的角度看，理性决策是消费者根据自己的认知做出的自认为合理的决策。例如，当人们收入有限时，消费者就会精打细算，这就是理性消费者。但是，消费者在购买时并不能够完全理性地对待，因为消费者不愿意仔细考虑决策的各个方面，而且也很难做到，所以，理性决策的条件很难全部具备。另外，要注意的是，不同人对理性的判断是不同的。例如，你花了 580 元看了一场演唱会，你认为很值，自己也很理性，但有些人却认为是不理性的。

> **知识点滴**
>
> **关于"有限理性模型"**
>
> 20 世纪 50 年代以后，人们认识到建立在"经济人"假说之上的完全理性决策理论只是一种理想模式，不可能指导实际中的具体决策。赫伯特·西蒙（Herbert Simon）提出了满意标准和有限理性标准，用"社会人"取代"经济人"，大大拓展了决策理论的研究领域，并随之发展出"有限理性模型"（Bounded Rationality Model），又称为"西蒙模型"。这是一个比较现实的模型，它认为人的理性是处于完全理性和完全非理性之间的一种有限理性。

2. 经验决策

经验决策是指消费者根据以往与商品或行为相关的体验、情感来购买商品或做出决策。在经

第十三章　消费者购买行为与决策

验决策视角下，消费行为在很大程度上是以追求享乐价值为基础的，如一个消费者入住一家度假酒店是基于他过去的体验而做出的选择。

从经验决策可知：①商品的价值来源于经验而非最终的结果，一般以感情（满意、愉快）为基础，而非以漫长的决策过程（全面认知）为基础；②经验决策主要是个体凭借个人的素质和经验做出的，因此带有较强的主观性。

3. 行为决策

行为决策认为消费者决策的做出实际上是对环境影响的一种反应。例如，餐厅中柔和的音乐和灯光让消费者用餐时间延长，清新舒畅的商场环境则可以使消费者购买更多的商品。

根据行为决策，消费者的行为受环境的影响而不是受认知的影响，这为商家提供了一个思路，即从内部布局、门面设计或商品陈列方面来留住消费者，促进购买行为的产生。

（二）根据消费者在购买过程中的介入程度划分

1. 扩展性决策

扩展性决策是指消费者在广泛收集内外部有关购买的各种信息的基础上，认真分析所收集的信息，并且谨慎评估每一个选择，形成对不同商品的认识，引发购买某种商品的意向并做出购买行动的决策。扩展性决策一般发生在消费者缺乏有关商品知识和使用经验或者面临决策风险时，如有关汽车、房子或家电等贵重商品的购买行为都发生在扩展性决策之后，扩展性决策是消费者深思熟虑的结果。

2. 有限性决策

有限性决策通常发生在购买风险相对较小，备选商品之间的差异不是很大，并且解决需求问题的时间比较短的情况下。当消费者对某个产品领域或该领域的各种品牌有了一定程度的了解，或者对产品和品牌建立起了一些基本的评价标准，但还没有形成对某些特定品牌的偏好时，消费者将做出有限性决策。例如，当消费者买打印纸时，如果他认为各品牌打印纸差异不是很大，也不愿花时间（或没时间）去进行比较，只想买便宜的打印纸，那么他就有可能选择任何具有这一特征的打印纸。

3. 习惯性决策

消费者已经具有有关商品和品牌的使用经验，并且建立起了一系列评价标准，在既有使用经验，又熟悉品牌的情况下做出不用思考的习惯性决策。例如，消费者口渴时会直接购买日常喜欢的饮料。

以上三种类型的决策存在以下差别。第一，购买决策所经历的阶段以及各阶段消费者的介入程度存在差别。在习惯性决策过程中，消费者介入程度最低；在扩展性决策过程中，消费者介入程度最高；而在有限性决策过程中，消费者介入程度介于前述两种决策类型之间。第二，在不同决策类型下，消费者重复选择同一品牌的概率不同。一般而言，越是复杂的购买行为，消费者在下一次购买中再选同一品牌的可能性越小；而越是趋于习惯性购买决策，重复选择同一品牌的可能性越大。第三，在不同决策类型下，消费者在信息收集上花的时间存在差异。通常，习惯性决策基本不进行信息收集，有限性决策会进行少量信息收集，而扩展性决策则需要进行广泛的信息收集。

三、购买决策的主要内容

消费者的购买决策一般包含以下内容：购买主体（Who）、购买对象（What）、购买原因（Why）、购买地点（Where）、购买时间（When）和购买方式（How），即通常所说的 5W1H 模型。

（1）购买主体，即谁是购买者。购买主体是执行购买决策、从事购买的人，也即支出货币换取商品的人，依消费者的年龄、性别、职业、收入可划分出不同的类型。

（2）购买对象，即购买什么，也就是消费者选择哪种规格、型号、颜色、式样、包装、价格、商标等的商品，这是决策的核心和首要问题，也是消费者在做出购买决策时最基本的任务之一，因为消费者的决定购买目标不能只停留在一般的类别上，还要明确具体的对象。例如，冬季买保暖衣服，不能仅决定是买羽绒服还是羊毛大衣，如果决定买前者，还必须明确羽绒服的品牌、款式、颜色和价格等。

（3）购买原因，即为什么要购买，也就是消费者的主导动机或真正动机，或是消费者的兴趣爱好、生活必需，或是收入增加、商品调价，或是出于新奇，或是馈赠亲友的需要等。

（4）购买地点，即到哪里去购买，也许是消费者喜欢、可信赖且经常光顾的商店，也许是实体店或者是网店。这与所购商品的性质、消费者居住区、商店的名声、商店经营商品的品种数、商店橱窗设计、销售方式和服务态度及交通便利情况等都有关系。例如，有研究发现，购买高档服装时，消费者倾向选择在百货商场购买而非超级市场。

（5）购买时间，即什么时间购买，是指购买是发生在早上、中午还是晚上，是平日还是周末或假日，是春季还是秋季，是夏季还是冬季。这与消费者所购买商品的属性有关，例如，冬季是羽绒服的热销季，夏季是雪糕的销售高峰……购买时间还与消费者的工作和生活习惯有关，并受到商品的季节性、时令性影响。通常节假日的购买量、购买次数更多。例如，大城市中的普通上班族由于日常工作忙碌，一般会选择在周末集中购物。不过由于网络购物的普及，现在消费者的购物时间非常自由，甚至全天都可以购物。

（6）购买方式，即如何购买，也就是消费者购买商品时的货币支付方式或者购物形式。例如，是网购、邮购、预购还是托人代购；是开车购物还是步行购物；是付现金、开支票还是刷卡。如今，消费者的支付方式有了更多选择，使用移动支付的情况已经非常普遍，只要拿出手机，用微信或支付宝的"扫一扫"就能很快完成付款，新的支付技术使消费者的支付方式更加快捷、方便。

📚 **示例**

你怎样付款？

2022 年，中国支付清算协会网络支付应用工作委员会针对用户基本属性、用户使用偏好等方面进行了调研。数据显示，二维码支付仍是移动支付用户最常使用的支付方式。线下场景中，移动支付用户较常使用的支付产品是微信支付、支付宝和云闪付，占比分别为 87.9%、85.3% 和 80.3%。数据显示，2021 年微信还和支付宝平分秋色，2022 年微信支付领先优势拉大。

第三节 消费者购买决策过程

消费者购买决策过程是指消费者谨慎地评价某一商品、品牌或服务的属性并进行选择、购买，来满足其某一特定需要的过程。简单地说，消费者购买决策过程就是消费者在购买商品和服务过程中所经历的步骤，一般分为五个阶段，即需求确认、信息收集、评估选择、购买行动、购后反应，如图 13.4 所示。

| 需求确认 | → | 信息收集 | → | 评估选择 | → | 购买行动 | → | 购后反应 |

图 13.4 消费者购买决策过程

从图 13.4 可以看出，消费者的购买过程在实际购买行动发生之前就已开始，并延伸到实际购买以后，因此，营销人员应该注意消费者决策过程的各个阶段而不仅仅是销售环节和购买行动，应整体、全面地分析消费者的购买决策过程。

实际上，消费者并不是每次购买都要经历这五个阶段。某些商品的购买过程非常简单，有时只需几秒、几分钟就可决定购买，但有些商品的购买可能花几个月甚至几年的时间。因此，消费者决策过程并不一定会按次序经历以上过程的所有步骤，可能会跳过其中的某个阶段或倒置某个阶段。

一、需求确认

需求确认是消费者做出购买决策的开始，当消费者发现现实状况和期待状况之间有差异时，就会意识到需求，当需求升高到一定阈限时就变成一种驱动力，驱使消费者采取行动予以满足。

需求由内在刺激或外在刺激唤起。内在刺激是人体内的驱动力，如饥饿、口渴等，外在刺激是外界的"触发诱因"。需求被唤起后可能逐步增强，最终驱使人们采取行动，也可能逐步减弱直至消失。那么，有哪些原因能促使消费者认识问题并产生需求呢？

（1）产品即将用尽。例如汽油不够了、洗衣粉用完了等，这时需求就产生了。

（2）喜新厌旧。例如衣服旧了，或者款式不符合潮流了，消费者就会意识到需要买新衣服了。

（3）收入的变化。收入的增加会使消费者认识到新的问题，产生更多需求；收入的减少会使消费者减少开支，减少需求。

（4）环境的改变。不同环境下会产生新的需求，如季节交替时消费者可能需要添置应季产品。

（5）对新产品的需求。由于技术的发展，产品更新速度加快，如果新产品能带给消费者更多价值时，消费者就会产生购买欲。例如，在智能手机 iPhone 出现之前，消费者对自己的诺基亚手机已经很满意了，感觉不再需要新手机，但当 iPhone 上市后，消费者发现 iPhone 不是传统手机而是智能手机时，新的需求就产生了。

（6）对配套产品的需求。比如，消费者买了西服之后就要买配套的衬衫、领带、皮鞋和皮包等；当消费者购买了新房后，就会对家具、电器产生需求。

在需求确认阶段，营销人员需要清楚引起消费者需求的各种问题。例如，通过向消费者调研来回答以下问题：所引起的是哪种需求，这种需求因何而生，这些需求是如何把消费者引向购买某一特定产品的。除此之外，营销人员还必须注意两点：①了解是什么原因驱使消费者来购买本企业的产品，即本企业的产品提供给消费者的价值是否具有竞争力；②消费者对某产品的需求会随时间而变化，也许某种诱因会使需求变得更强烈，也许会使之减弱。例如，即使消费者发现家中的电视机屏幕有点碎裂，但他并没有立刻去购买新的电视机，他只是意识到这是一个需要解决的问题，但这个问题并不迫切，因为平时看电视的时间并不多，他并不用马上购买电视机。可见，消费者决策并不一定是当需求产生后就会立刻得到响应，除非消费者认为在不得不做的情况下才会产生下一个环节。因此，营销人员需要在适当的时间采取适当的策略，设计诱因、增强刺激、唤起需求，最终影响消费者采取购买行动。

📖 **示例**

二手奢侈品

全球知名二手时尚电商 The RealReal、Poshmark 和 ThredUp 在 2022 年第二季度平台的活跃用户与整体收入都有所增长。而在中国市场，奢侈品相关消费热度持续上升。而在直播电商发展以及一手奢侈品频繁涨价等多重因素影响下，二手奢侈品市场规模进一步发展壮大。根据前瞻产业研究院统计数据，二手奢侈品市场呈现非常明显的年轻化趋势，更精准的用户画像是"18～35 岁的年轻女性"。不过，伴随着男性消费观念的变迁，男性二手奢侈品买家的比例也在快速增长。艾媒咨询发布的报告显示，预计到 2025 年该规模将达 3.89 万亿元。

二、信息收集

一个确认了需求的消费者，通常情况下会主动收集与满足需求有关的各种信息，以便进行评价工作。这种收集信息的积极性会因其需要程度的不同而有高有低。如果消费者对某些商品的需要不是很迫切，其收集信息的积极性就不会很高，但是他们仍然会对能满足自己需求的有关信息保持关注。如果消费者对某些商品的需要很迫切，那么他收集有关信息的积极性就会很高。

消费者需要收集的信息量取决于其购买情况的复杂程度。在购买活动是经常性行为的情况下，消费者几乎不需要收集信息；在有限性决策的情况下，消费者需要收集的信息量不大；而在扩展性决策的情况下，由于消费者对所需购买的商品不了解，因而需要收集大量信息。

在信息收集阶段，如何分析消费者的心理活动和特点呢？

1. 了解消费者的信息来源

消费者的信息来源一般有四类：①人际来源，信息来自家人、亲戚、朋友、邻居及其他熟人；②商业来源，信息来自商业广告、销售人员介绍、商品陈列展览、商品包装、商品说明书等；③公众来源，由大众媒体或消费者协会等组织提供信息；④经验来源，消费者直接使用该商品得到经验。

> **小思考**
>
> 网络搜索简化了商品信息的收集过程，消费者只要输入关键词，就可以在网上搜到各种问题的解决办法。想一想，怎样有效地利用网络搜索信息，网络搜索对个人隐私会产生怎样的影响。

2. 了解不同信息来源对消费者的影响程度

每一种信息来源对购买决策的影响都是不同的。商业来源通常执行告知的功能，而人际来源则执行认可或评估的功能。通常情况下，经验来源的影响最强，而商业来源的影响最弱；当消费者购买自己未曾使用过的商品时，人际来源的影响最强。

3. 设计有效的信息传播策略

为了使消费者将所寻求的信息限定在本企业产品的范围内，一个企业需要了解不同信息来源及传播的特点，尽量使本企业的产品包含在消费者的选择之列。例如，可通过电视、报纸、杂志，或通过展示会、商场橱窗等方式进行广泛的商业性宣传，同时，设法刺激和利用人际关系，加强信息的影响力和有效性，为使消费者选择购买本企业的产品创造条件。

另外，从消费者的角度看，由于互联网的普及，手机等移动通信工具的使用变得普遍，消费者进行信息收集变得更加方便。也就是说，在当前的社会环境下，收集信息已不是问题，问题是信息的泛滥，使消费者难以判断和选择。

📖 **视野拓展**

信息越多越好吗？

心理学家曾经在一家超级市场做过一项实验研究。为了满足消费者不同口味的需求，这家超市准备了300多种果酱。心理学家设计了一套巧妙的实验计划，并在超市的同意下，连续两个星期摆放试吃柜台。心理学家准备了两批试吃品，每隔一个小时轮流更换。第一个小时摆出24种不同的果酱，另一个小时只摆出6种。心理学家想知道面对24种果酱的消费者，是否会被这么多选择搞得晕头转向，根本无法决定买哪一种。与只有6种选择的人相比，他们是否更不可能买东西？由于有暗记的帮助，就能很容易追踪消费者的行动。人们通常认为，选择越多，销量越高，但实验结果恰恰相反。在摆出令人眼花缭乱的24种果酱时，虽然试吃柜台吸引到的消费者比较多，但他们中只有3%的人买了果酱。而只有6种果酱可供选择的消费者中，却有30%的人买了果酱。"当人们看到24种不同的果酱摆在面前时，常常会不知道选择哪一种更好。"心理学家说，"最后，他们通常哪一种都不买。"可见，面对的选择越多，人们就越难取舍。

三、评估选择

消费者从不同的渠道获取信息后，要对它们进行分析、评估和比较。一般而言，消费者的分析、评估、比较涉及以下五个方面。

1. 分析产品的属性

产品属性是指产品所具有的能够满足消费者需要的特性。消费者一般将某一种产品看成一系列属性的集合，对不同的产品，他们关心的属性会有差异。例如：服装的属性主要有款式、颜色、面料、价格、做工、流行性；计算机的属性主要有信息存储量、运行速度、图像显示性能、软件适用性、外观设计；轮胎的属性主要有安全性、胎面弹性、行驶质量等。

消费者不一定对产品的所有属性都同等重视，对各种属性的关心程度也因人而异。例如，消费者在购买汽车时，油耗可能是他最关心的，但是当他为了孩子买车时，安全性则会成为决定因素。

营销人员应分析本企业产品应具备哪些属性，以及不同类型的消费者对哪些属性感兴趣，以便进行市场细分，对不同需求的消费者提供具有不同属性的产品，以满足消费者的需求。

2. 建立属性等级

属性等级即消费者对产品有关属性赋予的不同的重要性权数。消费者会有意或无意地运用一些评价方法对不同的产品进行评价和选择，建立属性等级。比如，消费者收集了 A~I 九种品牌的服装信息。首先，他认为价格是第一考虑的属性，假如他要求的价格不超过 1 000 元，C、D、E 三种超过此价格的品牌会被淘汰；其次，他要求面料要超过 9 分（按主观标准打分，满分为 10分），B、F、G、H 四种未达到 9 分的品牌被淘汰；最后，还剩两种（A、I）品牌可供选择，这时消费者会从中选择自己认为具有最重要的属性或品质的产品。当然，产品不同属性的重要程度因人而异。

3. 确定品牌信念

消费者会根据各品牌的属性及属性参数，建立起对各个品牌的不同信念，如确认哪种品牌在哪一属性上占优势或在哪一属性上相对较差。

4. 形成"理想产品"

消费者的需求只有通过购买才能得以满足，而他们所期望的从产品中得到的满足，是随产品每一种属性的不同而变化的，这种满足程度与产品属性的关系可用效用函数来描述。

所谓效用函数，即描述消费者所期望的由产品带来的满足感随产品属性的不同而有所变化的函数关系。它与品牌信念的联系是，品牌信念指消费者对某品牌的某一属性已达到何种水平的评价，而效用函数则表明消费者要求该属性达到何种水平他才会接受。消费者对不同产品属性的满足程度不同，便会形成不同的效用函数。例如，消费者购买一台电视机，会因为电视机的功能齐全、图像清晰、操作方便等而获得满足感，但也会因电视机价格的上涨而满足感降低。把各属性效用的最高点连接起来，便形成消费者理想的电视机效用函数。

5. 做出评价

消费者从可供选择的品牌中，通过一定的评价方法，对各种品牌进行评价，从而形成对它们的态度和对某种品牌的偏好。在这一评价过程中，大多数消费者会将实际产品与自己的理想产品进行比较。

在比较、评价阶段，有以下几点值得营销人员注意。

（1）产品性能是消费者所考虑的首要问题。

（2）不同消费者对产品的各种性能给予的重视程度或评价标准不同。

（3）消费者既定的品牌信念与产品的实际性能可能有一定差距。

（4）消费者对产品的每一属性都有一个效用函数。

营销人员可以采取以下策略，以提高自己产品被选中的概率。①修正产品的某些属性，使之接近消费者理想的产品。这是"实际的重新定位"。②改变消费者心目中的品牌信念，通过广告和宣传推广，努力消除其不符合实际的偏见，实施"心理的重新定位"策略。例如，某种产品确实是物美价廉，而有些消费者认为价廉的一定不如价高的质量好；又如某国产产品的质量已经达到或超过同类进口产品的水平，有些消费者却总是推崇进口产品。这时，营销人员要在这方面进行广泛的宣传，改变消费者的偏见。③改变消费者对竞争品牌的信念。当消费者对竞争品牌的信念超过实际时，可通过比较性广告改变消费者对竞争品牌的信念，实行"竞争性反定位"。④通过广告宣传，改变消费者对产品各种性能的重视程度，当然，营销人员对产品的广告宣传必须做到实事求是，使消费者感到满意。

四、购买行动

消费者经过评估选择后就开始实施方案，这一阶段就是购买行动阶段。在消费者将购买意向转为实际购买行动之前，有以下两个不容忽视的影响因素。

1. 他人的态度

消费者的购买意向会因他人态度而增强或减弱。他人的态度对消费意向的影响主要取决于三个因素。①他人否定态度的强度。否定态度越强烈，影响力越大。②他人与消费者的关系。他人与消费者关系越密切，影响力越大。③他人的权威性。他人对商品的专业知识了解越多，对商品的鉴别能力越强，则影响力越大。

小思考

购买哪些商品时你更倾向于征求他人意见？谁的建议会更容易被你采纳？

由于许多商品具有使消费者在他人面前"提升"自我表现的作用，因而消费者在购买时会更加在意他人的看法。他人看法与消费者意见相悖，将会导致消费者犹豫不决，很难在短期内做出购买决策甚至会放弃购买意向。

2. 意外因素

消费者的购买是在一些预期条件的基础上形成的，如预期收入、预期价格、预期质量、预期服务等，如果这些预期条件受到一些意外因素的影响而发生变化，消费者的购买意向就可能改变。例如，预期的奖金收入没有得到、通货膨胀使原定的商品价格突然提高、购买现场销售人员态度恶劣等都可能导致消费者购买意向改变。

消费者的购买意向是否能转化为实际购买行动，还受所购商品价格的高低、购买风险的大小和消费者自信心的强弱等因素影响。

购买行动是消费者购买行为过程中的关键阶段，营销人员在这一阶段一方面要向消费者提供更多、更详细的商品信息，以便使其消除各种疑虑，并促使其坚定地实施购买行为；另一方面要通过提供各种销售服务，方便消费者选购，促使其做出购买决策。

小思考

有时，消费者会把已购买的商品再次转卖，使闲置的商品能够再次被利用。例如，闲鱼网就是一个闲置交易平台。你如何看待这种倒卖旧货的现象？买卖双方的需求心理是什么？

五、购后反应

消费者的购后反应好坏通常会通过消费者是否满意表现出来。消费者满意是指消费者将一个商品的可感知效果与他的期望值相比较后，所形成的愉悦的感觉状态。消费者不满意被认为是由于不满意的消费效果导致的一种消极反应。

消费者购后反应过程分为以下三个阶段。

1. 购后使用和处置

消费者在购买所需商品或服务之后，会进入使用过程以满足需要。有时只是一个直接消耗行为，如喝饮料、看演出等；有时则是一个长久的过程，如家电和家具等耐用消费品的使用。营销人员应当关注消费者如何使用和处置商品。如果商品使用率很高，说明该商品有较大的价值，则会增强消费者对购买决策正确性评估的信心。如果一个商品实际使用率很低或闲置不用，甚至丢弃，则说明消费者认为该商品无用或使用价值较低，会对商品不满意，进而怀疑自己的购买决定或产生后悔心理。

对于有的消费者来说，即使物品已经被用过了，甚至破损，也不愿意丢弃它们，这其中有对物品的怀旧情感或因物品有纪念意义，也有可能是出于安全方面的考虑，如手机。

2. 购后评价

购后评价是指消费者通过使用和处置过程对所购商品和服务有了更加深刻的认识，检验自己购买决策的正确性，确认满意程度，作为以后购买活动的参考。消费者的购后满意程度不仅取决于商品质量和其性能发挥状况，消费者的心理因素也对此具有较大影响。

购后反应理论有以下两个。

（1）预期满意理论。该理论认为消费者满意是消费者将商品可感知效果与自己的期望值相比较后所形成的心理感受状态，即消费者购买商品以后的满意程度取决于购前期望的实现程度，可用函数式表示为

$$S=f(E, P)$$

其中，S 表示消费者满意程度，E 表示消费者对商品的期望，P 表示商品的可觉察性能。

消费者根据从不同来源所获得的信息形成对商品的期望（E），购买商品以后的使用过程中形成对商品可觉察性能（P）的认识。如果 $P=E$，则消费者会感到满意；如果 $P>E$，则消费者会很满意；如果 $P<E$，则消费者会不满意。实际同预期的效果差距越大，不满意的程度也就越大。消费者购后感受的好坏，会影响消费者是否重复购买，并将影响他人的购买。也就是说，如果消费者对商品满意，则在下一次购买中可能会继续购买该商品，并向其他人宣传该商品的优点。如果他对商品不满意，肯定不会再买这种商品，甚至有可能退货并劝阻他人购买这种商品。

（2）认识差距理论。这种理论认为消费者购买商品后都会引起不同程度的不满意感，原因是任何商品总有它的优点和缺点，消费者购后往往会更多地看到商品的缺点，而别的同类商品越是有吸引力，其对所购买商品的不满意感就越强。企业的任务就是使消费者的不满意感降到最低。

小思考

当你不打算再穿一件衣服时，你是愿意把衣服直接丢掉还是改造利用？或者以旧换新、捐赠、转售？

消费者对所购商品不满意时，往往会做出相应的反应。例如，他可能会收集更多商品信息，期望证实自己的购买行动正确，从而获得安慰；他可能到商店退货；他也可能暗下决心，从此再也不买这种商品。所以，企业除了要向消费者提供货真价实的产品外，还要采取积极的办法，促使消费者消除不满意感或使其降到最低，使他们相信自己的购买选择是正确的。例如，汽车销售商在消费者购买汽车之后通过定期沟通，给消费者介绍汽车的使用常识、保养知识，同时提供优质的售后服务，让消费者确认自己的购买是正确的，以此来提高消费者满意度。

3. 购后行为

消费者对产品的评价会形成对该产品的信赖、忠诚或者排斥态度，由此决定了其相应的购后行为：信赖产品，重复购买同一产品；推荐、介绍产品给周围人群；抱怨、投诉，直接向生产商索赔；个人抵制，不再购买，并劝阻他人购买；控诉，通过大众媒体和消费者保护组织投诉等。

企业应当采取有效措施减少或消除消费者的购后不满意感。例如，有的企业在产品售出以后，会请消费者留下姓名、地址、电话等，定期与其联系，告知本企业的近况、产品的质量、服务等情况，指导消费者正确使用产品，征询改进意见，建立良好的沟通渠道并处理消费者的意见，迅速赔偿消费者所遭受的损失等。事实证明，与消费者进行恰当的沟通可减少退换货情况，增强消费者对产品的信心。如果消费者因不满意而向有关部门投诉或抵制产品，企业将会遭受较大的损失。

第四节　决策中的非理性行为

由于受地域、知识、经验等因素所限，以及受性格、情绪、情景、习惯、习俗等多重因素的影响，消费者常常做出一些违背经济运行法则甚至背离最优选择的消费决策，表现为一些不正常的行为状态，本书统称为消费者的非理性行为，包括消费者的非理性消费、非伦理行为和问题行为等。

一、消费者的非理性消费

消费者的非理性消费是指消费者在各种因素影响下做出的不合理的消费决策，它一般表现为消费者不按价值最大化原则进行消费。非理性消费表现为冲动消费、炫耀消费、攀比消费、奢侈消费、不节约能源消费和不保护环境消费等。

视野拓展

人的行为是怪诞的

丹·艾瑞里是行为经济学家，在他的《怪诞行为学》（*Predictably Irrational*）一书中，艾瑞里提出了一个令人震惊的研究结果，即一个人做决定时，并非自以为的那么理性，这些行为甚至是怪诞的。艾瑞里以《经济学人》杂志征订广告为例。其广告收费共有三个选项：网络版每年 59 美元，印刷版每年 125 美元，网络版加印刷版（合拼版）同样是每年 125 美元。艾瑞里在麻省理工学院的 100 个学生中做了一个实验，看他们会如何选择。结果 84% 的学生选择了第三项，只有 16% 的学生选择了网络版。看来第二个选项并无用处。于是，艾瑞里把第二项删除，再请另外 100 个学生选择。结果显示，原先最受欢迎的合拼版变得不太吸引人，只有 32% 的学生选择了它，剩下 68% 的学生选择了网络版。虽然之前没有人选择第二项，但它在帮助人们做出选择，因为它的存在使合拼版看上去更合算。这个例子告诉我们，人们对自己的喜好其实并不清楚，很容易受到外界因素的影响。艾瑞里提出，从行为经济学的角度来看，人类行为并不是理性的。在物质世界，我们了解现实中的限制，并在此基础上建设世界。但在精神世界，人们时常忘记了理性的限制。

那么，是什么原因导致了人的非理性消费呢？

1. 经济能力的提升

有研究显示，可支配资金越充裕，消费者就越容易进行非理性消费；反之，可支配资金越紧张，消费者就越倾向于理性消费。消费者的经济能力提升后，很容易进行冲动消费、攀比消费等非理性消费。

当前，随着我国经济的稳定增长，我国居民可支配收入不断提高，社会上出现盲目追求购买奢侈品却不考虑奢侈品的文化、内涵、使用场合等现象。有的人通过购买奢侈品向他人炫耀和展示自己的财力和社会地位，以及这种地位所带来的荣耀、声望、名誉等，甚至还出现有些商品越贵越有人追捧的现象，如高档轿车、昂贵的手机、超大的房子、价格不菲的大餐等。

2. 虚荣效应心理

心理学中的虚荣效应心理是指人们想拥有只有少数人才能享用或独一无二的商品的心理偏好。拥有某种虚荣性商品的人越少，该商品能带来的虚荣效应就越大。名家艺术品、限量版跑车，以及定制的奢侈品等都是虚荣性商品。消费者从艺术品或跑车中获得的价值，多半来源于"几乎没有人拥有与我一样的东西"这一认知而产生的对特权、地位和排他性的满足感。

可见，消费者在消费过程中不仅会通过购买商品以获得商品的使用价值，还可能会通过商品的附加价值来满足其虚荣心理。这种虚荣心理主要表现在两个方面：一是攀比心理，二是炫富心理。

3. 企业营销因素的影响

企业的营销因素对消费者的购买选择具有重要作用。商品的特殊包装、诱导性价格、独特的商品陈列、诱导性广告宣传等也会引起消费者的非理性消费。

另外，非理性消费与消费者的年龄、性别、个性和外界环境的刺激也有关系，如年轻人或胆汁质气质类型的消费者更容易发生冲动性购买行为。另外，非理性消费有时也是一种缓解压力、发泄不良情绪的方法，如有些人在心情低落时的冲动消费其实是一种"心理补偿性消费"。

二、消费者的非伦理行为

美国学者巴里·巴宾和埃里克·哈里斯把消费者非伦理行为（Customer Misbehavior）定义为违反人们普遍接受的行为准则的行为，他们认为消费者非伦理行为是消费者行为中"黑暗的一面"，并用异常、违法、否定、功能失调和不正常这些词来描述它。

我国学者一般把消费者的非伦理行为称为顾客不当行为，是指违反消费情境中可接受的行为规范，并且破坏消费秩序的行为，如拥挤、喧哗、随处弃物、违背习俗礼仪、偷窃等。因为价值观或道德信念的不同，虽然对非伦理行为的理解不尽相同，但消费中违反某种正常的规则，并对其他消费者造成影响或伤害的行为确实存在。

（一）非伦理行为的原因

1. 道德感的缺失

从社会学的角度来看，道德感的缺失可以解释非伦理行为的产生。个体道德感的形成既有历史原因也有经济的影响，既有制度的原因也有文化的影响，还与家庭环境、受教育程度等密切相关。我国古语"君子爱财，取之有道""勿以恶小而为之，勿以善小而不为"等都是在提倡人们的行为要遵守社会道德规范，所谓道德规范是一种自律的力量，要求行为主体进行自我约束，没有外在力量强迫其做什么和不做什么。诸如酒后驾车、保险诈骗、偷盗等行为不仅是违法的，也是不道德的。有些人认为以最小的成本或不付出任何代价获取价值、寻求最大利益是理所应当的，这些价值观的错位、缺少道德的约束等促使了非伦理行为的产生。

2. 机会主义

机会主义行为源于人的逐利本性。根据经济学对人的假设，人是追求效用最大化的，人们所从事的各种经济活动的最终目的是满足自身的需要。人们在追求效用最大化时，可能会借助各种不正当的手段来谋取利益，不惜损人利己。另外，信息不对称和人的有限理性给机会主义行为的存在提供了条件。在这种情况下，一些人可能会利用某种有利的信息条件如信息不对称，进行说谎和欺骗等；或者追求自我行为所带来的快感，如超速驾驶等。

3. 消费情境的影响

商场拥挤不堪、餐厅等候时间过长或在航班延误等情境下，糟糕的体验会给消费者带来负面情绪，进而使其产生过激行为。现在，多数零售商都采取开放式的售卖方式，开放的商品陈列方式似乎也在诱使一些人通过偷窃去获得这些商品。例如，超市中可以先尝后买的水果和柜台的小吃可能会诱使爱占小便宜的人过度品尝或顺手牵羊。

课堂讨论

1. 因航班延误导致乘客大闹机场的事情屡有发生，你觉得航空公司需要怎样应对？
2. 如果你在一家餐厅就餐，等待上菜时间长达 30 分钟，你会怎么办？

（二）具体的消费者非伦理行为

消费者非伦理行为是管理学与营销学中一个相对较新的研究领域。对非伦理行为的研究主要集中在社会心理学、组织行为学、犯罪学、伦理学等学科领域。例如：从社会心理学角度研究说谎行为和不道德行为的决策过程；从组织行为学角度研究员工的欺诈行为和异常行为等；营销领域对消费者非伦理行为的研究主要聚焦在消费者以获利为导向的不当行为，如顺手牵羊(偷窃)、不合理退货、无理由投诉以及利用服务保证进行欺骗等。

具体的消费者非伦理行为可以归纳为以下三类。

1. 违反道德性规范行为

违反道德性规范行为是指消费者违反社会舆论、信念和风俗习惯的行为，包括三个方面：①违反社会公德的行为，主要表现在破坏公共设施和公共环境方面，如在消费场所乱丢垃圾、在文物或服务设施上乱刻乱画等；②不文明行为，主要指在消费场所的着装不当、举止不当、不礼让等行为，如在购物、就餐、等车过程中争抢、拥挤、推搡等；③不良习惯，指消费中的不良卫生习惯和其他陋习，如大声喧哗、随地吐痰等行为。

2. 违反契约性规范行为

违反契约性规范行为是指消费者在某些消费场所违反规程或规定的契约关系的行为，包括两个方面：①违反显性契约行为，指违反明示的规程或规定的行为，如消费者在商场的非吸烟区吸烟的行为；②违反隐性契约行为，如消费者随意触动、乱摆、乱扔、私拆、毁坏商品等行为。

3. 违反行政性规范行为

违反行政性规范行为是指在消费场所侵犯其他消费者，并且违反法律、法规或企业制度的行为。其主要表现为偷窃商品，也包括对其他消费者随身财物的偷窃或对其他消费者的身体侵犯等。实际上，无论是超市还是其他类型商场，商品失窃现象并不少见。为了减少因失窃而产生的经济损失，商场一般采取安装电子监控、电子商品防盗系统等设施，或者商场安排防损员、张贴防盗警示标语等防范性方法。随着互联网的普及，消费者通过计算机非法下载资料、进行网络攻击或网络电信欺诈等也被认为是非伦理行为。

需要注意的是，由于观念、习俗、文化等差异，在不同消费情境下，对消费者非伦理行为的认定也不尽相同。例如，在个别国家，餐厅中的大声喧哗被普遍接受。

示例

给商品"上锁"

2023 年 5 月，根据环球市场播报的消息，美国知名一元店运营商 Dollar Tree 的高管正在考虑"防御性商品销售"，就是要将商品锁起来，顾客需要员工的帮助才能取下商品。采取这种给商品"上锁"

的办法的原因是因为店内不断升高的失窃率，当然，Dollar Tree 的高管们也表示这样的限制会对销售产生负面影响。Dollar Tree 并不是唯一受影响的零售商。许多零售商指出，店内盗窃是一个日益严重的挑战。沃尔玛首席执行官道格·麦克米伦（Doug McMillon）2022 年表示，失窃率已升至历史最高水平，如果问题得不到缓解，该公司可能会关闭更多门店。美国零售联合会（National Retail Federation）和风险咨询公司 K2 发布的一份报告显示，小偷很少以珠宝等高价值物品为目标，相反，他们追求的是家用产品等更便宜的商品。

三、消费者的问题行为

消费者的问题行为和消费者非伦理行为在多数情况下是有区别的。消费者非伦理行为往往表现为消费过程中伤害到他人或团体的行为；消费者的问题行为则是倾向于消费者无法控制自己所做出的行为（如酗酒），在这种情况下，消费者的这些行为并没有违法或违规。消费者的问题行为主要包括以下几个方面。

1. 强迫性消费

强迫性消费是指反复、经常的过度购物行为，有时甚至产生上瘾性消费。

知识点滴

什么是强迫性购物？

在心理学上，强迫性购物（Compulsive Buying）是指一种功能紊乱的消费行为，这类失去了对购物行为的控制，持续过度消费的购物者，被称为"剁手党"。强迫性购物者一方面拼命地想购物，另一方面又为自己冲动的购物行为感到后悔，而后又更强烈地继续购物。一般他们在购物前会心情不好或有较大的精神压力，购物时这种压力会得到发泄，心情会变得舒畅、轻松和愉悦，但事后又会感到苦恼和后悔。他们在购物上的开支往往超过其经济能力和预算，给自己和家庭生活带来很大的负面影响。同时，强迫性购物者大多承受着情绪障碍的折磨，他们渴望降低无法控制的购物行为的频率。强迫性购物的发生与性别、年龄、家庭等因素有关。

心理学家认为，如果购物仅仅是癖好，通常对生活没有太大影响。例如一些老年人喜欢囤积货物，多数是因为年轻时物质匮乏，年老了有条件的时候，会通过囤积货物来弥补内心的缺失，同时也是一种寻找安全感的体现。还有一些人喜欢购买打折商品，并进行囤积，这源于精打细算过日子的心理。如果消费者能够在自己经济能力范围内理智控制消费欲望就是正常的，但如果购物时无法用理智控制消费欲望而过度购买，进而影响自己的生活，便已经具有强迫性消费倾向了，这些人需要根据情况进行心理干预，或者向心理咨询师寻求帮助。

2. 饮食失调

无论是暴饮暴食还是厌食症都是饮食失调的表现，二者反映了消费者心理和身体的不良状态。当暴饮暴食成为一种饮食习惯，它会给人的健康带来很多危害。通过吃东西来消磨时间或减轻压力，通常会让他们感到沮丧、缺乏自信，甚至抑郁或焦虑。而且暴饮暴食伴随着肥胖及一些疾病风险，如高血压、高血脂、心脏病、中风、糖尿病等。厌食症则是由于担心变胖、心情低落而过分节食、拒食、厌食、挑食或偏食，从而导致体重下降、营养不良，甚至危及生命。

3. 吸烟与酗酒

吸烟与酗酒的形成受到多种因素的影响，有些人会通过吸烟、喝酒等行为来消解焦虑和压力，但长期的吸烟和饮酒可能导致身体上的依赖，这进一步加剧了对这些物质的渴求和嗜好。而身体上的戒断反应也可能导致一些人重新开始吸烟或酗酒，由此形成了恶性循环。同时，吸烟会造成"二次污染"，而酗酒可能会引发打架斗殴等严重后果。

4. 赌博

与许多强迫性行为一样，赌博和消费者的其他冲动行为也有关系。一个人喜欢赌博，往往越输越赌，以至于不能自拔，即行为成瘾，在心理学上称之为"病态赌博"。有研究表明，赌博成瘾是行为刺激大脑的后果，参与赌博的人可以从中体验到短暂的快感，其程度与药物成瘾相当。寻求刺激、对金钱的欲望、侥幸心理、投机冒险、争强好胜等，都是十分常见的赌博动机。

本章小结

本章首先介绍了消费者购买行为理论。习惯建成理论认为消费者购买行为实际上是一种习惯建立、养成的过程。信息加工理论认为消费者行为就是一个信息处理过程。效用理论认为消费者决策以追求效用最大化为目标。减少风险理论认为消费者的购买行为是一种努力减少风险的行为。这些理论从不同的角度解释了消费者行为的特征和规律。

消费者购买决策是指消费者寻找、比较、选择、评价商品、品牌或服务的属性，并进行判断、决定等一系列活动的过程；研究消费者购买决策可以将理性决策、经验决策和行为决策作为切入点；根据消费者在购买过程中的介入程度，消费决策分为扩展性决策、限制性决策和有限性决策。

消费者购买决策的内容其实是回答 5W1H 的问题；消费者购买决策过程一般分为需求确认、信息收集、评估选择、购买行动、购后反应五个阶段，这其实是消费者面临新的或复杂的购买情境时所进行的一系列考虑和活动。消费者购买决策并不是完全理性的，消费者购买决策中的非理性行为包括非理性消费、非伦理行为和问题行为。

综合练习题

一、填空题

1. ＿＿＿＿＿理论符合美国心理学家斯金纳的操作条件反射理论，是行为主义心理学观点在消费者行为研究上的应用。

2. 信息加工理论的假设前提是"人是理性的"，因此，无法解释消费者的随机性购买和＿＿＿＿＿。

3. 消费者购买决策中，消费者希望用最少的付出获得能满足某一特定需要的商品或服务，实现购买价值＿＿＿＿＿。

4. 消费者购买决策过程一般包括需求确认、＿＿＿＿＿、评估选择、购买行为、购后反应等五个步骤。

5. 消费者的非理性行为包括消费者的非理性消费、＿＿＿＿＿和问题行为。

二、选择题

1. （　　）通过对无差异曲线的分析来解释消费者购买决策行为。

　　A. 序数效用论　　　B. 基数效用论　　　　C. 边际效用理论　　　D. 效用最大化理论

2. 消费者一般以对产品的认识以及产品的属性为基础决策，几乎不花费时间搜索信息，这样的决策主要是（　　）。

　　A. 习惯性决策　　　B. 有限性决策　　　　C. 扩展性决策　　　　D. 经验决策

3. （　　）是消费者决策内容的核心问题，因为消费者的决定购买目标不只停留在一般的类别上，而且要明确具体的对象。

    A. 买多少   B. 何时买   C. 如何买   D. 买什么

4. 消费者决策时的信息来源一般不包括（   ）。

    A. 人际来源   B. 经验来源   C. 商业来源   D. 地域来源

5. 消费者的强迫性购物是一种（   ）。

    A. 违反道德性规范行为   B. 消费者的问题行为

    C. 违反契约性规范行为   D. 违法行为

三、论述题

1. 简述消费者购买行为的主要理论。

2. 举例分析如何用效用理论解释消费者行为。

3. 什么是消费者购买决策？

4. 简述消费者决策的类型及内容。

5. 论述消费者购买决策过程及每个阶段的特点。

6. 分析消费者非理性消费的原因。如何理解消费者的非伦理行为？

四、实践题

1. 选择一家汽车 4S 店进行调查，了解该品牌汽车消费者的消费决策特征，包括消费者对该品牌汽车的了解程度、决策时考虑的因素、如何进行评估选择、哪些因素对其决策起决定作用等。

2. 选择一家超市，调查了解该超市的商品失窃情况，访谈该超市的管理人员，了解超市采取了哪些防范措施。

五、案例分析题

随着时代的变迁和消费习惯的转变，传统产业中的一些品牌经历了巨大的挑战，一个曾经家喻户晓的品牌经历了巅峰之后，正处于风雨飘摇之中。扫描二维码阅读案例，并回答案例后面的问题。

第六篇　消费者行为新趋势

第十四章　网络消费心理与行为

学习目标

　　了解网络消费的概念及特征，了解网络消费者类型及其特征，学习网络消费的心理表现及行为特征，了解影响网络消费行为的因素，掌握网店的营销心理策略及技巧，了解网络消费新现象，认识网络达人对消费者的影响，了解直播间购物和点外卖背后的消费者心理。

导入案例

"拼多多"为什么这么"拼"

　　拼多多成立于 2015 年 4 月，是一家专注于 C2M 拼团的第三方社交电商平台。拼多多是一匹电商黑马，在阿里巴巴、京东、唯品会等电商巨头的夹缝中突围而出。

　　拼多多将娱乐与分享的理念融入电商运营中，用户发起邀请，在与朋友、家人、邻居等拼单成功后，能以更低的价格买到优质商品。同时，拼多多也通过拼单了解消费者，通过算法进行精准推荐和匹配，由此实现了以社交+微信导流的低价高速裂变式增长。

　　从目标市场看，拼多多主要面向三四线城市及以下的消费人群，显而易见，这是阿里巴巴、京东以及其他电商所忽略的市场。由此，拼多多从竞争激烈的电商夹缝中脱颖而出，并从此"一发不可收拾"。2018 年，拼多多在美国纳斯达克上市。2019 年，拼多多启动"百亿补贴"，由此吸引了许多商户和买家，它成了拼多多的"杀手锏"。截至 2021 年 6 月，平台年度活跃用户数达到 8.499 亿，商家数达到 860 万。2022 年，拼多多全年营收 1 305.575 亿元，同比增长 39%。2022 年，拼多多海外版 Temu 上线。

　　作为新电商的开创者，拼多多力图以创新的消费者体验，将"多实惠"和"多乐趣"融合起来为消费者创造持久的价值，成为电商市场的一股重要力量。

　　启发思考：

　　1. 拼多多与淘宝、京东等电商有什么区别？为什么它能从竞争中脱颖而出？

　　2. 拼多多的消费者具有什么特征？你认为拼多多面临哪些挑战？

第一节　网络消费概述

　　网络的产生与发展，不仅使人们的沟通交流更加方便迅捷，而且随着电子商务这一代表网络经济的新型交易手段的产生，网络消费也越来越为人们所熟悉，这从根本上促进了消费者的消费观念、消费形式、消费角色以及消费行为的变化，从而在消费需求、购买动机、决策过程等网络消费心理和行为方面表现出突出的特征。当前，网络消费无论是总量还是在消费总额中所占比例都在不断上升，探究网络消费者的心理，分析网络消费者的行为具有重要意义。

一、网络消费的含义

网络消费是指通过网络访问、使用电子商务系统和互联网技术，购买和使用网络上的商品和服务，满足自身需要的过程。广义的网络消费包括网络购物、网络教育、在线影视、网络游戏在内的所有消费形式的总和；狭义的网络消费主要指网络购物，即人们为完成购物或与之有关的任务而在网上虚拟的购物环境中浏览、搜索相关的商品信息，从而为购买决策提供必要信息，并实现决策的购买过程。本章所指的是狭义的网络消费概念。

网络消费与电子商务密切相关，通常，电子商务有三种模式。①B2B（企业对企业），指进行电子商务交易的供需双方都是商家（或企业、公司），如阿里巴巴。在这种模式下，电子商务交易双方都是企业，电子商务平台的作用是通过互联网使企业之间进行产品、服务及信息的交换。②B2C（企业对消费者），指商家直接面向消费者销售产品和服务，这种形式的电子商务一般以网络零售业为主，企业需要在网上建立一个具有完整销售功能的网站，包括产品展示、网上购物、在线支付系统、售后服务等，消费者在网上可以完成产品的购买，如京东商城等。③C2C（消费者对消费者），在此模式中，交易的双方多是个人，如淘宝网等。狭义的网络消费主要包括 B2C 和 C2C 两种模式。

二、网络消费的优势

虽然网络消费与传统消费都是人们为了满足需求对生活物品、生活资料的购买，但网络消费无论从方式还是内容上都与传统消费有很大不同。

（1）网络消费是一种间接消费。网络消费不是消耗网络和信息本身，而是享用由网络、信息及其他投入要素所创造的成果和功用。

（2）网络消费的消费主体是通过在线交易获取信息、产品或服务的组织和个人。

小思考

你每天都上网吗？上网花费多少时间？上网都做些什么？你认为网络消费给你的生活带来了哪些变化？

（3）网络消费的目的较为明确。消费者一般对所购产品有一定意向，然后通过网络来查询该产品的基本状况或者更详细的资料，无论是网上询问，还是达成交易，目的都在于满足消费者对产品信息或其他信息的需求。

（4）网络消费具有提前性。消费者可以提前了解目标产品的一些特性，如在网络平台先了解产品的属性，解读产品的主要功效，甚至有的商家给消费者提供试用品，让消费者提前使用后决定是否购买。

（5）网络消费是一种全新的购物方式。以价格优势、商品丰富性、便捷性以及消费者的自主性吸引了传统线下消费者。具体体现在：①销售时间不再成为购物的限制因素，网上商店每天 24 小时，每周 7 天随时为消费者提供服务；②突破销售空间限制，任何人都可以通过网络访问全球网上商店；③销售商品范围广，消费者可以从网上购买服装、化妆品、珠宝饰品、电器、生鲜食品，甚至汽车、保险等各种商品，且比在传统商店购买具有价格优势，购物便利性大大增强。

（6）网络消费对需求及经济发展有强大的拉动作用。对消费者来说，互联网提供了一个新的交互式购物渠道，有更多商品选择，可获得有价格竞争力的商品，购物十分便利，刺激了人们的消费需求和欲望。同时，网络消费的发展也催生了一些新兴行业和服务，如物流行业、仓储运输行业、包装行业、云计算、IT 外包、网络第三方支付、网络营销、网店运营、咨询服务等服务业，并且网络消费不断催生出新的商业生态和新的商业模式，拉动了经济及促进了社会繁荣。

消费者行为学（附微课 第2版）

网络"家政服务"

2023年5月，深圳地区京东家政服务正式上线，这是继2021年京东家政自营服务在北京地区正式上线后，再次实现"扩城"。用户可以通过京东App或微信京东购物小程序搜索"京东家政"进行预约下单，并享受多项专属权益及多种优惠活动，尝试全新的家政服务体验。京东家政采用自营模式，秉承高品质保障和服务标准，所有保洁员均经过严格的筛选、培训和考核，具备专业的技能和素养，可提供多种家政服务，包括日常保洁、厨房清洁、空调清洗、冰箱清洗等，以满足用户不同的需求。

三、网络消费者类型

随着网络消费的发展，网络消费者的类型多种多样，划分网络消费者的方法也有很多，不但可以按照年龄、性别、职业等人口统计变量对其进行划分，还可以按照不同的心理因素和行为特征对其进行划分。

（1）务实型。务实型的消费者需要方便、快捷的网上购物服务。这类消费者往往已经对商品有基本的了解，对自己的购买行为和需求有着非常明确的定位和目标。他们在网上购物的时间花在交易本身上而不是频繁地浏览和比对商品上，即更加注重商品的质量和服务，因此，好口碑以及物美价廉是这类消费者最热衷的。面对各式各样的网络广告或促销，他们对商品的需求波动幅度较小，购买弹性较小，甚至可能不受外在干扰的影响，属于理性的消费群体。

（2）浏览型。浏览型的消费者享受浏览网页的乐趣，愿意将时间花费在各种商品对比上。这类消费者大多是休闲时间充裕的人，并享受着不同购物网站给他们带来的视觉冲击和购买欲望心理下的需求波动，他们对经常更新、视觉元素丰富、具有创新设计的网站有较大的兴趣，或许对商品本身的兴趣没有浏览网页所带来的兴趣浓烈。因此，这类群体的消费观及其消费行为其实是难以准确预测的，因为他们往往没有具体的消费目的，不急于购买和交易，只是消磨闲暇时光。

（3）经验型。经验型的消费者将生活中讨价还价的能力应用到网购的议价过程中，该类消费者可能是市场行情的熟知者，可能是对价格的不满意者，也有可能是追求议价胜利并因此感到满足的消费者，网站上的"大减价""清仓处理"之类的字眼能够很容易地吸引到这类消费者，但他们不会轻易地为之所动，而是要经过精心计算价格，确认其合理性之后，才决定下单购买。

（4）冲动型。冲动型的消费者比较容易受网络视觉营销和促销的影响，他们很容易被网络购物平台上品种繁多的商品或低价吸引眼球，受到价格和视觉等因素的强烈影响，会轻易做出购买决定。这类消费者一般年龄较小或缺少购买经验，或心智不够成熟。

网络消费者的类型还有其他的划分方法，如按照网络消费者的购买动机，将网络消费者划分为七种类型：网络参与型、隐私规避型、价格折扣型、购物厌恶者、商品浏览型、贪图方便型、自动监控型。或者按照网络消费者对网上购物的投入程度将其划分为简单购买型、复杂购买型、定制购买型等。

👓 **视野拓展**

新零售"盒马鲜生"新思路

从传统零售来看，在美国像沃尔玛这类的零售店都开在郊外，目的是满足"囤积需求"，沃尔玛的"天天低价"就有极强的吸引力。盒马鲜生是阿里巴巴对传统零售完全重构的新零售业态，自2016年1月第一家盒马鲜生门店在上海开业以来，截至2023年3月，盒马鲜生门店数量约为400家，分布在全国超过60个城市。盒马鲜生的思路是：我给你提供高品质的生鲜，这不难；我给你把生鲜做好，你可以直接吃，吃完还不用收拾，这其实也不难。但正是把这两个"都不难"的事情整合在一起，就形成了新零售：把你的潜在需求直接变成体验，也就变成了我的收入。你可以在店里直接购买，还可以在 App 上下单，半个小时送到家，方便快捷，要是不想自己做还可以当场加工，当场吃，绝对新鲜……这都是盒马鲜生的线上和线下生鲜超市的标签和特色，再加上盒马鲜生周围的三千米社群，免费半小时送达的服务，它把线上和线下的消费者稳稳地圈在了自己的闭环中。

如今，盒马鲜生做得风生水起，不仅是因为其简单的"线上+线下"模式，而且因为其融合了线上和线下的优势互补作用。盒马鲜生已成为很多城市不同区域的生活中心，覆盖了线上消费者，也离线下消费者很近。这种既占领了物理空间，又影响了消费者心智的布局，争夺的恰恰是除了核心商圈之外的郊区和社区。看来，新零售正在突破传统零售的观念和模式，沃尔玛之类的传统零售商面临强大的竞争压力。

第二节　网络消费的心理和行为特征

一、网络消费的心理表现

在网络消费中，消费者表现出各种各样的购买心理，主要是由于消费者具有不同的消费需求和购买动机，具体有以下几个方面的表现。

（1）追求物美价廉。网络消费之所以具有吸引力，重要的原因之一是网上销售的商品价格普遍低廉。在其他条件大致相同的情况下，价格往往成为左右消费者网购的重要原因，尽管经营者都倾向于以各种差异化来降低消费者对价格的敏感度，但价格始终会对网络消费者的心理产生重要影响。

（2）追求方便快捷。无论夏天或冬天，雨天或雪天，在任何一个不想出门的日子里，消费者通过网络就可以轻松完成购物，而等着送货上门的服务对消费者来说是很惬意、激动的过程。同时，无论身处何地，消费者都可以全天 24 小时随时登录网络，利用互联网在全球范围内选购商品，没有时间、空间的限制，节省时间、精力，这对消费者来说有很大的诱惑力。

（3）追求独立自主。网络消费者善于从实际出发，主动通过各种途径获取与商品有关的信息，查询商户的买家评论、信用等级，并进行分析比较，权衡商品的性能、品质及利弊，独立地做出购买决策，表现出较高的分析判断能力和独立性。

（4）追求个性与体验。由于网络消费者以中青年人为主，这类消费者富有激情，生活体验感强，选购商品时不单看重商品的实用价值，还特别重视商品的造型和款式，追求与众不同、体现个性的商品。通过网络消费，消费者不仅完成了购物，而且能够获得良好的购物体验。

（5）愿意沟通与分享。在网络消费中，消费者与厂家或商家的沟通意识增强，并可以参与生产和流通，与卖方直接进行沟通，减少了市场的不确定性。同时，随着 QQ、微信等交互平台的崛起以及交互技术的迅猛发展，消费者和电商的沟通更加方便，消费者也愿意将自己的消费感受（不管是正面的还是负面的）与他人进行分享，发表评论，这些信息成为其他消费者选择时的重要参考依据。

（6）理性和非理性并存。网络为消费者挑选商品提供了可以利用的各种信息资源，消费者可以利用网上信息对商品进行反复比较，主动上网寻找合适的商品，同时，消费者面对的是网店，没有实体店嘈杂的环境和销售人员的各种劝说，消费者可以不受干扰地购买，这表现为网络消费者理性的特点。但是，由于网络购物时商品的不可见性，再加上支付环节的虚拟化，从众、冲动或过度网购的现象愈加突出，甚至有的消费者沉溺于网购，影响了正常的工作和生活，表现出非理性消费的特点。

二、网络消费行为的特征

总体来看，网络消费行为分为两个过程：一个是消费者购买商品之前进行决策的行为过程，另一个是消费者支付后等待收到商品的行为过程。在消费过程中，消费者的这两个行为一直互相渗透，彼此影响，最终形成消费者行为的一个完整环节。其具体表现和主要特征如下。

1. 个性化消费，体现购物主权

传统消费下，消费者通过有限的信息渠道获取产品信息，而在网络消费情境下，消费者拥有大量的信息来源，他们对产品有充分的了解，有了属于自己的消费准则，他们作为主导者的地位更加明显。消费者能够自己掌控购物，关注个性化、定制化的产品和服务。同时，消费者更愿意相信口口相传的好口碑产品，而不是被品牌商的营销"牵着鼻子走"。

2. 追求购物效率和体验

网络消费者的构成以中青年消费者为主，根据中国互联网络信息中心（CNNIC）的数据，我国网民主要由 20～49 岁的人群构成，这部分人群工作繁忙，经济状况较好，愿意为节省时间的产品和服务买单。因此，速度成为影响消费者网购的关键因素，包括追求产品上新的速度与配送速度。

顺丰快递与北京平谷区达成合作协议，在北京推出同城半日达服务，全面提升"桃"的快递效率，受到消费者欢迎。

同时，年轻人有较强的接受能力和适应能力，很容易被新事物吸引，愿意接受给自己带来美好体验的新产品、新方式，品牌忠诚度较低。社交电商、直播电商等互动方式带给其良好的体验，提高了消费者购物的转化率。

3. 购买手段和支付方式的变化

新技术的不断出现不但使产品周期无限缩短、产品更新速度加快，而且重建了消费者的消费习惯，使购买手段发生了变化。目前绝大多数消费者经常使用手机进行购物，这意味着消费者购买之旅往往是从移动设备开始的，包括搜索产品和购买产品等各种购物活动。另外，我国消费者采用电子支付已经非常普遍，无论是在城市还是在乡镇，一个人出门无须带现金，只要有手机，通过微信或者支付宝扫一扫就可以轻松完成付款，非常方便快捷。

4. 购物场合及购物频率的变化

由于手机购物的普及，消费者可以在任何场所网购，任何有需要的时候都可以购物。艾媒咨询的数据显示，2022 年，中国消费者每月网购次数中，42.4%的消费者每月网购 3～4 次，25.4% 的消费者每月网购 5～6 次，24.5%的消费者每月网购 7 次以上，7.7%的消费者每月网购 1～2 次。当然，网购频率还与消费者的个体需要及网购商品的类型等因素有关。

📚 **示例**

消费者"一边省钱，一边花钱"

2023 年 8 月，京东消费及产业发展研究院发布了当前线上消费新现象。一个特点是理性消费为主导方式。消费者做出购买决策前思考更全面、更理性，其决策因素/渠道日趋多元化，同时决策时间也在变长，更关注性价比以及与自身需求的契合程度。另一个特点为预算控制，分别有49%、44%、43%的受访者在决策前会"根据预算理性分析需求""追求商品的性价比""更谨慎"。消费者会按照预算管理消费，买性价比最高的商品。同时，在消费者心目中，消费电子、家居和生活用品是"品质优先"的品类，而相比之下，服饰美妆、运动户外、旅游休闲则进入可以"节约"的品类。当然，消费者更加"节约"，并不代表不消费，只是出手更加谨慎或者更追求性价比。例如，买护肤品时，消费者改变了过去"盲买"后肤质、颜色不适合带来的浪费，而是先愿意购买"体验装"，这样试错成本更低，由此，商家推出的"小规格体验装"护肤品收到很好的市场反馈。

三、影响网络消费行为的因素

网络消费中，网络是实现消费的工具和渠道，是最重要的基础设施。如果没有足够的网络基础设施覆盖，网络消费将受到严重的限制。因此，网络基础设施的完善对发展网络消费有着重要的作用。例如，"十三五"期间，我国建成全球规模最大的固定和移动通信网络，行政村通光纤和 4G 比例均超 98%，5G 正式商用，数字经济迅速发展，为网络消费的发展奠定了更加坚实的基础。除此之外，影响网络消费行为的因素主要有以下几个。

（一）外在因素

1. 经济因素

无论是传统消费还是网络消费，经济因素是影响消费者行为的一个基本因素。当一个社会经济繁荣时，消费者的收入增加，可支配收入增多，消费水平相对会提高；反之，当经济衰退时，随着收入减少，人们会节约开支，消费水平自然也就相应降低。可见，网络消费行为的表现与经济状况直接相关。同时，经济环境发展状况对网络资源基础条件及市场商品供应量都有直接作用，自然会影响消费者的购物选择。

2. 社会文化因素

网络消费与社会文化因素也有一定的关系。例如，有关研究显示，中国消费者网上购物的频率是欧洲消费者的四倍，是美国和英国消费者的近两倍，显示出中国人网购热情非常高。其原因与我国市场庞大、物流费用和人工费用相对低廉相关，也表明了中国人接受新事物的速度和意愿，反映了我国社会的文化和特点。

3. 政策因素

政策因素包括国家政策、法规等对网络消费行为产生的影响。例如，2014 年 3 月 15 日起，我国新修订的《中华人民共和国消费者权益保护法》正式实施，明确规定消费者在网络购物中有权自收到商品之日起七日内退货（鲜活易腐及数字化商品除外）。再如，《最高人民法院关于审理网络消费纠纷案件适用法律若干问题的规定（一）》于 2022 年 3 月 15 日起施行，对网络消费合同权利义务、责任主体认定、外卖餐饮民事责任等方面做出规定。这些政策措施大幅增强了消费者对网络消费的信心。

4. 购物网站的属性特征

与线下实体商店购物相比，网络购物因为存在买卖双方之间的空间分离，从而使消费者对商品的感官体验和认知与实体店购物差别很大。因此，网店呈现信息的方式与效果成为消费者网购中重要的情境要素，对消费者的购买影响很大。例如，网店浏览的简易性、购买过程的便利性、产品陈列的吸引性等属性对消费者选择产生影响。有研究显示，浏览网店的缓冲速度快、网站信息完善、店名和标志简洁易记、物多价廉、说明通俗易懂等，会增加消费者对网店的满意度。

（二）内在因素

1. 个人因素

网络消费者行为还受到消费者个人因素的影响，包括消费者的收入、职业、受教育程度、个性等。例如，在网络消费中，消费者需要具备上网能力，搜集商品信息，实现商品购买。同时，网络消费中的一些商品具有较高的科技信息含量，如应用软件等，这些都对消费者的除购买能力以外的技术能力、知识文化水平提出了新的要求。

2. 心理因素

对网络消费者行为影响较大的心理因素包括动机、直觉、学习、认知和态度。例如，不同的动机造就了网络消费者的不同需求，而商品的在线评论则很可能影响网络消费者对该商品的认知和态度。从目前的发展来看，制约网络消费者行为的心理因素主要如下。

（1）对网上商店缺乏信任感。传统的购物方式表现为"眼看、手摸、耳听"，但是当消费者在网上购物时，由于无法实际接触商品和卖家，因此对商品质量、性能、售后服务和商家信誉等情况，很难辨别信息的真伪从而选出真实信息，在信息方面居于弱势地位。再加上有的网上商店存在夸大商品质量、虚假宣传商品、以假乱真、误导消费者等问题，使消费者网购时心存疑虑，担心自己的权益受到侵害。

（2）对个人隐私和网上支付缺乏安全感。网络安全和隐私保护是影响网络消费最主要的问题，尤其是移动互联网、智能手机、移动支付的发展，消费者担心个人隐私暴露，特别是大数据、数据挖掘技术对个人信息的精准捕捉，使消费者缺乏安全感。另外，目前网上支付手段有很多，网银支付、第三方支付非常普遍，支付宝、微信等支持扫二维码付款，非常便捷，移动支付的使用率非常高。但在支付过程中消费者的个人资料或信用卡信息可能会被窃取和盗用，这些问题对网上购物起阻碍作用。

（3）对价格缺乏信任感。网络销售的商品因普遍比线下实体店销售的商品价格低而吸引消费者购买，尤其是每年的"双11""6·18"大促活动等，使消费者对网络消费的低价格形成了一种期待。但由于消费者对商品价格缺乏全面认识，不了解商品价格形成的机制，再加上有的电商存在虚构原价、虚假降价等问题，降低了消费者的信任度和忠诚度。

（4）对配送和售后服务缺乏保障感。物流配送会极大地影响消费者的网络购物体验，消费者在网上购买了商品后，都希望能快速、方便地获得商品。虽然目前我国的物流配送水平有了很大的提高，但物流配送水平还有很大的提升和发展空间，商品在配送过程中存在周期较长、费用较高、货物丢失、货物损毁等问题。另外，消费者还会担心网购后商品维修、退换货等售后服务问题不好解决。

第三节　网店营销心理策略及技巧

一、合理规划和布局

由于网络消费的特征是其交易的虚拟性，消费者不能直接接触实物，只能看到商品的文字和图片描述，因此，网店的合理规划和布局至关重要。

网店规划和布局主要是指对购物网页内容进行合理的排版布局。这不仅能提高页面的使用率、网店的转化率，而且能方便消费者网购，为消费者提供舒适、愉快的购物环境，带给消费者良好的网购体验。网店的规划和布局没有统一模式，要以适应消费心理和行为方式为布局原则，并结合经营特色、商品特点，追求实用、合理、美观。

（1）店铺的招牌。招牌包括店铺的名称、标志、口号，以及收藏店铺的图标等，这是吸引消费者浏览商店、产生购买行为的基础。网店可以通过特别的店铺名称、简短的广告语、醒目的标志来提高店铺的辨识度。

（2）导航条。导航条的主要功能是可以快速链接到相应的指定页面。首页导航条一般有三种类型：第一种是根据店铺的主营商品（如男装、女装、童装）在导航条上分类；第二种是根据购物规则、购物流程等（如买家须知、尺码表等）在导航条上分类；第三种是根据特别商品（如特价商品、新品、热卖商品）在导航条上分类。首页导航条不仅可以引导购物、减少沟通，还可以推荐商品，可见首页导航条的布局非常重要。

（3）商品分类。商品分类主要按照商品功能、商品属性或商品价格进行，主要满足消费者搜寻商品的需要，做到清晰明了即可。注意商品分类一定要根据消费者的搜索习惯设置，而不是越多越好，不可太复杂。

（4）商品展示。商品展示主要根据商品定位和店铺的风格，通过图片展示商品，以突出商品的性价比，提升商品的视觉展示效果，做到图片风格统一，使消费者不产生视觉疲劳。

（5）客服软件。客服软件一般设计在网店首页的显著位置，方便消费者联系商家，让消费者对商家产生服务周到的印象。

（6）店铺页尾。店铺页尾主要展示关于快递、包装、售后服务等信息。

（7）店铺背景。店铺背景主要是店铺的背景图片，反映店铺的风格、重要的信息，如店铺二维码或店铺一些重要的折扣信息都可以加入背景设计中。

（8）促销海报。促销海报应呈现网店开展促销活动的信息公告、促销内容、优惠券或主打商品，设计要醒目，让消费者进入首页就能看到，吸引并留住消费者。

此外，网店设计中还要注意规划好各部分内容的大小及位置、文字（如字号）、图片的颜色及深浅、商品特征细节展示等，加深消费者对网店及商品的视觉、听觉印象，促使消费者形成购买动机。

二、打造热款或"爆款"

商品质量是网店经营的基本保障，商品质量出现问题，会损害消费者的基本利益，引起负面的连锁反应。因此，网店经营者应以保证商品品质为首要原则，从货源采购、招商、物流、运营等方面建立严格的控制标准、原则和流程。

热款或"爆款"一般指在商品销售中，供不应求、销量大、人气高的商品。消费者之所以会选择热款或"爆款"商品，往往是受从众心理的驱动。因为网上购买不能接触到实物，消费者获得的信息有限，所以，更多人购买和更多人评价的商品往往会得到消费者的信赖。消费者基本的判断逻辑是买的人多、好评率高，自然是好商品。

成为热款或"爆款"商品首先应该有质量保证，差评较多的商品很难扭转局势成为热款或"爆款"。成为热款或"爆款"商品还应具有性价比高、销量大、人气高、库存充足等特点，并可以带动整个网店的销量和人气。因此，网店运营者在了解消费者需求的基础上，选择具有以上特征的商品，可以通过一定的宣传推广策略来推动热款或"爆款"商品的形成，包括对主推商品的购物网页进行优化，对主图、标题、商品详情、温馨提示等进行规划，为热款或"爆款"商品设计好关键词，时时检测关键词的转化数据，并及时调整；同时，把握好投放条件，如是周末还是工作日投放，在哪个季节或哪个区域投放，这些都可能影响商品销量；也可以结合有话题性、传播性、影响性的社会热点，使点击率、粉丝数、转化率增长。

> **小思考**
>
> 虽然热款或"爆款"商品会为企业带来极大的效益，但要注意消费者有时不一定喜欢购买热款或"爆款"商品，尤其是服饰类产品，想一想这是为什么。

三、为消费者全方位省钱

价格是决定网络消费者购买的主要因素，消费者希望网购不但省时省力，而且少花钱。目前，各类电商大多通过低价、折扣、优惠券、购物满减等种类繁多的促销方式来吸引消费者，即使是"双11""6·18"等促销期间，基本也都以价格优惠作为销售卖点。另外，为满足消费者货比三家的购买心理，还出现惠惠购物助手、购物党、慢慢买等各种比价软件，使消费者拿起手机，扫一扫就能自动对比多家网店同款或同系列商品价格，轻松实现多站点比价，使网上商品的价格及其折扣优惠更加透明。

因此，网店运营者不仅要通过价格吸引消费者，还需要制定为消费者省钱的各种策略，毕竟大多数消费者都希望能用最少的钱，购买更多更适合自己的商品。例如，利用心理学中的互惠原理，通过免费试用吸引潜在消费者；利用消费者的立即补偿心理，推出"买一赠一""购物返券"等活动；或者利用延迟满足心理，设置"购满抽奖""集齐印花换购礼品"等活动；或者提供"包邮"服务提高消费者购物整体的性价比。

四、提升顾客网购体验

随着网络购物的普及和发展，积累的顾客信息、顾客行为记录等越来越丰富，同时大数据处理和分析技术也已成熟，可以计算出每一个顾客的特征，即形成"顾客画像（User Portrait）"。顾客画像就是通过大数据勾画出的顾客特征，用人口基本属性、社会属性、生活习惯、消费行为等信息抽象出来的一个个具体的标签，标签就是某一用户特征的符号化。由此，网店经营者就可以根据不同顾客做到有的放矢，根据年龄、区域、人群、爱好、内容偏好、购物行为、搜索行为等定向选择进行资源投放，精准链接顾客需求与产品销售，实现资源优化配置。

在掌握顾客画像的基础上，网店可以采取全面措施提升顾客网购体验，包括优化网站设计、提供丰富的内容、安排及时的在线客服、支持多种快捷支付手段，让购物流程更便捷，促成交易，从而优化顾客购物体验，并利用数据使购物体验更加个性化。

个性化推荐一般是通过顾客以往的使用记录，包括顾客的点击、添加、删除、收藏、分享等活动，系统后台收集该方面信息，经过一段时间的信息收集，并不断调整，形成最接近顾客的使用偏好，由此了解顾客的需求，为顾客推荐其可能感兴趣的商品或服务。个性化推荐不仅能够提升顾客的网购体验，增加顾客黏性，还能够促使浏览者转化成购买者，并简化其搜索信息的过程，也能够扩大网店商品的交叉销售。例如，在消费者买手机时可向其推荐关联商品（如移动电源、耳机、手机壳等）。但也要注意，个性化推荐也可能降低消费者接触"新"商品的可能性，选择范围也许更加狭窄，而且，由于个性化推荐的智能化，很多消费者担心隐私遭到侵犯。

"七天无理由退换货"的保障和承诺增强了网络消费者的购买信心。

五、保障网购安全

消费者网购的安全感来自多方面，包括产品安全、支付安全、信誉安全、物流配送安全等。其中，支付安全对提升顾客的安全感更加重要。

当前，很多消费者选择在线支付形式，包括微信和支付宝等第三方支付。由于技术的提高，其安全性得到很大的保障，非常便捷，而在线支付通过春节红包、集福活动等已经引入了更多使用者，甚至老年人都会使用，从而为在线支付的使用奠定了人群数量的基础。另一种支付形式是货到付款，这种支付形式能让顾客掌握收货的主动权，被认为是一种可预期、可控制的支付形式，受到风险承受能力较低顾客的欢迎。

六、把流量转化为购买力

有关调查表明，网店经营资质展示、完整的联系方式、权威的网络安全认证标志、良好的顾客口碑等信息，能够大幅提高消费者的认可程度，降低消费者的感知风险。其中口碑是赢得消费者信任的关键点，消费者会把口碑作为决策的重要依据。用户评价、商品销量、累积评论、售后服务等情况成为网络消费者获得商品口碑的直接途径。良好、正向的口碑不仅仅是网店的一种荣耀，也是一种高效、低成本的营销手段，对吸引新顾客、增强其购买的兴趣和信心非常重要。

粉丝经济作为新的消费潮流，成为很多网店运营者策划的阵地，粉丝支持明星的常见方式是购买明星推荐的商品，这也是粉丝获得归属感的一种方式。"网红+热门话题+明星同款"所带来的流量及明星效应，使粉丝成为一个特殊、庞大的购买力群体，成为众多衍生品的目标消费群体。

网店除了需要提供符合粉丝审美和偏好的商品外，还需要增强粉丝的参与感，如通过论坛讨论、社交圈讨论、购物分享、购物游戏、直播带货等方式，增加销售过程中粉丝的活跃度，不断优化方法，做到引流和"吸粉"，培养更加忠诚的粉丝。

七、提高服务质量和水平

网店经营者要充分利用网络沟通的优势，开展多种形式的即时交流，如在线咨询和解答系统、QQ 或微信在线服务等，让顾客随时随地都可以联系到卖方，让顾客感觉网络的另一端总有人为自己服务，增强其安全感。具体措施如下。

（1）在线即时交流时要保持通道畅通，防止出现系统死机、掉线、无法登录等情况。

（2）客服人员保证随时应答顾客询问，及时听取顾客的意见和建议，解答、解决顾客的问题。要注意的是，有时顾客并不是真的有问题才询问，而是希望通过询问来获得保障和安全感，也是下单前最后一步来进行再次确认。例如，在商品详情里已经很清楚地写着"该服装面料是醋酸面料，具有吸湿透气性、回弹性更好、不起静电等特点"，但有的顾客还是会问这种面料会不会不透气、是否有静电等问题。这时顾客不一定是看不懂商品详情介绍，只是想通过客服人员来确认商品信息的真实性，因此，对于重复性的提问，看似无意义，客服人员也要耐心地为顾客解答。可见，客服人员的服务水平和服务能力对转化率起到重要作用。

（3）当顾客要求退换货时，客服人员要根据退换货流程，做好物流查询、催单等工作，以及做好顾客不满或投诉的处理工作，确保解决顾客的问题。

另外，网店经营者还可以通过新年贺卡、节日祝福卡的方式与顾客进行个性化、深层次的沟通，或许这种方式比大多数商家都用的打电话、发短信的方式更容易让顾客记住。例如，新年时为顾客专门定制贺卡，上面附有真诚的祝福语，让顾客感受商家的温情，再附上店铺介绍和服务内容，能起到再次宣传店铺的作用。如果贺卡上再加上"凭贺卡号可享受满 300 元减 50 元优惠"，还能让顾客产生意外惊喜，从而打动顾客，争取更多的回头客。

第四节　网络消费新现象

随着数字技术的不断发展，网络消费的规模和结构不断壮大并发生着新的变化。直播间购物、小程序购物、点外卖等新兴消费方式，使消费更便捷，同时也改变了消费者的购物习惯，催生出不同的商业业态。

一、直播间购物

直播带货源于网络直播，是传统电商购物的进一步发展，是一种将电商与视频直播相结合的营销方式，代表着一种新型的消费模式。在直播的过程中，主播把自己代理的产品通过解说、互动、演示等方式展现给消费者，消费者可以直观地了解自己感兴趣的产品，并可以直接点击链接购买产品，从而完成在直播间的消费行为。相对于传统的电商模式，直播带货更加直观、实时，同时也具有更强的社交属性。那么，直播间购物背后的消费心理是什么呢？

1. 求实心理

直播电商一开始在消费者心目中就树立了直播间销售的商品大都比从其他渠道购买更加实惠的印象，具有大型团购属性。在直播过程中会不断推出各种优惠活动，如果是头部主播，优惠力度更大，价格更低，满足了消费者的求实心理需求。同时，直播间销售的商品基本以日常消费品为主，消费者日常生活中需要频繁购买，价格的优惠再加上求实心理，吸引了大量消费者下单购买。

2. 从众心理

在直播间，有的主播通过语言、语气、动作等，营造出产品热卖的氛围。比如说"大家都买了，你跟着买肯定没有错"，或者直播间把其他顾客的购买信息外露，例如，某某已购买，多少人想购买等，营造一种大家都在买的感觉，使一些人产生从众心理，可能原本并没有需求，但是会跟风购买。而且，直播间里，观众席的设置、观看人数、评论、点赞数及点赞动画、活动入口链接等，都能传递出直播间热闹的气氛，推动消费者做出购买决定。

3. 稀缺心理

直播间里，限量销售、限时特购等形式，往往是商家有意地调低库存量，造成供不应求的现象，形成"稀缺效应"。例如，直播间里有几万名观众时，而商品只有几百件，这个时候这款产品相对于庞大的观众群体来说就是稀缺的。如果主播说"某某产品只准备了200套"时，很多消费者就会受到稀缺效应的影响，怕买不到这款产品，不进行理智的判断，便会迫不及待地下单。

4. 权威心理

地位高、有威望、受人敬重的人更容易让别人相信其所说、所做的正确性，这就是权威心理。有的政府官员做直播为当地农副产品代言，更容易获得信任；同样，有的企业家做直播，让人相信产品的质量肯定是有保证的。另外，很多主播在介绍产品时，会展示各种权威机构的检测证明等，也是利用权威心理来说服消费者，从而提高转化率。

"权威心理"的存在，其实是由于人们内心存在"安全心理"，即人们总认为权威人物往往是正确的，服从他们会使自己具备安全感，增加不会出错的概率。同时，人们有"赞许心理"，即人们总认为权威人物的要求往往和社会规范相一致，如果按照权威人物的要求去做，那自身也会得到各方面的赞许和奖励。因此，权威心理经常成为商家用来打消消费者的疑虑，快速让消费者产生信任的手段。

5. 损失厌恶心理

在直播间，主播在带货时往往会附送一些优惠，比如代金券或者赠品，这些优惠其实价值并不是很高，但在直播间外购买同样的商品就没有这些优惠。因此，有人会觉得如果不买就失去了这部分优惠，损失厌恶心理就会驱使其下单。同样，当主播不断地强调"这款产品我只能拿到5 000份""错过今天的直播就要恢复原价"等话术时，为了对抗"错失便宜物品导致的损失"，有的消费者就会立即购买而不是等到自己真的需要了再购买。

损失厌恶心理在我们日常生活中时常出现，比如，你丢了100元的痛苦可能需要获得200元的奖金才能弥补。形成损失厌恶心理的原因是多方面的。一方面，人们往往对于已经拥有的东西或权益更加看重，宁愿放弃一部分获得，也不愿失去任何一部分，这可以理解为保守心理。另一方面，人们对于损失的记忆更加深刻，给予的情感反应也更加强烈，这可以理解为记忆加强效应。

6. 社会临场感心理

直播间凭借其媒介的丰富性，为消费者提供实时互动、多线索、多语言交互以及个性化关注，使消费者获得近乎面对面交流的体验，从而很容易在参与互动的过程中唤醒情绪、形成积极态度，进而找到归属感和认同感。可以说，直播带货本质上将个人消费行为变成了社会化消费行为。社会临场感使得直播间的人际互动感知显著增强，比如，直播间中发表的言论、点赞、分享都具有很强的社交属性，社会临场感越强，就越有真实之感，越能让人沉迷其中。增强消费者的社会临场感，有助于强化消费者的付费意愿。

7. 粉丝追捧心理

对于拥有追星心理和偶像情节的消费者来说，商品、价格、适用性等属性不是他们的主要目标，追星才是其目标。由于各类明星纷纷入驻直播间，这些明星的粉丝为其带来巨大的流量，有的粉丝将自我的某种梦想、欲望、缺憾投射在明星身上，希望通过情感、行为的投入，既能获得一种投射在明星身上的替代性满足，也能通过明星的成功实现另一种形式的自我，因此，他们心甘情愿地为明星付出，在直播间里花钱"打榜"、买应援物，毫不犹豫地购买明星推荐的产品，这其实也是一种盲目和从众心理的体现。

二、微信小程序购物

微信是目前我国用户数最多的社交媒体软件，消费者可以通过微信"扫一扫"扫描商品二维码，然后下单购物，还可以通过点击"发现"，选择"购物"进行购物。微信小程序购物是指在微信内部直接完成在线购物的一种应用方式。近年来，微信购物小程序在国内市场逐渐流行，许多商家、品牌开始投入大量时间和资源开发微信购物小程序，消费者也越来越习惯通过微信小程序进行在线购物。那么，微信小程序购物为什么受到欢迎？

1. 微信购物小程序的优势

微信购物小程序可以直接在微信社交平台上打开使用，方便快捷，提高了用户的购物体验。对消费者来说，其有以下两点优势。

（1）操作简单。微信小程序利用的是微信平台，无须下载、安装、注册或卸载，用户只需要扫一扫或者搜索一下即可打开应用，相较于各种购物 App，微信小程序操作流程更简单，消费者的使用难度更低。

（2）方便和实用。使用微信购物小程序时，只需扫一扫或者搜一下即可打开应用，体现了"即开即用""用完即走"的理念，消费者不用关心是否安装太多应用以及手机存储问题等，省安装时间，省流量，不占用存储空间，具有方便性和实用性。

从商家的角度看，微信小程序提供了低成本、高效率的线上销售平台，其优势也相当明显。

（1）相较于传统的 App 或网站，开发和维护微信小程序的成本更低，推广也更容易，特别是对于小型企业来说，微信小程序提供了更为实惠和灵活的销售渠道。

（2）微信小程序依托微信社交媒体，该社交平台有庞大的用户基础，其庞大的流量可以为商家带来更多潜在的消费者。

（3）由于微信小程序直接嵌入社交平台，用户容易频繁使用，使得微信小程序的曝光度高，吸引更多用户前来购物，且微信用户具有更强的用户黏性和更高的留存率。

微信购物小程序满足了消费者追求便捷、高效、个性化购物体验的需求，同时为商家提供了更低成本、高效率的销售平台，成为线上购物的热门选择。

2. 主要微信购物小程序

（1）京东小程序。京东小程序通过微信平台为消费者提供全方位的购物服务，包括商城购物、秒杀、拍卖等多种形式，稳居微信购物小程序排名前列。除此之外，京东小程序利用京东强大的数据技术和物流优势，让消费者享受到更快、更放心的配送服务。

（2）淘宝小程序。淘宝小程序提供了与原网站相同的购物体验，并且支持多种支付方式，提供海量商品供消费者选择。淘宝小程序还利用大数据技术结合消费者个性化需求为用户提供更加符合其偏好的商品推荐。

（3）大众点评小程序。通过大众点评小程序，用户可以查找周边商家、浏览商家评价、查看特殊优惠以及进行各类相关操作。其提供了便捷的服务，用户可以随时随地查找商家、预订、点评、享受优惠。同时，商家也可以通过小程序提升自己的曝光率和展示服务质量，吸引更多的用户。

（4）拼多多小程序。拼多多小程序以社交电商为主要特色，产品以价格实惠的日用百货为主，用户可通过分享或邀请好友的形式获得团购优惠，受到价格敏感型消费群体的欢迎。

（5）美团小程序。美团小程序是一个集餐饮、外卖、旅游等多元服务为一体的互联网平台。美团小程序提供全国范围内的特色美食、各类景点、娱乐购物等服务，受到消费者的青睐。

三、影响者营销和网络达人

1. 影响者营销的重要性

随着社交媒体的产生和普及，越来越多的企业和品牌使用影响者营销的方式。影响者营销（Influencer Marketing）就是通过那些在特定领域拥有影响力的人物（如网络达人等），让自己的品牌和产品与受众建立联系，并且保持互动。

影响者营销之所以受到重视，首先，在移动互联网时代，信息呈碎片化状态，消费者的注意力不容易聚集在单一媒体的核心时间段，即消费者不像以前的消费者会守在某个电视台某个时段盯着看了，由此，广告的作用逐渐减弱。其次，影响者能够处于客观、公正的第三方位置，为消费者提供建议，且自身在某个领域拥有影响力，他们的言语往往能影响消费者的决策。在新媒体时代，影响者经常活跃在网络社交媒体上，拥有成千上万，甚至上百万的粉丝群体，并与粉丝们保持积极的对话，他们对消费者的消费行为产生重大影响。

"网红"是指在网络上走红的人，通常是指因通过互联网平台（如微博、微信、B站等）发布内容而受到广泛关注和追捧的人。这些人可能以其独特的才华、魅力、品位、经验或知识等吸引了大量的粉丝，成为互联网时代的新兴明星。

"网络达人"这个概念是随着抖音、快手等短视频平台而出现的网络新概念。"网络达人"通常也是某一个领域的专家，他们一般更愿意用短视频和直播这种形式来阐述问题，他们把自己代入内容，将自己的形象生动地表现出来。

实际上，无论是网红、网络达人还是关键意见领袖，他们都是消费者决策的影响者，他们之间是包含与被包含关系，只是不同的概念产生的时代和偏向有所不同。比如，关键意见领袖（KOL）产生的时代较早，是一个更广泛的概念，一般偏向于图文形式传递信息，网络达人是随着短视频和直播出现的。从消费者的角度看，KOL主要提出观点和意见，网络达人则主要"种草"和"拔草"。

当前，由于短视频比图文内容更有吸引力，影响者越来越多地从KOL开始向网络达人迁移，而且，由于大数据算法进行内容分发，将网络达人的内容推送到兴趣用户的手机中，让消费者关注达人后，逐渐受到影响，因此，现在越来越多的品牌开始在短视频平台上和网络达人进行合作，以寻求更好的营销效果。

2. 网络达人的类型

网络达人的类型由于其形象和风格各不相同，划分方法多样。按照粉丝量的多少或者活动能力的不同，网络达人可分为头部达人、腰部达人、尾部达人。

从网络达人发布作品的内容来看，网络达人可以分成以下几类。

（1）知识科普型。这类达人具备某方面的专业技能，粉丝精准，以分享某一领域知识和科普类内容为主，帮助消费者更好地了解产品和自己的需要。

（2）产品评测型。这类达人通过对某类产品的评测和试用，帮助消费者了解产品的优缺点和使用体验。他们的视频内容通常包括产品的外观、功能、使用体验等方面的评测，消费者对这类达人的信任度较高。

（3）生活方式型。这类达人分享自己的生活方式和态度，让消费者更好地了解自己的生活。他们的视频内容通常包括旅行、家庭生活、亲子互动等方面。这类达人的粉丝和带货类型都比较广泛。

（4）美护时尚型。这类达人分享自己有关护肤、化妆、穿搭等方面的经验和技巧，以及分享服装、化妆品等知识，展现时尚潮人的美丽状态，受到追求高品质生活的消费者欢迎。

（5）搞笑幽默型。这类达人通过幽默搞笑的方式吸引观众，风格幽默诙谐，让观众获得轻松有趣的体验。

实际上，网红和网络达人并不一定是明星，他们可能就是你我身边的普通人。例如，时尚博主已成为一个职业，他们以高品位的搭配或独特的审美眼光受到众多爱时尚、爱打扮的粉丝追捧，他们以分享时尚、潮流、着装资讯为主，通过自己的时尚品位和风格，引领潮流并影响消费者的审美，其风格和穿搭经常被消费者模仿，他们所依托的社交媒体平台也成为品牌和商家宣传的重要渠道。

四、点外卖与点外卖上瘾

点外卖已经成为当下消费者流行的一种生活方式，消费者通过电话或网络订餐可以迅速满足需求。不仅如此，外卖行业经过不断发展完善之后，呈现出多元化趋势，出现外卖下午茶、外卖宵夜、外卖聚餐，甚至还可以通过手机 App 预约厨师上门料理，外卖行业有了更大的发展空间。显然，点外卖已成为很多人日常生活中重要的网络消费内容。中国互联网络信息中心发布的第 52 次《中国互联网络发展状况统计报告》显示，截至 2023 年 6 月，我国网上外卖用户规模达 5.35 亿，占网民整体的 49.6%，其中，以"80 后""90 后"为主。那么，为什么越来越多的人喜欢点外卖？仅仅是因为外卖更方便吗？

1. 点外卖的原因

除了价格实惠外，人们喜欢点外卖的原因还有以下几个。

（1）生活节奏快，压力大。由于人们的工作生活节奏非常快，甚至经常加班熬夜，再加上承受来自工作和学业的压力，点外卖成了省时、快捷、方便的选择。

（2）个人兴趣和价值的转移。对于年长的人来说，为家人做一顿可口的饭菜会获得极大的满足感；但现在很多年轻人不会做饭、不愿意做饭，同时，由于其个人兴趣爱好较为广泛，他们往往把自我价值的实现放在其认为更有意义的事情上。而且，很多年轻人认为通过各种美食 App 选餐，选择微信或支付宝支付，然后等待美食上门，这本身就令人感到惬意。

（3）家庭结构日趋小型化趋势。伴随着我国家庭结构日趋小型化，一人户或二人户家庭占总户数的比例不断增加，家庭饮食结构发生了很大变化，在外吃饭次数明显增加，点外卖解决了家庭日常生活的需求，成为家庭不可或缺的生活方式。

（4）满足多样化的需求。一方面，饿了么、美团外卖等线上点餐平台越来越多，消费者可以有更多的选择，并且，可供选择的菜品品类非常丰富，从西餐、地方菜、海鲜烧烤、日韩料理等应有尽有。实际上，早期的外卖以美食和甜点饮品为主，但随着智能配送系统的上线，外卖消费已从餐饮类向非餐饮类拓展，外卖的服务场景由餐饮拓展至生活超市、生鲜果蔬、医药健康、鲜花绿植等多个品类。

2. 点外卖的心理特征

（1）求新心理。外卖的多样性满足了年轻人求新的消费心理。年轻人的思想活跃，特别是大学生和白领，易于追求新事物，因此，更容易接受网上订餐这个新鲜事物。

（2）个性化心理。外卖的多样性满足了年轻人的个性化需求。年轻人追求个性和品位，在饮食方面也是如此。外卖提供了诸如日式料理、韩式料理、湘菜、粤菜等各种各样的选择，极大地满足了年轻人不同和追求个性化的需求。

（3）惰性心理。有时候，人们懒得走出家门去购物、就餐，希望节省出时间来做其他的事。由此，外卖解决了很多人买菜做饭、去食堂排队打饭、外出找餐厅等一系列烦恼问题，让很多人点外卖上瘾。

实际上，点外卖上瘾所带来的问题正受到越来越多的关注。对消费者个人而言，长期吃外卖可能导致营养不均衡、不良饮食习惯等身体健康方面的隐患，还可能由于点外卖而减少与家人、朋友就餐机会，从而减少社交互动，影响心理健康。此外外卖食品质量、外卖员的交通安全、外卖平台的社会责任以及外卖所产生的包装垃圾对环境的影响等问题也不容忽视。

🔧 知识点滴

食物是怎么让人"上瘾"的？

根据生理心理学的相关研究，生物刺激会促使人分泌多巴胺。当我们吃食物时，身体释放的多巴胺会让我们感到快乐和满足。不过，如果因为没有吃上某种食物而感到不安，或者明明已经吃饱了，却还想再吃一点……这可能是你对食物"上瘾"了。食物"上瘾"除了表现为想吃、爱吃，还表现为无法理性地控制某种食物的食用量和食用时间。食物的致瘾成分是影响食物上瘾的关键因素，常见的致瘾成分有盐、糖、脂肪、咖啡因等物质，这是因为这些成分能赋予食物更佳口感和风味，充分刺激人的食欲，愉悦人们的感官神经。这就不难理解为什么巧克力、糖果、奶茶、炸鸡、蛋糕总是让我们割舍不下。实质上，不仅仅是多巴胺，大脑的犒赏系统还涉及乙酰胆碱、阿片类物质等多种神经递质。乙酰胆碱通常被认为同饱足感有关，也是越吃越分泌；阿片类物质则与中枢特异性受体相互作用，能缓解疼痛，让人产生幸福感。最终让人处于进食兴奋状态，甚至无法控制自己的食欲导致过量进食。这就促使我们如果想要获得与之前同等的快乐，就要吃得更多。由此，出现了各种食物的"上瘾"行为。当然，如果你认为摄入过多高糖或油炸食物会让人发胖，对身体不好，这样的认知就会形成抵御机制，使你对这类食品产生厌恶情绪而自觉抵制。

📖 本章小结

近些年，网络消费迅速发展，成为消费者行为研究的新领域。本章主要介绍网络消费的含义、优势以及对消费者心理及行为的影响。本章研究的网络消费主要指网上消费，主要包括 B2C 和 C2C 两种模式。对比传统线下消费，网络消费的内容和方式有很大的更新。网络消费者的类型主要有务实型、浏览型、经验型和冲动型等。网络消费者具有追求物美价廉、追求方便快捷等心理表现，其行为特征主要有个性化消费、追求购物效率和体验，购买手段、支付方式、购物场合及购物频率的变化。

影响网络消费行为的因素包括外在因素和内在因素两个部分。意外因素的影响也不可忽视。对网上商店缺乏信任感、对个人隐私和网上支付缺乏安全感、对价格缺乏信任感、对配送和售后服务缺乏保障感等制约了网络消费者的购买行为。网络消费心理策略及技巧包括合理规划和布局、打造热款或"爆款"、为消费者全方位省钱等。随着互联网数字技术的不断发展，出现直播间购物、微信小程序购物、"点外卖"等消费新现象，改变了消费者的购物习惯，为消费者带来新的购物体验，极大地促进了网络消费的发展。同时，消费者在接受新型消费体验时，应该保持理性消费。

📖 综合练习题

一、填空题

1. 广义的网络消费包括_____、网络教育、在线影视、网络游戏等在内的所有消费形式的总和。

2. 通常，网络消费包括 B2B、_____、C2C 三种模式。

3. 网络消费者类型主要有_____、浏览型、经验型和冲动型。

4. 网店浏览的简易性、购买过程的_____、产品陈列的吸引性等对消费者网购产生很大的影响。

5. 网店页面设计中的首页导航条不仅可以引导购物、减少沟通，还可以_____。

二、选择题

1. （   ）的消费者比较容易受网络视觉营销和促销的影响。
   A. 浏览型　　　　　B. 经验型　　　　　　C. 务实型　　　　　　D. 冲动型
2. 网络购物的消费心理主要体现为（   ）。
   A. 追求文化品位　　B. 追求时尚　　　　　C. 追求物美价廉　　　D. 追求情感满足
3. 无论是传统消费还是网络消费，（   ）是影响消费者行为的一个基本因素。
   A. 经济因素　　　　B. 文化因素　　　　　C. 社会因素　　　　　D. 情感因素
4. 网络销售中，成为热款或"爆款"商品首先应该要（   ）。
   A. 价格低廉　　　　B. 设计独特　　　　　C. 时尚新颖　　　　　D. 质量保证
5. 网店可以利用顾客的"延迟满足心理"来设置（   ）促销活动。
   A. 购满抽奖　　　　B. 买一赠一　　　　　C. 限时购买　　　　　D. 免费试用

三、论述题

1. 简述网络消费的含义及其优势。
2. 网络消费者有哪些类型？
3. 简述网络消费的心理表现。
4. 简述网络消费行为的特征。
5. 论述网络消费行为的影响因素。
6. 举例分析网店营销心理策略及技巧。
7. 分析直播间购物的消费心理。
8. 论述影响者营销为什么受到重视。
9. 分析消费者点外卖的原因及其心理特征。
10. 分析点外卖上瘾的后果。

四、实践题

1. 设计问卷，调查30名有网购经验的同学，调查他们网购的原因、频率、产品类型、关注点等，根据调查结果，总结同学的网购特征，分析其原因。
2. 将学生分成两组，每组四人，组织一场辩论主题为"点外卖的利弊"的辩论赛。

五、案例分析题

在直播电商快速发展的阶段，各种套路玩法层出不穷。但在整个行业逐步走向规范化的今天，套路的失灵和消失是必然的结果。扫描二维码阅读案例，并回答案例后面的问题。

第十五章　绿色消费心理与行为

学习目标

学习绿色消费的含义，了解绿色消费产生的背景，掌握绿色消费的主要内容，学习绿色消费的心理和影响因素，了解我国绿色消费存在的问题以及政府在绿色消费中的作用，掌握企业通过绿色营销促进绿色消费的策略及措施。

导入案例

时尚新潮流——绿色环保牛仔裤

牛仔裤似乎是永恒的时尚单品，颇受大众青睐。据统计，全球近 90% 的人至少有一条牛仔裤；美国人均拥有 8 条牛仔裤，年轻人高达 11 条。而很多人并不知道，生产一条牛仔裤会造成大量的污染和浪费。例如，牛仔裤的蓝色来自含有化学成分的靛蓝染料，而这种靛蓝染料在水里面的溶解性很差，这就意味着牛仔裤在制造及消费者在清洗牛仔裤的过程中，会不断有靛蓝染料流入河流，而它们不能够溶解，这就造成了水污染。同时，在牛仔裤的制作工艺中，浸染、水洗等多个环节涉及大量用水，牛仔裤的生产也消耗了大量水资源。如何才能减少牛仔裤对环境的污染成为时尚行业的新课题。

美国牛仔裤品牌 Levi's 的技术人员发现，可以在不同的工艺环节中使用新技术，这样能显著减少生产牛仔裤的用水量。于是推出一组名为"省水牛仔"的产品。Levi's 在新出的牛仔裤上增加"生态标签"吊牌，在标签上说明整条牛仔裤的整个生产过程使用的资源和能源，间接说明对环境的影响。并标明牛仔裤并不需要天天洗，甚至不需要每个星期洗一次，在持续穿着的状态下，两个星期洗一次就足够了。如果不是每天穿着，还可以更长时间不洗。其他牛仔裤品牌商正考虑使用有机染料代替传统的工业染料，当然，自然染料的成本更高，但是对于减少污染的贡献是非常可观的。例如，来自瑞典的环保牛仔裤 Nudie Jeans 生产的有机牛仔裤一般在 200～300 美元一条，虽然售价很高，但其销量正在慢慢上升。

启发思考：

1. 你是否了解牛仔裤生产过程中的污染和浪费？这是否会影响你对牛仔裤的选择？
2. 你认为采用新技术和新材料的牛仔裤是否会受到消费者欢迎？有哪些制约因素？

第一节　绿色消费概述

一、绿色消费的含义

绿色消费是指一种以适度节制消费，避免或减少对环境的破坏，崇尚自然和保护生态等为特征的新型消费行为和过程，是符合人的健康和环境保护标准的各种消费行为和消费方式的统称。

绿色消费主要有三层含义：一是倡导消费者在消费时选择未被污染或有助于公众健康的绿色产品；二是在消费过程中注重对垃圾的处理，不造成环境污染；三是引导消费者转变消费观念，崇尚自然、追求健康，在追求生活舒适的同时，注重环保，节约资源和能源，实现可持续消费。

从本质上看，绿色消费是从满足生态需要出发，以有益健康和保护生态环境为基本内涵，是可持续发展理念的一种体现，又是可持续发展得以实现的重要基础和手段。发展绿色消费，不仅可以更好地满足消费者的需要，而且可以带动绿色产业的发展，促进产业结构的升级优化，形成生产与消费的良性循环；同时，能够增强企业和消费者的绿色消费意识，改变消费观念，优化消费结构，使企业在生产过程中、消费者在消费过程中自觉减少对自然环境的污染和破坏，保持生态平衡，促进人与自然关系的协调，从而实现社会、生态、经济的可持续发展。

视野拓展

Naked Juice果汁推出百分百再生瓶

2020年，百事可乐旗下Naked Juice全天然综合果汁品牌已为英国的果汁系列换上全新的100%再生塑料瓶包装。据了解，新饮料瓶贴有全新、时尚的标签，标签上标明100%可回收塑料信息。该品牌呼吁消费者助力减少塑料浪费，并确保饮用后将瓶子放在回收箱中。新塑料瓶的推出，回应了百事可乐的可持续发展战略，百事可乐的目标是到2025年减少饮料产品组合中35%的原始塑料含量。百事可乐公司某高级市场经理表示："我们知道，消费者正在努力通过支持能够致力于解决他们关心的环境问题的品牌，来为环保出力。而我们推出的新瓶意味着果汁消费者可以用可持续发展的方式去享用美味果汁。"

由于报废旧电池的处理等问题，人们对新能源汽车是否环保、是否符合可持续发展理念还有争议。

二、绿色消费的产生

绿色消费的产生，与人们在经济发展过程中对自然资源、自然环境的认识相关。一方面，人类向自然取得物质资料，要以自然的再生产能力为前提，而自然界许多资源本身是不可再生的；另一方面，人类将排出物返还自然，要以自然的"净化"能力为限，否则，就会对环境造成污染。

1962年，美国海洋生物学家蕾切尔·卡森调查使用化学杀虫剂对环境造成的危害，指出人类用农药来提高农业产量，无异于饮鸩止渴。1968年，美国国际开发署长高达在国际开发年会上首先提出了绿色革命的概念。1971年，加拿大工程师戴维·麦格塔格特发起成立了绿色和平组织。1972年6月5日，联合国在瑞典首都斯德哥尔摩举行第一次人类环境会议，这是人类历史上第一次在全世界范围内研究保护人类环境的会议，并将大会开幕日6月5日定为世界环境日。20世纪80年代后半期，英国掀起了绿色消费者运动，号召消费者选购有益于环境的产品，促使生产者转向制造有益于环境的产品，即通过消费者来带动生产者，通过消费领域影响生产领域的环境保护。由此，绿色消费在多个国家共同呼吁的绿色运动中被提出，绿色消费得到国际社会的广泛认同。

1999年，我国原国家环境保护总局等六个部门启动了以开辟绿色通道、培育绿色市场、提倡绿色消费为主要内容的"三绿工程"；2001年，中国消费者协会则把这一年定为"绿色消费主题年"，标志着我国更多的消费者加入了绿色消费的新潮流。2023年6月5日是第52个世界环境日，其宣传主题为"建设人与自然和谐共生的现代化"，皆在促进全社会增强生态环境保护意识，投身生态文明建设，共建美丽国家。

知识点滴

环境友好型社会

环境友好型社会是一种人与自然和谐共生的社会形态，其核心内涵是人类的生产和消费活动与自然生态系统协调可持续发展。1992年联合国环境与发展会议通过的《21世纪议程》中，提及包含环境友好的"无害环境"（Environmentally Sound）的概念，并正式提出了"环境友好"（Environmentally Friendly）的理念。环境友好型社会要求经济社会发展的各方面必须符合生态规律，向着有利于维护良好生态环境的方向发展，并应用生态环境保护的思想和方法促进经济社会的全面、协调和可持续发展。

三、绿色消费的内容

绿色消费包括的内容非常宽泛，不仅包括绿色产品，还包括对物资的回收利用、对能源的有效使用、对生存环境和物种的保护等。对消费者来说，绿色消费不仅指购买绿色食品，还包括购买绿色服装、绿色汽车、绿色家电、绿色住宅等，并且，绿色消费也不仅仅局限于消费者个人，绿色农业、绿色经济、绿色环境等宏观层面的绿色消费也迅速发展。

我国本土设计师服装品牌——"江南布衣"（JNBY）以自然主义为基调，追求环保、无污染、健康、舒适，传达"Just Naturally Be Yourself"的品牌哲学。

根据已有研究，绿色消费的具体内容可以用5R原则或3R+3E原则来概括。其中，5R原则的内容包括：①节约资源、减少污染（Reduce）；②绿色生活、环保选购（Reevaluate）；③重复使用、多次利用（Reuse）；④分类回收、循环再生（Recycle）；⑤保护自然、万物共存（Rescue）。3R+3E原则的内容包括：减少非必要的消费（Reduce）、重复使用（Reuse）、再生利用（Recycle），以及经济实惠（Economic）、生态（Ecological）、平等（Equitable）等。

在消费过程中，尽管各种消费品的使用性能和属性差别巨大，减少其环境影响的环节和关键点也各不相同，但是绿色消费可以有效预防和减少消费行为对环境和生态造成的各种不利影响。

课堂讨论

1. 日常生活中，你是否会使用一次性筷子或一次性餐盒？在什么情境下使用？如果有其他选择，你是否会考虑？

2. 你的旧衣服是如何处理的？你认为有什么办法解决旧衣回收问题？

示例

衣着消费"绿"起来

相较于食物浪费，衣着浪费要隐蔽得多。堆满货架的价格较低且花样繁多的服装，更容易激发消费者的购物欲望，然而不少服装入手之后，又常常因为颜色、款式、季节变化等原因，被消费者长时间闲置在衣橱。随着低碳生活理念深入人心，如何让衣着消费更绿色日渐成为社会关注的重点。2022年1月21日，国家发改委、工信部、商务部等七部门联合发布《促进绿色消费实施方案》，明确到2025年要实现绿色消费理念深入人心、奢侈浪费得到有效遏制、绿色消费方式得到普遍推行，其中重点提到要鼓励推行绿色衣着消费，提供更多符合绿色低碳要求的服装，倡导消费者理性消费，按照实际需要合理、适度购买衣物。

第二节　绿色消费心理和影响因素

一、绿色消费的心理过程

绿色消费行为的产生与消费者的心理活动密切相关。例如，有研究认为，对绿色生活方式持积极态度的人会更倾向于参与绿色产品的购买和消费活动，形成"对污染的认识—对环保的态度（信念）—对绿色生活方式的态度（信念）—绿色消费行动"的一个从认知到行动的链条，即绿色消费行为总体上遵循"知—信—行"（Knowledge-Attitude-Practice，KAP）的路径。消费者的绿色消费心理过程与普通消费的心理过程相同，也可划分为认知过程、情感过程和意志过程。

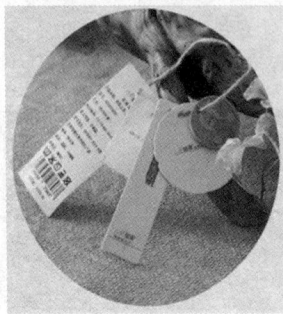

服装品牌"茵曼"推出环保吊牌，倡导慢时尚——在茵曼衣服的吊牌组合里，印有慢生活语录，并将这些吊牌赋予了再次利用的环保价值，将吊牌 DIY 可得到各种别致的饰品。

1. 认知过程

当消费者从各种途径获取绿色产品方面的信息时，如超市货架上陈列的绿色有机胡萝卜，电器专卖店中销售的贴着绿色环保标志的冰箱，这些知识和信息就形成了消费者关于绿色消费的直观印象。随着绿色产品知识不断丰富，消费者形成了记忆、思维、想象等一系列心理活动，并对绿色产品产生信任感。在购买时，消费者会借助记忆，根据对过去生活中感知的产品、体验的情感或有关的知识经验，做出购买与否的决定。

当前，有人对绿色消费的认知还存在一些误区。例如，认为绿色消费会降低生活质量，因此排斥绿色消费。其实人们可以用对环境友好的方式去享受生活的乐趣。

2. 情感过程

当出现能满足自身消费需求的绿色产品时，消费者将产生愉快、欢喜等积极情感，进而产生购买行为；反之，如果产品不能满足自身需求，就不会有购买欲望。例如，绿色有机胡萝卜口感好、营养价值更高，对人的健康更有益，那么消费者就愿意购买。另外，由于绿色产品消费的特殊性，可以增强消费者对社会的责任感和使命感，获得精神和情感上的满足。

> **小思考**
>
> 有研究表明，让消费者明确知道他们的环保行为能达到具体的结果，可鼓励消费者更加积极地采取环保行为。例如，告知消费者一辆机动车每周少行驶一天，每周可节省汽油×升，减少二氧化碳排放×千克。你认为这为企业宣传环保行为提供了哪些思路？

> **小思考**
>
> 我国的许多银行、保险公司不再给客户寄纸质邮件以减少纸张的浪费，你认为这样是否会使客户觉得不够方便？怎样做使客户更满意？

3. 意志过程

在绿色消费活动中，消费者表现为典型的理性消费特征，即在购买活动中，能够在既定购买目的的指导下，表现出能够自觉支配、调节自己的行为，努力克服心理障碍和情绪障碍的特征。例如，绿色产品的价格普遍高于普通产品，但消费者仍坚持购买等。

二、绿色消费的心理特征

1. 理性化消费

绿色消费者的消费心理趋向于理性，他们偏好简易节约，主张节俭消费、理性消费，摒弃攀比消费、炫耀消费，反对过度消费，认为这些消费对人、对己、对环境弊大于利，并且自觉、自愿舍弃对名牌产品或奢侈品的追求，坚持消费中的"Less is More"（少即是多）和"Quality over Quantity"（质量大于数量）的原则。

2. 崇尚消费的自然性

在绿色消费中，消费者更多地考虑产品对生态和环境的负面效应，强调绿色产品的自然本色，崇尚消费的自然性。他们愿意购买无污染、安全、优质、健康的绿色食品，选择天然面料或环保材料制作的可持续性服装，拒绝皮草服装，倾向于自然材质的家居产品，购买带有绿色环保标志的家电产品等，反映了消费者渴望回归自然、返璞归真的心理。

3. 引致效应

引致效应是指人们对某一事物的态度会引起他们对其他同样具有引起该态度的事物产生相同的效应。绿色消费中，消费者可以把绿色消费理念和行为从一个领域扩展到另一个领域，并贯彻在更多的消费行为中，出现各个消费方面趋于同一性的特点。例如，一个初次尝试绿色消费的家庭，刚开始也许只会尝试绿色蔬菜，如果感觉良好，

蒙牛牛奶的广告中蓝天、白云、草原的画面迎合了消费者对健康、自然、绿色的消费需求。

就会增强他们对绿色产品整体概念的好感和信心，进而开始扩大绿色消费的范围，如购买节能电器、环保家具或进行其他绿色消费等。有关专家的分析表明，引致效应对绿色消费者的影响比对一般消费者的影响明显。

📖 **示例**

绿色消费意愿增强

《2023 中国消费者洞察与市场展望白皮书》显示，2023 年消费品与零售行业中国消费呈现五大趋势：回归消费理性、追求悦己体验、拥抱多元创新、要绿色可持续、追逐技术跃升。其中，在绿色消费方面的调研结果显示，超过 60%的消费者愿意为绿色消费支付溢价，大部分消费者（总人群的 56%）愿意支付的溢价在 10%以内；消费者最愿意为营养健康、美妆护肤、食品饮料和个人护理支付绿色溢价，同时，"绿色环保"已成为消费者在购买食品饮料、娱乐玩具及营养保健品类时的关键考虑因素。有近四成消费者把"绿色环保"作为购买食品饮料的前三考虑因素，超过 15%的消费者将其当作首要因素；而在购买娱乐玩具和营养保健品类时，"绿色环保"成为超过 25%的消费者的关键考虑因素，并成为近 10%消费者的首要考虑因素。

三、绿色消费的影响因素

总体上看，绿色消费的影响因素不仅包括政策、经济、社会等因素，还包括消费者的收入水平、受教育程度、需求动机、社会阶层、人际关系、情境及参照群体等因素。这里主要从消费者个体视角介绍影响其绿色消费的三个方面。

（1）收入水平。收入水平是绿色消费需求产生的物质基础。当收入达到一定水平后，消费者会对环境质量和生活品质产生更高要求。由于绿色产品在定价时要把环境保护支出或新工艺、新材料等支出纳入成本，因而价格偏高。对收入水平不高及价格敏感的消费者来说，因为绿色产品价格高，其绿色消费受到了限制。

（2）受教育程度。一般来说，受过良好教育的人具有更强的社会责任感，也更能接受绿色消费观念。有研究表明，受过良好教育、有独立收入的年轻人比其他人更关心环境，并且对绿色产品溢价接受能力更强，购买绿色产品的意愿更强烈。

（3）需求动机。当消费者的基本需求满足后，开始追求超越"物质"的生活，向往高生活品质时，他们在购买中不仅关注产品价格、产品质量、产品效用，还会关注产品是否对生态环境造成破坏，从而产生绿色消费行为。

第三节　绿色消费行为的促进

近年来，随着我国经济快速发展、人民生活水平不断提高，我国已进入消费需求持续增长、消费拉动经济作用明显增强的重要阶段，绿色消费等新型消费具有巨大的发展空间和潜力。与此同时，过度消费、奢侈浪费等现象依然存在，绿色的、可持续的生活方式和消费模式还未形成。因此，促进绿色消费具有重要的现实意义，需要社会、政府、企业等各方面的努力。

一、我国绿色消费存在的问题

随着我国消费者环保意识的增强、消费水平的提高以及回归自然思潮的兴起，人们迫切需要消费无污染、有益环境和自身健康的绿色产品，使得绿色消费的发展成为必然。绿色消费具有巨大的市场潜力，但绿色消费成为消费的主流还受一些条件的限制。

（1）绿色产品的供应有限。由于企业观念的限制，以及绿色产品的开发难度大、成本高、风险大，导致企业开发绿色产品的力度较小，从而使绿色产品供应有限，绿色消费需求得不到满足。与发达国家绿色产品的发展相比，我国的绿色产品没有普及，普通人的消费距绿色消费还有较大距离。

（2）绿色产品价格偏高。绿色产品的生产要求企业从技术的选择、产品的设计、材料的选择、包装方式的采用、运输仓储方式的选用、废弃物的处理，甚至到产品消费过程都必须注意对环境的影响，做到安全、卫生、无公害。在这一过程中，企业生产绿色产品一般要比生产传统产品多支付成本费用。因此绿色产品的成本较高，价格也偏高，这直接制约消费者的购买行为。

（3）绿色产品流通渠道尚需健全。我国的绿色产品流通环节中还存在一些不必要的关卡、收费，运输标志和标准有待完善；从批发到零售的绿色产品流通网络体系需进一步健全；绿色产品的专营商店、绿色食品和蔬菜专门摊位、绿色产品连锁店在市场上还较少，缺乏影响力较大的绿色产品的展销和贸易活动。

（4）绿色产品市场秩序尚需进一步规范。普通消费者判别绿色产品的直接依据是绿色标志，但对"绿色食品标志""绿色环境标志"等绿色标志宣传还不够充分，部分消费者辨识真正的绿色产品尚有困难。

二、政府在绿色消费中的作用

政府对推动绿色消费的形成和发展起重要的作用。绿色消费不仅需要政府制定相应的政策法规，明确生产企业、零售企业、消费者、政府等主体应依法履行的责任义务，而且政府在制定绿色产品认证体系的管理与规范认证制度，在监管绿色产品的品质和打击伪劣产品等方面具有不可替代的作用。

20 世纪 90 年代初期，我国政府就明确了企业产品生产的责任并指出了企业合理利用资源的重要性，并将保护环境作为企业的社会责任之一。先后实施"节能产品惠民工程"，开展"绿色之星""环境标志""能源效率标识"等产品认证，颁布《关于促进绿色消费的指导意见》以及《促进绿色消费实施方案》等，对推动绿色生活方式和消费模式提出多种措施，主要如下。

（1）鼓励绿色产品消费。例如：推广高效节能电机、节能环保汽车、高效照明产品等节能产品；加大新能源汽车推

> **小思考**
>
> 政府或环保组织已采取了一些政策措施来实现环保目标。例如，北京市政府鼓励"绿色出行，公交优先"，禁止、限制商场、超市、药店、书店使用不可降解塑料袋、一次性塑料餐具等。你所在的城市是否有相关的环保措施或规定？

广力度，加快电动汽车充电基础设施建设；组织实施"以旧换新"试点；实施绿色建材生产和应用行动计划，推广使用节能门窗、建筑垃圾再生产品等绿色建材和环保装修材料；推广环境标志产品，鼓励使用低挥发性有机物含量的涂料；鼓励选购节水龙头、节水马桶、节水洗衣机等节水产品。

（2）扩大绿色消费市场。加快畅通绿色产品流通渠道，鼓励建立绿色批发市场、绿色商场、节能超市、节水超市、慈善超市等绿色流通主体。支持市场、商场、超市、旅游产品专卖店等流通企业在显著位置开设绿色产品销售专区。组织流通企业与绿色产品提供商对接，促进绿色产品销售。鼓励大中城市利用群众性休闲场所、公益场地开设跳蚤市场，方便居民交换闲置旧物。完善农村消费基础设施和销售网络建设，通过电商平台提供面向农村地区的绿色产品，丰富产品服务种类，拓展绿色产品农村消费市场。

📋 课堂讨论

　　超市设有高档蔬菜的销售专区，其中不但有有机胡萝卜，还有有机土豆、绿色玉米……这些蔬菜看起来新鲜水灵，都有一个好看的包装，还贴着"无公害、绿色、有机"等标签，虽然比普通散装蔬菜贵了不少，但这些蔬菜受到不少消费者的欢迎。讨论消费者购买这些蔬菜的原因是什么。

（3）倡导绿色生活方式。例如：合理控制室内空调温度，推行夏季公务活动着便装；开展旧衣"零抛弃"活动，完善居民社区再生资源回收体系，有序推进二手服装再利用；抵制珍稀动物皮毛制品；推广绿色居住，减少无效照明，减少电器设备待机能耗，提倡家庭节约用水用电；鼓励步行、自行车和公共交通等低碳出行；鼓励消费者旅行自带洗漱用品，提倡重拎布袋子、重提菜篮子、重复使用环保购物袋，减少使用一次性日用品；制定发布绿色旅游消费公约和消费指南；支持发展共享经济，鼓励个人闲置资源有效利用，有序发展网络预约拼车、自有车辆租赁、民宿出租、旧物交换利用等；创新监管方式，完善信用体系等。

📖 示例

打造绿色商场，引领绿色消费

　　2023年7月，在安徽合肥北城万达，洒满阳光的透明穹顶下，一座13.8万平方米的购物中心与绿色融为一体，多种多样的绿植让人们在购物时也能体验到自然的美丽。作为合肥"绿色商场"之一，北城万达除了打造人与自然和谐共生的消费环境，还应用了一系列低碳"黑科技"，让消费环境"绿"起来。这个"黑科技"就是商场在26个区域设置了温控传感器，实时传输温度数据，经过智能化管理系统的精密测算，为各区域设置未来2个小时的适宜空调温度。作为绿色商场的一部分，这项"黑科技"既能为消费者带来舒适的购物体验，也能为节能环保做出贡献。

三、绿色消费和绿色营销的共同促进

任何营销观念的产生和发展总是和消费者需求变化息息相关的。进入21世纪，随着绿色消费不断发展，绿色消费对绿色市场的需求有着前所未有的巨大推动力，为绿色营销带来无限商机。因此，绿色消费是推动绿色营销产生和发展的动因之一。同时，绿色营销可以进一步增强人们的绿色消费观念，促进绿色产品的推广，引导人们的绿色消费行为，形成积极、有效的绿色消费需求。

1. 绿色营销是企业市场营销的新理念

绿色营销是伴随全球绿色消费兴起的一种市场营销新思维，要求企业在进行市场营销过程中，注重把消费者利益、企业利益、社会利益和环境利益有机结合起来，重视与环境保护的协调发展，走可持续发展的道路。为此，企业需要把绿色营销观念贯彻企业产业链全过程，将绿色环保理念融入产品设计生产、物流配送、广告宣传等各个环节，打造集研发、设计、制造、运营服务于一体的绿色产业链。

2. 绿色消费为企业提供了新的细分市场

绿色消费细分市场是一个潜力巨大的新兴市场，为企业的市场拓展提供了机遇。在消费者迫切要求消费无污染、有益于健康的绿色产品需求下，绿色消费细分市场的形成成为必然。

例如，法国环保休闲鞋履品牌 VEJA 从传统鞋履市场中独辟蹊径，将环保理念践行于原材料供应、生产流程、包装、配送的每一个环节。它采用的原材料，包括来自亚马孙雨林的天然橡胶、有机棉、生态皮革等。在产品设计上，它把球鞋做到了极简，所有款式都没有多余的部分，只留下一个简简单单的独特"V"标志。在自己的社交网络上，该品牌不做任何广告宣传，只发布一些和亚马孙雨林相关的产地和生产基地图片。目前，VEJA 品牌已经在全球开设 1 000 多家店。

3. 以绿色产品满足消费者的新需求

面对绿色消费的形成和要求，企业应以市场需求为中心，加大对绿色产品研发、设计和制造的投入，增加绿色产品和服务的有效供给，不断提高产品和服务的资源环境效益，以优质产品赢得消费者对绿色消费的信心。同时，注意在研发中控制绿色产品的成本，改变高价的绿色产品对消费者选择的限制。

4. 实施绿色产品的品牌发展战略，树立绿色品牌形象

企业树立良好的绿色品牌形象不仅有利于企业扩大产品销路，形成差异化竞争，还有利于企业的可持续发展。因为消费者已经不满足于仅仅关注产品本身，他们还关注他们消费的产品是怎么被生产出来的，他们对持绿色观念的企业或品牌具有好感。因此，绿色品牌形象加强了品牌与消费者的情感联结。绿色产品的品牌影响力反映消费者对绿色产品的信任度和依赖度，随着绿色营销、绿色认证、虚拟品牌社区互动等策略的推进，绿色产品的品牌对消费者的影响力将进一步增大。

5. 承担相应的社会责任

绿色消费对企业履行社会责任提出了新的要求，要求企业不仅要对自身利益负责，而且要对消费者负责、对环境负责，并承担相应的社会责任。例如，主动披露产品和服务的能效、水效、环境绩效、碳排放等信息，主动实施企业产品标准自我声明公开和监督制度，推行绿色供应链建设，减少有毒、有害、难降解、难处理物质的使用，并主动参与、赞助或者发起有关绿色环保的各类社会公益活动。

总之，绿色消费为企业提供了新的细分市场，绿色消费者是推动绿色营销的原动力；消费者实施绿色消费行为是绿色市场存在的先决条件，并直接影响绿色营销的发展。面对新的消费观念和消费方式，企业应积极迎合绿色消费潮流，开展绿色营销实践，实现企业、社会、环境的共同可持续发展。

📘 **本章小结**

在我国大力推进生态文明建设的背景下，绿色消费意义重大。绿色消费是符合人的健康和环境保护标准的各种消费行为和消费方式的统称。绿色消费不仅包括绿色产品，还包括对物资的回收利用、对能源的有效使用、对生存环境和物种的保护等。

消费者绿色消费的心理活动包括认知过程、情感过程和意志过程。理性化、自然性、引致效应是绿色消费心理的主要特征。影响绿色消费的因素有自然环境、社会文化环境、政府政策等，以及消费者个人收入水平、受教育程度、需求动机等。当前，我国绿色消费存在绿色产品供应有限、绿色产品价格偏高等问题。政府在推动绿色消费方面发挥重要的作用。企业作为绿色消费的主体参与者，对促进绿色产品推广、引导消费者实现绿色消费行为起着重要的作用。

📘 **综合练习题**

一、填空题

1. 从本质上看，绿色消费是从满足生态需要出发，以有益健康和＿＿＿＿为基本内涵，是可持续发展理念的一种体现。

2. 绿色消费包括的内容非常宽泛，不仅包括＿＿＿＿，还包括对物资的回收利用，对能源的有效使用，对生存环境和物种的保护等。

3. 绿色消费坚持人与自然和谐的原则，这包含在消费中减少资源、能源的占用，以及在消费中减少对＿＿＿＿的污染，加强对垃圾的无公害处理。

4. 在绿色消费中，消费者会把绿色消费理念和行为从一个领域扩展到另一领域，并贯彻在更多的消费行为中，这是绿色消费的＿＿＿＿心理特征。

5. 绿色消费具有巨大发展空间和潜力，促进绿色消费行为需要社会、政府、_____等各方面的努力。

二、选择题

1. 绿色消费就是（   ）。
   A. 消费绿颜色的商品　　　　　　　　B. 吃野生动物
   C. 不重复利用　　　　　　　　　　　D. 节约资料的消费

2. 绿色消费一般被认为是一种（   ）消费。
   A. 理性化　　　　B. 感性化　　　　C. 情绪化　　　　D. 冲动型

3. 绿色消费的影响因素是多方面的，不仅受个体收入和受教育水平的影响，还与消费者的（   ）有密切关系。
   A. 年龄　　　　　B. 居住地　　　　C. 性别　　　　　D. 需求动机

4. 绿色消费行为的产生与消费者的心理活动密切相关，一般划分为（   ）、情感过程和意志过程。
   A. 认知过程　　　B. 感受过程　　　C. 理解过程　　　D. 发现过程

5. 绿色消费中，消费者更多地考虑产品对生态和环境的负面效应，强调绿色产品的自然本色，崇尚消费的（   ）。
   A. 优质性　　　　B. 价值性　　　　C. 自然性　　　　D. 实用性

三、论述题

1. 简述绿色消费的含义。
2. 什么是绿色消费的 5R 原则和 3R+3E 原则？
3. 简述绿色消费的心理特征。
4. 举例说明绿色消费的影响因素。
5. 我国在绿色消费方面存在哪些问题？政府在促进绿色消费方面有什么作用？
6. 举例分析如何做到绿色消费和绿色营销的共同促进。

四、实践题

1. 调查你所在的学校或社区是否实行了垃圾分类，采取了哪些措施，对你的消费行为产生哪些影响。

2. 近年来，衍生出许多新的"绿色"概念，请从绿色食品、绿色服装、绿色家居、绿色汽车、绿色包装、绿化城市、绿色生活中挑选任意两个概念，然后列出解释或描述该概念的形容词（五个以上）。

五、案例题

用废旧的卡车篷布、自行车内胎或汽车安全带能做什么呢？一个箱包品牌把这些扔到垃圾站处理的废料做成了潮品。扫描二维码阅读案例，并回答案例后面的问题。

更新勘误表和配套资料索取示意图

说明 1：本书配套教学资料完成后会上传至人邮教育社区（www.ryjiaoyu.com）本书页面内。下载本书配套教学资料受教师身份、下载权限限制，教师身份、下载权限需网站后台审批，参见以下示意图。

说明 2："用书教师"是指学生订购本书的授课教师。

说明 3：本书配套教学资料将不定期更新、完善，新资料会随时上传至人邮教育社区本书页面内。

更新勘误及意见
建议记录表

说明 4：扫描二维码可查看本书现有"更新勘误记录表""意见建议记录表"。如发现本书或配套资料中有需要更新、完善之处，望及时反馈，我们将尽快处理。

咨询 QQ：602983359。课程 QQ 交流群：585114883（仅限教师）。

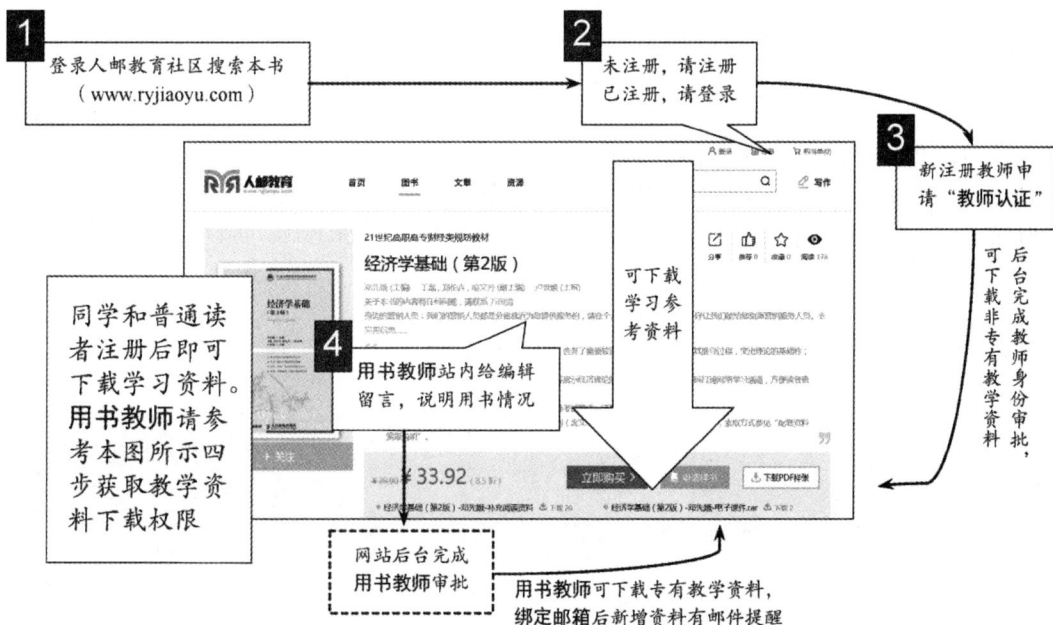

参考文献

[1] 昂德希尔，2010. 顾客为什么购买. 刘尚焱，李艳译. 北京：中信出版社.

[2] 巴宾，哈里斯，2011. 消费者行为学. 李晓，等译. 北京：机械工业出版社.

[3] 布莱克韦尔，米尼德，恩格尔，2009. 消费者行为学. 10 版. 吴振阳，等译. 北京：机械工业出版社.

[4] 陈立平，2008. 卖场营销. 北京：中国人民大学出版社.

[5] 程素萍，林慧莲，2011. 心理学基础. 北京：高等教育出版社.

[6] 崔丽娟，2003. 心理学是什么. 北京：北京大学出版社.

[7] 符国群，2015. 消费者行为学. 3 版. 北京：高等教育出版社.

[8] 格里格，津巴多，2003. 心理学与生活. 16 版. 王垒，王甦，等译. 北京：人民邮电出版社.

[9] 霍金斯，马瑟斯博，2013. 消费者行为学. 11 版. 符国群，等译. 北京：机械工业出版社.

[10] 霍伊尔，麦克依尼斯，2010. 消费者行为学. 刘伟，译. 北京：中国市场出版社.

[11] 加卢佐，2022. 制造消费者：消费主义全球史. 马雅，译. 广州：广东人民出版社.

[12] 贾斯特，2016. 行为经济学. 贺京同，高林，译. 北京：机械工业出版社.

[13] 江林，丁瑛，2018. 消费者心理与行为. 2 版. 北京：中国人民大学出版社.

[14] 李改霞，2017. 电商销售心理学. 北京：人民邮电出版社.

[15] 李勇，李勇坚，2022. 直播的逻辑. 北京：中国人民大学出版社.

[16] 利维，韦茨，2016. 零售管理. 6 版. 俞利军，译. 北京：人民邮电出版社.

[17] 林建煌，2016. 消费者行为学. 4 版. 北京：北京大学出版社.

[18] 卢泰宏，周懿瑾，2018. 消费者行为学：洞察中国消费者. 北京：中国人民大学出版社.

[19] 米勒，2017. 超市里的原始人. 苏健，译. 杭州：浙江人民出版社.

[20] 佘贤君，2018. 触发非理性消费. 北京：机械工业出版社.

[21] 苏勇，梁威，2013. 消费者行为学. 2 版. 北京：高等教育出版社.

[22] 所罗门，拉博尔特，2014. 消费心理学：无所不在的时尚人. 2 版. 王广新，王艳芝、张娥，等译. 北京：中国人民大学出版社.

[23] 王甦，汪安圣，2006. 认知心理学. 北京：北京大学出版社.

[24] 希夫曼，维森布利特，2015. 消费者行为学. 11 版. 江林，张思忠，等译. 北京：中国人民大学出版社.

[25] 臧良运，2017. 消费心理学. 2 版. 北京：北京大学出版社.

[26] 庄锦英，2009. 生活心理学. 杭州：浙江教育出版社.